Rüdiger Barth, Marc Bielefeld

Wilde Dichter

Rüdiger Barth, Marc Bielefeld

Wilde Dichter

Die größten Abenteurer der Weltliteratur

Mit 13 Abbildungen

MALIK

ISBN-13: 978-3-89029-300-4
ISBN-10: 3-89029-300-x

Satz: EDV-Fotosatz Huber/Verlagsservice G. Pfeifer, Germering
Druck und Bindung: Ebner & Spiegel, Ulm
Printed in Germany

www.malik.de

Berauscht euch! Nur berauscht
läßt sich dies Leben leben –
berauscht von Geist und Blut und Reben,
berauscht von Licht und Dunkelheit!
Sauft doch das Leben –
das Leben selbst ist Wein!

Wolfgang Borchert

Inhalt

Leinen los

Am Anfang war das Abenteuer. 1840, mit gerade mal einundzwanzig Jahren, heuerte Herman Melville auf dem Segelschiff »Acushnet« an und fuhr als tranjagender Walfänger durch den Pazifik – in einer Zeit, in der die Männer auf See reihenweise an Skorbut und Seuchen starben, von den Kapitänen wegen Kleinigkeiten ausgepeitscht und nicht selten im Sturm über Bord gespült wurden. Vier Jahre war Melville unterwegs. Er umrundete mehrfach Kap Hoorn, kletterte immer wieder in die wankenden Rahen und saß selbst in den kleinen Fangbooten, von denen aus die Harpuniere die Meeresriesen in der blutschäumenden See erlegten. Erst danach begann er zu schreiben.

Der Rest ist Geschichte. Herman Melvilles Roman *Moby Dick** ging in die Weltliteratur ein, ein urgewaltiges Werk, das mehrfach verfilmt wurde und bis heute von Millionen fasziniert gelesen wird. Dabei ist kaum bekannt, daß Melville lediglich aufschrieb, was er selbst erlebt hatte, seine Abenteuer jedoch durch sein ganz eigenes Temperament zu hoher Kunst verdichtete. Und damit einen Mythos schuf.

Nicht nur Melville schöpfte seinen Stoff aus dem prallen Leben. Joseph Conrad landete als Fünfjähriger in der russischen Verbannung. Später fuhr er als Kapitän über die Weltmeere, erfuhr das Grauen am Kongo und verfaßte anschließend Bücher, die heute zu den Klassikern der englischsprachigen Literatur zählen. Der geheimnisvolle B. Traven, der mit seinen spannenden Werken in der Weimarer Zeit zur Sensation wurde, ver-

* Titel von Büchern und Erzählungen werden im folgenden, wo es uns sinnvoll erschien, auf deutsch angegeben, auch wenn die Werke oft erst wesentlich später in Übersetzung erschienen.

steckte sich in Mexiko – bis heute weiß man von ihm nicht, woher er stammte, dafür aber, daß er 1919 in der Münchner Revolution nur knapp der Hinrichtung entging. Stephen Crane, der Hemingways Vorbild war, überlebte einen Schiffsuntergang, besetzte im spanisch-amerikanischen Krieg 1898 im Alleingang eine Stadt und starb schon mit achtundzwanzig Jahren. Und Ernest Hemingway, der löwentötende Nobelpreisträger, der in mehreren Kriegen Kopf und Kragen riskierte? Jack London, der Austernpirat war, Tramp und Knastinsasse, bevor er in Kanadas Norden nach Gold schürfte? Sie waren schon zu Lebzeiten Legenden.

Nur wer schwitze, nur wer leide, nur wer um sein Leben bange, würde jenen Schatz an Erfahrung finden, jenen Saft, aus dem große Bücher entstünden. So zumindest sah es Ernest Hemingway, und dem notorischen Trinker, der mit seinem Schiff auf U-Boot-Jagd ging und mit dem Flugzeug im afrikanischen Busch abstürzte, war das Kitzeln im Magen oft wichtiger als das Schreiben selbst. Von Bildung und Theorie hielt er nichts. »Wissen« sei, was ein Schriftsteller benötige. Ein Wissen wohlgemerkt, das einem nicht im Elfenbeinturm zufliege, sondern das man sich in der Wirklichkeit holen müsse.

Was verbindet diese sechs Literaten? Vor allem, daß sie Kraft hatten für zweierlei: für ein außergewöhnliches Leben und für außergewöhnlich gute Bücher. Erst das Leben, dann das Schreiben, dies schien ihr Rezept. Allein Crane sticht heraus: Er ersann sich seine Dramen und lebte ihnen dann hinterher.

Bei der Recherche fiel uns auch auf: Fast alle verloren früh ihre Väter, brachen zeitig aus der Geborgenheit der Familie aus und ließen sich auf Erlebnisse ein, die den meisten vorenthalten blieben. Keiner von ihnen besaß eine akademische Ausbildung, keiner hatte Literatur studiert. Ihre Hochschule war einzig das Leben.

Der Club der wilden Dichter. Sechs Männer, von denen manche noch heute zu den berühmtesten Schriftstellern zählen, andere nahezu vergessen sind – deren Biographien sich aber ebenso lesen wie Abenteuerromane.

Doch warum gerade sie? Unsere Auswahl ist zugegeben subjektiv, geprägt durch unsere Vorlieben. Sie wird Fragen aufwerfen, vielleicht sogar leise Empörung. Gut so. Ihnen hätte das gefallen. Für sie gehörte Leidenschaft zur Literatur.

Die Geschichten der Alten sind nicht nur wundervoll fein geschrieben – sie bersten auch vor Kraft. Zudem brachen diese Männer Konventionen, als dies noch keine Modeerscheinung war. Und sie nahmen das Schreiben ernst. Fanatisch ernst. So ernst, daß sie mitunter jahrzehntelang an einem Werk feilten, um jedes Wort kämpften, an manchen Büchern verzweifelten und bis zur Erschöpfung vor den Manuskripten saßen, häufig ohne zu wissen, ob sie jemals Erfolg haben würden. Sie konnten nicht anders. Sie mußten schreiben.

Natürlich griffe es zu kurz, die Autoren nur zu fabulierenden Haudegen zu stilisieren. Zum Teil blickten sie auf einen harten Lebensweg zurück, in dem die Schriftstellerei vielleicht die einzige Fluchtchance bot. Zudem trieb Menschen wie Melville, London oder Hemingway eine kaum zu sättigende Neugier voran, dazu eine hemmungslose, nicht selten selbstzerstörerische Lese- und Schreibwut. Hinter ihrem mutigen Auftreten verbargen sich feinfühlige Seelen, die stets den Wunsch hatten, nicht nur hinter die Kulissen der Welt zu blicken, sondern sie mit aller Macht beiseite zu schieben. Keine Frage, sie wollten Bestseller zu Papier bringen, ihr Lebensstil verschlang oft viel Geld, vor allem aber versuchten sie, auf den Grund der Dinge zu gelangen. »Ein Buch ist gut«, pflegte Hemingway zu sagen, »wenn es zehnmal wahrer ist als die Wirklichkeit.«

Was waren das also für Männer, die so deftig lebten und doch so tiefgründig schrieben? Waren es Spinner, Selbstdarsteller, Ausnahmetalente? Waren es »hypersensible Käuze«, wie Bekannte Joseph Conrad nannten? Meister des Bluffs, wie B. Traven? Oder verwirrte Eremiten, als welcher Herman Melville am Ende galt? Fest steht: Ihre Lebensgeschichten zu lesen ist tragisch, rührend, manchmal herzzerreißend, gelegentlich auch abstoßend und schockierend – immer aber höchst unterhaltsam.

Könnte man diese sechs Herren heute in einem Kaminzimmer versammeln, sie müßten sich ob ihrer Biographien verblüfft in die Augen sehen. Jede Wette, es würde hoch hergehen.

Wilde Dichter wie sie gibt es heute nicht mehr. Im Zeitalter von GPS und Goretex sind Abenteuer vergleichsweise austauschbar geworden. Sie haben ihren größten Reiz verloren: den des Fremden, des Unbekannten, der niemals erzählten Geschichten.

Danken möchten wir den wichtigsten Biographen, die diese ungewöhnlichen, manchmal komplizierten Lebenswege rekonstruiert haben. Ohne ihre aufwendige jahrelange Recherche wären viele Anekdoten nie ans Tageslicht gekommen, und auch dieses Buch wäre nicht möglich gewesen.

Danken freilich wollen wir auch den Wilden Dichtern selbst. Ihr Ruf ist bis heute zu hören.

Hamburg, im Mai 2005
Rüdiger Barth,
Marc Bielefeld

Herman Melville

In Lee erschienen hohe Fontänen am Horizont, und zwei Boote, Stubbs und Flasks, wurden zur Verfolgung ausgesetzt. Sie pullten und pullten, bis sie vom Topp aus kaum noch zu erkennen waren. Dann wurde in der Ferne ein Schwall sprudelnd weißes Wasser ausgemacht ... Es dauerte noch einige Zeit, dann waren sie wieder deutlich in Sicht, im Schlepp eines Wals.

*»Was ich wirklich schreiben will, ist verdammt,
alle meine Bücher sind für die Katz.«*

»Es ist der Höhepunkt einer verrückten, durchgrübelten Nacht, wenn sich das Blut in Brandy verwandelt.«

»Ein Buch aus dem Hirn zu befördern ist vergleichbar mit dem kitzligen und gefährlichen Unterfangen, ein altes Bild aus seinem Rahmen zu schneiden. Man muß seinen ganzen Kopf auskratzen, um sicher dranzukommen, und selbst dann mag das Bild die ganze Mühsal am Ende nicht einmal wert sein.«

»Wir glauben gerne, daß Gott seine Geheimnisse nicht alle erklären kann, aber wir Sterblichen verwundern Ihn so sehr wie Er uns.«

Zitate von Herman Melville

»Die, die nur seine Bücher gelesen haben, kennen den Mann. Die, die nur den Mann kennen, haben nur eine vage Vorstellung von seinen Büchern.«

Der Autor N.P. Willis über Herman Melville

In den letzten Jahren bleibt die Tür zu seinem Arbeitszimmer meistens geschlossen. Wochenlang, manchmal monatelang. Ein beklemmender Anblick, für seine Frau, die Familie. Nur noch ganz selten kommt er heraus. Die Tür befindet sich im zweiten Stock eines kleinen Hauses in der East 26th Street, Manhattan, New York. Der Enkelin Eleanor ist unheimlich zumute, wenn sie die Großeltern gelegentlich besucht und an der Tür vorbeikommt. Dahinter verbirgt sich ein düsteres Reich, das Refugium ihres Opas, Herman Melville, wortkarg, versunken, längst ein alter Mann. »Sein Zimmer war für mich ein Ort des Staunens und der Rätsel, niemals ging ich dort hinein, wenn er mich nicht dazu einlud«, erinnerte sie sich später.

Sonderbare Gipsköpfe stehen in dem Zimmer hinter der Tür. Von einem Regal starren sie mit ihren pupillenlosen Augen in ein Nichts. In der Ecke ein schmales Bett mit dunkler Tagesdecke. Hunderte Bücher füllen die Borde und Simse. Auf einem kleinen Tisch liegen Notizen und eine Tüte mit Feigen, an der Wand steht ein massiver Schreibtisch aus Mahagoni. Darüber klebt ein Zettel: »Bleibe treu den Träumen deiner Jugend.«

Herman Melville ist jetzt bald siebzig Jahre alt, trägt einen gewaltigen Vollbart, silbergrau, viereckig endend, als hätte ihn jemand abgehackt, und dabei so lang, daß das drahtige Haar schon auf die bis zum Kinn zugeknöpfte blaue Jacke stößt. Ein großer, würdiger Mann mit aufrechtem Gang, dessen Augen verraten, daß er »ferne und seltsame Dinge wußte«, wie seine Enkelin Jahre später sagen würde. Bis in die Nächte sitzt Melville hinter seiner geschlossenen Tür, lautlos, beinahe wie ein Geist, und beschreibt stapelweise Seiten. Darunter Gedichte wie dieses: *Buddah*.

Denn was ist das Leben? Es ist
nichts als ein Dunstschleier, der kurze Zeit
auftaucht und dann verschwindet.

Ohnmächtig treiben, schwimmen und schwinden,
Begierig, den Weg ins Nichts zu finden!
Unter Leiden, Tränen, Seufzern der Welt
Ziehen wortlose Dulder hinaus –
Nirwana! Nimm uns auf in Dein Firmament
Lösche uns in Dir aus.

Nachbarn haben vermutet, Melville sei geistesgestört. Ein Fall fürs Irrenhaus. Rätselhafte Dinge sollen es sein, mit denen er sich beschäftigt. Er zeigt sich selten, und wenn, entfahren ihm bizarre Bemerkungen. »Ich selbst, ich bin der Feind von allem. O Herr, befreie mich von mir selbst«, hatte er in einem seiner Werke geschrieben. Kein Wunder, daß er vielen Sterblichen als Sonderling gilt. Doch Melville hat mit seinen Mitmenschen nicht mehr viel zu schaffen. Er ist bei Buddha, bei der Metaphysik, er ist bei den großen Fragen des Daseins angelangt. Wo steht der Mensch zwischen Gut und Böse? Welcher Natur sind die Mächte, die die Welt in Schach halten? Melville quält sich mit unsichtbaren Dämonen. Seit einigen Jahren beschäftigt er sich nun mit der Poesie. Die Gedichte helfen ihm. Ihre Form, ihre Kraft, ihre Weigerung, sich leicht deuten zu lassen. Sie sind seine Navigationshilfen auf seinem letzten Abenteuer – der Sinnsuche im Schreiben.

Herman Melville, der Seefahrer, der große Erzähler der Südsee, der Schöpfer von *Moby Dick*; jener Mann, der nach erstem Ruhm als Zollinspektor in der Versenkung enden und erst Jahrzehnte nach seinem Tod als einer der größten Autoren der Weltliteratur entdeckt werden wird, ist nun endgültig hinabgestiegen in die Katakomben des Geistes. Der Dichter der Tiefe befaßt sich in seinen letzten Jahren mit den Religionen, mit den Rätseln der Kunst und Philosophie. Den Gelehrten und Lesern ist er längst entschwunden. In der Zeit um 1890 wirkt Melville wie verschollen in einem Labyrinth der Abstraktion.

Wohin hatte ihn seine Schreiberei verschlagen? Er hatte Jahre auf den Ozeanen verbracht, Wale gejagt, auf fernen Pazifikinseln unter Wilden gelebt und später bei der Kriegsmarine angeheuert. Dies nun war das Ende einer langen Reise.

»Einer der genialsten Köpfe, die New York je beherbergt hat. Zur Zeit ist er eine Art Einsiedler, aber vielleicht können wir ihn hervorlocken.« 1890, ein Jahr vor seinem Tod, wird er mit diesen Worten als Ehrenmitglied für den Author's Club, einen bekannten Literatenzirkel, vorgeschlagen. Doch Melville ist ein für allemal abgetaucht in seine Innenwelten. Schon Jahrzehnte zuvor, Melville war Anfang Dreißig und arbeitete an seinem Meisterwerk *Moby Dick,* hatte er eine Entscheidung getroffen – und sich rar gemacht. Nie mehr den Forderungen der Verleger nachgeben. Sich nie mehr am Geschmack der Leser orientieren. Nur sich selbst vertrauen. Kaum einer vermißte ihn. Kaum einer ahnte, welch großen Geist die Welt da ziehen ließ. Obwohl er oft genug am finanziellen Abgrund stand und wußte, daß er mit seinen unverständlichen Büchern kein Geld verdienen würde, dichtete er sich geradenwegs in die Verachtung. Seinem Literatenfreund Nathaniel Hawthorne sagte er: »Das, was ich wirklich schreiben will, ist verdammt, es wird kein Geld einbringen. Und dennoch, etwas anderes kann ich nicht schreiben.«

Zuletzt nimmt Melville nicht einmal mehr Einladungen in literarische Runden an, »meine Nerven können größere Gesellschaften nicht mehr ertragen«. Immerhin, in England regen sich erste Stimmen, die Melville zu würdigen scheinen. Einige Verehrer jenseits des Atlantiks vergleichen *Moby Dick* mit der Sprachgewalt der berühmten elisabethanischen Dramatiker, etwa mit Shakespeare. Der Bewunderer Clark Russel nennt ihn gar »das größte Genie, das Amerika bisher hervorgebracht hat«. Doch das Lob erreicht ihn kaum.

Es schien, als wühlte Melville am Ende einsam und verlassen am Grund der Tiefsee. Seine Werke waren immer komplizierter geworden, hochsymbolisch, gespickt mit verstecktem, verklausuliertem Wissen. Kaum einer vermochte mehr nachzuvollziehen, was dieser Mann in seinen teils abstrusen, teils wunderschönen Versen und Geschichten zur Sprache brachte. Erst Jahrzehnte später würde man über ihn sagen, daß er mit seiner Stilvielfalt und seinem Mut, Lesegewohnheiten zu brechen, die moderne Literatur erfunden habe.

Melville sollte einen derartigen Dschungel an Gedanken und schriftstellerischem Neuland hinterlassen, daß sich Professoren und Literaturstrategen bis heute die Haare raufen. Welche Bedeutung hatte er seinem weißen Moby Dick wirklich zugeschrieben? Was wollte er uns mit seiner verwirrenden Symbolik, seinen Naturbeschreibungen und Hunderten von lyrischen Fingerzeigen sagen? In Vorworten, Essays, Kommentaren und Literaturlexika – heute zieht Melville dort selbst die Spur eines Wals. Kaum einem anderen amerikanischen Schriftsteller wird so viel Platz eingeräumt wie ihm und seinen Büchern.

Kein Wunder, Melville hatte sich einiges vorgenommen. »Tiefer, tiefer und immer tiefer müssen wir uns begeben, wenn wir das Menschenherz ergründen wollen, eine Wendeltreppe hinabsteigend in einen Schacht ohne Ende, in dem die Endlosigkeit nur vertuscht wird durch das Gewinde der Stufen und die Schwärze des Schachts.«

Was er in dem Roman *Pierre oder Die Doppeldeutigkeit der Dinge* formulierte, war sein eigenes Motiv: Melville verschrieb sich bald einer entrückten Wahrheitsfindung. 1859 bekam er auf seiner Farm Arrowhead bei New York Besuch von einem Studenten, Titus Munson Coan. Der Student bewunderte Melvilles frühe Südseeromane und wollte mehr erfahren über dessen Leben. Melville soll zu einem ehrfurchteinflößenden Monolog angehoben haben, in dem er seine Philosophien ausbreitete. Der Student, gleichermaßen beeindruckt wie irritiert, schilderte seiner Mutter die Begegnung mit den Worten: »Der Schatten des Aristoteles erhob sich wie kalter Nebel.«

Wie der Autor zu dieser Zeit lebte, ist kaum bekannt. Aber er muß auf die Menschen eine nachhaltige Wirkung ausgeübt haben. Der Publizist Ferris Greenslet erzählte Jahre später, wie Melville eines Tages in einen Frisörladen geprescht kam. »Ein

Einspänner kam mit rasanter Fahrt auf uns zu und hielt vor dem Laden, und nachdem der Fahrer sein Pferd angebunden hatte, kam er herein, um sich seinen Bart trimmen zu lassen. Er trug einen blauen Zweireiher, der an einen Seemannsmantel erinnerte, und war so um die Siebzig, mit voller Haartracht und einem stark ergrauten Bart. In mehr als fünfzig Jahren habe ich niemanden erlebt, der einen solchen Eindruck auf mich machte.«

Dabei waren es wohl vor allem seine packenden Geschichten aus der Südsee, die er noch immer erzählte und mit denen er die Leute in seinen Bann zog. Ob es im Pazifik auch Mädchen gegeben habe, soll ihn der Frisör gefragt haben. Darauf Melville, beschwörerisch: »Bei Gott, das will ich meinen!«

Doch Melville war nicht nur ein guter Storyteller. Er wußte viel. Vielleicht zu viel. Er kannte sich in den Glaubenslehren aus, beschäftigte sich mit dem Christentum, Judentum, der Bibel, dem Islam, mit den häretischen Lehren. Selbst mit den fernöstlichen Weisheiten befaßte er sich, riß jedes Buch, dessen er habhaft werden konnte, jedes Zipfelchen an Wissen an sich. Hinduismus, Buddhismus, Parsismus, Gnosis, die römische und griechische Mythologie, die Allegorien in den Werken der Antike, Shakespeare, Goethe, Schiller, Balzac, von dessen *Menschlicher Komödie* er fünfzehn Bände besaß – nichts, was ihn nicht interessierte. Kaum etwas, aus dem er nicht schöpfte. Sein Gehirn muß einer überquellenden Bibliothek geglichen haben. Zum Schluß forschte er in der Genesis des Alten Testaments, um mit den letzten Geheimnissen zu ringen: Was ist Gott? Worin liegt des Menschen Schicksal, zerrissen zwischen Hoffnung und Untergang?

Melville trieb in einem Meer von Fragen. Meistens schrieb er nach dem Aufstehen. Er aß wenig, oft erst abends. Schweres Essen lehnte er ab. Er könne danach nicht schlafen und sei morgens nicht in der Verfassung, zu dichten. Siebzig Jahre alt, brachte er letzte Gedichte zu Papier, sie trugen Titel wie *Weeds and Wieldings, Chiefly: with a Rose or Two*. Seinem Bruder erzählte er sarkastisch, daß er seine Manuskripte für zehn Cent an einen Reisekistenhersteller verhökert habe, der die beschriebenen Seiten für Innenverkleidungen nutzen wolle. Ein böser Scherz, doch die Wirklichkeit sah keine Spur besser aus. Seine letzten Schriften ließ der verkannte Poet auf eigene Kosten drucken. Lächerliche fünfundzwanzig broschierte Exemplare, die er an Freunde verteilte. Seine Frau Elizabeth Shaw sorgte sich. Das Schreiben, glaubte sie, würde ihn umbringen. »Doch für praktische Dinge war er kaum zu gebrauchen.«

Statt dessen klammerte er sich an die Worte seines letzten gedanklichen Weggefährten, Schopenhauer: »Im perfekten Einklang kann der Mensch mit niemand anderem als sich selbst sein. Wahrer, tiefer Seelenfrieden kann nur in der Einsamkeit erlangt werden.« Mit diesen Leitsätzen war Melville endgültig verschollen hinter seiner Tür.

Was hatte ihn so weit getragen? Viele haben nach einer Antwort gesucht, sie jedoch nie wirklich gefunden. Auch der Schriftsteller Richard Henry Stoddard nicht, der Jahre nach Melvilles Tod bemerkte: »Oft hat mich die Frage beschäftigt, ob irgendein Leser die eigentliche Triebkraft seines Geistes verstand, ja, ob Melville sie selber verstand.« Vielleicht waren die Bücher sein Anker, sein einziger Halt im Ungewissen. Das Schreiben als geistiges Rettungsboot, um die Welt zu erdulden. Denn Melville blickte auf ein enorm hartes Leben zurück, voller Unsicherheit, voller Schicksalsschläge und derber Abenteuer. Ein Leben, das sich oft liest wie eine seiner tragischen Erzählungen.

In der Furcht des Todes

Es ist kalt und dunkel in Manhattan. Ein Sturm vom Atlantik peitscht durch den Hafen, die Wellen schlagen wie schwarze Kisten gegen die Kaimauern. An diesem späten Abend im Oktober 1830 hocken der elfjährige Herman und sein Vater Allan Melville unten an den Docks der Cortlandt Street und warten auf die Fähre in den Vorort Albany. Der kleine Herman hat schon viele Fahrten auf den Zubringerbooten New Yorks erlebt, doch die heutige soll eine besondere werden. Eine symbolische Passage in ein Leben, das urplötzlich kompliziert werden wird, unberechenbar.

Sein Vater, der neben ihm sitzt, ist ein gebrochener Mann, bankrott und verschuldet. Die Gerichte wollen Geld von ihm. Er hat sein Textiliengeschäft verloren, muß das Zuhause am Broadway räumen und seine Frau und die anderen Kinder nach Albany vorschicken, damit sie bei Verwandten Zuflucht finden. Hermans Mutter erleidet einen Nervenzusammenbruch, die Familie stürzt von einem einst geregelten Dasein in den Abgrund. Es ist die Initiation für den jungen Herman, die jähe Reise von einer heilen in die böse Welt. Als er und sein Vater auf dem schaukelnden Schiff in die Nacht fahren, hat Herman die glücklichsten Jahres seines Lebens hinter sich.

Im Oktober 1831 muß Melville, zwölf Jahre alt, die Schule verlassen, weil die Familie kein Geld mehr hat, um Bücher und die Gebühren zu bezahlen. Die hohen Schulden und die Angst, seine Familie nicht länger ernähren zu können, setzen den Vater immer mehr unter Druck. Allan Melville ist erschöpft, Panik und Schuldgefühle plagen ihn. Während der Winter hereinbricht, baut er zusehends ab. Die Familie und sein angereister Bruder Thomas sehen, wie der Vater plötzlich merkwürdige Fieberanfälle bekommt. Sein Bruder sprach später von dem »traurigen Schauspiel eines Wahnsinnigen«. Am 28. Januar 1832 schließlich stirbt Allan Melville. Er hinterläßt seine Frau, acht Kinder und einen Berg von Schulden. Und was der junge Herman Melville hier noch nicht ahnen kann: Dies ist nur der Beginn einer fürchterlichen Reihe von Unglücksfällen, die ihn im Laufe seines Lebens heimsuchen werden.

Doch schon der Tod des Papas muß den Buben für immer getroffen haben. In einem der Bücher, die er als Junge besaß, unterstrich er eine Zeile: »Mein Herz ängstigt sich in meinem Leibe, und des Todes Furcht ist auf mich gefallen.« Was war geschehen? Als Herman Melville am 1. August 1819 in New York geboren wurde, schien eine rosige Zukunft vor ihm zu liegen. Er erblickte als drittältestes Kind das Licht der Welt und verbrachte seine ersten Jahre im Luxus.

Die Familie war wohlhabend, sein Großvater ein hochdekorierter General, Allan als Händler weitgereist und erfolgreich. Doch schon bald gingen des Vaters Geschäfte den Bach runter, Allan Melville war kein guter Geschäftsmann und traf krasse Fehlentscheidungen. Hinzu kamen die Wirtschaftskrisen, die New York zwischen 1820 und 1823 schwer zusetzten. Dennoch: Die Melvilles bekamen in den nächsten Jahren immer mehr Kinder und bezogen stets größere Häuser. In seinen Zwängen schien Allan Melville das drohende Unheil zu verdrängen – bis Gläubiger ihm auf den Pelz rückten, die Dinge schließlich ihren Lauf nahmen und er starb.

Herman Melville ist kaum in der Pubertät, als er mit seinem älteren Bruder die Verantwortung für die Familie übernehmen muß. Wie soll es weitergehen?

Die Lösung ist schnell zur Hand. Herman muß arbeiten, die Familie braucht Geld. Er ackert bald als Hilfsbursche in einer Bank, bei der Heuernte, und hilft im Laden seines Bruders aus. Ein ordentlicher Job ist kaum zu kriegen. Es folgen lange Jahre frustrierender Arbeitssuche, erneute Wirtschaftskrisen, in denen Herman jeden Cent umdrehen muß. Erst mit achtzehn bekommt er endlich eine Anstellung als Dorfschullehrer. Immerhin, er kann wenigstens lesen und schreiben und kommt bei einer Bauernfamilie unter.

In der Freizeit liest er, was immer er in die Finger bekommt – und keinesfalls seichte Sonntagslektüren. Laut Biographen soll er Burtons *Anatomy of Melancholy* gekannt haben, den Dichter Coleridge, *Gullivers Reisen* von Jonathan Swift, Shakespeare und selbst so komplexe Schriften wie Ovids *Metamorphosen*. Beharrlich versucht er hinzuzulernen, besucht eine Lateinklasse und wird Mitglied in einem der Debattierclubs. Doch noch etwas ganz anderes regt sich in ihm, ein gewisses Fernweh, der Traum, etwas ganz anderes zu erleben. Schon sein Vater hatte ihm von seinen vielen Reisen vorgeschwärmt, von klein auf hatte er die Abenteuer von Krusenstern, Captain Cook und Mungo Park in den Ohren. Und schließlich waren da die für einen Jungen unglaublichen Geschichten, die sich die Matrosen unten an den Docks von New York erzählten, als er sich im Hafen zwischen den Schiffen rumtrieb.

Aber selbst den Ausbruch wagen? Noch ist er nicht soweit.

Unterdessen spitzt sich die Lage zu. Die Schule kann ihn nicht mehr beschäftigen, und auch bei der weiteren Jobsuche wehen ihm nur Absagebriefe ins Haus. Herman Melville ist jetzt neunzehn Jahre alt, sein Vater lange tot, und seine Mutter und sieben Geschwister wissen kaum, wie sie sich über Wasser halten sollen.

Um so erstaunlicher: Im Mai 1839 publiziert Herman Melville wie aus heiterem Himmel seinen ersten literarischen Versuch. Der Text heißt *Fragments from a Writing Desk* und erscheint bei der »Democratic Press« unter dem kuriosen Synonym L.A.V. Das Manuskript ist eine Art Kreuzung zwischen Brief und Parodie, in der Melville wortgewaltig und ölig die schönen Dorfmädchen von Lansingburgh besingt. Talentiert, aber unbeholfen.

Wie kam der junge Melville plötzlich dazu, so etwas zu schreiben? Man sollte meinen, daß er weiß Gott andere Dinge im Kopf hatte, als sich an großer Literatur zu versuchen. Doch wie er später einmal sagte, wurde er gelegentlich wie von einem Sturm gepackt, als zöge ihn eine unsichtbare Macht in die Welt der Buchstaben. Bücher müssen ihn schon früh fasziniert haben, trotz seiner schwierigen Situation – oder vielleicht gerade ihretwegen. Bis er selbst ernsthaft zur Feder griff, würde noch einige Zeit vergehen. Zunächst sollte ihm sein Temperament Erlebnisse ganz anderer Natur bescheren. Da draußen wartete das Meer. Die Welt der Seemänner, Kap Hoorn, der noch kaum entdeckte Südpazifik – und die erste Begegnung mit dem Leviathan. Dem großen Wal.

Zwischen Flüchen und Huren

Ein flaues Gefühl im Magen, das hatte er gewiß. In strömendem Regen trifft Melville, von Albany kommend, in New York ein. Er soll geflickte Hosen und eine Jägerjacke getragen und keinen

Penny in der Tasche gehabt haben . Das einzige, was er besitzt, ist eine Vogelflinte, die ihm sein Bruder mit auf den Weg gegeben hat und die er verkaufen soll, um an ein paar Dollar zu kommen. Die letzte Nacht verbringt er bei einem Freund seines Bruders, um am nächsten Tag runter ins Hafenviertel zu gehen, wo er die Schiffe abklappert und mit Seeleuten und Kapitänen spricht. Nach einigen Stunden kommt tatsächlich eine Offerte: Melville heuert als »Boy«, als einfacher Schiffsjunge, auf einem der Segelschiffe an, die hochmastig und von Seemöwen umkreist an den Piers dümpeln.

Als er am 5. Juni 1839, neunzehn Jahre alt, an Bord des englischen Paketschiffs »St. Lawrence« geht, betritt er eine fremde Welt. Kisten werden verstaut, Kommandos gebrüllt, Matrosen spleißen Taue, Bootsmänner zimmern Holzplanken. Seegeruch hängt in der Luft, schmatzend hebt und senkt sich das Meer an den muschelverkrusteten Dalben. Was drängte Melville dazu, zur See zu fahren? Abenteurerblut soll in seinen Adern geflossen sein. Andere behaupten, er wollte dem Fluch seiner Familie und der emotionalen Bindung zu seiner Mutter entgehen. Wieder andere glauben, und dies ist nicht ganz unwahrscheinlich, daß es schiere Geldnot war, die ihn trieb. Melville selbst äußerte sich nur einmal zu seinen Beweggründen: »Bittere Enttäuschung bei mehreren Plänen, die ich mir für die Zukunft zurechtgelegt hatte, die Notwendigkeit, etwas für mich selbst zu tun, und ein von Natur aus rebellisches Temperament hatten sich jetzt in mir verschworen und schickten mich als Matrosen zur See.« Über drei Monate sollte er auf seiner ersten Seereise unterwegs sein. Und dieser Trip führte ihn noch nicht in die Weiten des Südpazifiks, sondern als »Green Hand«, als blutigen Anfänger, über den Atlantik nach Liverpool.

Ohne eine Ahnung von Seefahrt, wird ihm der unterste Posten in der Mannschaftshierarchie verpaßt. Er muß niedrigste Tätigkeiten ausführen und bekommt dafür höchstens fünfundvierzig Dollar für drei Monate, ein karger Lohn, von dem noch einiges abgezogen wird: Kosten für Eßgeschirr, Seestiefel, Kleidung und Ausfälle wegen Seekrankheit. Tagebücher oder Briefe aus dieser Zeit sind nicht bekannt, doch kann man davon ausgehen, daß sein zehn Jahre später erschienenes Buch *Redburn* die Reise in hohem Maße authentisch schildert. Leser und Verleger verlangten damals wahrheitsgetreue, wenngleich stark romantisierende Geschichten, und in *Redburn* kam Melville diesem Wunsch noch nach.

Mit schwerem Herzen und tränennassen Augen nahm meine arme Mutter von mir Abschied, vielleicht hielt sie mich für einen mißratenen und halsstarrigen Jungen, und vielleicht war ich's auch; aber wenn es so war, so hatten mich eine hartherzige Welt und harte Zeiten dazu gemacht. Ich hatte vor der Zeit gelernt, mir viele und bittere Gedanken zu machen, all meine hochfliegenden Träume von Ruhm und Ehre waren verflogen, und ich war in diesen Jahren schon so abgestumpft wie ein Mann von sechzig Jahren. Erzählt mir nichts von der Bitternis der mittleren oder späten Jahre; ein Junge kann all das schon fühlen, und noch viel mehr, wenn sich der Mehltau auf seine junge Seele gelegt hat.

Nach der Abfahrt glitt die »St. Lawrence« den East River hinaus auf den Atlantik. Bis zu vierzig Mann arbeiteten an Bord der Schiffe, die Wachen lösten sich alle vier Stunden ab. Als einfacher Matrose mußte Melville das Deck schrubben, Taue bedienen, Leinen aufschießen und sich als Bursche für alles nützlich machen. Dicht an dicht lagen die Seeleute in den engen, düsteren Mannschaftsquartieren im Bug. Das Essen war dürftig und nicht gerade abwechslungsreich. Schiffszwieback, getrocknetes Gemüse, zähes Pökelfleisch, dazu ab und an das sogenannte »Burgoo«, ein mit Melasse gesüßter Maisbrei. Die meisten Seeleute waren schlichter Natur, sie kamen aus den Fischerdörfern der Ostküste und fuhren in der Regel schon lange zur See. Ihre rauhen Finger, zerfurchten Gesichter, die dreckigen Witze und Flüche – Melville, mit seinem runden Kinn und seinen Lehrerhänden, dürfte sich in den ersten Tagen gefühlt haben wie ein Zierfisch unter Haien.

Hängematten, Gestank und wildes Gefluche: Die Zustände im Vorderschiff erinnerten eher an eine Strafanstalt, von der vermeintlichen Romantik an Bord eines Seglers keine Spur. Drohungen, Gewalt, selbst sexuelle Übergriffe waren üblich. Hinzu kam, daß Melville sich überhaupt nicht auskannte. Nautische Begriffe umschwirrten ihn, abergläubisches Gemurmel und Seglerlatein, von dem er noch nie etwas gehört hatte. Was wußte er schon, was ein Großmarsleesegelhals, ein Vorstengenstagsegelfall oder ein Kreuz-Royal ist? In *Redburn* schrieb er später: »Es gibt eine so endlose Anzahl von völlig neuen Namen für neue Dinge zu lernen, daß es mir zunächst unmöglich erschien, sie alle zu beherrschen. Wenn du je ein Schiff gesehen hast, hast du zweifellos bemerkt, was es dort für ein Dickicht an Tauen gibt.« Das Leben an Bord war harter Tobak. Doch Melville besaß eine gesunde Portion Humor, so daß er sich unter den Brutalitäten der seegehenden Misanthropen bald zurechtfand.

Die Überquerung des Atlantik dauerte mehrere Wochen, und die Mannschaft mußte oft erhebliche Risiken eingehen. Bis zu fünfundzwanzig Meter hoch über Deck, sich an schwankende Rahen klammernd, mußten die Männer in die Takelage klettern, um die Segel auszubringen oder zu reffen, wobei es es keinesfalls ungewöhnlich war, daß eine arme Seele den Halt verlor, sich auf Deck das Genick brach oder in der See ertrank. Die Matrosen und Offiziere müssen Melville so manche Belehrung an den Kopf geschmettert haben, als der Novize mit großen Augen vor den Fallen stand, die sich wie Lianenstränge die Masten hochzogen, und verängstigt zu den schlagenden Segeln emporblickte, die sich bald riesenhaft aufblähten. Aber kneifen? Hier? Keine Chance. Es galt harte Disziplin, Prügelstrafen waren so üblich wie das tägliche Gebet. Hinzu kam: Alles knatschte, das Boot gierte und rollte. Man kann sich unschwer vorstellen, wie Melville zumute war, um sich herum nichts als Rabauken und weites Meer.

Nach einem knappen Monat auf See zeichnen sich endlich die Kaianlagen und Kirchtürme von Liverpool am Horizont ab.

Mehrere Wochen bleibt die »St. Lawrence« im Hafen, um auf Fracht zu warten: genug Zeit für die Seeleute, sich an Land umzutun. Und was Melville hier sieht, muß ihm nach dem puritanischen Neuengland wie eine dunkle Unterwelt vorkommen. Liverpool war zu jener Zeit einer der größten Häfen Europas, über zweitausend Spelunken reihten sich in den Gassen aneinander: Tanzbars, Bordelle, Kneipen, Seemannsheime und dubiose Wettkeller. Fast dreitausend Dirnen, darunter etliche Minderjährige, lehnten an den Mauern und verschwanden mit den Männern in dunklen Stiegen. Tausende Auswanderer drängelten sich an den Piers, um ein Schiff nach Amerika zu erwischen, dazwischen Besoffene, Bettler, Diebe, Kranke. Kaum ein Tag, an dem nicht eine Messerstecherei, ein Mord geschah. Und immer wieder Bilder verzweifelter Armut. In *Redburn* wird eine Mutter beschrieben, die mit ihren drei Kindern in einem schäbigen Hinterhof in Lancelott's-Hey liegt, alle vier tot. Das Liverpool von 1839 bietet ein Szenario wie aus einem Schauerroman.

Die Laderäume der »St. Lawrence« sind mit Eisen, Textilien und Salz gefüllt, als der Segler die Stadt nach vier Wochen wieder verläßt und sich auf den langen Weg zurück über den Atlantik macht. Nach drei Monaten kehrt Melville im Herbst 1839 wohlbehalten in die Neue Welt zurück. Er hat sich seine ersten Sporen auf See verdient – aber noch ahnt er nicht, daß diese erste Begegnung mit dem Meer höchstens ein Witz war gegen das, was ihm auf den Walfängern noch bevorstand.

Blutendes Meer

In Amerika hat sich nichts verändert. Melville muß erneut Arbeit suchen, um seine Mutter zu unterstützen, wobei er sich auf langen Fußmärschen zwischen Lansingburgh, Albany und Greenbush ein paar Cent hinzuverdient, indem er als Briefträger Sendungen verteilt. Das Land darbt in der Krise. Bald bricht Melville auf, bis in den Mittleren Westen, es muss doch einen

Job geben! Bis zum Mississippi verschlägt es ihn, nach Buffalo und Chicago, bis er ohne festes Auskommen schon bald wieder in New York landet.

Und nun bahnt sich jene Reise an, die sein Leben verändern würde. Eine Reise, die zum Mythos wurde und einige der schillerndsten Figuren und Szenen der Literatur hervorbringen sollte. Schon der erste Absatz aus *Moby Dick* ist legendär, und aus den Worten spricht das ganze Fernweh, das Melville lange vor dem Schreiben seines Buches getrieben hat. Zeilen, die so manchem noch heute aus der Seele sprechen.

Nennt mich meinethalben Ismael ... als eines Tages mein Beutel leer war und an Land mich nichts mehr hielt, kam mir der Gedanke, mich ein wenig auf See umzutun ... das ist so meine Art, mich wieder zur Raison zu bringen ... wenn mir der Mißmut am Mundwinkel zerrt und nieselnder November in die Seele einzieht ... ich mir Gewalt antun muß, um nicht auf die Straße hinunterzulaufen und jedem, der mir begegnet, kalten Blutes den Hut herunterzuschlagen ...

Melville konnte von seinem eigenen Leben abschreiben: Denn tatsächlich hatte er sich Jahre zuvor entschlossen, auf einem Walfänger anzuheuern. Seine Mutter schrieb einer Verwandten: »Herman ist zu einer langen Reise in den Pazifik aufgebrochen, mit dem Gefühl äußerster Zufriedenheit. Gansevoort (sein Bruder) ist bis zuletzt bei ihm geblieben und sagt, er habe ihn noch nie so vollkommen glücklich gesehen.«

Sich ein wenig auf See umtun. Welch eine Untertreibung für das, was ihn in Wirklichkeit erwartete. Brutale Entbehrungen, Hunger, Enge und endloses Meer – fast vier Jahre Abenteuer lagen vor Melville, es war eine Fahrt ins Ungewisse, der Abschied dramatisch. Die Reisen dauerten so lange, bis die Schiffe genügend Wale gefangen hatten, oft bis zu fünf Jahren. Zudem waren es Vorstöße ins Blaue, der Pazifik war noch kaum kartographiert. Horrorgeschichten von Kannibalen machten die Runde, und viele Seeleute kamen nie wieder. Bis zu einem Drittel der Männer wurde von Seuchen und Skorbut dahingerafft, und so manchen riß der Sturm über Bord. Auf der bekannten Walfängerinsel Nantucket sah man reihenweise in Schwarz gehüllte Damen, fast ein Viertel aller Ehefrauen hatte die See zu Witwen gemacht.

Doch Melville soll eine »tiefe, fast mystische Sehnsucht« nach dem Meer empfunden haben, wie Biographen schreiben. Und es mag noch einen weiteren Grund für seine Walreise gegeben haben. Denn letztlich war es das »Monster«, der Leviathan, das wie ein Magnet wirkte. Melville schrieb später »von der überwältigenden Vorstellung eines Wals selbst«, die ihn neugierig machte und auf die Ozeane lockte. Die riesigen Meeressäuger beflügelten die Phantasie der Menschen damals in ungeheurem Maße, der Wal als mächtiges Symbol, Quell unerhörter Geschichten – ein Geschöpf, das viele wenigstens einmal im Leben zu Gesicht bekommen wollten.

Alte Kupferstiche, Zeichnungen und Ölgemälde zeugen von der mythologischen Dimension, die der Walfang einnahm. Auf dramatisch überzogenen Darstellungen sind tobende Pottwale zu sehen, die sich mit mahlenden Kiefern aus den Fluten schrauben; dazwischen, von Gischt und Sturm umtost, todesbleiche Seeleute, die in den Fangbooten um ihr Leben ringen. Für die Menschen an Land unvorstellbar: Was erlebten die Männer da draußen – jahrelang auf See, bis sie eines Tages wieder in die Heimathäfen einfielen? Der Walfang bot reichlich Stoff für Seemannsgarn und phantastische Legenden. Von grausigen Unfällen war die Rede, im Aberglauben erzählten sich die Männer haarsträubende Geschichten von Seeungeheuern und den Mächten der Tiefe.

Kein Märchen, sondern schaurige Realität hingegen war der Untergang des Walfangbootes »Essex«, das 1820 von einem berüchtigten Wal gerammt wurde. Eine Handvoll Seeleute konnte sich retten und trieb in winzigen Booten monatelang auf dem offenen Pazifik – bis sich die ausgehungerten Männer am Ende gegenseitig fraßen, samt Leber, Herz und Knochenmark. Die Geschichte des Unglücks war zu Melvilles Zeiten so be-

kannt wie heute große Kriminalfälle. Kaum jemand, der nicht mit Schrecken jeder neuen Einzelheit lauschte. Die Seeleute interessierten sich vor allem für jenen Wal, der angeblich »weiß wie Schafswolle« war und vor den Küsten Südamerikas blindwütig sein Unwesen trieb. Die, die ihn zu Gesicht bekommen hatten, schrieben ihm unheimliche Eigenschaften zu, ein Tier mit bösem Verstand und haßerfülltem Wesen. Dreißig Seemänner soll er auf dem Gewissen gehabt haben, und der Untergang der »Essex« war es, der Melville zu dem dramatischen Schluß von *Moby Dick* inspirierte.

Tod den Lebenden!
Es leben die Schlächter!
Viel Erfolg den Seemannsfrauen!
Und öliges Glück allen Walfängern!

Mit solchen Trinksprüchen und ähnlichen Gesängen ziehen die Männer auf die Schiffe, die im Hafen von New Bedford liegen. Es ist Weihnachten 1840, als Melville an Bord des Walfängers »Acushnet« geht. Melville heuert als »Foremasthand« an, als einfacher Matrose, er ist einundzwanzig Jahre alt. Sein »Lay«, der Lohn, wird im voraus festgelegt, es ist der klägliche hundertfünfundsiebzigste Anteil am Gewinn, den das Schiff auf seiner langen Reise einfahren wird. Doch keiner der Männer weiß, wie lange sie auf See sein werden. Keiner kann vorhersagen, wohin es sie verschlagen wird auf der Jagd nach den Walen.

Die Schufterei beginnt schon lange vor dem Auslaufen. Hunderte von Bodenfässern müssen die Männer an Bord schleppen, um sie in den untersten Laderäumen knapp über dem Kiel zu verstauen, schwere, mit Eisen beschlagene Behälter für bis zu zweihundertachtzig Gallonen Walöl. Dann werden Trinkwasserfässer über die Reling gehievt, dazu Stapel an Feuerholz und Tausende gebündelte Faßdauben, aus denen der Schiffsküfer im Laufe der Reise weitere Ölfässer fertigt. Auf die untersten Schichten der Ladung wird schließlich der Proviant gehäuft: Schiffszwieback, Tonnen an Fleisch und Brot. Es ist die Nahrung, die notfalls für über zwei Jahre reichen muß. Zuletzt wuchtet die Besatzung die kostbare Ausrüstung zum Fangen der Wale aufs Schiff: Harpunen, Lanzen, Leinen, dazu Seekarten, Arzneimittel, Wollpullis, Lederzeug und Rum und Gin.

Vier, fünf Tage herrscht lautes Durcheinander, bis jedes Faß, jeder Nagel seinen Platz auf dem Schiff gefunden hat. Ein letztes Mal dürfen die Seeleute an Land, und am 3. Januar 1841 schließlich läuft die »Acushnet« in den Atlantik aus. Melville waren die ersten Tage auf See nun schon vertraut. Den Umgangston der derben Blaujacken kannte er von seinem ersten Törn, und auch über Navigation und Seemannschaft hatte er bereits einiges gelernt. Dennoch: Ein ganz neues Gefühl, eine Mischung aus Euphorie und Angst, muß ihn ergriffen haben. Denn diesmal ging es nicht um drei, vier Monate. Die Schicksalsgemeinschaft, die hier langsam gen Osten segelte, würde Jahre miteinander auskommen müssen. Es war eine Reise auf Gedeih und Verderb.

Bis auf einen einzigen kurzen Brief aus Peru wird Melville in den nächsten vier Jahren nichts von sich hören lassen. Keine Post, kein Lebenszeichen, nicht einmal eine mündlich übermittelte Nachricht durch einen heimkehrenden Walfänger. Selbst eine Suchanzeige, die die Familie in einer Missionszeitung aufgibt, bleibt unbeantwortet. Es schien, als wollte Melville seinem bisherigen Leben für immer entkommen.

Kapitän Pease nimmt zunächst Kurs auf die Kapverdischen Inseln vor der Westküste Afrikas. Die Stimmung ist in den ersten Wochen auf See gedrückt, denn die Männer wissen, daß die Walbestände im Atlantik bereits stark dezimiert sind. Tagelang liegt nur die leere graue Wasserwüste vor ihnen. Doch von Müßiggang kann keine Rede sein. Das Deck muß sauber, jedes Teil des vierhundert Tonnen schweren Schiffs in Schuß gehalten werden. Alle drei Stunden hangeln sich zwei Männer in den Ausguck, um aus zwanzig Meter Höhe das Meer zu bewachen, falls doch ein Wal auftauchen sollte.

Die Arbeit an Bord eines Walfängers galt zu jener Zeit als einer der härtesten Jobs überhaupt. Kaum eine Tätigkeit, so stand es später in den Seefahrtsjournalen, mußte unter widrigeren, unwürdigeren Umständen verrichtet werden. Der Dienstplan war penibel einzuhalten, und wenn einer der dreißig Mann Besatzung nicht spurte, reagierten die beinharten Kapitäne mit drakonischen Strafen, die nicht selten in Mißhandlungen ausarteten. Dokumente in *The Maritime History of Massachusetts* belegen, daß Brutalitäten der Offiziere gegenüber der Mannschaft an der Tagesordnung waren. Viele Kapitäne verwandelten sich auf See zu »kaltblütigen Menschenschindern«. Und wehe dem, der seekrank wurde! Er mußte ein Stück Schweinespeck hinunterschlucken – welches allerdings an einem langen Faden befestigt war und schließlich wieder aus dem Magen herausgezogen wurde. Das angeblich magenbesänftigende Auf und Ab in der Speiseröhre wurde so lange wiederholt, bis die Seekrankheit verflogen war. Oder der Leidende halb erstickt an Deck zusammenbrach.

Unterwegs zu den Kapverden wird das Wasser immer blauer. An Deck stinkt es nach Blut, noch von früheren Fahrten drängt der Geruch von Kautabak, Teer, Salz und Rauch aus den Ritzen und kriecht bald aus jedem Kleidungsstück. Nach dem Passieren der Kapverdischen Inseln arbeitet sich die »Acushnet« immer weiter südwarts durch die Windstillen der Äquatorzone vor Südamerika. Zweieinhalb Monate nach Verlassen von Amerikas Ostküste läuft das Boot am 13. März in Rio de Janeiro ein, um seine erste Ladung zu löschen. Gerade mal zwei Tage verbringt Captain Pease im Hafen, dann befiehlt er, erneut in See zu stechen. Die Kapitäne standen unter enormem Druck. Die Reeder daheim verlangten Beute, und je schneller die Kapitäne wieder zu Hause waren, desto höher war die Chance, bald ein größeres, besseres Schiff zu erhalten.

Wenige Wochen später kommt schließlich Kap Hoorn in Sicht. Dreimal in seinem Leben umschiffte Melville die berüchtigte Spitze Südamerikas, jenes felsige, menschenleere Stück Welt, das mit seinen hohen Wellen und oft wochenlang anhaltenden Stürmen schon viele Boote in die Tiefe geschickt hatte. In seinen Seegeschichten beschreibt Melville oft das Wüten der See, orgelnde Winde, die die Segel reißen und das ganze Schiff erzittern lassen. Und zweifelsohne durchfuhr er viele Stürme selbst. Vierzig Tage soll die »Acushnet« gegen die starken Westwinde angekämpft haben, bevor die Mannschaft im Juni die Weiten des Stillen Ozeans erreicht. Doch mit der Aussicht, bald in den Walgründen des Pazifiks zu sein, hebt sich die Stimmung an Bord. Die »Acushnet« dreht ab und segelt Richtung Galapagosinseln, weit im Norden. Keine Sekunde vergeht, in der die Männer jetzt nicht den Horizont in der Hoffnung absuchen, Walherden zu erspähen.

In *Moby Dick* schildert Melville die Jagd auf die Tiere in der präzisen Sprache der Seeleute. Er wußte, wovon er schrieb. Auf seinen Fahrten war er den Walen oft so nah gekommen, daß er sie mit den bloßen Händen berühren konnte, und wenn nicht als Harpunier, so muß er zumindest als Rudergänger selbst in die kleinen Fangboote geklettert sein.

In Lee erschienen hohe Fontänen am Horizont, und zwei Boote, Stubbs und Flasks, wurden zur Verfolgung ausgesetzt. Sie pullten und pullten, bis sie vom Topp aus kaum noch zu erkennen waren. Dann wurde in der Ferne ein Schwall sprudelnd weißes Wasser ausgemacht ... Es dauerte noch einige Zeit, dann waren sie wieder deutlich in Sicht, im Schlepp eines Wals.

Und Melville beschreibt die Verfolgung weiter: *Sie hatten reichlich Leine in den Baljen, und der Wal tauchte nicht sehr rasch. Sie ließen ein ganzes Ende auslaufen und pullten zugleich aus*

Leibeskräften ... Die Boote drohten zu kentern ... Zugleich kam am anderen Ende der Wal zum Vorschein ... der Riese war ermattet. Unterdessen holten sie nach und nach die Leinen ein, bis sie den Wal zu beiden Seiten flankierten und Stubb und Flask mit ihren Lanzen zum Wurf kamen. Rund um die »Pequod« tobte bald die Schlacht. Vom toten Pottwal stürzten die Haie in Scharen herbei, sie rochen das frische Blut und tranken gierig an jeder neuen Wunde wie das Volk Israel in der Wüste an jedem frischen Quell ...

Die Jagdszenen in *Moby Dick* sind dramatisch ausgemalt, doch keineswegs übertrieben. Ähnliche Situationen waren auf See durchaus üblich, das Ringen mit den Riesen war ein blutiges Geschäft, bei dem die Männer viel riskierten. Augenzeugenberichte, die Melvilles Aktionen bestätigen, gibt es zwar nicht, doch sind die damaligen Fangmethoden in allen Details bekannt, so daß man leicht rekonstruieren kann, was der spätere Literat in dieser Zeit auf See erlebte.

Kaum war ein Wal gesichtet, wurden die fünf bis sechs Meter langen Fangboote zu Wasser gelassen, und während ihrer Aufholjagd entfernten sich die Rudergasten und Harpuniers oft mehrere Meilen von ihrem Mutterschiff. Schnelle Rettung war somit nicht mehr in Sicht – im Wissen, daß ein sechzig Tonnen schwerer Pottwal die Boote mit einem einzigen Flukenschlag zertrümmern konnte, ein nicht gerade beruhigender Gedanke. Das Wasser in den südlichen Breiten hatte zudem oft nicht mehr als vier, fünf Grad, schon nach wenigen Minuten Schwimmen drohte Unterkühlung und bald der Tod.

Sobald die Säuger auftauchten und ihre krustige Schnauze zum Greifen nah kam, stießen die Harpuniere ihre Lanzen mit aller Kraft in die enormen Leiber. Nicht selten sprangen die Tiere ob des Schmerzes aus dem Wasser, schlugen wild um sich, um dann die Flucht zu ergreifen. Die Harpunen jedoch waren per Fangleine mit den Booten verbunden, so daß die davonziehenden Wale die Schaluppen manchmal in schwindelerregendem Tempo hinter sich her zogen. Es waren aufreibende Momente –

vor sich ein Riesenbuckel, der tauchte und dann urplötzlich wieder durch die Fluten pflügte, während der kleine Bug des Fangbootes mit bis zu zwanzig Knoten durch das aufgebrachte Meer schnitt. Eine nicht ungefährliche Spritztour, die die Seeleute nach dem berühmten Walfängerhafen »Nantucketer Schlittenfahrt« nannten. Es konnte jetzt Stunden dauern, bis der Wal müde wurde und nur noch an der Oberfläche dümpelte. Und dann stachen die Harpuniere erneut zu. Sie stocherten so lange im Herzen, in den Arterien und in der Lunge herum, bis der Wal an seinem eigenen Blut erstickte und langsam verendete. Ihre Siegesschreie aber stießen die Fänger erst aus, wenn sie am Ende den »brennenden Kamin« sahen, die Blutfontäne, die aus dem Atemloch spritzte.

Doch die Drecksarbeit kam erst noch. Nachdem die Kadaver zum Mutterschiff geschleppt worden und an der Bordwand vertäut waren, mußten die Wale sofort zerlegt werden. Die Flenser kletterten jetzt auf die im Wasser treibenden Körper und begannen, die Haut mit ihren scharfen Messern abzuschälen. Hunderte fettiger Hautfladen hingen bald an den Speckhaken und wurden an Bord der Walfänger gehievt. Bei Seegang rutschten ungeübte Flenser dabei immer wieder von den Walen ab und krachten neben den toten Leibern ins Wasser. Unter dem Gegröle der anderen schwammen sie um ihr Leben, denn daß das blutige Gemetzel Haie angelockt hatte, war mehr als wahrscheinlich.

Die klebrigen langen Hautstreifen, von den Walfängern »Bibelseiten« genannt, landeten anschließend in Ziegelöfen, die an Deck montiert waren und in denen der Walspeck abgekocht wurde. Aus diesen Trankesseln stieg bald starker Dampf empor, und die Männer mußten bis zu drei Tagen ohne Pause schaben und knechten, bis von dem Wal schließlich nur noch Skelett und Gedärme übrig blieben. Aus einem Pottwal ließen sich bis zu siebentausend Liter Öl gewinnen, die anschließend in die Fässer gefüllt und unter Deck verstaut wurden. Buchstäblich: Nach den nervenaufreibenden Jagden war das Zerlegen der Tiere die reinste Knochenarbeit.

Auf den Walen, an Deck, in der Trankocherei, überall emsiges Wühlen und flinke Handgriffe. Die Männer wateten durch Blutlachen und Fettreste, wobei von den Schiffen ein derart erbärmlicher Gestank aufstieg, daß man sie oft riechen konnte, noch bevor sie in Sicht kamen. Am schlimmsten aber waren jene Neulinge dran, die am Ende in die Köpfe der Wale kriechen mußten, um dort kniend und von Fleischwülsten umgeben den begehrten Walrat herauszukratzen. Zum Schluß der Prozedur mußte noch das wertvolle Ambra abgeschabt werden, das in kiloschweren Klumpen an den Darmwänden klebte.

Aber mit jedem erlegten Wal wuchs der Mut der Mannschaft, kam man der Heimkehr doch jedesmal ein Stück näher. Und je fetter die Beute, desto größer die Aussicht auf einen guten Lohn. Denn die Walindustrie florierte, bis zu siebzehntausend Mann fuhren Mitte des neunzehnten Jahrhunderts auf den Meeren, um das Rohmaterial, das die Wale lieferten, nach Hause zu schiffen. Das Walöl brachte die Laternen in den Straßen zum Leuchten, es wurde als Schmiermittel benutzt und ließ die Räder der Kutschen laufen. Das elastische Fischbein und die Barten fanden sich in Peitschen, Regenschirmen und Korsagen wieder, und auch das Ambra konnten sich die Reeder teuer bezahlen lassen, bevor es zu Parfüm und angeblich potenzsteigernden Mitteln verarbeitet wurde.

Melville war jetzt neun Monate auf See. Und er hatte schon jetzt eine Flut von Eindrücken gesammelt. Die Stunden, die er im Topp hoch oben über dem Ozean verbrachte, die nächtlichen Wachen, die Stille, der Wind und das ewige Wasser – es ist nicht bekannt, ob er jemals Aufzeichnungen machte, doch müssen sich jene Stimmungen für immer in ihm eingebrannt haben. Noch Jahre danach, als er das Erlebte und Gesehene schließlich aufschrieb, waren seine Schilderungen teilweise so eindringlich, als würde man die See zwischen den Zeilen riechen können.

Auch als die »Acushnet« bald darauf die Galapagosgruppe erreicht, muß Melville vor allem die Natur fasziniert haben. Wahrscheinlich verbrachten die Männer hier einige Tage, um zu fischen und Schildkröten für den späteren Verzehr an Bord zu nehmen. In seiner späteren Geschichte *Die Encantadas oder Verwunschenen Inseln* skizziert er die Felsen, Fische und Vögel auf den Galapagos so atmosphärisch, als hätte er jedes Bild, jeden Eindruck gespeichert.

Vielleicht war es ihm noch nicht bewußt, doch das Walfängerdasein würde ihm reichlich Material bescheren für seine späteren Geschichten. Und die Reise war noch lange nicht vorbei. Denn als die »Acushnet« die Galapagosinseln wieder verließ, hatte Melville die erstaunlichsten Erlebnisse noch vor sich.

Unter Kannibalen

Monatelang gleitet das Schiff mit den wechselnden Winden über das grenzenlose Meer, mal nördlich, mal südlich des Äquators. Wie Quecksilber breitet sich der Stille Ozean vor den Männern aus, bis er nahtlos mit dem Himmel verschmilzt. Immer wieder jagen sie Walen nach, die Fässer im Rumpf füllen sich stetig mit dem abgekochten Öl, bis Kapitän Pease irgendwann entscheidet, einen südlichen Kurs einzuschlagen, in Richtung der Inselwelt des Südpazifiks. Fünfzehn Monate nach dem Auslaufen in New Bedford, vierundzwanzig Wochen hinter sich, ohne Land gesehen zu haben, wächst vor den Augen der Seeleute die Küste einer Insel der Marquesas aus dem Horizont. Melville beschrieb den Moment später in seinem ersten Buch *Typee:* »Wir hatten bei Sonnenaufgang die Berge auftauchen sehen, die ganze Nacht segelten wir vor einer sehr leichten Brise, so daß wir uns am nächsten Morgen ganz in der Nähe der Insel befanden. Blühende Täler, tiefe Schluchten, Wasserfälle und rauschende Wälder zogen an uns vorüber.«

Zeilen, die später Jack London und auch Robert Louis Stevenson inspirierten. Als ob sie Melvilles Ruf folgen wollten, segelten sie Jahre nach ihm in die Südsee, um selbst darüber zu schreiben.

Am nächsten Mittag geht die »Acushnet« in der Bucht von Nukuhiva vor Anker. Vom Schiff aus blickt man auf einen schmalen Strand, auf Palmen und die steilen, grünen Berge im Inselinnern. Einige der Männer hatten die Inseln schon auf früheren Fahrten gesehen, doch Neulingen wie Melville muß der Anblick dieses entrückten, von Pflanzen überwucherten Fleckchens Erde vorgekommen sein wie eine Fata Morgana. Wie das Paradies inmitten des Ozeans. Marinehistoriker schreiben, daß das Leben an Bord eines Walfängers nach einem Jahr fast unerträglich gewesen sein muß. Der Gestank, das längst verfaulte Essen, der eintönige Alltag an Bord und die rüden Kapitäne: kein Wunder, daß viele Matrosen mit den Nerven am Ende waren. Melville hatte sich inzwischen mit einem jungen Kameraden befreundet, dem Matrosen Toby Greene, und wahrscheinlich waren auch die beiden das elende Walfängerdasein derart leid, daß sie im Juli 1842 desertierten.

Sie wußten zwar, wo sie sich befanden; die Marquesas waren auf den damaligen Seekarten schon recht präzise verzeichnet. Dennoch: Es war ein gewagter Schritt. Unter Seeleuten kreisten Gerüchte, daß die Inselbewohner morden würden und bisher kaum Kontakt zur Zivilisation gehabt hätten. Wer sich entschied, auf dem Eiland zurückzubleiben, ging zudem das Risiko ein, sich unbekannte Krankheiten einzufangen, wo weit und breit kein Arzt war. Und auch die Chancen, die Insel je wieder zu verlassen, waren unkalkulierbar. Zwar machten öfter Walfänger vor den Marquesas halt, doch wann sie kommen würden und ob ein Kapitän bereit wäre, abtrünnige Walfänger aufzunehmen – all dies stand in den Sternen. Es hatte zwar schon einige Seefahrer gegeben, die sich von ihren Schiffen gestohlen hatten, um in der Südsee das paradiesische Leben zu proben, doch hinter den grünen Bergen warteten zahllose Ungewißheiten. Wo würden sie Trinkwasser finden? Wo ließe sich Nahrung auftreiben? Und: Wie würden die Insulaner reagieren, wenn plötzlich zwei bleichgesichtige Fremdlinge vor ihnen stünden?

Wahrscheinlich gehen Melville und Greene nachts an Land, oder sie fliehen während eines Landgangs. Als der Rest der Mannschaft in den kleinen Booten zum Schiff zurückrudert, schlagen sich die beiden Deserteure durch den Busch, klettern das steile Küstengebirge hinauf, um das Inselinnere zu erreichen. In ihren Hosentaschen haben sie so viel Eßbares versteckt, wie sie unauffällig mitnehmen konnten, Schiffszwieback, Brot, dazu Kattun als Geschenk für die Eingeborenen. Mehrere Tage pirschen sie durch Farne, Bäche und Gestrüpp. Melville muß an einer Stelle gestürzt sein, wie man weiß, verletzte er sich ein Bein, das bald stark anschwoll, so daß er nur noch schleppend vorankam. Im dichten Dschungel tauchen plötzlich riesige Steinfiguren auf. Es sind die unheimlichen Gebilde der Insulaner, Götterköpfe mit riesigen Mäulern und großen Augen, Mythenwesen aus der archaischen Glaubenswelt. Und auf einmal breitet sich das Land aus, vor Melville und Greene tut sich das grüne Tal der Typees auf.

Was sich bei der ersten Begegnung mit den Einheimischen abspielte, ist nicht genau bekannt, doch allem Anschein nach wurden die Weißen freundlich aufgenommen. Die ausgebüchsten Walfänger bekommen Papayas, Kokosmilch, Popoi-Meals und Brotfrucht gereicht und werden im Dorf der Typees unter Staunen und Gekreische herumgereicht. Drei Stämme lebten zu dieser Zeit auf der Insel, und wie Historiker vermuten, galten Weiße als Trophäen, als Vorzeigeobjekte, um bei den feindlichen Sippen Eindruck zu schinden. Einen Monat weilt Melville unter den dunkelhäutigen Südseebewohnern: Später wurde er dafür bekannt als »der Mann, der unter Kannibalen lebte«. Nach der Seereise sollte er über die Marquesas sein erstes Buch schreiben: *Typee – a Peep at Polynesian Life*. Ein in großen Teilen authentischer Bericht über die Wochen auf der Insel, Tausende Meilen vom nächsten Land entfernt. Um Melvilles Erlebnisse zu rekonstruieren, greifen Biographen immer wieder auf dieses Werk zurück, denn spätere Aussagen seines Weggefährten Toby Greene belegen, daß Melville seine Erlebnisse in *Typee* wahrheitsgetreu aufgeschrieben hatte.

Das Buch zeichnet nicht nur ein genaues Bild der Insel, der Tiere und der Pflanzen, sondern es fängt auch das Leben der Eingeborenen ein – ihre Zeremonien, die Tätowierungsrituale, das Essen, das Fischen und das von der Zivilisation ungetrübte freie Leben in der Südsee. Tatsächlich genießt Melville zunächst ein sorgloses Tropendasein. Er schwimmt in den Lagunen, das Meer so klar wie Glas, morgens fährt er mit den Fischern zu den Riffen und verbringt seine Nächte mit dem Inselmädchen Fayaway. Doch Melville und Greene merken schon bald, daß etwas nicht stimmt. Als sich die beiden eines Nachts vom Dorf entfernen wollen, werden sie von den Ureinwohnern gewaltsam zurückgehalten. Melville und Greene müssen Panik bekommen haben, denn gerade über die Typees erzählten sich die Seeleute, daß sie Menschenfleisch äßen.

Saßen sie in der Falle?

Auf Melvilles weiterhin angeschwollenes Bein zeigend, macht Greene den Insulanern klar, daß er unbedingt Hilfe holen müsse, bis sie ihn schließlich ziehen lassen. Doch Greene, der eigentlich die Flucht vorbereiten will, kehrt nie wieder zurück. Ein anderer Walfänger, der inzwischen vor Nukuhiva liegt, braucht dringend Verstärkung: Greene wird kurzerhand schanghait, ebenfalls eine der harschen Methoden, deren sich die Kapitäne damals bedienten. Daß Greene sich nicht mehr blicken ließ, kann Melville keineswegs Mut gemacht haben. Er war jetzt der einzige Weiße, der auf der Insel festsaß.

Nach außen scheinen die nächsten Wochen ein Fristen im Paradies, doch Melville ahnt nichts Gutes. Denn trotz ihrer Gastfreundlichkeit lassen ihn die Typees jetzt nicht mehr aus den Augen. Der einstige Dorfschullehrer ist nun ständig auf der Hut, obwohl er zunächst keine Spuren von Kannibalismus entdecken kann. Eines Nachmittags jedoch geht er zu einer der Tai-Hütten, wo sich mehrere Männer über einen Tapa-Sack aus Bast beugen und den Behälter hektisch verschwinden lassen, als Melville plötzlich hinter ihnen steht – und in dem Sack drei Menschenköpfe erblickt, darunter auch den eines Weißen. Ob sich die Szene tatsächlich so ereignet hat, ist nicht bewiesen, doch falls etwas Wahres dran ist, muß Melville die Hosen ziemlich voll gehabt haben. Und das um so mehr, als die Typees tags darauf von einem Kampf mit den benachbarten Hapas mit drei

Leichen im Schlepptau wiederkehren und im Dorf bald die Trommeln ertönen.

Einige Tage später geht Melville im Dorf spazieren, als er in einer Ecke ein Holzgefäß entdeckt, in dem sich »ohne Zweifel ungeordnete Teile eines menschlichen Skeletts befanden, dessen Knochen noch frisch und feucht waren«, wie der Biograph Newton Arvin schreibt. Es war jetzt klar, daß Melville so schnell wie möglich von der Insel verschwinden mußte. Nur wie?

Einem weiteren Walfänger-Kapitän, der die Marquesas anläuft, kommt zu Ohren, daß auf der Insel ein Matrose gefangen ist. Tags darauf schickt der Kapitän – wahrscheinlich aus dem einzigen Grund, weil ihm ein Mann fehlt – einen Trupp ins Inselinnere, um Melville zu holen. Nur unwillig geben den die Insulaner frei, und nachdem die Eskorte über die Berge marschiert ist und endlich den Strand erreicht, folgt ein Handgemenge, bei dem Melville einen Eingeborenen mit einem Bootshaken getötet haben soll, um auf eines der rettenden Beiboote zu springen, die ihn an Bord des Walfängers »Lucy Ann« bringen. Über vier Wochen hatte er bei den blautätowierten, bis dahin fast völlig isoliert lebenden Inselmenschen ausgehalten, eine Zeit zwischen Grausen und himmlischem Tropendasein – und eine Erfahrung, die ihn schon bald berühmt machen sollte. Doch zunächst fand er sich an Bord eines Walfängers wieder und segelte abermals auf den Pazifik hinaus.

Die »Lucy Ann« erweist sich als übler Seelenverkäufer, der Kapitän als ein unberechenbarer Tyrann; die Zustände an Bord sind noch schlechter als zuvor auf der »Acushnet«. Melville schlittert vom Regen in die Traufe. Kurz vor Tahiti, im September 1842, meutert die gesamte Mannschaft, und einige der Männer werden prompt in Papeete eingebuchtet, darunter auch Melville. Doch er verbringt nur wenige Tage im Gefängnis, und so findet er sich bald plan- und ziellos auf einer weiteren Südseeinsel wieder. Und Tahiti bietet ihm ein ganz anderes Bild als die Marquesas-Inseln. Keine Spur von jenen »edlen Wilden«, wie er die Typees später beschrieb. Statt dessen erlebt Melville, wie

Missionare hier eine ganze Insel übernommen und den Einheimischen ihre Sitten, ihre Religion und die westliche Lebensweise aufgedrängt haben. Als er über die Strände und durch die Dörfer zieht, sieht er immer wieder, wie die Tahitianer sich »lächerlich machen«, zu einem »degradierten Volk« mutieren, indem sie gezwungenermaßen das Leben der Weißen nachäffen. Der Dogmatismus der Christus-Kämpen, die brutale Ausbeutung einer ursprünglichen Kultur – in seinen späteren Büchern sollte Melville die christliche Herrschsucht aufs Schärfste anprangern und sich damit unter den puritanischen Lesern zu Hause keineswegs nur Freunde machen.

Mehrere Wochen vagabundiert Melville durch die Inselwelt, schläft an menschenleeren Stränden, klaubt Kokosnüsse von den Palmen und setzt bald über nach Moorea und später auf das Nachbareiland Eimeo, wo einige Hasardeure und Aussteiger herumlungern. Zeitweise arbeitet er für zwei Pflanzer auf einer Kartoffelfarm, für Kost und Logis, doch die Schufterei unter brennender Sonne macht er nur kurze Zeit mit. Kaum hat er die Chance, die Insel zu verlassen, segelt er auf dem Walfänger »Charles and Henry« weiter Richtung Hawaii.

Polynesier und sonnenverbrannte Matrosen tummeln sich an den Piers, als Melville im Hafen von Lahaina auf der Insel Maui Wochen später von Bord geht. Wieder muß er sich irgendwie durchschlagen, nur die armselige Summe seiner Heuer in der Tasche. Was er zunächst anstellt, um zu überleben, ist nicht überliefert, doch es dauert nicht lange, bis Melville auf einem Boot nach Honolulu übersetzt und eine Zeitlang über die noch leere, von Weißen nur spärlich besiedelte Insel vagabundiert. Er soll sich nach einer Stelle als Buchhalter umgesehen und später ein paar Dollar damit verdient haben, die Kegel in einer Bowlingbahn aufzustellen. Wieder schläft er im Freien, hat kaum zu essen. Es ist ein hoffnungsloses Dasein in der trügerischen Idylle der Inseln, vor denen grün und blau das Meer leuchtet und auf denen ein seidenweicher Wind weht.

Jahre auf See, das brotlose Herumtreiben, die Knechterei unter mehreren Kapitänen: Es war Zeit, nach Hause zu fahren.

Freilich gab es kaum regelmäßige Seeverbindungen nach Amerika, und wenn ein Linienschiff die Reise antrat, war die Passage für einen Herumstreicher nicht zu bezahlen. So ist es wenig verwunderlich, daß Melville die Chance nutzt, an Bord der Fregatte »United States« anzumustern, einem der ersten modernen schnellen Segler, die für die US-Marine gebaut wurden. Doch auch die Navy bietet alles andere als einen Erholungs-Trip. Vierhundertachtzig Mann Besatzung drängeln sich auf den Decks, in den Kojen, in den Kombüsen – gegen die Walfangschiffe ein Gemenge wie auf dem Jahrmarkt. Und um so härter der Drill auf dem Kriegsschiff. Für Trunkenheit, Schmuggel oder nachlässigen Dienst bekommen die Männer zwölf Schläge auf den nackten Rücken; sechs Hiebe für Aufruhr oder Pöbelei. Melville wird Zeuge von über hundertfünfzig Auspeitschungen, selbst minderjährigen Schiffsjungen wird das Kreuz blutig geschlagen.

Ansonsten: Meer, nichts als Meer. Vierzehn nicht enden wollende Monate verbringt Melville auf der »United States«, die unterwegs abermals die Marquesas, Tahiti, die Juan-Fernandez-Inseln und die Westküste Chiles ansteuert. Erst im Juli 1844, von Mexiko kommend, tritt das Schiff die Heimreise an. Dreizehntausend Seemeilen liegen noch vor Melville, bevor er erstmals wieder heimische Gestade betreten wird. Doch an Bord entdeckt er schon bald eine willkommene Abwechslung, die wichtig werden wird für seinen Weg als Schriftsteller, den er bald antreten sollte. In der riesigen Schiffsbibliothek wartet regalweise Literatur auf ihn. Während seiner Freiwachen zieht sich Melville oft zurück und liest. Und auch einige seiner Kameraden scheinen sich mit Büchern erstaunlich gut auszukennen. Häufig unterhält sich Melville mit einigen belesenen Marineleuten über verschiedene Romane, Geschichten und Stile. Es ist eine gedankliche Oase inmitten des rauhen Bordlebens.

Die Reise führt ihn erneut um Kap Hoorn, nach Brasilien, nördlich durch die Karibik, und drei Monate später lugt endlich die Küste Nordamerikas aus dem Dunst. Es muß ein unbeschreiblicher Augenblick für Melville gewesen sein. Der behütete Sohn einer einst wohlhabenden Familie, der ehemals verzweifelte Arbeiter, der schüchterne Dorflehrer mit den feinen Händen – nun kehrt er heim, die Brust gestopft mit Erfahrungen. Er hatte eine gewaltige Zeit hinter sich. Eine Flut aus Bildern, Wissen und Erlebnissen bedrängte ihn. Fast vier Jahre war er verschollen, gab nur ein Lebenszeichen an die Familie. Er ist fünfundzwanzig Jahre alt, als die »United States« am 3. Oktober 1844 im Hafen von Boston einläuft.

Am Morgen darauf trifft Melville seinen älteren Bruder Gansevoort in New York. Und als der die Tür öffnet, kann er kaum glauben, was er sieht: Ein braungegerbter Seemann in lumpigen Klamotten steht vor ihm, die Haare lang und verfilzt auf den Vollbart wachsend. Breitschultrig und muskulös soll Melville gewesen sein, die Augen blau und klar. Aus dem kleinen Bruder war ein nach See stinkender Mann geworden. Noch am selben Tag läßt Gansevoort der Mutter in Lansingburgh mitteilen: »Herman ist wieder da. Du kannst diesen Nachmittag mit ihm rechnen.«

Der Flug vor dem Sturm

Die Eindrücke sind noch frisch, das Meer, die Inseln, das Leben auf den Schiffen. Kaum zwei Monate wieder in Amerika, setzt sich Melville hin, um seine Erfahrungen aufzuschreiben. Vermutlich regen ihn andere Seefahrergeschichten an, wie etwa ein Buch von Richard Henry Dana, *Two Years before the Mast,* das erstaunlichen Erfolg hatte. Im Sommer darauf besteigt Melvilles älterer Bruder Gansevoort ein Schiff nach England, er hat sich inzwischen als Gerichtsprüfer einen Namen gemacht und tritt einen Posten als Legationssekretär in London an. Doch neben seinen Fracks und Hosen hat er noch etwas anderes im Gepäck: das erste Manuskript von Herman Melville, einen Wust von Aufzeichnungen und biographischen Notizen, Szenen aus der Südsee, Geschichten von Seemännern und skrupellosen Missionaren. In England nimmt Gansevoort Kontakt zum Verleger

John Murray auf, der nach der ersten Lektüre zuversichtlich ist. Melville überarbeitet den Text, ein Lektor redigiert das Werk, und im Frühjahr 1846 erscheint das erste Buch unter Melvilles Namen.

Die Kritiker sind begeistert, die Leser gefesselt. In einer Zeit ohne Radios und bunte Magazine erzielen derart exotische Erzählungen die Wirkung heutiger Kino-Thriller. Immerhin: Melville berichtet in seinem Buch von unerhörten Dingen. Was wußten die Leute schon, wie das Leben zur See wirklich aussah, was einen im Pazifik erwartet, wie freizügig sich junge Mädchen in der Südsee kleideten? Mit *Typee* entführt Melville sein Publikum in die weite Welt.

Viele Zeitungen loben das Erstwerk. *Typee* sei »sehr interessant«, der Verfasser ein »außergewöhnlicher Mann«, schreibt die »London Critic« im März 1846. Seine Inselgeschichten mit ihren teils erotischen, teils amüsanten Szenen seien das »bezauberndste« Werk seit Robinson Crusoe. Und auch Melvilles Stil, obgleich noch in den Kinderschuhen, findet Beachtung. »Seine Beschreibungen der Natur sind lebensnah und stark, stellenweise sogar meisterlich«, steht in der »London Times«. Doch sind dies die Stimmen aus England, damals noch wichtiges Sprungbrett für amerikanische Autoren. Der Literaturbetrieb war in der Alten Welt weit etablierter, die Leserschaft reicher, die Kritik distinguierter. In den USA dagegen schwappt Melville neben einigen positiven Rezensionen auch herbe Kritik entgegen. Vor allem einige Puritaner empören sich über seine schonungslosen Attacken gegen die Missionare. Auch daß er die gesetzlosen noblen »Wilden« über die zivilisierte Gesellschaft stellt – ganz in Rousseauscher Tradition – bringt Blätter wie etwa den »New York Evangelist« auf die Palme. Mit den eisernen Vertretern Gottes hatte es sich Melville gründlich verdorben.

Als Melville jedoch bereit ist, einige angeblich obszöne und allzu politische Passagen zu streichen, wird *Typee* schließlich auch in Amerika gedruckt und auch hier mit großer Neugier gelesen. Selbst der bekannte Autor Nathaniel Hawthorne ist von Melvilles Sichtweisen positiv überrascht. Der einstige Walfänger ist über den sensationellen Erfolg seines Buchs hoch erfreut. Nach seiner harten Jugend, nach Jahren erfolgloser Jobsuche und nach der Zeit auf See muß ihm die Anerkennung runtergangen sein wie Öl. Hatte er endlich eine Berufung gefunden?

Alles sieht danach aus. Er wird mit *Typee* zwar nicht reich, streicht aber genügend Geld ein, um nicht mehr die nächstbeste Arbeit annehmen zu müssen und ernsthaft Pläne schmieden zu können, sich als Schreiber einen Namen zu machen. Er hatte einen enormen Schritt vollzogen. Der namenlose Matrose stand im Rampenlicht, inmitten der literarischen Diskussion. Und alle Welt wollte vor allem eines wissen: Hatte er wirklich all das erlebt, worüber er schrieb? Hatte dieser Mann – der ganz offensichtlich kein ungebildeter Matrose war – tatsächlich Wale erlegt? Die Südsee besegelt? Unter Wilden gelebt?

Eine hitzige Debatte brach darüber aus, ob Melvilles Bücher authentisch waren oder ob er das Blaue vom Himmel dichtete. Spätestens mit dem Auftauchen seines früheren Weggefährten Toby Greene jedoch wurden alle Zweifel beiseitegeräumt; Greene bestätigte, daß der Autor all das höchstselbst erlebt hatte. Melvilles Ruhm wurde dadurch nur noch größer.

Doch mit *Typee* geschah noch etwas anderes. Seine früheren Schreibversuche als Dorflehrer, sein erstes Interesse an Literatur, es waren höchstens Spielereien gewesen. Und auch *Typee* war noch eher beiläufig geschrieben, ein Versuch, schnell und vergleichsweise dilettantisch aufs Papier geworfen. Der plötzliche Erfolg aber stößt eine Tür in ihm auf. *Typee* wird für den angehenden Dichter zum Bahnbrecher, zur Initialzündung, um langsam sein Talent, jenes tiefe literarische Potential zu entdecken, das in ihm steckt. Melville ahnt es vielleicht noch nicht – aber es wird für ihn keinen Weg zurück mehr geben. Seinem späteren Freund Nathaniel Hawthorne schrieb er über die Zeit, bevor ihn die Bücher gefangen nahmen: »Bis ich fünfundzwanzig war, habe ich überhaupt nicht gelebt. Ich wußte nicht, worum es wirklich geht.«

Während des Erfolgs von *Typee* hält Melville nun auch um die Hand von Elizabeth Shaw an, der Tochter eines langjährigen Freundes und Gönners der Familie. Sie heiraten im August 1847, vier Tage nach Hermans achtundzwanzigstem Geburtstag. Das Fest findet in Boston statt, in kleinstem privaten Kreis, denn der Romancier der Südsee ist inzwischen so berühmt, daß bei einer öffentlichen Trauung befürchtet werden mußte, daß Scharen von Neugierigen sie bedrängen würden, die den verwegenen Autor zu Gesicht bekommen wollen. Und inmitten des Trubels schmiedet Melville Pläne für sein zweites Buch, *Omoo*, eine Fortsetzung seiner Südsee-Erlebnisse.

Spätestens jetzt wird Melville klar, was seine große Reise für ihn bedeutet. Denn die vier Jahre auf See waren nicht nur ein großes Abenteuer – seine Erfahrungen waren seine Schatztruhe, aus der er unentwegt Geschichten hervorkramen konnte. Und mehr noch. Seine Erlebnisse wurden zum Fundament für seine Weltanschauung, die er im Schreiben von nun an immer intensiver ausloten und entwickeln würde.

Bereits in *Typee* kündigt sich sein großes Thema an: die allgegenwärtige Ambivalenz, die Zerrissenheit des Daseins in Gut und Böse. Und Melville sog sich sein Motiv keineswegs aus den Fingern, seine Vorlage war das Leben. Am eigenen Leib hatte er erlebt, wie sich die Welt überall in unvereinbare Gegensätze spaltet. Der Aufstieg und Fall seines Vaters, der Sturz vom Reichtum ins Verderben. Auf See erkannte er die Schönheit der erhabenen Natur, in der der Mensch zum Töter und Schlächter wird, der in Blutlachen steht wie ein Geschöpf des Teufels. Auf den Inseln sah er den unbefleckten »Urmenschen«, der erst durch den brutalen Dogmatismus der Religion zum unwürdigen Wesen wird. Was er also gesehen hatte – es eröffnete ihm sein theoretisches Feld. Und mit *Typee* kratzte er gerade mal an der Oberfläche. Mit jedem weiteren Buch würde er von nun an immer tiefer in seine Philosophien hinabsteigen.

Inmitten der Glückssträhne ereilt Melville ein weiterer Schicksalsschlag. Sein Bruder Gansevoort stirbt in London völlig unerwartet an einer Krankheit, der ältere Bruder, der ihm bei der ersten Veröffentlichung so maßgeblich geholfen hatte. Melville ist todtraurig, aber gefaßt. Indes macht er sich an sein zweites Buch und schreibt auch dieses erstaunlich schnell nieder. *Omoo* erscheint im März 1847, abermals zuerst in London, und auch dieses Werk wird von Kritikern und Lesern fast euphorisch aufgenommen.

Melville hatte jetzt zwei äußerst erfolgreiche Bücher vorzuweisen. Selbst in den ausländischen Metropolen, darunter auch in Berlin, ersuchen Verleger um die Erlaubnis, seine Werke zu publizieren. Melville bezieht in New York ein größeres Haus, wo er mit seiner Frau und dem Rest der Familie lebt. Hier hat er nun genügend Platz, um andere Schriftsteller zu empfangen, häufig weilt er in literarischen Kreisen, unterhält sich über Klassiker und Neuerscheinungen und schreibt gelegentlich Rezensionen. Sein Weg scheint geebnet – vom tragischen Vagabunden zum gefeierten Literaten.

Derbe, lustige Abenteuergeschichten liegen im Trend. Genau der Stoff, den Melville abgeliefert hat. Bis jetzt. Denn an diesem Punkt müssen ihn die Musen geküßt haben. Auf einmal will er weiter, tiefer, höher. Seine ersten Bücher hält er bald nur noch für Schmöker, für seichten Unterhaltungskram. Es steckt mehr in ihm. Er beginnt mehr zu lesen, mehr, immer mehr. Robert Burton, Rabelais, Coleridge, europäische Klassiker. Bald freundet er sich mit dem Kritiker und Herausgeber Evert Duyckinck an, der ihm seine große Bibliothek zu Verfügung stellt. Der frühere Walfänger frißt die Werke jetzt in sich hinein. Seine Gedanken gehen neue Wege, Melville beginnt, in eine völlig andere Richtung zu schreiben. Auch seine Freunde merken, daß etwas in ihm gärt. Er befaßt sich mit völlig anderen Themenwelten, mit alten Schriften, mit Dichtern wie Sir Thomas Browne aus dem siebzehnten Jahrhundert. Melville spricht plötzlich von himmlischen Abgründen, von ewigen Wahrheiten, »gebrochenen Erzengeln«. Sein Bekannter Duyckinck ist ob der befremdlichen Wandlung verdutzt: »Seit wann sprechen Seeleute solche Sätze aus?«

Doch die wahre Metamorphose wird erst in seinem dritten Buch erkennbar. Die Klischees aus *Typee* und *Omoo* sind verflogen, Melville spitzt seine Sätze zu, schreibt präzise und gleichzeitig immer symbolischer. Hier meldet sich nicht mehr der Seemann zu Wort, sondern ein Denker, der mit der englischen Sprache neue Formen schaffen will. Etwas nie Gelesenes zeichnet sich auf den Seiten ab. Die Autorin Elizabeth Foster würde später über jenes Buch, das den Titel *Mardi* trägt, sagen: »Ein Abenteuer-Kontinuum in einem offenen Boot, mit wilder allegorischer Romantik und phantastischen Reiseberichten satirischen Anklangs.«

Die Melvilles beziehen in der Zwischenzeit ein Haus in der New Yorker 4th Avenue. Dreimal am Tag geht er spazieren, zwischen seinen Gängen schreibt er, angeblich in einem kalten, zugigen Zimmer, wo er in einen Mantel gehüllt vor seinem Schreibtisch sitzt. Im Haus der Melvilles sollen sich einige vergnügte Runden versammelt haben, Diskussionen bis spät in die Nacht, bei denen Melville über lauter abstrakte Themen spricht. Religionen, Atheismus, metaphysische Betrachtungen und des Menschen Schicksal in einer verlorenen Welt. Keine Frage, er scheint schnurstracks in die Strudel der Philosophie zu manövrieren. Seine Frau Lizzy teilt diesen Hang zum Vergeistigten nicht unbedingt. Hermans gesteigertes Interesse an Büchern und ideologischen Seiltänzen schreckt sie, nicht selten denkt sie sehnsüchtig an ihre fröhliche Zeit in Boston zurück. Doch Melville weicht nicht von seinem Weg ab. Während Lizzie ganz im Hier und Jetzt lebt, driftet ihr Gatte langsam in einen unsichtbaren Kosmos, um dort – er ist gerade mal dreißig Jahre alt – nach den ewigen Spielregeln des Daseins zu forschen.

Ein Bekannter der Duyckincks, ebenfalls Dichter, war vor kurzem in eine Irrenanstalt eingeliefert worden. Vielleicht ein Wink, sich endlich wieder auf das normale Leben zu besinnen. Doch Melville ließ sich von niemandem beirren und schrieb unermüdlich weiter an seinem Experiment namens *Mardi*. »Jemand, der nie verspürt hat, was Wahnsinn bedeutet«, sagte er, »kann höchstens ein Häppchen Hirn im Schädel haben.« Gelegentlich gab er seiner Frau neue Seiten zum Lesen oder trug einzelne Passagen vor. Lizzie aber verstörten Hermans Vorstöße, die Sprache, die kaum deutbaren Inhalte. Was war das bloß, woran ihr Mann da arbeitete? Lizzie nannte es den »Nebel von Mardi«. Fast zwei Jahre brütete Melville über dem Werk, das seine literarische Unabhängigkeitserklärung werden sollte.

Man kann nur vermuten, von welcher Verve er getragen, ja, fortgetragen wurde. Vielleicht eine Motivation, wie er sie in *Mardi* auszudrücken versuchte: »Ich wurde von einem unwiderstehlichen Windstoß von meinem Kurs abgebracht. Dieser Anprall, dem ich mich beuge, trifft mich in allzu jungen Jahren, da ich noch unerfahren und schlecht ausgerüstet bin; und dennoch fliege ich vor dem Sturm.« Melville schrieb mit Hochdruck, kompaßlos, er schwebte – und experimentierte mit der englischen Sprache, wie es noch niemand gelesen hatte. Und so abstrus seine Gedanken auch waren, die Sätze, die Bilder hatten eine nie dagewesene Kraft. Allerdings mußte man schon ein geübter, beharrlicher Leser sein, um den Weg des Sturms zu ahnen, um Melvilles Flug zu erkennen. Kaum einem gelang es.

Wenn Melville nicht schrieb und sich zurückgezogen hatte, waren ihm seine Höhenflüge kaum anzumerken. Er erzählte gern, von der Südsee, von den Walfängern, ein offener, mitteilsamer Mensch. Frauen fanden ihn sympathisch, attraktiv. Die Gattin von Nathaniel Hawthorne beschrieb Melville ihrer Mutter später als »äußerst einnehmend und unterhaltsam; ein Mann mit einem warmen, wahrhaftigen Herzen, voller Leben, bis in die Fingerspitzen, dabei ernst, zartfühlend und bescheiden«. Sophia Hawthorne war sich nicht sicher, ob Melville nicht vielleicht »ein ganz großer Mensch« sei. Gelegentlich würden seine Augen einen »seltsamen, stillen Ausdruck« annehmen. »Ein eingezogener, verschleierter Blick, der einem gleichzeitig das Gefühl gibt, daß er in diesem Moment genau das wahrnimmt, was vor ihm abläuft. Ein lässiger Blick, aber mit einzigartiger Kraft. Er scheint dich nicht zu durchdringen, sondern dich ganz in sich aufzusaugen.«

Melville beschäftigen zu diesem Zeitpunkt jedoch noch andere Dinge. Einerseits muß er die Familie ernähren, zudem wird im Februar 1849 sein erster Sohn Malcolm geboren. Andererseits will er sich unbedingt literarisch weiterentwickeln. Als wüßte er, daß beide Ziele kaum miteinander vereinbar sind, schreibt er seinem Schwiegervater Lemuel Shaw: »Soweit es mich betrifft, als Individuum und unabhängig vom Geldbeutel, ist es mein ernstes Verlangen, solche Bücher zu schreiben, die man gemeinhin als gescheitert bezeichnet. Verzeihen Sie meinen Egoismus.« Als *Mardi: And a Voyage Thither* dann im März 1849 endlich auf den Markt kommt, herrscht irritierte Stille. Was soll man über dieses Buch sagen? Über diesen allegorischen Roman, der als harmloser Reisebericht in Polynesien beginnt, um bald zu zerfasern und sich in irrwitzigen Spiegelbildern der Welt zu verlieren?

Seine literarische Odyssee durch die Weltanschauungen stößt auf krasses Unverständnis. Die Leser wollen einfache Abenteuer, keine komplizierten Abhandlungen. Doch das ist das Buch vor allem: verworren, verstrickt – ein Muß für Rätselfreunde. *Mardi* wird brutal verrissen. Eine erste französische Rezension sieht in der Handlung den »Traum eines unzureichend gebildeten Schiffsleutnants, der in einer warmen Tropennacht, von Haschisch berauscht, schlafend im Mastkorb schaukelt«. Leser und Kritiker fühlen sich vom Autor verraten. Wo blieb die Südsee? Wo waren die Insulaner, die bunten Geschichten? Und so war es keineswegs erstaunlich, daß sich das Buch auch finanziell als Mißerfolg erwies.

Während seine Rivalen weiterhin packende Erlebnisberichte herausbrachten, lieferte Melville Tiefschürfendes ab, Themen, die sich mit menschlichen Ur-Fragen befassen. Dazu spinnt Melville jetzt immerzu neues Wissen mit ein, die ostindischen Religionen, die Lehren Zarathustras, transzendentale Versteigungen, und er läßt seine Figuren, von Dämonen besessen, aus alten Schriften zitieren. *Viele, viele Seelen wohnen in mir ... Flammen züngeln von meiner Zunge ... Fieber durchrinnt mich wie Lava, mein erhitztes Hirn glüht wie Kohle.*

Zeilen, die einige Zeitgenossen fragen ließen, ob Melville noch alle beisammen hätte. Nur wenige bemerkten, welchen Wert Melvilles Buch wirklich hatte. Immerhin lobte es sein Verleger in London, Richard Bentley, und auch die amerikanische Literaturgröße Hawthorne konnte Melville folgen. »*Mardi* ist ein reiches Buch, das stellenweise Tiefen aufweist, die einen Mann dazu zwingen, um sein Leben zu schwimmen.« Doch trotz einsamer Lobesrufe: *Mardi* gerät zum Desaster. Melvilles Ruf als Erzähler prickelnder Abenteuer ist dahin. Er hatte viel riskiert – und verloren. Sein lakonischer Kommentar an seinen Schwiegervater: »Soweit die Kritik. Aber die Zeit, die der Löser aller Rätsel ist, wird *Mardi* lösen.«

Ein großes, böses Buch

Wie sollte es mit Melvilles Karriere weitergehen? Den literarischen Balanceakt fortsetzen – oder leichte Kost für Geld schreiben? Melville entschied sich zunächst für den sicheren Weg. Immerhin: Er war jetzt Vater und trug Verantwortung. Und so sollte sein nächstes Buch, wie er den Verlegern versicherte, wieder authentisch sein, spannend, lebensnah und ja: überhaupt lesbar. Kein metaphysischer Hokuspokus, dafür »Kuchen und Bier«, wie er es nannte. Melville hat gewußt: Ein weiteres Experiment à la *Mardi* würde ihm das Genick brechen.

Und so schreibt er abermals über seine Erlebnisse, über das Leben auf See. Bald erscheinen *Redburn,* der Roman, der seine erste Fahrt nach Liverpool nachzeichnet, sowie *White Jacket,* in dem er über seine Zeit auf der Kriegsfregatte berichtet. Freilich auch dieses Werke, in denen Melville nicht ganz der Versuchung widerstehen kann, sich auf die philosophische Überholspur zu begeben. Doch macht er es hier versteckt, verborgen hinter der abenteuerlichen Rahmenhandlung. Beide Bücher verkaufen sich prächtig und bekommen äußerst positive Besprechungen. Auf einer Reise nach London wird Melville regelrecht gefeiert, mehrere tausend Exemplare sind bald verkauft. Melvilles Entscheidung für »Kuchen und Bier« zahlt sich aus: Der tollkühne dichtende Seefahrer ist zurück – und mit ihm der Ruhm.

Melville muß den Erfolg genossen haben, wenn auch mit gemischten Gefühlen. Er hatte zwar bewiesen, daß er mit dem Schreiben Geld verdienen konnte, doch er selbst schien unbefriedigt. Zu groß war die Kluft zwischen dem, was er schrieb – und dem, was er schreiben könnte. Er wußte, daß seine Bücher begeisterten, doch nach seinen Maßstäben waren es nur kleine Fische. *Redburn* und *White Jacket* seien nichts als »nötige Arbeit«, sagte er, nichts weiter als das »literarische Equivalent zum Holzsägen«. Etwas anderes dehnte sich längst in seinen Gedanken aus, unabwendbar, zwanghaft. Es dauerte nicht lange, bis Melville wieder in seinem Zimmer verschwand, um die ersten Zeilen über ein großes teuflisches Tier niederzuschreiben.

Melville lebt jetzt auf dem Land, und er mag die Weite, die Stille. Wenn er im Winter über die verschneite Ebene blickt, fühlt er sich hier draußen wie auf dem Meer. Seit einigen Monaten sitzt der Dichter mit den »spanischen Augen und seiner Zigarre«, wie ihn der Autorenkollege N. P. Willis beschrieb, nun an seinem ominösen Walbuch, das später den Titel *Moby Dick* tragen und zu einem der Giganten der Weltliteratur werden wird. Das Buch ist der endgültige Wendepunkt. Melville kann nicht mehr anders, als nur noch so zu schreiben, wie es aus seinem Inneren ruft. Das Werk wird ein enorm dickes, ein schweres Buch, gewaltig wie ein Pottwal selbst. Siebzehn Monate lebt Melville mit dem werdenden Wälzer, formuliert von morgens bis abends, wochenlang, fast ohne Unterbrechung. Die schwierige Geburt vergleicht er, welch seltsames Bild, mit dem »Zusammennageln einer Bretterbude«. Nur abends, wenn das Licht schwindet, sitzt er mit seiner Frau am Kamin, liest Schillers *Geisterseher* und Dickens *David Copperfield*.

Melville hat schon jetzt sein versteinertes Gesicht, das von den wenigen überlieferten Fotos aus seinen späten Jahren bekannt werden sollte. Ein bis hierher noch gefeierter Autor – der sich von nun an geradewegs in die Verachtung fabuliert. Im Mai 1850 läßt er seinen Kollegen, den Seeschriftsteller Henry

Dana, wissen: »Was die ›Wal-Reise‹ betrifft, ich bin jetzt bei der Hälfte angekommen. Es wird ein ziemlich merkwürdiges Buch werden, fürchte ich. Walfischspeck bleibt eben Walfischspeck, aber vielleicht kann man etwas Öl aus ihm gewinnen. Die Worte rinnen so zähflüssig wie das Harz aus einem gefrorenen Ahornbaum.«

Während Melville von seinem Zimmer auf das bald wieder blühende Land vor seiner Farm blickt, spinnt er weiter an seiner unglaublichen Story. Einige sagenhafte Figuren entstehen in diesen Glücksstunden der Literatur, Charaktere wie der polynesische Harpunier Queequeg oder Ahab, der rachsüchtige, vernarbte Kapitän der »Pequod«. Der unheimliche Magnet des Buches aber ist jener utopische weiße Wal, der zur Legende werden sollte. Zu einem hunderttausendfach reproduzierten Wahrzeichen, einem monumentalen Fabeltier, das man bis heute im hintersten Afrika kennt. Einer Nachbarin, Sarah Morewood, kündigt Melville sein Opus derweil so an: »Es ist aus jenem fürchterlichen Stoff, der aus den Trossen und Leinen der Schiffe gewoben ist. Ein Polarwind bläst hindurch, und Beutevögel fliegen über ihm. Warnen Sie alle netten, gesunden Menschen davor, auch nur einen Blick hineinzuwerfen, sie riskieren Hexenschüsse und Nervenleiden.« Noch heißt das Buch *The Whale*. Melville wird den Titel erst in letzter Sekunde ändern, kurz vor dem Druck.

Melville hatte sich in einen Orkan hinausgewagt. *Moby Dick* handelt von der menschlichen Selbstzerstörung, von der Frage nach dem Schicksal, von Gut und Böse, es handelt von Walen und Wissenschaft, von Meditation und Tod, Glaube und Aberglaube, von See und Himmel und von Negern, die zu den Haien predigen. Kurzum: Es handelt von so ziemlich allem – verwoben, zerfranst, aufgetürmt auf achthundert Seiten literarischen Sturm.

Melville gießt alles hinein, was er findet. Wie so oft, verstreut er wahllos Weltliteratur und biblische Motive über die Seiten, mischt Seemannsgarn und lexikalisches Wissen bei, hinzu kommen biologische Betrachtungen, dazu Fragmente aus hundert Stilen und Stimmen, so unergründlich wie das Leben selbst. Und immer wieder pfeffert Melville die Kapitel mit wilder Symbolik, wie etwa jenen berühmten zweiundvierzigsten Teil des Buchs, in dem er die Farbe Weiß zum grausamen Vorboten des Fatums, der »grausamen, herzlosen Leere des Universums« selbst ernennt. Und was heute nach den Suaden eines durchgeknallten Straßenpredigers klingt, wirkte damals wie ein Schock, wie ein Pfeil ins Herz der gläubigen Gesellschaft. Hundertfünfunddreißig Kapitel umfaßt das Werk schließlich, Kapitel, die Titel tragen wie »Vermessung des Walskeletts«, »Jona im Licht der Historie«, »Hyäne« oder »Frohe Weihnachten«. Das Buch ist eine Monstrosität, ein Hexenkessel. Es ist Melvilles Verneigung vor den unbegrenzten Möglichkeiten der Sprache. Und, wie sollte es anders sein, über allem wabert der philosophische Dunst.

Auf den ersten Blick eine schlichte Geschichte, die bis heute in zahlreiche Kinderbücher und Verfilmungen Einzug gehalten hat. Doch wie es der Autor prophezeite: Wehe dem, der es wagt, weiter in das Buch einzutauchen. Er wird kein Ufer erreichen, er wird sich verlieren, wie es streitende Literaturprofessoren immer wieder beweisen. Wenige Kunstwerke haben eine so endlose Diskussion vom Zaun gebrochen wie *Moby Dick*.

Spät im Jahre 1851 stehen für Melville zwei wichtige Ereignisse auf dem Plan. Zum einen wird sein zweiter Sohn geboren, Stanwyx, zum anderen hat er sein Buch endlich abgeschlossen und wartet nun gespannt auf die Veröffentlichung. An Hawthorne, dem es gewidmet ist, schreibt er: »Ich habe ein bösartiges Buch geschrieben und fühle mich nun so makellos wie ein Lamm. Unbeschreibliche Geselligkeit ist in mir. Ich möchte mich zu Dir setzen und mit allen Göttern des alten römischen Pantheons speisen. Es ist ein seltsames Gefühl, es enthält keine Hoffnung und keine Verzweiflung. Zufriedenheit – das ist es.«

In England, wo die bis heute vielleicht bekannteste Seegeschichte der Literatur zuerst erscheint, erklingen zunächst einige Stimmen, die das Werk loben, es als »neu und tiefgründig« beurteilen. Doch das Lob verhallt schnell, *Moby Dick* verkauft sich schlecht, findet nur wenige Leser, und als das Buch kurz darauf, im Dezember 1851, in New York erscheint, sind die Kritiker fassungslos. Amerikanische Rezensenten glauben, hier den unsäglichsten Schund gelesen zu haben, der ihnen jemals vor Augen gekommen ist, und krakeelen, das Werk entstamme der Feder eines Wahnsinnigen. *Moby Dick* scheitert brutal. Melvilles Literatenfreund Hawthorne ist, wieder einmal, der einzige weit und breit, der die Walgeschichte würdigt: »Was für ein Buch hat Melville da geschrieben! Es gibt mir eine Vorstellung von einer viel größeren Kraft als der, die in seinen ersten Büchern steckte.« Melville, inzwischen krisenerprobt, reagiert tapfer. Als er Hawthornes Kommentar liest, antwortet er: »Ihr Herz schlug in meiner Brust, und meins in Ihrer, und beide in der Brust Gottes.«

Doch *Moby Dick,* Melvilles größtes literarisches Wagnis, geht leer aus. Der Dichter bleibt mit seinem Meisterwerk allein und navigiert fortan allein durch seinen Kosmos. Wie er es aushielt und was er letzten Endes geschaffen hatte, würde die lesende Menschheit erst Jahrzehnte später begreifen. Doch Melville hatte sein Gegengift längst parat: »Ruhm ist die offensichtlichste aller Eitelkeiten«, sagte der dichtende Desperado, und seine Entscheidung für die Literatur war gefallen. »So, jetzt laß uns *Moby Dick* in unsere Gebete aufnehmen und von hier aus fortfahren«, schrieb er. »Der Leviathan ist nicht der größte Fisch. Ich habe von Kraken gehört.«

Der Weg in die Wüste

Melville ist jetzt zweiunddreißig Jahre alt, knapp vierzig Jahre wird er nach *Moby Dick* noch leben. Es wird ein einsamer Weg. Nach dem Desaster mit dem Wal setzt sich Melville unverzüglich wieder an seinen Schreibtisch und beginnt einen neuen Roman, *Pierre oder Die Doppeldeutigkeit der Dinge*. Freunde in der Stadt sorgen sich, manche glauben, halb witzelnd, halb ernsthaft, Melville sei seltsam, irre. »Nun«, lautet sein Kommentar, »zu dem Schluß bin ich vor langer Zeit schon selbst gekommen.«

Melville lebt jetzt auf seiner Farm »Arrowhead«, er hat wenig Geld, einige Verwandte unterstützen ihn noch, unter anderem der Schwager, einer der wenigen, die seine Texte schätzen. Doch was ist dieses *Pierre* nun wieder für ein Buch? Es ist, als würde Melville hier seinen eigenen Niedergang herunterschreiben, denn *Pierre* ist nichts anderes als die Geschichte eines scheiternden Schriftstellers. Melville läßt die Hauptfigur Bücher in Stücke reißen und auf den Fetzen herumtrampeln. Dazu von Pessimismus geschwängerte Hamlet-Zitate: »Die Zeit ist aus den Fugen geraten; Fluch der Pein, muß ich herzustellen geboren sein!«

Verleger raten Melville, Passagen zu streichen, Inhalte zu korrigieren. Doch Melville weigert sich. Und, natürlich, auch *Pierre* wird verrissen, es ist vielleicht sogar der Höhepunkt seines literarischen Untergangs. Die Kritiker reagieren nicht nur ablehnend – sie machen das Buch nieder, spöttisch, bösartig, es sind Schläge ins Gesicht. Und *Pierre* beschert ihm auch noch Schulden, weil er Druckkosten und Vorschuß zurückzahlen muß. Fast schon prophetisch lesen sich einige Zeilen aus dem Buch: »Das Wissen um die eigene fatale Lage führt nicht im geringsten zu der Fähigkeit, die Lage zu verbessern – in schrecklichster Not sind Menschen wie Ertrinkende, sie wissen nur zu gut um die Gefahr ... und dennoch: Das Meer bleibt das Meer, und die Ertrinkenden müssen ertrinken.«

Freunde gehen wegen der zunehmend bizarren Ansichten Melvilles langsam auf Distanz. Auch der Kontakt zu seinem englischen Verleger Bentley bricht ab. Melville hatte sich der Welt lange genug entzogen. Nun entzog sie sich ihm.

Er muß bald versuchen, wieder einen Job zu bekommen, doch einige Versuche, darunter auch der, als Konsul auf Hawaii zu arbeiten, schlagen fehl. Als Folge verbarrikadiert sich Melville immer länger in seinem Arbeitszimmer. Sein Sinnesgefährte Hawthorne notiert: »Letzten Montag kam mich Melville besuchen. Ohne Zweifel leidet er darunter, daß er sich ständig mit literarischen Dingen beschäftigt, und das jetzt auch noch ohne Erfolg. Seine Stücke zeugen schon lange von einem morbiden Geisteszustand.« Melville soll bei dem Treffen von vielen Dingen geredet haben, seinen Plänen, seiner ungewissen Zukunft. »Und«, so Hawthorne weiter, »er sagte mir, daß er fest entschlossen sei, vergessen zu werden. Es ist erstaunlich, wie er durchhält – und durchgehalten hat, seit ich ihn kenne, und wahrscheinlich schon lange vorher, während er immerfort über seine trostlosen Wüsten wanderte.« Die Wüsten des Herman Melville. Er würde von nun an immer weiter in sie hineinwandern.

In diesen Jahren bekommen die Melvilles zwei weitere Kinder, die beiden Töchter Elizabeth und Frances. Sie sind nun zu sechst. Melville schreibt neuerdings Erzählungen und Skizzen, und trotz seiner mißlichen Lage bringt er auch hier einige meisterliche Stücke zu Papier, die teils als Raubdrucke verbreitet werden. 1856 kommen so grandiose Schriften von ihm heraus wie *Benito Cereno, Die Encantadas, Der Blitzableiter-Mann* und *Bartleby, der Schreiber,* eine seiner besten Schöpfungen. Es ist die merkwürdige Geschichte eines Kopisten, der eines Tages im Büro eines Notars anfängt. Eine blasse, unzugängliche Person, die sich der Welt verweigert. »Ich möchte lieber nicht«, sind bald die einzigen Worte, die er noch von sich gibt. Melville schreibt die kurze Story äußerst sparsam, sie ist modern, schnörkellos, das Kafkaeske vorausnehmend, als Kafka noch gar nicht geboren war. Einige Kritiken sind positiv, Geld aber verdient er mit den neuen Schriften nicht. Melville leidet jetzt an Rheuma, seine Gesundheit ist angeschlagen. Zudem muß er einen Kredit zurückzahlen und befürchtet, »Arrowhead« aufgeben zu müssen. Melville wirkt skurril, nervös. Bei jeder Gelegenheit knabbert er an steinhartem Schiffszwieback, eine Angewohnheit aus seiner Zeit auf See, die sein Auftreten keineswegs normaler erscheinen läßt.

Wohin hatte sich dieser kunstbesessene Autodidakt verstiegen? Die Serie von Mißerfolgen, erneute Geldknappheit, seine Gedanken, die er mit immer weniger Menschen teilen konnte, alles zog ihn hinunter. Und auch der Kelch, aus dem er schöpfte, leerte sich. Die Geschichten aus der Südsee, der Walfang: Nach fünf Jahren unermüdlichen Schreibens hatte sich alles verbraucht. Melville war ausgebrannt. Er schien am Ende zu sein.

Die Familie macht sich nun ernsthaft Sorgen, und so erscheint es wie eine Rettung, als Melvilles Schwiegervater ihm vorschlägt, eine große Reise zu unternehmen. Melville müsse sich dringend erholen, glaubt er, der Ausbruch würde ihn endlich wieder auf neue Gedanken bringen. Und so finanziert ihm der Schwiegerpapa eine Reise nach Europa und ins Heilige Land. Für Melville ein Lichtblick, dankend nimmt er das Angebot an. Die alte Welt, Jerusalem, Palästina, Rom, die Geburtsstätten von Kunst und Religion: Es sind seine Themen. Melville darf in sein Schlaraffenland!

Erster Klasse fährt er im Oktober 1856 über den Atlantik, zuerst nach Glasgow, später weiter nach Liverpool, wo er auch Hawthorne treffen will, der inzwischen in England lebt. Als Melville bei dem Freund ankommt, hat er kaum Gepäck bei sich, sondern »nur das allerkleinste Bündel«, ein Nachthemd, eine Zahnbürste. Sonst in jeder Hinsicht ein Gentleman, würde er in Bezug auf saubere Sachen doch eine reichlich komische Haltung an den Tag legen. »Es sei beinahe so, als würde man nackt verreisen«, sagte Hawthorne.

Bevor Melville weiterreist, tauchen die beiden Literaten erneut tief in Gespräche ein. Denn Melville ist keineswegs darauf aus, einen heiteren Ferienausflug zu machen. Wieder beschäftigen ihn die großen Themen, die Vorsehung, die Kunst. Hawthorne kommt zu dem Schluß, daß Melville nicht eher ruhen würde, bis er seinen Glauben endlich irgendwo gefunden hätte. Und so bricht der Mann der Südsee nach zwei Tagen wieder auf, nimmt ein Schiff nach Gibraltar, Malta, Syros, Saloniki, Konstantinopel, fährt weiter nach Ägypten, sieht Jaffa, das Nildelta und bald Palästina und Jerusalem.

Und wieder inspiriert ihn die Welt zu kuriosen Gedanken. Am Toten Meer schreibt er in sein Tagebuch: »Schaum auf

Strand und Kieseln, wie Geifer eines tollen Hundes – stechend bitter vom Wasser – den ganzen bitteren Geschmack im Mund – Bitternis des Lebens – dachte an alles Bittere – bitter ist's, arm zu sein, und bitter, verhöhnt zu werden, und Oh!, bitter sind diese Wasser des Todes.« Jerusalem schließlich blickt ihn an »wie das kalte, graue Auge eines kalten, alten Mannes«. Und als er endlich die heiligen Stätten besucht, erkennt er nur Ödnis, einen verblendeten Menschen in einem sinnlosen Gefängnis. *Kein Land kann romantische Vorstellungen schneller zerstreuen als Palästina – insbesondere Jerusalem. Ist die Trostlosigkeit des Landes das Ergebnis der tödlichen Umarmung durch die Gottheit? Glücklos sind die Günstlinge des Himmels. In der leblosen Antiquität Jerusalem leben die jüdischen Emigranten wie Fliegen, die sich in einem Totenschädel niedergelassen haben.*

Die Kapelle der Kreuzesauffindung beschreibt Melville als »Weinkeller«, und beim Betreten des Heiligen Grabes glotze man lediglich auf eine »bedeutungslose, blankgeputzte Platte«. Die Schauplätze der Religion können den Dichter kaum erfreuen. Er hält es wie Flaubert, der den Orient ebenfalls besucht hatte und in Jerusalem nichts als »ein befestigtes Beinhaus« ausmachte, in dem man »auf Scheiße tritt« und »nur Ruinen« erblickt.

Als er aber auf der Rückfahrt nach Florenz kommt, steht er völlig fasziniert vor den alten Kunstwerken. Wie außer sich reist er bald durch ganz Italien, besucht alle Museen und Paläste, die er finden kann, betrachtet die Meisterwerke der Antike und Renaissance, die Trajansäule, den sterbenden Gladiator, und ist sich endlich gewiß: Nicht die Religionen sind es, die ihn bezirzen ihn. Es ist die Kunst. Erst nach sechs Monaten, im Mai 1857, tritt er schließlich die Heimreise nach Amerika an.

In den USA will er sich zunächst als Redner durchschlagen, er hält Dutzende Vorträge, aber nur wenig erfolgreich. Um 1860 versucht sich Melville dann erstmals an Gedichten. Sein neues Thema, die Suche nach einer zeitlosen Ästhetik, beflügelt ihn. Doch sein erster Band findet nicht mal einen Verleger. »Alles stirbt! Alles stirbt!« lautet ein Vers. »Sogar die Wahrheit zerfällt, und dann sprießt aus der Wahrheit Asche, Lüge, Trug und Wahn.« Er hat jetzt nervöse Leiden, sein Rheuma setzt ihm schwer zu. Zurück auf »Arrowhead« aber nur das Übliche: Melville verschwindet in seinem Arbeitszimmer, grübelnd, dichtend, die Tür geschlossen.

Melville schreibt von nun an wie ein Getriebener, hat es jedoch längst aufgegeben, daß ihn irgend jemand lesen will. 1865 muß die Familie »Arrowhead« verlassen, die Melvilles ziehen zurück nach New York, er leidet unter Depressionen. Im Dezember 1866 beginnt dann jene Phase, die als Tiefpunkt seines Literatenlebens bekannt wurde. Als Zollinspektor Nummer 188 wird Melville vereidigt – und sollte von nun an im Hafen von New York neunzehn Jahre lang durch die Frachträume einlaufender Schiffe stöbern, um für ein karges Gehalt die Einfuhren aus Übersee zu prüfen. Gemessen an seinen wahren Ambitionen und seinem Potential ein Absturz ohnegleichen. Jener Autor, den Literaturgrößen von Faulkner bis Joyce später als einen der bedeutendsten Schriftsteller überhaupt bezeichnen würden, war auf dem Abstellgleis gelandet. Ein Genie, den das Leben zum Erbsenzähler degradiert hatte.

Kurioserweise war er aber nicht der einzige Poet, der als Zollbeamter an den Docks endete. Der Schriftsteller Richard Henry Stoddard hatte hier einen Posten bekommen, und auch ein Mann aus Nantucket, Robert Coffin, arbeitete zwischen den Schiffen und schrieb nebenher Romane. Eine illustre Runde begabter Dichter – die sich als Beamte wiederfanden. Stoddard nannte das Zollhaus ein Asyl für Nullen, ein Endlager für »unfähige Trottel aller Altersklassen, geistig Lahme, Hinkende, Blinde«. Melville kam in der ersten Zeit nur schwer zurecht. Auch die Beziehung zu seiner Frau Lizzie wurde zusehends angespannter. Sie erwog sogar die Scheidung, hielt dann aber doch weiter zum Vater ihrer Kinder.

In der Tat muß das Zusammenleben mit dem »Südseemann« nicht mehr ganz einfach gewesen sein, hatte er sich doch inzwischen bizarre Angewohnheiten zugelegt. Das irische Hausmädchen trieb er zur Verzweiflung, indem er ihr peinlich genau vorschrieb, wann und was sie aufzutischen hatte, und wenn sie seinen Haferbrei zubereitete, schaute er ihr mit Argusaugen über die Schulter. Und als ob das von Melville so oft beschworene Schicksal noch nicht genug hatte, ereilte die Familie ein weiteres schreckliches Unheil. Als Melville 1867 eines Morgens in das Zimmer seines Sohns Malcolm geht, findet er diesen auf dem Bett – tot mit einem Kopfschuß. Ob Unfall oder Selbstmord, wird nie geklärt.

1872 stirbt Melvilles Bruder Allan, kurz darauf seine Mutter. Hinzu kommt, daß Lizzie bei einem Brand ihren Anteil an einer Erbschaft verliert. Und die Todesfälle sollten auch in Zukunft kein Ende nehmen. Zwei seiner Schwestern erliegen Krankheiten, ebenso wie sein geschätzter Schwager. 1886 wird auch noch Melvilles zweiter Sohn Stanwyx an Tuberkolose sterben. Zwei seiner Kinder zu verlieren muß für Melville ein Schock gewesen sein. Und auch um seine Tochter sorgt er sich bald, Elizabeth erkrankt an schwerer Arthritis.

Das Leben hat Melville oft böse mitgespielt. Von einem glamourösen Dasein, wie später etwa dem eines Ernest Hemingway, kann keine Rede sein. Aber er ist keinesfalls nur zu bemitleiden. Er hatte eine äußerst wohlwollende Familie, die er über alles liebte und die seine maßlose Schreibwut über die Grenzen hinaus ermöglichte – und erduldete. Und das vor allem zum Schluß. Denn am Ende sollte Herman Melville noch eine allerletzte Reise antreten: einen Marathon in die Abgründe der Poesie.

Ein Monster namens Clarel

Melville hat sich schließlich an die Arbeit im Zollamt gewöhnt. Stoisch verrichtet er über die Jahre seinen Dienst, obwohl ihm der Urlaub gekürzt wird und er oft bis spät in die Nacht arbeiten muß. Wie besessen Melville wirklich war, zeigen wohl vor allem die nächsten zehn Jahre. Zehn Jahre, in denen er fast jede freie Sekunde zum Schreiben nutzt. Es sind jene Jahre, in denen das Arbeitszimmer zu seiner Höhle wird, seiner Grotte, seiner

Fluchtburg vor der Welt. Zehn Jahre lang dichtet er – an einem gigantischen Versepos namens *Clarel, a Poem and a Pilgrimage in the Holy Land.*

Alles, was er auf seiner Reise nach Europa und ins Heilige Land gesehen und notiert hat, stopft er hinein. Alles, was er überhaupt weiß, findet nun seinen Weg in die Zeilen, in die Verse, in immer aberwitzigere Gedanken. *Clarel* sollte das monumentalste, schleierhafteste und abweisendste Gedicht der amerikanischen Literaturgeschichte werden.

Manchmal sitzt Melville bis zwei Uhr morgens an seinem Werk, dem vielleicht wichtigsten neben *Moby Dick,* das jedoch – bis heute – nahezu unbekannt bleiben wird. Ab und zu stürmt er euphorisch in das Zimmer seiner Tochter, mit flatternden Seiten, und liest Fanny die neuen Zeilen vor. Je weiter er sich in *Clarel* vertieft, desto besorgter ist seine Frau. »Ein Inkubus von Buch« nennt sie das Ungeheuer und ist sicher, daß es Herman ruinieren wird. Ein Gedicht in vier Teilen, hundertzweiundfünfzig Strophen und achtzehntausend Versen, verfaßt in jambischen Tetrametern, gelegentlich durchbrochen durch variierende Versmaße. Es ist die Geschichte eines amerikanischen Theologiestudenten, der sich auf die Reise ins Heilige Land begibt. Melville, längst ohne Illusionen, über sein Epos: »Ein Ding in Versen, eine Pilgerfahrt oder sonstwas, bestehend aus ein paar tausend Zeilen, insbesondere dazu geschaffen, unpopulär zu sein.«

Die Chancen für sein großes Gedicht, jemals viele Leser zu finden, stehen schlecht. In *Clarel* geht es um Zweifel, um die Götter und die Engel, es geht um endlose Diskussionen, ein Dschungel, ein einziger Taumel, in dem jeder Leser, jeder Mensch und sogar der Autor selbst leer ausgehen muß. *Clarel* ist die Chronik seines Glaubensverlustes, Melvilles Interpretation der Existenz: das Unlesbare, das Undurchdringliche.

Nach zehn Jahren des Schreibens will Melville das Gedicht 1876 schließlich von dem Geld seines Onkels drucken lassen. Er ist so nervös, daß seine Töchter bei Verwandten untergebracht werden müssen, während er die Druckfahnen korrigiert. Doch als es erscheint, werden nur bedrückende hundertzehn Exemplare verkauft. Der Rest der Auflage wird eingestampft. *Clarel* verschwindet.

Melville bleibt nach außen ungerührt, doch im Innern muß er tiefe Resignation gespürt haben. 1877 schreibt er in einem Brief an einen Angehörigen: »Das Leben ist so kurz und so lächerlich und irrational, zumindest aus bestimmten Blickwinkeln, daß man nicht weiß, was man daraus machen soll, es sei denn ... nun, diesen Satz kannst Du selbst zu Ende bringen.« Zehn Jahre hatte Melville mit seiner Kunst gerungen, doch niemand, kein Kritiker, keine Zeitung verlor ein Wort darüber.

Am Ende seines Lebens sollte Melville noch ein wenig Frieden finden. Als der kinderlose Bruder seiner Frau stirbt, erhält Lizzie aus der Erbschaft genügend Geld, so daß Herman nicht mehr arbeiten muß. Sie kann ihm monatlich fünfundzwanzig Dollar zahlen, wovon er Bücher und Kunststiche kauft. Nach fast zwanzig Jahren, am 31. Dezember 1885 quittiert Melville seinen Dienst beim Zollamt von New York City. Er ist sechsundsechzig Jahre alt.

Melvilles letzte Jahre sind eine stille, verschwiegene Reise. Er fährt noch einmal auf die Bermudas, ein letztes Mal zur See. Seine Augen sind müde. Sonntags geht er in seinen Garten, wo er inzwischen Rosen züchtet. Aber, weil er nicht anders kann, schreibt er weiter. Immer weiter. Und, ganz am Ende, gelingt ihm vielleicht noch seine schönste, seine weiseste Erzählung, *Billy Budd*. Sie wird erst dreiunddreißig Jahre nach seinem Tod gedruckt werden, aber sie wird sein Revival, sie wird seinen großen Siegeszug einleiten. Und er arbeitet weiter an seinen Gedichten, unbeirrt. Darunter auch an diesem, das er vier Monate vor seinem Tod Familie und Freunden übergibt, in einem kleinen Band, auf eigene Kosten gedruckt. Es ist wie eine Brise, in der sein Leben weht. Sein ganzes Wissen, sein Streben und seine Qualen auf elf Zeilen. Das Gedicht heißt *Kunst:*

Oft träumen wir in müßiger Stunde
Von manch einem kühnen, luftigen Plan.
Doch um Form zu geben, Leben zu schaffen,
Muß sich gar Ungleiches paaren und treffen:
Schmelzende Flammen – kühlende Winde;
Bedrückte Geduld – freudige Kraft;
Demut – jedoch auch Hoffart und Stolz;
Fleiß und Instinkt; Liebe und Haß;
Frechheit und Andacht. All das muß verschmelzen
Mit Jakobs Seele in mystischer Brust,
Um mit dem Engel zu ringen – der Kunst.

Melville erkrankt schwer an Gürtelrose, nachts hat er Schwindelanfälle. In einem seiner letzten Texte ahnt auch der todgeweihte Protagonist *Billy Budd* schon das Ende voraus, spürt die »schleimigen Algen«, die ihn »einhüllen« auf dem Weg in die Tiefe. Herman Melville stirbt am 28. September 1891, er ist zweiundsiebzig Jahre alt. Die Diagnose seines Hausarztes: Herzversagen und allgemeine Schwäche. Er wird auf dem Woodlawn-Friedhof in der Bronx begraben, neben seinen beiden Söhnen Malcolm und Stanwyx.

Sein Tod wird kaum registriert. Nur wenige Nachrufe. In der »New York Times« steht ein Sechszeiler: »Herman Melville starb gestern in seinem Haus an Herzversagen. Er hinterläßt eine Frau und zwei Töchter.« Von einigen Büchern ist die Rede, *Typee, Omoo, Moby Dick*.

Viele haben den skurrilen Dichter längst für tot gehalten. Wie ein einsamer Aufschrei klingt da der Kommentar der »Republican« aus Springfield, wo Melvilles gedacht wird als eines »der originellsten und männlichsten Literaten Amerikas«. Und welcher Redakteur auch immer die Aufgabe hatte, Melvilles Nachruf zu schreiben, er kannte sich ein wenig in der Literatur aus: »Es gibt wohl kaum ein wundervolleres Buch als *Moby Dick*, und es sollte gerade von der heutigen Generation gelesen werden, denn unter der faden geistigen Nahrung, welche die schmächtigen Realisten und Phantasten von heute uns auftischen, wirkt dieses Buch wie Herkules unter Pygmäen oder wie Moby Dick selbst in einem Schwarm von Elritzen.«

Sein Schatten erhebt sich, als er schon dreißig Jahre unter der Erde liegt. 1920 interessieren sich die Leute auf einmal für seine Texte, *Billy Budd* erscheint, die Akademiker lesen *Moby Dick* und werden durchgerüttelt. Die Geschichte um den weißen Wal wird zur Pflichtlektüre an sämtlichen Universitäten, ein Paukenschlag, ein Grundstein der unabhängigen amerikanischen Literatur.

Melvilles Leben wird zum Mythos, seine Südseereisen, seine Werke, sein unbesungener Untergang. Robert Louis Stevenson, Jack London, Hemingway, sie werden Melville lesen – und sie werden Ideen und eine Sprache entdecken, deren Größe sie kaum erreichen können. Der englische Komponist Benjamin Britten wird eine Oper schreiben, *Billy Budd*, auf der Bühne zum Leben erweckt und tosend beklatscht. Übersetzungen und Biographien kommen heraus, in allen wichtigen Sprachen. Der Tiefenpsychologe C. G. Jung wird *Moby Dick* den größten amerikanischen Roman nennen, D. H. Lawrence wird von einem der »seltsamsten und erstaunlichsten Bücher der Welt« sprechen. Von Rußland bis Australien vertiefen sich die Menschen in seine Werke. Melville geht als Koloß in die Weltliteratur ein.

Sein Ende aber fand in aller Stille statt. Nicht mit einem Knall, sondern einem Wispern, um mit T. S. Eliot zu sprechen. Die Kunstwerke, die der einstige Walfänger gegen Ende seines Lebens sammelte, gingen verloren. Seine letzten Manuskripte wurden erst Jahre später auf einem Dachboden entdeckt, in einem verstaubten Brotkasten aus Blech.

Jack London

Ich will lieber, daß mein Funke in einer hellen Flamme ausbrennt, als daß er in Fäulnis erstickt. Ich will lieber ein prächtiger Meteor sein, der in all seinen Atomen zugleich verglüht, als ein langlebiger, verschlafener Planet. Der Mensch ist gemacht, damit er lebt, nicht damit er existiert. Ich werde meine Tage nicht damit vergeuden, daß ich sie zu verlängern suche. Ich werde meine Zeit nutzen.

Jack war das liebenswerteste Kind, das ich jemals traf. Wie Peter Pan wurde er niemals erwachsen, und er lebte seine eigenen Geschichten mit einer solchen Inbrunst, daß er sie am Ende selbst glaubte.

Ford Madox Ford, Schriftsteller

Er ist eine seltsame Kombination aus skandinavischem Seemann und griechischem Gott.

James Hopper, Schriftsteller

So etwas wie Inspiration gibt es nicht. Ich dachte das mal – und machte mich selbst damit lächerlich. Schürfen ist das Geheimnis der Literatur.

Jack London

Gelbes Meer. Korea. Februar 1904

Der Sturm schleudert Eiskristalle ins Gesicht, seit Tagen schon, die Gischt gefriert in der Luft, so lausig kalt ist es. Durch den frostigen Wind hangelt sich die Dschunke, dieser jämmerlich wackelige *Sampan*, die koreanische Westküste empor. Es ist eine wilde Küste, die See mit gewaltigem Tidenhub, kein Leuchtturm weit und breit. Nicht mal unterhalten kann sich Jack London. Außer ihm, dem Amerikaner, sind drei Einheimische an Bord, dazu fünf Japaner, von denen vier sehr bald zu Tode geängstigt sind, und einer ist seekrank. Tagelang gibt es Reis und rohen Fisch, geschlafen wird unter Reismatten. Mit lädiertem Ruder schleppt sich das Boot auf halber Strecke in den Hafen von Kunsan, der Mast ist gebrochen.

Noch sind es ein paar hundert Meilen nach Norden, da brechen demnächst die Kämpfe zwischen Rußland und Japan aus, in der Mandschurei, das heißt, da sollen sie angeblich ausbrechen, gesehen hat London vom Aufmarsch der Truppen noch nichts. Achtundzwanzig Jahre alt, hat der gefeierte Autor von *Ruf der Wildnis* bereits am Yukon River nach Gold gegraben, im Pazifik Robben gejagt, in der San Francisco Bay Austernbänke geplündert, bei Prügeleien acht Zähne verloren, in Elendsvierteln gehaust, ist kreuz und quer durch die Staaten getrampt. Was ihm fehlt, ist ein ausgewachsener Krieg.

Nach der Ankunft in Japan war London wie die anderen westlichen Reporter, es sind die Besten ihrer Zunft, von den Behörden festgehalten worden, und als er das Saufen, Spielen und Warten nicht mehr aushielt, nach ganzen drei Tagen, schlug er sich in den Süden durch, nach Moji, nicht weit von Nagasaki. Dort buchte er die Überfahrt nach Korea, wanderte umher, fotografierte ein bißchen, das übliche Reporterblut –

und wurde als Spion des Zaren verhaftet. Acht Stunden Verhör, und dann ab in den Knast. Zu seinem Glück griff ein amerikanischer Gesandter ein, London mußte fünf Yen bezahlen und bangte um seine Kamera, war aber wieder auf freiem Fuß.

So begann Londons Feldzug in Fernost, und zu seinem Glück weiß er nicht: Danach wird es nur noch schlimmer.

In Kunsan wechselt er Boot und Mannschaft und kommt nach acht Tagen Frostfahrt übers Gelbe Meer endlich in Chemulpo an, der Hafenstadt nahe Seoul. Dort trifft er seinen Landsmann Robert Dunn, der sich ebenfalls auf eigene Faust, allerdings weit bequemer, hierher durchgeschlagen hat. »Jack war ein physisches Wrack«, erinnerte sich Dunn später, »seine Ohren waren erfroren, seine Finger waren erfroren, seine Füße waren erfroren. Er sagte nur, sein Zustand sei ihm egal, solang er zur Front gelange.«

Über schneebedeckte Reisfelder, durch ein Land voller Schluchten, reiten sie gen Pyöngyang und weiter, immer nach Norden. Sie streifen hungrig durch Dörfer, durch die bereits russische und japanische Soldaten plündernd gezogen sind, »wir geben ihrer Furcht den Feinschliff«, schreibt London nach Hause. In einem Weiler stöbern sie »zwei tödliche Stunden lang« nach Eßbarem, schließlich finden sie tütenweise Gerste, versteckt in einer Männerhose. Krieg ist ein dreckiges Geschäft, begreift London. Aber am meisten haßt er, daß man ihn nicht dahin ziehen läßt, wo nun tatsächlich das große Sterben stattfindet.

Er ist neugierig auf den Tod. Und nach strapaziösen Wochen nur noch einen halben Tagesritt entfernt von der Front. Jack beobachtet die Bewegungen der japanischen Armee und schickt Artikel und Fotos nach Hause, ohne zu wissen, ob sie den »San Francisco Examiner« und die anderen Redaktionen des Hearst-Konzerns, seines Auftraggebers, wirklich erreichen. Tatsächlich füllen seine Geschichten bald überall in den USA die Titelseiten – worauf sich die feinen Kollegen prompt bei der japanischen Armee beschweren, warum diesen beiden Berichterstattern ein solch exklusiver Zugang gewährt werde. Wieder wird London von Soldaten einkassiert und muß wie Dunn kurze Zeit später

nach Seoul zurückkehren. »Ich war ganz nah dran am Spaß«, klagt er in diesen Wochen. »Ich werde niemals wieder zu einem Krieg zwischen Orientalen gehen. Die Untätigkeit frißt mein Herz auf. Es ist eine solch verstörende Untätigkeit, daß ich nicht mal mehr Briefe schreiben kann.«

Zum glorreichen Ende seines Asienzugs prügelt sich London mit einem Japaner, den er des Diebstahls bezichtigt, und wird zum dritten Mal binnen vier Monaten verhaftet. In Japan munkeln die Zeitungen bereits, der Amerikaner erhalte die Todesstrafe, da schickt Präsident Teddy Roosevelt ein Telegramm, in dem er persönlich um Begnadigung bittet. Mitte Juni wird London aus der Haft entlassen, muß aber sofort in die Heimat zurückkehren. »Ich habe fünf Monate meines Lebens in diesem Krieg verschwendet«, sagt er. Mit dem nächsten Schiff reist er nach Hause.

»Jack London ist ein Mann, der mit dir durch dick und dünn geht«, schrieb Robert Dunn Jahre danach. »Er ist einer der härtesten Männer, die zu treffen ich das Glück hatte. Er ist genauso heldenhaft wie jede seiner Romanfiguren.«

London war jener harte Bursche und wollte diesen Eindruck auch hinterlassen. Den anderen Jack hielt er für die meisten Menschen verborgen.

Glen Ellen, Kalifornien. 2004

Es ist November, die Sonne steht strahlend am weiten Himmel, sechzehn Grad Celsius. Das sanft geschwungene Land erstarrt nur selten im Frost, und die Bäume verlieren ihre Blätter spät, so spät, daß man schon wieder den Frühling riechen kann. So ist das im Sonoma County, dem nördlichsten Flecken in Kalifornien, an dem Palmen wachsen und auch Orangen, das hatte Jack London einmal gewettet. Hierher zog er sich zurück, wenn er Luft schöpfen wollte.

Die Hügel sind nicht so hoch, daß sie den Horizont versperren. Es sind Pilgerhänge der Weintouristen. Sonoma hat einen ebenso guten Ruf wie das benachbarte Napa Valley, das Klima läßt überragende Merlots und Chardonnays und Cabernet Sauvignons gedeihen. Sechzig Meilen sind es nur nach San Francisco, immer nach Süden und dann über die Golden Gate Bridge.

Glen Ellen ist ein Weiler, abseits des Highways, der aus nicht viel mehr als einer Kreuzung besteht. Zwei Eisenbahnlinien führten zu Londons Zeiten bis in das Tal, es gab acht Hotels und ebenso viele Saloons, das Leben in der Sommerfrische tobte ganz ordentlich, und der Fluß, der heute nur noch ein Bach ist, er war schiffbar, den Kai sieht man noch. Hier hat London damals seine Gäste abholen lassen, mit dem Pferd sind es nur ein paar Minuten, hinauf auf den Berg.

Wo heute der Feinkostladen steht, war einst eine Bar, und was früher die Post war, ist jetzt der »Jack London Saloon«, und daneben serviert das »Wolfhouse Restaurant« Steaks am Kaminfeuer. Jenseits des Flußes warten morgens lederhäutige Männer in Holzfällerhemden und Jeanswesten, sie sind nicht groß, sie schauen erwartungsvoll und scheu zugleich, sie müssen sofort zu dir ins Auto springen oder vor den Häschern der Behörden Reißaus nehmen können; Mexikaner, wie sie T. C. Boyle in *America* beschrieben hat, die auf einen Hilfsjob hoffen, mit dem sie ihre Familie einen weiteren Tag über die Runden bringen.

Im Saloon fließt *Anchor Steam Beer*, an den Wänden hängen Fotos von Jack und Charmian London, seiner zweiten Ehefrau, sie sehen aus wie Filmstars. Darunter wartet eine altmodische Jukebox, auf dem Plattenteller ruht *Easy Rider*. Es bedient Kathlyn, die erst seit ein paar Monaten hier arbeitet. Die Leute kommen vor allem wegen des Weins, sagt sie, und ein paar kommen auch wegen Jack London, aber die könne sie nicht auseinanderhalten. Manchmal, hat sie gehört, verlasse London seine Ranch, oben in den Hügeln, aber sie habe ihn noch nie gesehen. Er besuche auch manchmal die Bar, flüstert sie plötzlich, er muß aber doch schon sehr alt sein, oder? Jack ist seit achtundachtzig Jahren tot, sagen wir, übermorgen ist sein Todestag, übermorgen, am 22. November. Oh, really, sagt sie, und wir sagen nichts mehr. In der Vitrine im Nebenraum stehen Londons Bücher. Eine Staubschicht bedeckt die Rücken.

Weil Kathlyn nach nebenan ins Restaurant verschwindet, zapft nun Chris, dem der Saloon gehört oder vielleicht tut er nur so. Jack London? Nein, viel wisse er nicht über ihn, aber jeder hier kenne seinen Namen, klar. Die Kleinen denken, er sei so etwas wie der Weihnachtsmann. Und die Großen? fragen wir. Und die Großen, fährt Chris fort, kennen die wildesten Geschichten, zum Beispiel die, wie Jack mit seinem Schimmel sturzbetrunken ... Aber er besaß nie einen Schimmel, entgegnen wir. Wir sind schon gewappnet, die Geschichte komme immer als erstes, unten in Glen Ellen, hatte uns Mike Wilson am Telefon erzählt, den wir am nächsten Tag treffen werden. Na ja, sagt Chris, ich erzähle die Geschichten ja auch nur, wie ich sie höre. Dann muß er gehen, und wir sitzen am Tresen, in den Köpfen eine andere Zeit.

Knotenfechten

Es ist das Jahr 1910. Ambrose Bierce, der Schriftsteller-Veteran, ob seiner scharfen Zunge und Feder gefürchtet, bequemt sich zum Landsitz Bohemian Grove. Es ist wieder Zeit des »High Jinks«, eines allsommerlichen Treffens kalifornischer Intellektueller am Russian River, in einem lieblichen Tal nördlich von San Francisco. Nur Männer sind eingeladen, eine ganze Woche lang mißt man sich in Worten, Ideen – und Trinkfestigkeit.

Bierce, achtundsechzig Jahre, hatte den Plot des *Seewolf* zwar in harschen Worten kommentiert, aber über den Protagonisten Wolf Larsen geurteilt: »Die Ausarbeitung einer solchen Figur ist genug für einen Mann in einem Leben.« Trotzdem hält er den halb so alten London für einen Literaten, der sich dem Kommerz verschrieben hat. Als der ein paar Jahre zuvor auf seiner Yacht zur Weltumsegelung gestartet war, hatte Bierce geschrieben: »Der Ozean wird sich weigern, ihn zu verschlingen.«

Nach Bierces Ansicht gibt es keine Rettung für die Massen, ihnen wird es immer dreckig gehen, und überlegenen Mitgliedern einer Gesellschaft, Männern wie ihm selbst, sollte gestattet sein, sich über den Pöbel zu erheben. Dummheit und Faulheit seien der Grund, wenn ein Mensch Hunger leidet. Ein arroganter Gegner also für London, das sozialistische Schwergewicht. Der kennt die Bedürfnisse der kleinen Männer, es sind seine eigenen, schon immer gewesen, denn er hat bis zur vollkommenen Erschöpfung gearbeitet, um sich durchzusetzen.

Noch als junger Mann hat London die »metallische intellektuelle Brillanz« des Kritikers Bierce bewundert. Doch später schreibt er: »Es würde mich nicht stören, mit ihm die Klingen zu kreuzen. Er hörte vor einer Generation auf zu wachsen. Er liest niemals Bücher, die nicht mindestens hundert Jahre alt sind.« Einmal hat er ihn bei einer Diskusson erlebt. Den »cleveren Pessimismus« des Gegners empfand er da als »ruderlos, kompaßlos, kartenlos«. Ein anderes Mal urteilt er: »Bierce hat einen kolossalen Wortschatz und einen mikroskopischen Intellekt.«

Jack London ist zu dem Künstlertreffen von seiner Ranch angereist, die nur ein paar Meilen südlich liegt. Sein bester Freund, der begabte Poet George Sterling, hatte ihn eindringlich darum gebeten, weil er Bierce sehr schätzte. Es wird knallen, befürchten jedoch die anderen Gäste, und sie hoffen es zugleich, denn beide Schriftsteller gelten als hitzköpfig und äußerst schlagfertig.

Seiner Gattin Charmian hatte Jack vollmundig angekündigt, wenn er den »verdammten Ambrose Bierce« treffe, »werde ich warten, und wenn er die Hand nicht als erster zum Gruß ausstreckt, beginnen die Feindseligkeiten an Ort und Stelle«. Doch dann ist er es, der im Bohemian Club den Anfang macht.

»Hier sind Sie also, Bierce«, sagt er, »macht es Ihnen was aus, von der Wildkatze der Literatur einen Drink anzunehmen?«

Bierce ergreift das Glas, und die beiden beginnen freundlichst Beleidigungen auszutauschen.

»Bring ihn raus, Sterling«, sagt Bierce nach einer Weile. »Ich werde ihn töten, wenn du's nicht tust.«

London antwortet: »Ich werde Ihre Brustknochen verknoten, wenn Sie irgendwas anfangen. Trinken Sie lieber noch was.«

Dann gehen sie zum ernsthaften Teil des Abends über: Sie beginnen zu zechen. Nach Augenzeugenberichten machen sie in den nächsten Stunden jeder eine ganze Flasche Cognac nieder. Erst stehen sie Seit' an Seit' an der Bar, bevor sie um Mitternacht mit Sterling zu Bierces nahem Chalet aufbrechen. Der würdevolle Altmeister, die Melone auf dem Schopf, lehnt den Kopf an die Schulter des Widersachers, den Alkohol nicht benebelt, sondern mit Schärfe füllt. Als sie an einer steilen Böschung entlanglaufen, zu deren Füßen der Russian River rauscht, ruft London plötzlich: »Wo ist Ambrose?« Nach einigem Suchen finden sie ihn unten am Fluß, schlafend zwischen Farnen. Sein Hut war heruntergerollt, wird er später sagen. Sie wanken gemeinsam weiter. Im Chalet köpfen sie noch einen Cognac, und als der Morgen graut, findet Sterling die Rivalen Bierce und London zu Füßen eines Baumstamms, tief schlummernd.

Saufen gehörte zu Londons Repertoire. Zeugnis seines Hangs zu Hochprozentigem legte er 1913 im autobiographischen *John Barleycorn* ab, einem Titel, der als Synonym für Alkohol stand. Mit Bier, Whisky und Wein hatte sich der junge Jack den Eintritt in die Welt der Erwachsenen erkauft und sich später den Frust der »Langen Krankheit« hinuntergespült, wie er seine Depressionen nach den ersten Erfolgen nannte. Eine Zeitlang trank er Bourbon am Mittag, Scotch und Soda am späten Nachmittag. Und doch sei er kein Alkoholiker, behauptete er, sondern ein Gewohnheitstrinker.

Das Buch stärkte die Prohibitionsbewegung und wurde ein Bestseller. Da entblätterte ein Star seine Seele, es war ein Schock in jenen prüden Jahren. London bestritt, daß Alkohol abhängig mache. Wenn er trinke, fühle er den »Weißen Wurm« durch sein Gehirn kriechen, wie er es formuliert, den Boten der »Weißen

Logik«, jenen »silberfarbenen Gesandten der Wahrheit hinter der Wahrheit, der Antithese des Lebens, grausam und öde wie das Weltall, ohne Puls und gefroren beim absoluten Gefrierpunkt«.

Es seien die Abenteurernaturen, die soffen, schrieb er, die »Jungs mit Feuer, die Größe und Wärme und die besten der menschlichen Schwächen haben. Und John Barleycorn tritt das Feuer aus«. Während jene Männer nicht dem Alkohol verfielen, die »kalten Herzens sind und kalten Kopfes, die nicht rauchen, trinken oder fluchen noch sonst etwas, das tapfer und ärgerlich ist. In ihren Zellen ist das Leben niemals übergeschwappt und wurde teuflisch und herausfordernd«.

Unter Männern zu trinken, das war ein »Akt, durchgeführt von Männern, unter denen ich mich selbst als Mann benehmen wollte«. Und zu seinem Erstaunen entdeckte er früh genug: Auch die Gelehrten zechten gern, die »Abenteurer des Geistes«, wie er sie zu nennen pflegte.

Die Frage, über die Biographen bis heute grübeln: Konnte London, mit siebenunddreißig Jahren, so nüchtern über seinen Alkoholkonsum schreiben, weil er ihn überwunden hatte – oder verbirgt sich dahinter der geübte Selbstbetrug des Alkoholikers? Nach allem, was man weiß, hat London genug getrunken, um seine Gesundheit gründlich zu schädigen, es gibt aber keine gesicherten Berichte, daß er sich in der Öffentlichkeit jemals betrunken gezeigt hätte. Eine Antwort gibt auch sein Schaffensdrang. Der Mann schrieb in sechzehn Jahren vierzig Bücher.

Vier Jahre nach ihrem Zusammentreffen wird Ambrose Bierce als Berichterstatter nach Mexiko reisen, wo gerade der Krieg ausgebrochen ist, und für immer in der Wüste verschwinden. Sein Leichnam wird niemals gefunden.

Für Abenteuer war Bierce nicht gemacht. London schon.

Schwingen aus Schnee

Es gibt Schriftsteller, deren Name für die Nachwelt größer scheint als ihr Werk, London gehört zu ihnen, und vermutlich hätte es ihm gefallen. Die hohen Ideale der viktorianischen Literatur galten ihm wenig, er wollte seinen Namen in Großbuchstaben ins Gedächtnis des Lesers meißeln.

Jack London inszenierte sich gerne und ließ zu, daß sein Mythos seine Bücher im Lauf der Jahre überstrahlte – ähnlich wie später bei Ernest Hemingway. Nur daß London selbst es nicht genoß. Es sei ihm egal, behauptete er: »Ich schere mich einen Dreck um die öffentliche Meinung. Ich werde so zerfetzt und zerrissen von Verleumdungen, daß ich keinen Cent dafür gebe, wie viele Fetzen noch aus meinem Ruf gemacht werden.« Aus seinen Briefen jedoch spricht ein warmherziger, neugieriger, verletzlicher Mann, der tatsächlich unter vielem litt – nur nicht unter Geltungssucht. »Ich mache die ganze Zeit so viel Krach«, sagte er mal, »daß ich ziemlich erfolgreich darin bin, meine wahren Gefühle zu verbergen.«

Geboren 1876, war er auf seine Art ein PR-Genie, in einer Zeit, in der es diesen Begriff noch gar nicht gab, und zugleich das vielleicht erste Opfer einer rücksichtslosen Prominentenhetze, die an heutige Boulevardkampagnen erinnert. Denn er lebte zu einer Zeit, als sich die moderne Presse erfand.

In den neunziger Jahren des 19. Jahrhunderts waren Fotos billig reproduzierbar geworden, Zeitschriften entwickelten sich zu Blättern mit Millionenauflagen und entdeckten die Tricks der Sensationsjournaille. Das erste Massenmedium war geboren. Um die Jahrhundertwende war der Literaturbetrieb hingegen, auch in den USA, noch das Reich der Schöngeister, kein Wirtschaftszweig. Es kümmerte London nicht. Er wollte Geld machen. Daher spielte er das neue Spiel mit, er wußte: Um reich zu werden, mußte er in Kauf nehmen, durch die Schlagzeilen zu geistern. »Wenn Geld mit Ruhm kommt, komme Ruhm. Wenn Geld ohne Ruhm kommt, komme Geld«, sagte er. »Mehr Ruhm bedeutet mehr Geld. Mehr Geld heißt für mich mehr Leben.«

Reporter folgten ihm eine Zeitlang auf Schritt und Tritt, etwa als er 1904 aus Japan zurückkam, als bewunderter Kriegsreporter, und die Details seiner angelaufenen Scheidung titeltauglichen Stoff boten. Doppelgänger schlawinerten sich in seinem Namen durch die Staaten, immer wieder erreichten London Artikel, in denen stand, in jener Stadt habe er sich mit einem Nebenbuhler grün und blau geschlagen; dort hieß es, er angele grundsätzlich nur mit einem Köder aus fünfzehn Karat Diamant. London-News brachten Auflage. »Bild« wäre heute froh, einen solchen Kaventsmann im Lande zu haben.

Noch gab es keine Kinohelden. London sah – das schadete schon damals nicht – blendend aus und lebte ein in der Tat abenteuerliches Leben. Frauen schwärmten für ihn, Männer bewunderten ihn. Jack London war eine Marke. Er gab seinen Namen für eine Zigarre, warb für Atemdrops, stand Modell für einen Schneider aus New York. Seine Bestseller wurden verfilmt, schon zu seinen Lebzeiten. Er war ein Star, der erste vielleicht, der in den USA wirklich die Massen erreichte, er wurde eine frühe Ikone der entstehenden Populärkultur.

Nach seinem frühen Tod 1916, mit vierzig Jahren, begannen sich schnell Legenden zu ranken. Und so ist von London in die heutige Zeit nur mehr ein Zerrbild überliefert: ein Säufer, Kommunist und Frauenschwarm, Tramp und Goldgräber, der spannende Jugendbücher schrieb und angeblich im Selbstmord endete. Sein Name steht in Deutschland vor allem für Hunde-Geschichten aus Alaska und den *Seewolf*, der eine Kartoffel mit bloßer Hand zerquetschte. Daß London in seiner Romanfigur Wolf Larsen weniger einen Kraftmeier als eine abgründige, in sich zerrissene Gestalt ersann, die in der Weltliteratur für sich steht, ein Nachfahr von Melvilles Ahab, ist kaum noch bekannt. Wie Ahab ist Larsen hin- und hergerissen zwischen seiner Empfindsamkeit für das Schöne und der Verachtung für die Banalität des Lebens.

London beherrschte alle Genres, und er bediente alle Genres, in einer durchaus raffinierten Doppelbödigkeit. Seine Geschichten aus dem Land des Frostes etwa lassen sich tatsächlich als Schmöker verschlingen – aber auch als Spiegelung der menschlichen Natur im Angesicht einer eisigen Hölle. Wenn er sein Können konzentrierte, seine Härte, seine Lebenslust, sein Mitgefühl in die Worte fließen ließ, dann gelangen ihm Werke, die bis in die heutige Zeit eine große Anziehungskraft ausüben.

Sein erstes Buch, ein Kurzgeschichtenband namens *The Son of the Wolf*, erschien 1900. Viele seiner folgenden Werke wurden Renner. Allein der *Seewolf* verkaufte sich zu Londons Lebzeiten eine halbe Million Mal. Die Zeitschriften-Redaktionen rissen sich jahrelang um ihn, seine Geschichten garantierten Auflage.

Zurecht gilt London als einer der Gründerväter der modernen amerikanischen Literatur. Seine Erzählungen müssen vor hundert Jahren mit einer Kraft über das Publikum hereingebrochen sein, die später erst wieder Kinofilme erreichten. In seiner Zeit war man süßlich endende Romane gewohnt und eine zurückhaltende Wortwahl, Sexualität war ein Tabu, Flüche waren verpönt, Schilderungen von Gewalt oder Elend ein Affront.

Doch dieser Autor nahm die Leser huckepack in fremde Welten, er ließ seine Helden kämpfen, pöbeln und verrecken, er schrieb vom Leben ab. Und er hatte etwas, was man nur mit Sound bezeichnen kann, eine unverwechselbare Stimme.

London mußte stets bangen, ob die Wucht seiner Worte in der Druckversion erhalten blieb. Einen Redakteur bat er: »Um Himmels willen, wandeln sie nicht all mein gutes rotes Blut zu Wasser.« Und er schrieb: »Ich versuche meine Geschichten so stark zu machen, wie das Leben stark ist. Die Leute kritisieren mich für meinen ›ekelhaften Realismus‹. Die Welt ist voll ekelhaften Realismus. Die Wahrheit ist den Lektoren und den Lesern so viel fremder als Fiktion, daß sie für sie unrealistisch ist.« Warum dies so sei? »Die Bourgeoisie ist feige. Sie fürchtet sich vor dem Leben.«

Kritiker halten ihm bis heute vor, stets mehr an einer packenden Handlung interessiert gewesen zu sein denn am sorgfältigen Komponieren. Selbst das als Meisterwerk gefeierte *To build a fire*, eine in der Tat sagenhafte Kurzgeschichte, die er in Pearl Harbour schrieb, bleibt von diesem Vorwurf nicht verschont. Ferner seien die Helden seiner Geschichten auf wenige Archetypen reduzierbar. Auf die besten Werke aber trifft dies keinesfalls zu.

London besaß nicht Stephen Cranes Gabe zur beißenden Ironie, Joseph Conrads epische Sprachfülle oder Melvilles überwältigende Phantasie. Aber welch erzählerische Kraft! Er schrieb, was man heute *pageturner* nennt. Bücher, die man anfaßt und nicht mehr aus der Hand legen kann. In der Erzählung *The white silence* etwa stellte er den Schrecken des ewig scheinenden Winters so eindrücklich dar, daß ein Rezensent urteilte: »Ich würde meine gesamte Karriere geben, um diese Geschichte geschrieben zu haben.«

So wie Crane ihm den Weg gebahnt hatte, so gehörte er zu denen, die Hemingway den Weg bahnten. Auch wenn seine romantische Ader manchen Text verwässerte. Er hätte ein großer Stilist sein können, aber er wollte es nicht; es gibt Sätze von ihm, die so kraftvoll verdichtet sind zum »wahren Bild der Szene«, wie er es nennt, daß sie Hemingway zum Vorbild hätten dienen können. Doch meist war er zu ungeduldig und zu wenig perfektionistisch und zu wenig eitel, und er brauchte zu schnell zu viel Geld.

London war ein Träumer, der seine Träume verwirklicht sehen wollte. Eine Weltumsegelung? Anderntags begann er mit den Plänen für einen siebenjährigen Törn. Eine Prachtvilla, groß genug, all seine Freunde zu beherbergen? Voller Eifer ließ er sein »Wolfshaus« in den Wald zimmern.

Der Mann verstrickte sich in den Fesseln seiner Ideen. Und so mußte er schreiben, schreiben, schreiben. Das Niveau seiner Texte schwankte, aber es machte ihm nichts aus. Er schrieb stur tausend Worte am Tag, ob auf hoher See, von Kannibalen belagert oder in seinem Arbeitszimmer, und dieses Pensum bekam seinen Texten nicht immer. Vor allem Frauengestalten mißlangen ihm, meist machte er sie zu blutleeren Figuren. Im *Seewolf* wird aus der faszinierenden Charakterstudie plötzlich ein schauerlicher Kitschroman, als die seltsam geschlechtslose Maud Brewster an Bord genommen wird. London hatte sich 1903, mitten im Schreiben, in Charmian Kittredge verliebt, seine spätere zweite Gattin, die ideale Gefährtin, eine Seelenverwandte.

Er folgte eine Zeitlang Nietzsche, war beeinflußt von Darwin und Spencer, glaubte an den Übermenschen und das Überlebensrecht des Stärkeren. Aus heutiger Sicht mutet mancher seiner Gedanken verquast an, sein Stolz, der angelsächsischen Rasse anzugehören, ist kaum erträglich. Zugleich pries er nimmermüde den Geist der Kameradschaft und war aus tiefstem Herzen Sozialist, ein Prediger der Revolution, der 1906 monatelang durch die Städte zog und die Arbeiter zum Aufstand aufforderte. Er wurde von seinen Verehren gefeiert, von den Mächtigen gefürchtet. Aber selbst die Bewegung anführen, das wollte er nicht. Den Konservativen galt er als Anarchist – und seinen Genossen als Kapitalist.

Aus solchen Widersprüchen bestand sein ganzes Wesen. Es kümmerte ihn nicht. Wie er mal sagte: »Das Wichtigste, was du brauchst, ist eine Lebensphilosophie. Wenn sie falsch ist – und wenn schon.«

Zum Leben allerdings, zu seinem Leben, reichte es immer nur gerade so eben, wie viel auch immer er verdiente. Nur einmal, 1904, nach seiner russisch-japanischen Kriegsepisode, hatte er viertausend Dollar auf der hohen Kante. Doch bald kehrte er wieder in die Mühle zurück. Der Sozialist, der erste Arbeiterdichter, wurde zu seinem eigenen Ausbeuter. Es war die Ironie seines Lebens, die er selbst erkannte.

Seine Abenteuer wurden sein Rohstoff, er selbst zu seiner eigenen Goldmine. Dazu blieb er stets begierig, auf dem neuesten Stand des Wissens zu sein. Instinktiv begriff er in seinen letzten Monaten, welche Horizonte die sich gerade entwickelnde Psychoanalyse eröffnen könnte. »Ich stehe am Rande einer Welt«, sagte er zu Charmian, nachdem er Carl Jungs *Psychologie des Unbewußten* gelesen hatte, »die so neu, so schrecklich, so wunderbar ist, daß ich beinahe Angst habe, über ihn hinabzublicken.« Dabei berühren schon seine frühen Geschichten uralte Menschheitsmythen: die hilflose Angst vor dem fremden Bösen, die Suche nach dem Schatz, die Sehnsucht nach der Heimkehr. Es spürte immer der Quittung nach, die die Menschen erhalten: für den Erfolg, für die Liebe, für den Kampf.

Kein Wunder, daß er auch später seinem Drang zum Abenteuer nicht widerstehen konnte. Er folgte jeder Abzweigung, egal, was ihn erwartete. Ist das Lebenszweifel, ist das Lebenslust? Vermutlich beides. Jack London war voller Mut und zugleich voller Verzweiflung. Man kann das Rätsel seines Lebens nicht auflösen, und man findet es in seinen Büchern wieder.

Das Schreiben fraß ihn auf. Das ist, wenn man so will, die Tragödie des Jack London, des Mannes, der ein geborener Erzähler war und dem das Erzählen wenig Freude bereitete, der sein Leben führte wie ein leicht zu begeisterndes Kind und sich so genau jenen Zwang auferlegte, vor dem er all die Jahre geflohen war.

Kurz vor seinem Tod sagte er: »Ich bin lieber Asche als Staub.« Trotz allem: Jack London war ein glücklicher Mann.

Enten, blutig

Am Eingang des »Jack London State Historic Park« werfen wir sechs Dollar in den Umschlag und stellen den Wagen ab. Ruhe hier oben, die Luft ist klar, es wogen die Blätter des Rebenmeers. 1905 fand er hier sein Paradies. Die Trauben werden heute ins nahe Kenwood verkauft, der dort ausgebaute Wein wird von Kennern hochgelobt. Sein Markenzeichen ist ein ins Glas geprägter Wolf. Die Ranch war Londons Zuflucht vor der Stadt, dem »Männertöter«, wie er etwa New York nannte. Vielleicht auch die Zuflucht vor den Menschen.

Summend öffnet sich ein Tor. Kies knirscht unter unseren Schuhen, wir wandern auf einen Redwood-Hain zu, darunter duckt sich ein Bungalow. Aus dem Wohnzimmer öffnet sich ein weiter Blick ins Tal.

»London und glücklich? Ich weiß nicht«, sagt Milo Shepard, Jacks Großneffe, der Verwalter seines Erbes. Er ist ein großformatiger Mann, dem der Rücken zu schaffen macht, das liegt am langen Leben als Rancher. Die Haut seiner Arme ist von der Sonne verbrannt, seine Augen sind wäßrig. In seinem Büro stehen alle Bücher Londons, sie füllen fast ein ganzes Regal. Es sind die Originalausgaben, die Jack seiner Stiefschwester Eliza schenkte. Jeder Band trägt eine Widmung. »Wir haben nie viel gesprochen. Und trotzdem wissen wir«, steht im *Star Rover*, einem seiner letzten Romane.

Mit zwei Wissenschaftlern hat Milo Shepard Londons Korrespondenz herausgegeben, es sind drei Bücher geworden, 1 800 Seiten, zwölf Jahre haben sie dafür gebraucht. Er greift ins Regal, drückt uns die Bände in die Hand. »Als Geschenk nach Deutschland«, sagt er. »Die Deutschen haben London immer geliebt.«

Er sagt wirklich London, als wäre er des Wortes Jack überdrüssig. »Das ist der Respekt«, sagt er dann aber, »ich kannte ihn nicht, und einen Menschen, den man nicht kennt, sollte man nicht unbedacht anreden.« So viele Anekdoten über London, sagt Mr. Shepard. »Es ist einfach erstaunlich, was der Mann in so wenigen Schaffensjahren vollbracht hat. Ein Alkoholiker? Da lache ich. Ein Alkoholiker kann nicht dieses Arbeitspensum leisten.« Geboren ist Shepard in Elizas Haus, nur ein paar Meter von Londons Cottage entfernt, und aufgewachsen in einer Umgebung, die darauf achtete, das Andenken an Jack zu bewahren. Es habe ihn als Kind geärgert, sagt er. »Onkel Jack war immer da. Ich hatte ein Problem damit, als ich aufwuchs.« Aber irgendwann begann er London zu lesen, und heute sagt er: »Ich hätte den Mann gerne kennengelernt.« Ist es eine Leidenschaft, das Andenken zu bewahren? »Mehr eine Lebensaufgabe«, sagt Milo Shepard, neunundsiebzig Jahre alt. Müde sieht er nicht aus, als er uns nach draußen geleitet.

Als London 1905 die erste Farm in Glen Ellen kaufte, 7 000 Dollar für rund 5 500 Ar, schrieb er seinem Freund George Sterling: »Ich werde wirklich einen so großen Anker auswerfen, und einen so schweren, daß die ganze Hölle ihn nicht hochhieven könnte.« Aus sieben bankrotten Farmen machte er im Lauf der Jahre eine, nannte sie »Beauty Farm«, kultivierte den ausgelaugten Boden. Er legte Felder brach, baute einen Damm, staute einen Bach zum See, errichtete Ställe und Scheunen, pflanzte Kakteen und Zehntausende Eukalyptusbäume. Von den Chancen des Weinbaus sprach damals noch keiner. Die Terrassen aber, die sich heute ringsum ausdehnen, hat Jack anlegen lassen; er hatte die Methode in Asien gesehen, in Kalifornien war auf die Idee noch niemand gekommen.

Sein Hof wurde Legende: Der »Pig Palace«, wie ihn der Volksmund taufte, war der erste gekachelte Schweinestall in Kalifornien. London meinte es ernst, wie er alles, was er anpackte, ernst meinte. »Ich versuche dieses Land und die Pflanzen und Tiere, die ihm entspringen, zu beherrschen«, schrieb er, »so wie ich darum ringe, das Meer zu beherrschen und Männer und Frauen und Bücher und das ganze Antlitz des Lebens, das ich mit meinem Willen prägen kann.«

London sah sich als »Eremiten, als Mann des Westens«. Seinem Freund Cloudesly Johns, der in Manhattan wohnte, sagte er 1902: »Wenn ich in New York City leben würde, würde ich in drei Monaten Selbstmord begehen.« Er wußte, in einer Großstadt würde er sich treiben lassen, hätte den Verlockungen nichts entgegenzusetzen – und würde sich selbst entsetzt beobachten, wie er in diesem Strudel der Möglichkeiten unterginge.

Als ob er sich selbst erproben wollte: Wenig später verbrachte er sechs Wochen im Londoner East End und hauste als Penner unter dem Elendsvolk. Aus seinen Erlebnissen erstellte er die Sozialreportage »Menschen am Abgrund«, die er als einen »Korrespondentenbericht vom Schlachtfeld des Industriekriegs« ansah.

Es ist ziemlich schwer, auch nur einen Teil dessen zu erzählen, was ich sah. Vieles davon ist nicht erzählbar. Ich habe Männeraugen hier gesehen & Frauenaugen, in die ich mich fast nicht getraut hätte zu schauen, nicht wegen der Bösartigkeit darin oder ihrer Sinnlichkeit, sondern weil all das überwältigend fehlte, wegen der überlegenen Tierhaftigkeit oder Unmenschlichkeit. Wenn ich eine Stunde Gott wäre, ich würde London und seine sechs Millionen Menschen auslöschen, wie Sodom und Gomorrha ausgelöscht wurden, und würde auf mein Werk schauen und es gut heißen.

Kein Wunder, verliebte er sich später in das herrliche Sonoma, das »Tal des Mondes«, wie es die Indianer benannt haben. »Ich reite dahin über meine schöne Ranch«, schreibt er an einer Stelle in *John Barleycorn*.

Zwischen den Schenkeln habe ich ein prächtiges Pferd. Die Luft ist Wein. An den Hängen der welligen Hügel ist das Meer der Trauben mit flammender Herbströte übergossen. Seenebelfetzen stehlen sich über den Sonoma Mountain hinweg, und die Nachmittagssonne schwelt im schläfrigen Himmel. Ich habe alles, was ich brauche, mich des Lebens zu freuen. Träume und Geheimnisse erfüllen mich. Ich bin voll Sonne und Luft und Licht, und Leben pulst in allen Gliedern.

Wir treffen Mike Wilson am Eingang des State Parks. Der kann diese Passage auswendig, das ist Ehrensache. Mike wurde fünfunddreißig Jahre nach Londons Tod geboren, aber er sagt, sie seien Brüder, nur durch die Zeiten getrennt. »Ich bin allein fünf Typen begegnet, die behauptet haben, sie seien Reinkarnationen von Jack«, sagt Mike, »aber so durchgeknallt bin ich nicht.« Es ist nur so, daß Wilson, der mal Rock-Gitarrist war, der verheiratet ist mit einer Literaturwissenschaftlerin und zwei Söhne hat, von denen ihm einer mächtig Kummer macht, daß dieser Wilson seit fünfundzwanzig Jahren Jack, ja: studiert; daß er alles gelesen, was London je geschrieben, daß er zwei Bücher über Jack herausgegeben hat. Und daß er für die Jack London Foundation der *Jack London Man of the Year* 2005 ist, was eine große Ehre ist, unter Jack-Forschern.

Mike arbeitet in einem Baumarkt an der Küste, wo er Fischern und Seemännern Taue und Ankerketten verkauft. In seiner Freizeit führt er Schulklassen über die Ranch. Man kann ihn buchen, über das Internet und, was auch immer er kostet, er ist jeden Cent wert. Was ihn so an Jack fasziniere, fragen wir ihn, da sitzt er noch in seinem Toyota Pick-Up, auf dem hinten ein John-Kerry-Aufkleber pappt, er neigt den Kopf, knautscht seinen schmalkrempigen Hut, fährt sich durch die langen Haare, die sich in der Mitte teilen, seine Finger tappen aufs Lenkrad, kräftig, aber ganz ruhig, ein Country-Takt. »Es ist weniger, was Jack sagt, als wie er es sagt. Wie in der Musik. Es ist sein Ton, seine Klangfarbe, sein Rhythmus. Beim zweiten Buch weißt du es. Lies nur einen Satz, und du erkennst, daß es Jack ist. Seine Sätze leben, wie ein Teil von ihm.«

Wir schlendern zum »House of Happy Walls«, was der beste Anfang ist, den man sich vorstellen kann. Londons Frau Charmian ließ es nach seinem Tod erbauen. Als sie 1955 starb, mit vierundachtzig, wurde hier das Museum untergebracht. Londons Schreibtisch ist ausgestellt, die Schiffsglocke der »Snark«, sein Bett, seine Fechtmaske, sein Medizinetui, die kleinen Glasflaschen mit dem Drehverschluß: Opium, Strichnin, Heroin.

Es gebe noch magnetische Drahtaufzeichnungen, von Jacks Diktaphon, erzählt Mike. Die Kraft lasse nach mit den Jahren, aber er habe sich schon mal erkundigt, ob man die nicht rekonstruieren könne, und ein Freund beim FBI sagte, kein Problem, bring sie her. »Ich würde so gerne einmal seine Stimme hören«, sagt er, der Musiker, »wenn du die Stimme hast, hast du den Menschen. Es gibt sie noch, Jacks Stimme, aber seit fast neunzig Jahren hat sie keiner gehört.«

In einem Fernseher läuft ein Film. Ein Stummfilm, natürlich. Man sieht London, wie er mit seinen Ferkeln spielt, November 1916, sechs Tage vor seinem Tod. Jack lacht. Seine Augen lachen nicht mit. Man ahnt, wie er leidet. Seine Nieren sind am Ende, sein Körper ertrinkt im eigenen Gift, aber er läßt sich nichts anmerken. Jack London war ein Profi. Er wußte, was er seinem Publikum schuldig war. Nur wenn man weiß, daß er bald sterben wird, sieht man den Schrei in seinen Augen.

Langsam wandern wir den Hügel hinauf zum Cottage, das die Londons seit 1911 bewohnten. Vor der Tür steht eine riesenhafte, knorrige Eiche, so alt wie das Land. Bienen summen. Es sieht alles aus wie damals, die Einfahrt, die Veranda. Die Tür quietscht in den Angeln. Wir gehen durch den langen Gang, der die Mittelachse des Hauses bildet, der schmal ist, hoch und dunkel. Hinten rechts ist sein Zimmer, an dessen Tür eine gezeichnete Uhr hing, auf der Jack die Weckzeit angab. Der Kamin in Jacks Büro ist rußgeschwärzt. Kalte Asche im Rost. Der Raum leer bis auf ein paar Fotos. Ringsum bedeckten dünne schwarze Regale die Wände, auf den Tischen balgten sich Blätter und Bücher. Und Jack ist zu sehen, schreibend, das war sein Reich. Durch das Sprossenfenster spaziert der Blick über Hügelkämme. Und dennoch: Lange hielt es ihn hier nie.

Die Bohlen knarren. Die Tür zum Wintergarten, einem kleinen Anbau, ist nur angelehnt. Hier schlief London. Die Sonne ging vor seinem Fenster auf. So liebte er es. Er wollte jeden Tag sehen, wie das Leben neu beginnt.

Mike räuspert sich. Er hat den Hut abgezogen. »Das Seltsame ist: Jack sieht auf keinem Foto gleich aus. Und auf manchen Fotos sieht er John F. Kennedy zum Verwechseln ähnlich. Sie hatten beide dieselbe Wirkung auf die Menschen. Und sie starben beide am 22. November. Ist das nicht seltsam?« Mike späht durch die Scheiben. Er war schon oft hier. Er muß sich nicht mehr umschauen, um zu sehen. »Jack war wie eine Zwiebel. Unter jeder Schale wartete die nächste Überraschung.«

London summte beim Schreiben, manchmal sang er auch vor sich hin, und jede Viertelstunde zählte er die Blätter, die er beschrieben hatte. Er glaubte nicht an göttliche Inspiration, an die unberechenbaren Sternstunden des Genius, er glaubte an die Stechuhr und feste Zeiten und die Kostbarkeit der Rituale. Literatur war für ihn kein Engel der Muße. Man müsse nach ihr graben, mit festem Willen, jeden Tag, dann stoße man auf sie, die Goldader des Erzählens.

Er machte nicht viel Gewese um das Schreiben. Es war für ihn Beruf, nicht Berufung.

Als am 18. April 1906 frühmorgens das große Erdbeben San Francisco verwüstet, reiten Charmian und er sofort auf den Sonoma Mountain, sehen in der Ferne gewaltige Rauchwolken. Einen ganzen Tag streifen sie durch die schwelenden Trümmer, in denen Leichen liegen und verletzte Menschen, 3 000 sterben insgesamt, viele durch das den ganzen Tag wütende Feuer. Er könne niemals über seine Eindrücke schreiben, sagt er, es sei alles zu schrecklich. Als er nach Glen Ellen zurückkehrt, liegt ein Telegramm da. »Collier's« bietet 25 Cent pro Wort, bei 2 500 Wörtern ein exquisites Honorar. London macht sich sofort an die Arbeit.

Draußen, im Hof, drehen wir uns nochmals um. Fast hundert Jahre ist das nun her. Spinnen wir herum, sagen wir zu Mike, der uns fragend anschaut, laßt uns ihn besuchen, in seine Zeit reisen. Natürlich dürften wir ihn auf keinen Fall morgens stören, sagt Mike. Wir nicken. Das wäre ja auch eine ziemlich schlechte Idee, denn dies waren seine heiligen Stunden.

Die besten Gedanken kamen ihm früh am Tag, dann fiel es ihm leicht, einzutauchen in sein Gedächtnis, sein Archiv. Er hatte es im Gefühl, wenn seine tausend Wörter erreicht waren, und dann hörte er schlagartig auf, manchmal mitten im Satz. Er brauchte meist nicht mehr als zwei Stunden. Dann war die Pflicht erfüllt, und die Welt gehörte ihm.

An manchen Tagen würden wir, wenn wir an seiner Tür lauschten, ihn hören, wie er sein Diktaphon bespricht, diesen ultramodernen Apparat; Charmian wird die Briefe abtippen. Zehntausend verschickt Jack London im Jahr, manchmal sind es hundert auf einen Schwung. Es gibt niemanden, dem er nicht antwortet. Er antwortet sogar Leuten, deren Schrift er nicht lesen kann.

Oft werden wir nur das Kratzen seines Bleistifts vernehmen. Doch manchmal, wenn er selbst ran muß, ans Tippen, hämmert er uns seine Sätze entgegen, daß man meint, er würde die Schreibmaschine prügeln. Als junger Autor zerfetzte er sich die Fingerspitzen, so hart mußte er damals auf die Tasten einschlagen. Es war die Schreibmaschine seines Schwagers, nur nachts durfte er sie benutzen. Da saß er nun in seinem Kabuff, quer durch das Zimmer hingen Blätter auf Wäscheleinen, auf die er ihm fremde Wörter gekritzelt hatte, vor sich diese Schreckenskonstruktion.

Sie mußte das erste Modell im ersten Jahr des Zeitalters der Schreibmaschine gewesen sein. Ihr Alphabet bestand nur aus Großbuchstaben. Sie war besessen von einem bösen Geist. Sie gehorchte keinem Gesetz der Physik. Ich schwöre, die Maschine machte niemals eine Sache zweimal in derselben Weise. Die Tasten der Maschine waren so hart zu treffen, daß es sich für jeden außerhalb des Hauses wie entfernter Donner anhörte. Ich mußte die Tasten so hart treffen, daß ich meine Zeigefinger bis zu den Ellenbogen verstauchte. Wäre es meine Maschine gewesen, ich hätte sie mit einem Zimmermannshammer bedient.

Nehmen wir an, wir treffen ihn im Jahr 1912. Ja, sagt Mike, da ist er noch der alte.

London sieht jünger aus, als es seine sechsunddreißig Jahre erwarten ließen, in seinen Augen schimmert Neugier, und um den weichen, fast weiblichen Mund spielt ein Lächeln, das er jedem gönnt. Jack London ist nicht groß, etwa 1.70 Meter. Sein ausgeschlagenes Gebiß kaschiert er durch eine Platte, auf die falsche Zähne montiert sind. Manchmal macht er sich einen Spaß daraus, und er nimmt die Platte heraus. In der Südsee hat er gelernt, selbst Zähne zu ziehen, sein Zangen-Set hat er immer parat. Er ist ganz versessen darauf.

Er ist stolz auf seine Muskeln, mehrfach hat er sich schon mit nacktem Oberkörper fotografieren lassen. Er boxt, ficht, reitet, schwimmt, segelt, und man sieht es ihm an. Nur fünf Stunden schläft London. Er haßt Schlaf. Es ist wie aufhören zu leben. Buschig die braunen Haare, dazu Brauen, die sich in der Mitte treffen. Und es sind die Augen, grün und grau, die alles auslösen. Es sind Augen, in denen hundert Ideen zugleich leuchten, die die Menschen durchdringen, die Wärme verbreiten können und plötzlich wieder Kälte, in denen schnell Euphorie geschrieben steht und ebenso schnell wieder Wut.

Er redet in wilden Schüben. »Ich kann in fünfzehn Minuten mehr sagen als in fünfzehn Jahren schreiben«, behauptet er, und seine Freunde sagen: Das stimmt. Man kann ihm, wenn er in Fahrt ist, kaum folgen. Wenn sich nur der kleine Finger bewegt, bewegt sich der ganze Kerl mit. Er ist aufbrausend, aber auch leicht zu besänftigen. Er legt an alles einen gewissen sportlichen Maßstab: Er liebt die Diskussion, er streitet sich gern, er versöhnt sich gern. Es muß offen zugehen, dann ist London dabei.

Noch weiß er nicht, wie krank er ist, daß seine Nieren nicht mehr lange mitmachen, daß er seinen ganzen Lebensstil umstellen müßte, um nicht bald zu sterben. Das nächste Jahr, 1913, wird etwas in ihm brechen, nicht seinen Willen, aber seine Zuversicht. Die Ärzte eröffnen ihm nach einer Blinddarmoperation, daß seine inneren Organe schwer geschädigt sind. »Mit Ihnen könnte ich eine ganze Vorlesung bestreiten«, sagt ein Doktor. London erzählt es keinem Außenstehenden. Und er ändert nichts. Er trinkt zu viel Alkohol, er nimmt zu viele Schmerzkiller, er ißt am liebsten, wenn die Saison anbricht, im Oktober, wilde Bratente, die auf beiden Seiten nur kurz übers Feuer gehalten wurde. Wenn das Blut tropft, schmeckt es ihm am besten, und am liebsten ißt er zwei Vögel am Tag. Er spült sie mit eiskalter Liebfraumilch hinunter, einem süffigen Wormser Weißwein. Er raucht sechzig Zigaretten täglich, Russian Imperial, starker Tobak, der die Finger gelb werden läßt.

Die Londons haben gern Freunde auf der Farm und bieten ihnen ein schönes Leben: gutes Essen auf ihre Kosten, reichlich zu trinken. Am Nachmittag, wenn Jack nicht arbeitet, zeigt er seinen Gästen das Land. Doch nachts schuftet er weiter, er liest und grübelt bis weit nach Mitternacht, so viele Pläne, so viel Geld, das es zu verdienen gilt.

Der Abend dämmert im Park.

War er in Ihren Augen ein tragischer Mann, Mike? »Hölle, nein!« sagt Mike sofort. »Nicht mal annähernd. Er lebte, wie er es wollte. Er wußte, was er vom Leben wollte, und das nahm er sich. Er war ein freier Mann, und das entscheidende ist, er liebte und er wurde geliebt. Er ist ein gesegneter Mann.« Dann beschließen wir, über Jacks Jugend zu reden, aber das machen wir unten im Tal, denn die kühle Nacht kommt früh, viel zu früh.

»Es ist gut«, schrieb London einmal, »das Gewitter zu reiten und sich gottgleich zu fühlen. Ich wage zu behaupten daß es für ein kleines Stück pulsierenden Gallerts ein viel großartigeres Gefühl ist, sich gottgleich zu fühlen, als für einen Gott.«

Und so war er sein ganzes Leben auf der Suche nach einem anständigen Gewitter, das er reiten konnte.

London liebte und wurde geliebt. Ein großer Satz, doch trifft er nicht auf den jungen Jack zu, der erst in einem Streit mit seiner Schwester Ida erfährt, 1897, da ist er schon einundzwanzig Jahre alt, daß er nicht der leibliche Sohn von John London sein soll, einem Bürgerkriegsveteranen, und daß seine beiden Schwestern offenbar nur Stiefschwestern sind.

Er wühlt sich durch Zeitungsarchive, findet seine Geburtsanzeige – und entdeckt einen Bericht aus dem Juni 1875, sieben Monate vor seiner Geburt, in dem geschildert wird, wie eine gewisse Flora Chaney zweimal versucht habe, sich umzubringen. Ihr Ehemann hatte verlangt, daß sie das Kind töte, was sie verweigert habe. Dann habe er sie verlassen, woraufhin sie zuerst versucht habe, sich zu vergiften, später zu erschießen.

Dieser Mann, der sein Vater sein muß, heißt William H. Chaney, ein irischer Wanderastrologe, eine schillernde, zwielichtige Gestalt, in frühen Jahren ein Matrose, der desertierte, wenn ihm die Arbeit zu mühselig wurde, und sich fortan auf Bauernhöfen als Handlanger verdingte. Es gibt von Chaney nur wenige Fotos, sie zeigen einen älteren Mann mit mächtigem Rauschebart, der aussieht wie John London oder auch Herman Melville. Einige Biographen sehen in Chaneys Augen Jacks Augen, in seiner Stirn Jacks Stirn. Nun ja.

Jack, verwirrt, neugierig, recherchiert Chaney hinterher. Er macht ihn ausfindig. Er schreibt ihm. Und Chaney antwortet. Er sei zum fraglichen Zeitpunkt »impotent« gewesen und könne folglich gar nicht sein Vater sein; er sei allerdings, zugegebenermaßen, ein Heißsporn und habe in jener Zeit schon selbst daran gedacht, Jacks verrückte Mutter zu töten.

Jack hakt noch einmal nach, Chaney antwortet erneut, dann erlischt der Kontakt. Es gibt keinen Hinweis darauf, ob Jack seitdem davon ausging, daß Chaney sein Vater war. Offenbar war dies in der Familie kein Thema, über das man redete, und doch mußte es ihn auch später umtreiben. Denn wenn ans Licht gekommen wäre, daß Jack London ein unehelicher Sohn war, ein Bastard also, was zur damaligen Zeit einen Skandal bedeutet hätte, seine Karriere wäre ernsthaft in Gefahr gewesen.

Seine Mutter sprach er offenbar nur einmal auf die Frage der Vaterschaft an. Die Mutter: diese ganz und gar fürchterliche Person, aus reichem Elternhaus, als kleines Kind verwöhnt, dann von einer schrecklichen Krankheit heimgesucht, die sie fürs Leben zeichnete; eine winzige Frau, nicht einmal 1.50 Meter groß, mit traurigen Augen, dünnen Haaren und einem durch und durch kalten Wesen, darüber hinaus fanatische Esoterikerin. Ständig litt Flora zudem unter eingebildeten Herzattacken, sie neigte zur Hysterie und veranstaltete im Haus regelmäßig Séancen mit ihrem indianischen Medium. Sie liebte das Glücksspiel und sehnte sich danach, zu den feinen Kreisen der Gesellschaft zu zählen. Ihr Motto war: »Man darf den dunkelhäutigen Rassen nicht trauen.« Jack selbst nannte seine Mutter einmal eine »wahre Teufelin«, und nach allem, was man weiß, sollte man ihm das nicht übelnehmen.

Für ihren Sohn, den sie John Griffith taufte, der bald aber nur Jack genannt wurde, hatte Flora London keine Liebe übrig. Die Umstände seiner Geburt hatten sie entehrt, und das verzieh sie ihm nicht. Niemals küßte sie ihn oder drückte sie ihn, niemals hatte sie das kleinste Geschenk parat. Als Jack sie nun nach jenem mysteriösen Mr. Chaney fragte, ging sie zum Küchenschrank und holte kommentarlos ihre Heiratsurkunde mit John London hervor. Sie war acht Monate nach seiner Geburt ausgestellt. Unterschrieben hatte sie das Dokument als Flora Chaney. Damit war für sie alles gesagt.

An John London jedoch, einem braven, verständnisvollen Mann, hing Jacks Herz, Vater hin, Vater her. Der Farmer litt unter einer schweren Lungenkrankheit, war zwar fleißig, aber glücklos, und hatte dem hochfahrenden Ehrgeiz seiner zweiten Frau nichts entgegenzusetzen. Zwar fand er in Oakland als Wachmann im Rotlichtviertel einen Job, aber Jack mußte schon mit zehn Jahren arbeiten gehen, um zum Lebensunterhalt der Familie beizutragen. Wo John London Wache schob, wo nackte Frauen in Käfigen tanzten, da trug Jack Zeitungen aus, stellte

Bowlingkegel auf, wischte den Boden in Saloons und lieferte sein Zubrot brav zu Hause ab. Mit vierzehn verließ er die Schule, die Familie konnte sich nicht leisten, daß er die High School besuchte. Die Gesundheit seines Stiefvaters verschlechterte sich, bald fiel er als Versorger aus. Jack mußte von nun an Geld verdienen wie ein Mann. Zwölf Stunden am Tag, sechs Tage in der Woche schuftete er in »Hickmotts Cannery« in Oakland, zählte Dosen, einmal sechsunddreißig Stunden am Stück. Es war dunkel, wenn er morgens aus dem Haus ging, und dunkel, wenn er die Fabrik verließ. So sahen seine Teenagerjahre aus, das übliche Schicksal eines Arbeiterkinds aus gebeuteltem Hause.

Seine Mutter sagte stets, dies sei seine Pflicht. Schon dieses Wort ließ ihn später wütend werden: Pflicht. Er verlor seine Kindheit wegen der Pflicht, er rackerte sich ab wegen der Pflicht, er sah zu früh zu viel, wegen der Pflicht. Wenn er später, als Erwachsener und erfolgreicher Schriftsteller, noch immer wie unter Zwang frei sein wollte, dann vor allem, weil es ihm das Gefühl gab, der Pflicht zu entkommen.

Wärme und Liebe empfing Jack dafür von seiner Stiefschwester Eliza, die acht Jahre älter war, die ihm später das Geld lieh, um nach Alaska zu ziehen und am Ende die Ranch verwaltete, eine kluge, starke, treue Frau. Auf dem ersten Foto, das Jack mit fünf Jahren zeigt, richtet er die Augen in die Ferne, er hat schon diese volle Oberlippe, die seinen Zügen bis zuletzt etwas Träumerisches, aber auch Trotziges verlieh. Man weiß nicht viel von Jacks Jugend, und beinahe alles, was man weiß, weiß man von ihm selbst. Ein Schriftsteller ist als Quelle in eigener Sache sicher nicht sehr vertrauenswürdig. Es gibt aber keine andere. Die anekdotenreichste Fundgrube ist *John Barleycorn*, in dem London 1913 erzählt, wie früh er lernte, sich mit Drinks Freunde zu machen.

Er schrieb dieses Buch zu einer Zeit, da er längst wußte, wie er die Öffentlichkeit beeindrucken, wie er sie schocken und wie er geschickt an seinem eigenen Denkmal basteln konnte. Er hatte sicher keine unbeschwerte Kindheit, viel spricht aber dafür, daß die Londons nicht so bitterlich arm waren, wie es der Sohnemann gerne glauben lassen wollte. »Mein Körper und meine Seele waren verhungert, als ich ein Kind war«, sagte er einmal.

Bis er zehn war, wuchs Jack auf dem Land auf, ein einsamer Junge, dessen beste Freunde die Bücher waren. Nach dem Umzug nach Oakland, der für ihn ein Schock war, besuchte er die Cole Grammar School im Westteil der Stadt, wo die ganz kleinen Leute wohnten.

Als Bub besitzt er nur ein Buch, es heißt *Signa*, eine Abenteuergeschichte, von der London später sagte, »sie war mein Stern, nach dem ich meinen Wagen lenkte«. Allerdings fehlte das letzte Kapitel. Er mußte sich den Schluß selbst erfinden. Als er ein paar Jahre später in Oaklands öffentlicher Bücherei ein Exemplar entdeckt, schnappt er es sich, liest die fehlenden Seiten und beginnt sofort fürchterlich zu fluchen. Ida Coolbridge, die Leiterin, führt ihn nach draußen, erklärt ihm: »In einer Bücherei flucht man nicht. Aber warum fluchst du denn?« »Weil ich mir zweihundert verschiedene Schlüsse ausgedacht habe«, sagt Jack, »und alle waren besser als der hier.«

Er kennt die ferne Welt nur aus seinen Lektüren, und im Hafen von Oakland, an der Waterfront, riecht es tatsächlich nach Salz, Tang, Sturm, sieht er Schiffe, Seemänner, seltsame Waren, den Beweis, daß diese Ferne wirklich existiert. Als Jugendlicher streift er durch die Bars, begreift, daß man sich unter Männern mit einem Drink zur rechten Zeit ein anerkennendes Schulterklopfen und das Gelächter der Verbrüderung und lange Gespräche erkauft. Die Entdeckung wird sein Leben prägen. Wann immer fortan jemand das Glas erhebt, Jack trinkt mit. Es schmeckt ihm nicht, aber es ist die Eintrittskarte in dieses Reich der Kameradschaft. Vor allem in »Johnny Heinolds First and Last Chance Saloon« hängt er oft herum, in einer Bar, die es noch heute gibt und die schon damals einen legendären Ruf hat. Hier treffen sich Waljäger und Robbenfänger und Segelmacher, derbe Kerle, deren Seemannsgarn Jack in seinen Gedanken weiterspinnt.

Es bleibt nicht bei den Träumen. Jack hört, daß ein gewisser French Frank sein Boot verkaufen will, die »Razzle Dazzle«, für unerschwingliche dreihundert Dollar. Der Junge rennt zu seiner

Nanny, einer Schwarzen, die ihn liebt wie ein eigenes Kind. Erstaunlicherweise leiht sie ihm das Geld. Er muß lange knapsen, bis er das Darlehen zurückbezahlt hat, aber er zahlt es zurück. Das wird ihn prägen: Egal, woher du dein Geld bekommst, du wirst es schaffen. Also greife zu, wenn sich eine Gelegenheit ergibt.

So beginnt seine Zeit als Räuber der Austernbänke. Nachts, wenn der Nebel durch die Bay streicht, schlägt die Stunde der Muscheldiebe. Es ist gefährlich, verheißt aber viel Geld, leichtverdientes Geld, und schnell verdient sich der Neuling den Ehrentitel »König der Austernpiraten«. Doch nach einer Weile wechselt Jack die Seiten, Skrupel kennt er keine, und schließt sich der Wasserpolizei an. Dort saufen sie noch mehr als bei den Gaunern. Wenn sie trinken, trinkt auch er, wenn sie fluchen, flucht er. Jack London lernt früh, sich seiner Umgebung anzupassen, er wird später unter Robbenfängern so wenig auffallen wie unter sozialistischen Studenten, ja, er eignet sich im Lauf der Zeit auch die Kniffe an, sich in vornehmen Kreisen angemessen zu bewegen. Dies ist eine Gabe, aber auch ein Fluch. Er entwikkelt niemals ein starkes Selbstbewußtsein, fühlt sich in keiner Gesellschaft wirklich zu Hause.

Mit siebzehn Jahren, 1893, erfüllt sich Jack seinen sehnlichsten Wunsch. Er heuert auf dem Robbenschoner »Sophie Sutherland« an, einem Dreimaster, auf dem er für acht Monate vor Japan im Pazifik kreuzen wird. Hier liest er *Moby Dick*, hier hört er von Alexander Mc Lean, einem grausamen Kapitän, der ihm als Vorbild für den Seewolf Larsen dienen wird. Zwölf Mann sind sie auf dem Vordeck, echte Teerjacken sind darunter, die sich ärgern, daß das Bürschlein als vollwertiges Mitglied der Mannschaft bezahlt wird. Mit den Fäusten erkämpft er sich Respekt.

Nach einer wilden Sturmnacht nimmt der Kapitän alle Segel herunter, mit blanken Masten schlingert das Schiff vor dem Wind, damit die Männer unter Deck frühstücken können und Atem schöpfen. Am Steuer steht, um sieben Uhr in der Frühe, Jack London. Er muß den Eimer auf Kurs halten, schwitzt Blut und Wasser, vierzig Minuten lang, dann wird er erlöst. Dies sei die »stolzeste Leistung meines Lebens«, schrieb er noch Jahre später, hätte das Boot dem Sturm die Breitseite zugekehrt, »es wäre dem Untergang geweiht gewesen«.

Zu Hause erwartet ihn die erste große Krise der Industrialisierung in den USA, es gibt Millionen Arbeitslose, anständig bezahlte Jobs so gut wie keine. Er ist noch ein Kind, aber längst fühlt er sich als Erwachsener. Die Familie hat seine Abwesenheit irgendwie überdauert. Aber er wird sehnlichst erwartet, seine Muskelkraft verheißt vor allem eins: Geld.

Eines Tages weist ihn seine Mutter, wie immer auf der Suche nach Glück aus heiterem Himmel, auf einen Kurzgeschichten-Wettbewerb des »San Francisco Morning Call« hin. Jack schreibt die ganze Nacht durch, auch noch die nächste. Aus seinen Erlebnissen schmiedet er die Erzählung *Typhoon off the coast of Japan*. Kaum zu glauben, schließlich nehmen zahlreiche Studenten teil, er erringt den ersten Preis, erhält sagenhafte fünfundzwanzig Dollar, damals das volle Monatsgehalt eines Arbeiters. Der »Call« lobt die »Weite der Auffassung und die durchgängige Ausdruckskraft« der Geschichte. London motiviert das Lob. Er beginnt die Klassiker der Literatur zu verschlingen, er liest sie in Jack-London-Manier. Vor allem Rudyard Kipling wird sein Vorbild.

Aber: Die Pflicht ruft. Da will einer Schriftsteller werden, findet jedoch kaum Zeit zum Schreiben: Er buckelt in einer Jutemühle, schippt Kohle für ein Elektrizitätswerk und merkt, daß seine Gelenke der Belastung kaum standhalten. Er verflucht die körperliche Arbeit, verflucht die Gesellschaft, die ungebildeten Männern wie ihm keine Chance bietet.

Als er 1894 von einem Protestmarsch der Arbeitslosen nach Washington hört, ist er Feuer und Flamme. Schon zuvor war er über den »Hügel« getrampt, wie abgebrühte Landstreicher die Sierra Nevada nennen, nun schließt er sich Coxey's Arbeiterarmee an, die berühmt werden sollte. Sie treiben, die amerikanische Flagge schwenkend, in den Dörfern Essen ein, machen sich über die nahrhaftesten Sachen her, bevor sie den Proviant abliefern. Doch bald fliegen sie auf, London setzt sich ab, schlägt sich in den Osten durch.

Unbedingt will er die Niagara-Fälle sehen, und als er endlich eintrifft, kann er sich vom Anblick der tosenden Wasser nicht lösen. Er verkriecht sich irgendwo, um zu schlafen, wacht im grauenden Morgen auf und wandert wieder zu den Fällen, noch einmal will er sie sehen. Ein Polizist greift ihn auf, man schleift ihn vor den Richter, wo er binnen fünfzehn Sekunden wegen Vagabundierens zu dreißig Tagen Zuchthaus verurteilt wird. Er fragt nach einem Anwalt und wird ausgelacht. Es ist der 29. Juni 1894. Die Akten verzeichnen einen »John London«, Beruf: Seemann, Religion: Atheist. Alter: achtzehn Jahre.

Was er in den dreistöckigen Zellenblöcken des »Erie County Penitentiary« in Buffalo erlebt, darüber wird er später meist schweigen. Vielleicht kann er nicht erzählen, vielleicht will er es nicht. Einmal wird er von »undenkbaren Greueltaten« im Knast sprechen. Sein Biograph Alex Kershaw deutet an, daß er vergewaltigt worden sein könnte.

Es ist jedenfalls ein ausgewachsenes Gefängnis, in dem sich London die Zellen mit Mördern und Kinderschändern teilt, zu essen gibt es nichts als Brot und dünne Suppe. Er sucht sich schlagkräftige Freunde, für ihn nichts leichter als das, um nicht draufzugehen. Er beginnt mit Tabak und »Moonshine« zu handeln, einem stinkenden Kartoffelschnaps. Nach zwei Tagen schon gehört er zu den »Trustees«, ist einer von dreizehn Vorarbeitern unter fünfhundert Insassen, die dafür zuständig sind, daß das Gefängnis nicht zum Tollhaus wird.

»Ich war unten, im Keller der Gesellschaft, drunten in den unterirdischen Tiefen des Elends«, wird er sich später erinnern. Was er durchmacht, verändert seine Sicht auf die Gesellschaft der USA. Er hat den Klassenkampf, von dem er nur gelesen und gehört hatte, am eigenen Leib erlebt, der Kampf tobt dort draußen wirklich, überall, zu jeder Zeit. Auf seinen nächsten Etappen beobachtet er in fast jeder Stadt die gleichen Verhältnisse: Die Reichen kreisen um sich selbst, die Armen schuften ohne Hoffnung vor sich hin.

Nach seiner Entlassung streift er eines Nachts durch Boston, schläft im Park, wo ihn um zwei Uhr morgens ein Polizist weckt.

Diesmal versucht er nicht davonzurennen. Diesmal beginnt er zu erzählen. Daß er gerade vom Ueno Park geträumt habe ... Von was? fragt der Polizist. Von Japan, sagt London, und dann schwärmt er zwei Stunden von Yokohama und dem Fujijama, den er nie gesehen hat, und zum Abschied schenkt der Polizist dem frierenden Streuner einen Silberquarter.

Das Schwadronieren bewahrt Jack London vor der Rückkehr ins Kittchen. In diesen Tagen als Tramp schwindelt und schummelt er sich durch die Lande, klingelt an Türen und tischt die haarsträubendsten Bettelgeschichten auf: Je besser die Ideen, desto besser das Essen, begreift er.

Zurück im Westen, beginnt er wie wild zu schreiben. Und er merkt: Er ist von Natur aus Sozialist. Er tritt als Redner auf, erzielt den lautesten Applaus, zieht die meisten Zuhörer an, erwirbt sich in den örtlichen Gazetten den Ruf des »Sozialisten-Jungen aus Oakland«. Vor allem aber will er lernen. Sein Lernhunger, das ist sein Lebenshunger.

Jack ist überzeugt, studieren zu müssen, um anerkannt zu werden. Mit knapp zwanzig Jahren schreibt er sich in der High School ein, jobbt nebenher, um der Familie zu helfen, bereitet sich ohne professionelle Hilfe auf die Aufnahmeprüfung in Berkeley vor, büffelt zwölf Wochen lang fast zwanzig Stunden am Stück. Am Tag nach den Tests besucht er seine alten Freunde an den Kais und betrinkt sich mit Vorsatz, hemmungslos. »Ich wollte kein Buch mehr sehen«, sagt er. »Es gab nur ein Rezept für einen solchen Zustand, und ich gab es mir: den Abenteuerpfad.«

Der Kraftakt gelingt: Die Universität nimmt ihn an. Und er will seine Chance nutzen. »Jacks Gehirn war wie ein trockener Schwamm – unmöglich, ihn mit seinen vielen Falten zu sättigen«, erinnerte sich sein Mitstudent James Hopper, der später auch Schriftsteller wurde. Alles ordnete London seinem großen Ziel unter: sich seinen Weg zu bahnen, das Ohr der Welt zu öffnen.

Nach nur vier Monaten aber muß London Berkeley verlassen, im Februar 1897. Er kann sich die Uni nicht mehr leisten, seine Familie wartet händeringend auf Unterstützung. Wieder zu Hause, schreibt er zunächst noch besessener denn je, Kurzgeschichten, Gedichte, Witze, Essays – es scheint der einzige Ausweg aus der gnadenlosen Mühle. »Die Art, wie ich arbeitete, war genug, um mein Gehirn aufzuweichen und mich in ein Irrenhaus zu schicken«, sagte er später.

Sobald er mit einem Manuskript fertig ist, stopft er es in einen Umschlag und schickt es an Magazine im ganzen Land. In der Fabrik erhält er zehn Cents pro Stunde. Magazine zahlen zwei Cents pro Wort, hat er gehört, es muß doch drin sein, sich mit dem Schreiben ein besseres Leben zu ermöglichen. Doch alle seine Stories kommen zurück, die meisten Absagen sind nicht einmal unterzeichnet, er empfindet es so, als säße am anderen Ende der Postwege eine seelenlose Maschine, die ihm stets ein grausames, kaltes Nein entgegenschleudert, wann immer er sich regt.

Es dauert nicht lange, da muß er einen Job in der Wäscherei der Universität annehmen. Nun reinigt er an sechs Tagen in der Woche die Kleider jener Studenten, neben denen er noch kurz zuvor in den Seminaren gesessen hatte. Vor lauter Erschöpfung kommt er in seiner Freizeit kaum noch zum Schreiben. Erst als in Berkeley die Sommerpause beginnt, setzt er sich wieder hin, in der gewohnten Arbeitswut. Ende Juni verkündet er einer Freundin: »Neuigkeiten gibt es keine. Ich habe mich selbst in eine fast klösterliche Abgeschiedenheit in meinem Allerheiligsten zurückgezogen und leiere eine Geschichte nach der anderen herunter.«

So ist Londons Leben, in diesem Frühsommer 1897. Kein Ausweg aus der Pflicht, nirgends.

Mine im Kopf

Drei Wochen später ist die Welt umgestülpt. Am 14. Juli 1897 läuft die »Excelsior« in San Francisco ein, mit Goldgräbern an Bord, die ihr Glück gemacht haben und von unglaublichen Funden am Klondike und Steward River berichten, droben in Kanadas Wildnis. Der Irrsinn bricht aus. Nach den blühenden Achtzigern steckt das Land immer noch in schwerer Rezession.

Nun lockt schneller Reichtum, brave Ehemänner werden zu Glücksrittern, selbst Seattles Bürgermeister bucht die Passage gen Norden. Von 100 000 Männern, die dem Ruf des Goldes folgen und sich auf die rund 3 000 Kilometer lange Reise machen, werden weit weniger als die Hälfte ankommen. Aber natürlich ahnt dies keiner, in den ersten Tagen des Fiebers.

Auch London zögert nicht. »Ich hatte keine Angst vor dem Leben«, wird der Ich-Erzähler Jahre später in *The Road* schreiben. Es ist Jack Londons Satz. Er mag erst einundzwanzig sein, doch er fühlt sich reif. Schrecken kann ihn nichts, denkt er. Mit Tausenden anderer bricht er schon elf Tage später, am 25. Juli 1897, an Bord der »Umatilla« auf.

Das Schiff ist für 290 Passagiere zugelassen, 472 drängen sich an Bord. An Jacks Seite ist sein Schwager Captain James H. Shepard, der allerdings nach zwei Tagen in Alaska umkehren wird. Shepard, bereits über sechzig, hat auf sein Haus eine Hypothek aufgenommen, um beider Goldgräberausrüstung zu finanzieren: Zelte, Decken, Mützen, Handschuhe, lange Unterhosen, Seile, Siebe, Nahrungsmittel. Als Gegenleistung soll Jack helfen, das schwere Gepäck zu transportieren. Insgesamt kommt pro Mann ein Berg von über 1 500 Kilo zusammen.

Vor dem Schürfen gilt es zunächst, die Ausrüstung vom letzten Hafen in Dyea bis nach Dawson City zu bringen. Die »Royal Canadian Mounted Police« hat aus Furcht vor einer Hungersnot und Gewalttaten (man spricht aus beeindruckender Erfahrung) verfügt, daß jeder Goldsucher seine Verpflegung, 500 Dollar Bargeld und die eigene Winterausrüstung mitbringen müsse. 200 Pfund Speck, 800 Pfund Mehl, 200 Pfund Maismehl, 150 Pfund Bohnen, 75 Pfund Zucker, 75 Pfund Kaffee – das ist die vorgeschriebene Ration, und auf das Grabgeschirr packt London noch Bücher von Darwin, Spencer und Marx. Mit Essen allein ist sein Hunger nicht zu stillen.

53 Kilometer sind es bis zum Yukon River – diesen Pfad, den geübte Wanderer heute in drei Tagen schaffen, muß London dutzendfach hin und her laufen. Für Indianer, die ihm als Träger dienen könnten, hat er kein Geld. Bis zu 75 Kilo schleppt er

auf einmal, bis zu 40 Kilometer legt er an einem Tag zurück, insgesamt sind es über 2 000. »Am Ende des Transports konnte ich mit den Indianern Schritt halten«, schreibt er einer Freundin. »Oft trug ich mehr als sie.«

Der Pfad im Südosten Alaskas überquert den Chilkoot Paß auf 1 122 Meter Höhe und führt dann, bereits auf kanadischem Gebiet, hinunter zum Yukon, auf dem per Boot noch weitere 800 Kilometer zurückzulegen sind bis Dawson City, der ersehnten Stadt. Nach achtzehn Kilometern erreichen die Glückssucher »Sheep Camp«, wo sie Bohnen mit Speck zu essen bekommen und heißen Tee trinken, wo sie sich in der Hütte auf den Boden werfen und als Decke nur erschöpft den Mantel über sich ziehen, diese tropfnassen, nach Schweiß und Erde stinkenden Männer. Jack London macht hier keine Rast. Er hastet weiter, er weiß, es ist ein Wettrennen gegen die Zeit, der Winter naht.

Zumal die anstrengendste Etappe noch auf sie alle wartet: die »Golden Stairs«, der Anstieg zum Paß, 40 Grad steil, 800 Meter lang, in einer kargen Gegend aus Felsbrocken, Flechten und Heidekraut. London läßt der Eindruck nie mehr los: »Wir sind aneinandergeschmiedet wie Galeerensträflinge. Wir sind eine Kette von Verdammten.« Wenigstens kommt er im August an, er klettert über Geröll den Berg empor. Ihm bleibt erspart, was den meisten noch blüht: im Schnee den Paß zu bezwingen.

Davon zeugt das wohl berühmteste Bild des Goldrauschs: ein schwarzes Band aus erschöpften Diggern kämpft sich die weiß ummantelte Rampe hoch. Lawinen donnern den Hang herab und reißen Menschen mit sich. In *Daughter of the Snows* schreibt London später: Die Pferde sind gestorben »wie Mücken im ersten Frost«. Und die Männer? »Ihre Herzen wurden zu Stein – die, die nicht brachen –, und sie wurden Tiere, die Männer auf dem Dead Horse Trail.«

In Kanada angekommen, windet sich der Pfad am türkis schimmernden Crater Lake entlang, bevor man ein weiteres Lager erreicht. »Happy Camp« hatten es die ersten Goldsucher getauft. Das Schlimmste schien überstanden.

Erschöpft schleppt sich London im September in das Quartier. Der Winter rückt bedrohlich näher, die Schneegrenze frißt sich immer weiter die umliegenden Berghänge hinab, und der Tag kann nicht mehr fern sein, an dem der Yukon zufriert. London fällt mit anderen Männern Bäume, schlägt das Holz in Stükke, baut zwei Boote: je neun Meter lang, mit Werg abgedichtet, als Segel dient eine geteerte Leinwand. Am 21. September 1897 fahren sie los, Jack London auf der »Yukon Belle«.

Er spricht später von einer Fahrt in den »Rachen des Nordens«. Wer auf dem Yukon unterwegs ist, staunt auch heute noch über die alles überdröhnende Stille. Nur selten ist am Ufer ein Bär zu sehen oder in der Luft ein Adler, die Mücken machen die Dämmerung zur Hölle, und nachts heulen Wölfe. Vor allem aber sind die Männer allein mit sich. Bessere Freunde gibt es nicht als diese Kameraden, das wissen sie – und keine schlimmeren Feinde, das ahnen sie.

Sie kämpfen sich weiter, gegen Stromschnellen, erste Eisschollen, die eigene Müdigkeit. Langsam nähern sie sich Dawson City, wo Berge von Gold, endloser Reichtum und eine glorreiche Zukunft auf sie warten. Dann packt der Winter zu. Wind kommt auf, aus der Richtung, die sie ansteuern. Ein starker Nordwind, unbarmherzig, kalt. London und vier Dutzend Männer bleiben stecken, der Yukon gefriert. An der Upper Island, an der Mündung des Stewart River, nur 120 Kilometer von Dawson entfernt, schlagen sie ihr Lager auf. Sie bauen sich Schutzhütten – Londons Verschlag wird 1964 entdeckt, eine Hälfte steht heute in Oakland, die andere in Dawson City – und beginnen, an Ort und Stelle nach Gold zu schürfen. London sichert sich den Claim 54 am Henderson Creek. Er findet etwas, aber es entpuppt sich als Katzengold. Sie schlagen sich ohne Ausrüstung nach Dawson City durch, schauen sich um und kehren bald desillusioniert zurück. In der boomenden Stadt mischen sich Goldstaub und Blut, Träume und zerstobene Hoffnungen, zu einem bunten, dreckigen, wirbelnden Bild. Männer kämpfen um Frauen, Männer kämpfen um Claims, und alle kämpfen um Gold.

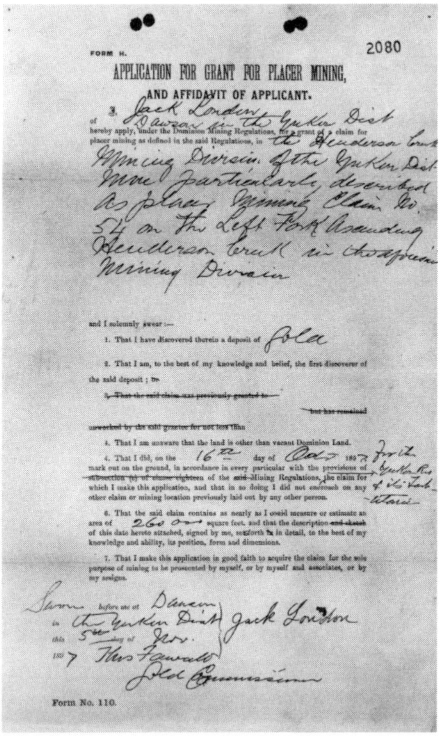

FORM H. 2080

APPLICATION FOR GRANT FOR PLACER MINING,

AND AFFIDAVIT OF APPLICANT.

3. Jack London
of Dawson in the Yukon Dist
hereby apply, under the Dominion Mining Regulations, for a grant of a claim for placer mining as defined in the said Regulations, in the Henderson Creek Mining Division of the Yukon Dist more particularly described as placer Mining Claim No. 54 on the Left Fork Ascending Henderson Creek in the aforesaid Mining Division

and I solemnly swear :—

1. That I have discovered therein a deposit of Gold

2. That I am, to the best of my knowledge and belief, the first discoverer of the said deposit ; ~~or~~

~~3. That the said claim was previously granted to~~ ~~but has remained unworked by the said grantee for not less than~~

4. That I am unaware that the land is other than vacant Dominion Land.

4. That I did, on the 16th day of Oct 1897 mark out on the ground, in accordance in every particular with the provisions of ~~subsection (c) of clause eighteen~~ of the ~~said~~ Mining Regulations, the claim for which I make this application, and that in so doing I did not encroach on any other claim or mining location previously laid out by any other person.

6. That the said claim contains as nearly as I could measure or estimate an area of 260 000 square feet, and that the description ~~and sketch~~ of this date hereto attached, signed by me, setsforth in detail, to the best of my knowledge and ability, its position, form and dimensions.

7. That I make this application in good faith to acquire the claim for the sole purpose of mining to be prosecuted by myself, or by myself and associates, or by my assigns.

Sworn before me at Dawson in the Yukon Dist this 5th day of Nov. 1897 — Jack London

Gold Commissioner

Form No. 110.

Rings um Londons Holzverschlag bricht wenig später der eisige Winter an, beginnen die Nächte, die nicht enden wollen. Im Schnitt ist es 27 Grad unter Null, und das einzige, was die Herzen der Männer wärmt, sind die Gespräche am Feuer. Trapper und andere Goldgräber kommen sie besuchen. Es geht viel um Sozialismus. London führt das Wort, aber er hört auch zu. Schnell erwirbt er sich den Ruf eines Philosophen, eines politischen Scharfredners; er ist ein begnadeter Erzähler, das berichten später die Gefährten.

Noch ausgeprägter aber ist seine Beobachtungsgabe. Er grübelt über die angsteinflößende, alles überwältigende Kraft des »weißen Schweigens«, das der arktische Winter mit erstickender Wucht ausstrahlt. Er begreift die Natur nicht nur als Feind, er dringt auch in ihre Seele. Er begegnet allem »auf den Zehenspitzen der Erwartung«, wie es ein Kamerad später beschreiben wird. Er langweilt sich nie, trotz der immergleichen Tage und nicht enden wollenden Nächte, entdeckt Wunder, wo andere blind scheinen. Nur er sieht, wie es im Norden ist, wenn man mit dem Herzen sieht. Der kleine Prinz in der Eiswüste.

Und er hört Geschichten. Wie die von dem Mann, der seine Handschuhe auszog und dessen Finger erfroren waren, noch bevor sie ein Streichholz entzünden konnten. Er hört von Männer und Frauen, die im Norden ihre Kultur verloren und zu Wilden wurden – das Grundmotiv seines berühmtesten Buchs *Ruf der Wildnis*. Und immer wieder vom Kampf der Männer gegen die unbarmherzige Natur, gegen den Starrkrampf des Frostes, gegen die Dunkelheit, die Traurigkeit, vom Kampf gegen sich selbst.

Im Frühjahr endlich bricht das Eis, und die Männer machen sich auf die letzten Kilometer nach Dawson, 3 400 Kilometer von Oakland entfernt. Die Stadt brodelt. Nach Gold gräbt London nicht mehr. Das heißt, er gräbt nicht im Boden. Er gräbt in den Köpfen. Er erforscht eine archaische Zivilisation, in der der Stärkere den Schwachen beherrscht. Und in der man auf Edelmut, Intelligenz und Anstand nur hoffen kann. London lauscht in den Bars der Stadt den Anekdoten der Oldtimer, jenen Männern, die schon im Land des Goldes waren, bevor die große Gier ausbrach. Ihre Ehre, ihr Mut, ihre Kraft beeindrucken London, der ihre Verachtung über die Neuankömmlinge später in seine Stories einfließen lassen wird.

Dort lernt er auch die Söhne eines kalifornischen Richters und ihren riesenhaften Hund kennen, der Jack genannt wird und das Vorbild für Buck ist, den Hundswolf aus *Ruf der Wildnis*. In Kneipen bullern die Öfen, aber die Menschen tragen Felle, tanzen in Biberfellmützen, die Ohrenschützer fliegen nur so durch die Luft. Die Männer tragen dichte Bärte und schauen feindselig drein, auch Jack. Alle sind auf der Hut. Zu essen gibt es vor allem Brot, Bohnen, Schinken, zuwenig Vitamine, um Skorbut abzuwehren, die Krankheit der Seeleute.

Mit geschwollenen Gelenken und gelockerten Zähnen schleppt sich London eines Tages zu Father William Judge, einem Jesuitenpater. »The Saint of Dawson«, wie ihn die Digger nennen, päppelt London eine Woche lang auf, dann schickt er ihn nach Hause. Jack verläßt Dawson mit Goldstaub im Wert von 4,50 Dollar, einem Notizbuch und einem Sack voller Schätze: den Geschichten, die er aus dem Geplauder gewaschen hat, der Menschenkenntnis, die er sich in den langen Abenden erschürft hat.

Am 7. Juni 1898 macht sich London auf den Heimweg, in einem selbstgezimmerten Floß, den Yukon hinab. Mit seinen Gefährten begegnet er Indianern, Trappern und immer neuen Diggern. Abermals beginnt er an Skorbut zu leiden. Ein Fremder schenkt ihm rohe Kartoffeln und eine Dose Tomaten; das sei ihm wertvoller als »ein El Dorado-Claim«, hält London in seinem

Tagebuch fest. In dem Floß legt er über 4 000 Kilometer zurück. 21 Tage nach der Abreise erreicht er die Hafenstadt St. Michael.

Nur neun Monate verbrachte London im Norden – aber die Zeit prägte ihn fürs Leben. »Es war am Klondike, wo ich mich selbst fand«, schrieb er rückblickend. »Da oben redet keiner. Jeder denkt. Du kriegst deine Perspektive. Ich bekam meine.«

Am Abgrund

Als er im Juli 1898 aus dem Norden zurückkommt, findet er seine Ahnung bestätigt: John London ist in seiner Abwesenheit gestorben. Nun ist er das Familienoberhaupt. Er will schreiben, und er will vom Schreiben die Verwandten ernähren.

In jenem Herbst steht alles auf dem Spiel. London führt seinen Kampf verzweifelt, es ist ein unsicheres, einsames Ringen, die Aussichten scheinen trostlos. Mitunter vergißt er zu essen, und manchmal weigert er sich auch, so konzentriert fabuliert er. Es ist ihm alles egal. Er will es nur schaffen.

Er versetzt seinen Anzug, seine Uhr, sein Fahrrad, um weitermachen zu können. Dabei hat er keinen Mentor, er kennt nicht einen Menschen, der ihn anleiten könnte. Im September bietet das Greenhorn dem »San Francisco Bulletin« einen Bericht über seine Heimreise an. Nach ein paar Wochen erhält er die Antwort, nicht unterzeichnet und mit Bleistift an den unteren Rand seines höflichen Briefs gekritzelt: »Das Interesse an Alaska hat in einem erstaunlichen Ausmaß abgenommen.« Schon zuvor hatte Rex Beach, ein Reporter, der ebenfalls zum Klondike gezogen war, geurteilt. »Hier oben gibt es kein Drama, keine Komödie, keine Wärme. Das Leben ist so blaß und kalt wie der Schnee … Wir werden niemals großartige Geschichten über Alaska und den Klondike lesen.«

Keiner glaubt an Jack – außer ihm selbst. »Es ist Hunger, nichts als Hunger«, schreibt er seiner Angebeteten Mabel Applegarth. »Du kannst das nicht verstehen, wirst es auch niemals. Niemand hat jemals verstanden.« Mabel bekniet ihn, sich nach einem ehrenwerten Beruf umzusehen. Er fühlt sich vollends verloren.

Man muß sich, will man Jack Londons Weg nachempfinden, stets die glücklosen Gestalten hinzudenken, die waren wie er, aber nicht seine Konstitution hatten, seinen Willen, seinen Mut, sein Vertrauen, daß sich alles doch noch fügt – und die gescheitert sind.

Bezwang da einer sein Schicksal?

London jedenfalls gibt nicht auf. Weiterhin kommen die Absagen im Dutzend. Nach sechs Monaten umfassen sie fast zwei Meter, aneinandergereiht auf einem Draht, den er quer durchs Zimmer gespannt hat. Dann, wie aus dem Nichts, verkauft er seine erste richtige Story: *To the Man on Trail* an »Overland Monthly«. Als Honorar werden ihm ganze fünf Dollar in Aussicht gestellt. Jack ist konsterniert. Endlich hat er eine Geschichte an den Mann gebracht, noch dazu an ein renommiertes Magazin, und mehr als fünf Dollar sollen nicht drin sein? Aus seinen Briefen dieser Tage ist keinerlei Euphorie zu lesen. Dazu ist er zu nüchtern, zu ehrgeizig, zu unfähig, sich zu begnügen.

Am 31. Dezember muß er die geliehene Schreibmaschine zurückgeben, er kann die Miete nicht mehr bezahlen. Nach allem, was man weiß, hat er in diesem Schicksalsjahr 1898 keinen einzigen Cent mit dem Schreiben eingenommen. Nun drängt die Familie aufs neue, er muß sich nach einem festen Job umsehen, er stellt sich bei fünf Agenturen vor, annonciert dreimal in der Zeitung: »GESUCHT – alle Arten von Arbeit.« Er bewirbt sich bei der Post. Am 16. Januar 1899 erhält er einen Anruf: Er könne als Briefträger anfangen. Es wäre ein sicheres Einkommen, genug, um die Familie über Wasser zu halten. Es ist wie bei Melville. Wird Jack London seinen Zollposten annehmen?

Kaum zu glauben: Flora, seine Mutter, rät ihm ab. Es ist ihre größte Tat für Jack, in ihrem ganzen Leben. Wahrscheinlich erhoffte sie sich vom schreibenden Sohn doch noch den gesellschaftlichen Aufstieg. Als der Herr von der Post anruft, druckst London herum. Er bittet um Aufschub, er hoffe auf weitere Veröffentlichungen und ... »Wenn das so ist«, sagt der Mann, »dann streiche ich Sie von der Liste.« Und legt auf.

Wenig später die Erlösung. Das Jugendmagazin »Black Cat« kauft *A Thousand Deaths* für anständige 40 Dollar. Auch wenn London noch höchstselbst in die Redaktion des »Overland Monthly« stürmen und dem Chefredakteur Prügel androhen muß, um sein Geld für eine weitere Story einzutreiben (diese Szene verewigt er später in *Martin Eden*): Er hatte es geschafft. Im Jahr 1899 bringt er 24 Geschichten unter. Und im November kauft »Atlantic Monthly«, ein Blatt von der Ostküste, *An Odyssee of the North* für 120 Dollar. Das Magazin aus New York druckt das Stück in der übernächsten Ausgabe.

Es ist der Januar 1900. Mit seiner schonungslosen Kraft und packenden Sprache wird Jack London zur vielversprechendsten Stimme des neuen Jahrhunderts.

Noch gibt es kein Radio, noch bestimmen die Storyteller allein die Träume der Menschen. Instinktiv hat London die Chancen seiner Zeit erkannt: Der Goldrausch von 1897/98 hat dem amerikanischen Frontier-Mythos frischen Stoff zugeführt. Jack London wird zum Erzähler dieser neuen Grenze. Er ist der Mann des Volkes, der erlebt hat, wovon die Menschen zu Hause träumen, und der aufschreibt, wie das Leben an der Grenze ist. Nichts von Goldgräberromantik. Er schildert einsame Seelen in feindlicher Natur, oder noch schlimmer: gleichgültiger, tödlicher Natur. Die Verheißungen des Goldes finden sich in kaum einer Zeile. Gold hat ihn offenbar nicht mehr interessiert, nachdem er zurückgekehrt war. Ihn haben die Menschen gepackt, ihre Hoffnungen, ihre Schwächen. Und ihre Geschichten.

Der endgültige Durchbruch kommt 1903, er ist siebenundzwanzig Jahre alt. *Ruf der Wildnis* zu schreiben sei gewesen, sagte er, wie einen großen Hund auszuführen: Der Hund geht mit dir aus. Binnen drei Wochen bringt London die Idee zu Papier, mit dickem Bleistift, nachdem er aus den Elendsquartieren des East End zurück ist.

Binnen 24 Stunden wird sich die erste Buchauflage zehntausendmal verkaufen. Die Rechte hat er da schon für ganze 2 750

Dollar abgetreten. Im Lauf seiner Karriere muß er so auf Hunderttausende verzichten.

Noch vor der Veröffentlichung aber, im März 1903, in einer Mittwochnacht, hat sich der Freundeskreis bei den Londons in den Piedmont Hills versammelt. Neben dem Autor brennt ein offenes Feuer im Kamin, durch das Fenster sieht man die Lichter der Bay, und er beginnt, das Manuskript vorzulesen. Es endet so:

Jeden Sommer aber gibt es im Tal einen Besucher, von dem die Yeehats nichts ahnen. Es ist ein großer, herrlich gezeichneter Wolf, gleich allen Wölfen, und doch ganz anders. (...)

Wenn die langen Winternächte kommen und die Wölfe ihrem Fleisch in die tiefer gelegenen Täler folgen, kann man ihn an der Spitze des Rudels sehen, und im fahlen Mondschein, unter dem flimmernden Nordlicht, seine Gefährten gewaltig überragend, hebt er seine mächtige Kehle und singt das Lied einer jüngeren Welt, das Lied des Rudels.

Als er verstummt, ist es ganz still im Raum. Jack London weiß: Das ist er. Der große Wurf.

Kein Mann über mir

Es ist stets verführerisch, vermeintlich autobiographische Passagen in Werken von Schriftstellern für bare Münze zu nehmen. Sie sind Meister darin, das eigene Bild in der Öffentlichkeit zu kontrollieren und die Farben je nach Gusto zu mischen. Und doch: Bei London, wie bei kaum einem anderen, lohnt sich immer wieder der Blick, aus seinem Leben schöpfte er seinen Stoff, nichts war ihm wichtiger. »Ich gewinne lieber eine Wasserschlacht im Schwimmbad, als daß ich den großen amerikanischen Roman schreibe«, sagte er einmal.

Viele seiner stärksten Sätze lesen sich so, sie klingen fast wie Glaubensbekenntnisse: »Weil ich lebe, will ich sehen.« – »Ich ziehe das Leben dem Schreiben vor.« – »Den Himmel, das

Meer, die Berge, die Wildnis – ich liebe sie einfach, und ich muß sie haben. Deshalb gehe ich dahin, wo ich sie kriege.«

In *The Road* erzählt London, warum er als Junge Eisenbahntramp geworden sei. Das Buch erschien 1907, vierzehn Jahre nach seiner Vagabundenzeit. »Ich kam zum Schienenstrang, weil ich so beschaffen war, daß ich nicht mein ganzes Leben ›auf demselben Gleis‹ arbeiten konnte, weil – nun ja, weil es mir leichter fiel, es zu tun, als es zu lassen.« Und so beschloß er, sich »in das Bad des Studiums der Menschen und der Verhältnisse zu stürzen, das mich bis auf die Haut durchnäßte«. Das ist Londons ganzes Geheimnis. Alles, was er anpackte, durchlitt er mit Haut und Haaren. Er lebte ein durch und durch kalifornisches Leben. Und er änderte sich nicht, über all die Jahre.

Im März 1900, gerade feiert er die ersten Erfolge und könnte sich einrichten auf dem frischen Ruhm, schreibt er seiner Vertrauten Anna Strunsky: »Ich werde nervös und weich wie eine Frau. Ich muß wieder raus und meine Flügel entfalten, sonst werde ich ein wertloses Wrack. Ich werde furchtsam, verstehst du? Furchtsam! Das muß aufhören.« Im Dezember desselben Jahres lehnt er eine Stelle bei »Cosmopolitan« ab, als Reporter für Sonderthemen. »Ich will nicht gebunden sein. Ich will frei sein, schreiben, was mir gefällt. Kein Bürojob für mich; keine Routine; nicht diese Aufgabe erledigen und jene Aufgabe erledigen. Kein Mann über mir.«

Zehn Jahre später, 1910, war er dem jungen Jack London noch immer treu. Als Charmian und er mit einem Vierspänner durch den Nordwesten der USA zogen, liefen die Nachmittage stets ähnlich ab: Sie hielten vor einem Hotel, Charmian ging auf ihr Zimmer, um den Staub der Straße abzustreifen, Jack versorgte die Pferde. Als sie nach einer Stunde gemeinsam durch die Stadt schlenderten, wunderte sich seine Partnerin immer wieder aufs neue: Jack kannte schon die meisten Leute, grüßte hier, lüpfte dort seinen Hut. Sein erster Anlaufpunkt waren die Saloons, hier trafen die Informationen ein, hier öffneten sich die Menschen, und er wollte, daß sie sich öffnen.

London ließ es zu, daß ihn der Zufall vom Weg abbrachte. Er freute sich sogar, wenn es geschah. Er suchte die Abzweigungen. Er verachtete Männer, die sich feige zu Hause verkrochen, wenn draußen das wahre Leben an die Tür klopfte. Es war seine Gier auf das Unbekannte.

Überall sind es die »Heiligen im Schlamm, das ewigwährende Wunder«, die ihn interessieren. Und manch aufregendem Weg folgt er auch nur in Gedanken. Jede Wissenschaft, auf die er sich stürzt, sei es Biologie, Philosophie, Agrarwissenschaft, erforscht er mit dem brennenden Ehrgeiz des Entdeckers. Ein richtiges Abenteuer, so schreibt er in *Martin Eden*, sei ein »wilder Arbeitgeber, ehrfurchtgebietend in der Strafe und ehrfurchtgebietend im Lohn«.

London weiß, wovon er spricht. Diese Zeilen schreibt er an Bord seiner Segelyacht, der »Snark«, mit der er sich aufgemacht hat, die Welt zu umsegeln, ein Wirklichkeit gewordenes Hirngespinst.

Trüb liegt der See. 2004

Der nächste Morgen. Wieder auf der Ranch. Hinauf zum Damm, zum Stausee, in dem die Londons baden, wann immer das Wetter es zuläßt, durch einen Wald aus Redwoods, so dick die Stämme, daß sie zwei Männer nicht umfassen können. Die Flanke des Hügels empor, Richtung Sonoma Mountain, der die Ranch vor den Stürmen des Pazifiks schützt. Die Welt ist weit weg, hier oben. Es kann nicht die Höhe sein, die Gegend liegt nicht sehr hoch, ein paar hundert Meter nur, doch die Luft erfrischt wie kühles Wasser an einem heißen Tag. Es ist ergreifend schön. Es ist so friedlich. Man könnte schwärmen, aber Jack London mag kein Pathos.

Am See jedoch bricht das Bild ins Gestern. Er liegt trübe da. Algen ersticken das Wasser, Palmwedel bedecken das Ufer. Die Holzhütte duckt sich noch unter den Bäumen, wenigstens das. Doch wenn es stark regnet, wird Jacks Damm einfach überspült. Die Ranger lassen den See verkommen, so wie sie den Pfad auf den Berg verkommen lassen, es ist kein Geld da, es ist ein Jammer.

Unten im Tal hat es begonnen, 1906, das größte Abenteuer. Sie lagen damals am Fluß, in der Sonne, Roscoe Eames und London, und ließen sich trocknen und schwafelten von Segelbooten und legendären Törns und herrlichen Weltreisen.

»Laß es uns machen«, sagte Jack plötzlich, und Roscoe, Charmians Schwager, fragte nur: »Wann brechen wir auf?« Eigentlich hatte Jack genug zu tun, die Ranch auf Vordermann zu bringen, er wollte für Charmian und sich ein Haus bauen, »dann begann uns der Köder des Abenteuers zu locken«, schreibt er im Vorwort der *Cruise of the Snark*. »Wir würden niemals jünger sein, keiner von uns.«

Sie läuft wie der Teufel

Das Erdbeben in San Francisco im April 1906 läßt die Preise in die Höhe schnellen, vor allem Holz wird zum Luxusgut, muß wie Maschinen und anderes Baumaterial aus dem Osten herangekarrt werden. »Die ›Snark‹ fraß das Geld schneller, als ich es verdienen konnte«, wird London schreiben. Er nimmt sich kaum die Zeit, sich seine werdende Yacht in der Werft anzuschauen. Er muß Texte produzieren. Als das Boot gerade mal halb fertig ist, hat er bereits allen Besitz mit einer Hypothek belastet. Der Mann, der noch vor zehn Jahren für zehn Cent die Stunde gearbeitet hat, muß am Ende insgesamt 30 000 Dollar aufbringen; angepeilt hatte er 7 000.

Sehr früh versucht London daher, den Segeltörn zu vermarkten. Gegenüber einem Chefredakteur brüstet er sich: »Kein namhafter Schriftsteller, in den Tagen seiner Bekanntheit, ist jemals um die Welt gesegelt. Sogar Stevenson nahm sich ein großes Boot und Kapitän und Besatzung; er war selbst der ärgste Passagier. In der Geschichte der Schriftstellerwelt hat es so etwas noch niemals gegeben.«

In der Sache mag er recht haben, der Brief aber dringt an die Öffentlichkeit, und selbst von der britischen Insel, Stevensons Heimat, dringen gehässige Bemerkungen über Londons Größenwahn. Als dann eine Zeitschrift anbeißt und seine Reportagen von den Weltmeeren marktschreierisch ankündigt, ist es geschehen: Bis zuletzt werden selbst Freunde denken, daß sich London die Reise üppig finanzieren läßt. Das Gegenteil jedoch ist der Fall: London bezahlt jeden Dollar selbst.

Und er kümmert sich um alles persönlich: welchen Motor er einbauen soll, wie das Benzin zu bunkern ist, welchen Anker er benutzen wird, welches Holz an Deck verlegt wird. Die Reise wird sieben Jahre dauern. Sie soll um die ganze Welt gehen. Kein Fluß wird sie aufhalten können. Er will auf der Donau bis nach Wien fahren, den Nil hinunter, die Seine bis nach Paris und die Themse bis nach London. Seine Traumyacht soll vom Feinsten sein. Eismaschine, Dynamo, Reservebatterie, an alles ist gedacht. Das Boot ist 15 Meter lang, 70 PS liefert der Motor, das bedeutet einen schönen Speed von acht bis neun Knoten.

Die »Snark« ist kurz vor dem Stapellauf, da reißen sich in einem Sturm zwei Boote in der Nähe los, krachen in ihren Bug und drücken sie in den Morast, mit dem Heck voran. Es dauert Tage, bis zwei Dampfschlepper sie geborgen haben. Wie schwer das stolze Gefährt beschädigt ist, das bemerkt London erst auf hoher See, denn es zieht jämmerlich Wasser und muß täglich ausgepumpt werden.

Die Ankerwinde gibt noch im Hafen den Geist auf, beim allerersten Test. Der Motor wiederum springt beim ersten Anlassen aus der Halterung, zerstört alle Kabel und fällt mit Mordsgetöse zur Seite um. Weil London nicht mehr die Geduld hat, ihn vor der Abfahrt zu reparieren, verstauen sie ihn tief unter Deck, als Ballast. Bis zuletzt wird er nur dann laufen, wenn ihn London nicht unbedingt braucht. In den Kajüten reicht die Zeit nicht mal mehr, um Farbe an die Wände zu pinseln. Die sind braun von den Tabaksäften der Arbeiter.

Der Bootsbau wird zum Gespött der Zeitungen. London wettet mit seinen Freunden, wann sie ablegen werden, den ganzen Winter über. Ursprünglich war der 1. Oktober als Abreisetag geplant. Bald ist er sich sicher, ein seltsamer Fluch müsse auf dem Unternehmen liegen, aber Charmian und er bewahren sich ihren grimmigen Humor, und ans Aufgeben denken sie schon gar nicht. Statt dessen an den stolzen, hochgeschwungenen Bug, der sie vor überkommenden Wellen schützen wird, wenn man das Boot nur in den Wind dreht.

Zu guter Letzt taucht am Tag vor der angekündigten Abreise ein leibhaftiger Marshal auf, heftet einen Zettel an den Mast und beschlagnahmt das Boot im Namen der Vereinigten Staaten. Die Handwerker haben Muffensausen bekommen, London werde seine Rechnungen nicht begleichen, und wollen Geld sehen, bevor er verschwindet, dieselben Bootsbauer, die den bemerkenswert umfassenden Pfusch zu verantworten haben. Weitere drei peinliche Tage verstreichen, bevor die Londons endlich die Segel setzen können: Es ist der 23. April 1907, mehr als ein halbes Jahr später als anvisiert.

Auf See ist Jack London endlich sicher vor Empfängen und den Eitelkeiten der kultivierten Gesellschaft. Er hat über fünfhundert Bücher an Bord verstaut, darunter Werke Conrads und Melvilles, ferner ein Grammophon, denn er liebt Opern. Hier an Bord wird er *Martin Eden* schreiben, sein vielleicht bestes, auf jeden Fall sein am ehesten autobiographisches Werk über einen jungen Schriftsteller, der um jeden Preis Erfolg haben möchte – und dann am Erfolg verzweifelt.

Phantasie war nicht Londons Stärke. Handlungsstränge, Charaktere, selbst Namen lauschte er der Wirklichkeit ab – er kaufte gar in seiner Ideenarmut ganze Plots von befreundeten Kollegen wie Sinclair Lewis –, das zeigt sich auch in diesem Werk. Brissenden, der brillante, dem Tod geweihte Dichter? Ein kaum verhülltes Porträt seines Freundes George Sterling. Die scheu verehrte Ruth Morse? Mabel Applegarth, Londons erste große Liebe. Und Martin Eden selbst, die Figur des aufstrebenden Schreibers? So hieß ein Holzfäller aus Glen Ellen. Die Initialen aber sagen die Wahrheit. ME. Jack selbst.

Das Buch beschreibt die Welten, in denen London zu gleicher Zeit lebt: die des verzweifelten Underdogs und die des umschwärmten Autors. Ein Held, der verdammt ist, weil ihn seine Leidenschaften in die höchsten Höhen treiben. Und von dort in den Abgrund. Denn er ist immer noch einer von denen da unten, aber er hat sich so verändert, daß er nicht mehr zurückkann. Und wo er angekommen ist, empfindet er das Leben als blutleer und falsch. Edens Konflikt ist auch Londons.

»Wer bist du? Was bist du? Wohin gehörst du?« fragt sich Eden, als er endlich gedruckt, gelesen, gefeiert wird und eines Tages in den Spiegel schaut. »Du gehörst zu den Legionen der Plackerei, zu allem, was niedrig und vulgär und unschön ist. Und doch wagst du es, die Bücher zu öffnen, schöne Musik zu hören und den blassen Geist einer Frau zu lieben, die eine Million Meilen entfernt ist und in den Sternen lebt?«

Obwohl London Nietzsche verehrte, in diesem Buch knöpfte er sich den Philosophen vor. »Schiere Überlegenheit und Stärke«, das schrieb er sich selbst gerne zu. Sein Alter ego Martin Eden aber gestaltet er zu einer Figur, in der diese Züge nicht durch Mitgefühl gedämpft sind. Und er beweist, daß ein solcher Mann dem Tod geweiht ist, weil er keine Liebe zu den Menschen findet. Eden, der Übermensch, ist Individualist, London Sozialist. Das ist der Unterschied. Der Unterschied kostet Eden das Leben. Und rettet London.

So wäre der Roman ein Stich ins Herz des amerikanischen Traums gewesen – wenn er denn aufmerksam gelesen worden wäre. »Niemand hat das Buch jemals verstanden«, klagt London Jahre später.

Zurück auf die »Snark«. Der Bau der Yacht war nichts als eine Farce, und die Fahrt beginnt nicht viel besser. Schnell stellt sich heraus: London hat sich eine überforderte Mannschaft zusammengestellt. Der Koch und der Kabinenjunge werden sofort seekrank, zwei Mann der dreiköpfigen Crew also. Hunderte Freiwilliger hatten sich beworben, viele boten ihre Dienste kostenlos an. Und bald stellt sich heraus, daß der Navigator Roscoe Eames, der sich so als Seemann aufgespielt hat, von

Navigation nicht den leisesten Schimmer hat. Jack bringt es sich auf hoher See selbst bei.

Die Londons entdecken peu à peu, daß das Essen in den Säcken verrottet ist, die Benzintanks auslaufen, die Kohlesäcke gerissen sind. In den Kajüten segnen alle Pumpen nach zwanzig Stunden das Zeitliche, für die Ewigkeit gedachte Eisenhebel brechen ab, wenn man nur daran zieht. Vier Schotten sollten das Schiff unsinkbar machen. Das hereintröpfelnde Wasser aber ignoriert die Schotten. Auf Hawaii erwartet die brandneue »Snark« die sofortige Generalüberholung.

Auf See stellt London überdies fest: Das Boot läßt sich nicht in den Wind drehen. Es gelingt einfach nicht, dieses wichtigste aller Manöver. »Ich weigerte mich, es zu glauben«, schreibt London, »aber es war wahr. Ich hatte noch nie davon gehört, daß dies möglich ist.« Sie schaukeln in der Dünung, werfen einen Anker aus, um den Bug in den Wind zu zwingen. Vergeblich.

Aber sie läuft wie der Teufel, wenigstens das. 27 Tage nach dem letzten Blick auf das Golden Gate machen sie den Haleakala aus, den höchsten Berg Hawaiis, der auf Maui liegt. Kurze Zeit später ankern sie bei Oahu, in einem Naturhafen, der seinen friedvollen Namen Pearl Harbour noch zu Recht trägt.

Roscoe Eames feuert er gleich nach seiner Ankunft, diesen »Drückeberger, Winseler, Demoralisierer der Mannschaft«, der »nicht mehr Seemann ist, als ich eine ägyptische Tänzerin bin. Er ist eine hoffnungslose, unmögliche Kreatur, mit einem Gehirn, das so mikroskopisch ist, daß ich es nicht erkennen kann«. So schreibt London an Ninetta Eames – Roscoes Gattin.

Nun sind ihm die Reporter auf den Fersen: Warum hat er seinen Navigator entlassen? Eames habe eine kranke Frau zu Hause, erklärt London, er müsse leider zurück. In der Presse kommen andere Gerüchte auf: London sei ein Despot und schlage die Crew, heißt es, er sei selbst ein wahrer Wolf Larsen.

Auf Hawaii lassen die Londons die »Snark« reparieren und sich selbst hofieren, verbringen einige Zeit in einer Lepra-Kolonie, und Jack lernt zu surfen. An seinem ersten Tag zieht er sich einen fürchterlichen Sonnenbrand zu, kann danach nur nackt im Schatten auf allen vieren kriechen. Seine Reportage aber, in der er seine Gleitstunden beschreibt, wird helfen, den Surfsport in Kalifornien populär zu machen.

Die nächste Etappe? Zu den Marquesas! entscheidet London, er will auf Melvilles Spuren wandeln, das Tal aus dem Roman *Typee* finden, sich einen Jugendtraum erfüllen. Erst als sie auf See sind, liest London den Eintrag im Segelführer: So weit nach Osten zu kreuzen sei bei den vorherrschenden Winden nahezu unmöglich. Zwei Monate lang irren sie auf dem Pazifik umher, sechs Wochen mehr als erwartet, mit streikendem Motor, müssen 4 000 Seemeilen zurücklegen für die halb so lange Luftlinie, sehen auf Wochen kein anderes Segel, keine einzige Dampfsäule. Sie fangen fliegende Fische, Bonitos und Haie, sie staunen, wie Delphine im Todeskampf die Farbe wechseln.

Doch als sie nach 43 Tagen bemerken, daß die Hälfte des Trinkwasservorrats verdorben ist, werden sie unruhig. In dieser Wasserwüste, das begreifen sie, könnten sie verdursten. Sie teilen sich die Trinkrationen längst ein, da erlöst sie nach Tagen des Bangens ein kräftiger Regenschauer.

Zu Hause werden sie bereits als vermißt gemeldet, als sie endlich, Londons neu erworbenen Navigationskünsten sei Dank, die Marquesas erreichen. Sie ankern in Taiohae, auf den Klippen weiden wilde Ziegen, in der Luft liegt schwerer Blumenduft. Sie finden Typee, Melvilles legendäres Tal, und müssen zu ihrem Erschrecken feststellen, daß viele Menschen unter der Elefantenkrankheit leiden, daß andere von Seuchen dahingerafft worden sind.

Sie hangeln sich weiter (die Karten, die London anfertigt, werden im Zweiten Weltkrieg von der US Navy benutzt, um eine Invasion der Region vorzubereiten). Auf Bora Bora werden sie mit Geschenken überhäuft, mit Körben voller Orangen, Limonen, Avocados, Kokosnüssen, Feuerholz, Hühnern, Fischen, so viel, daß bei jeder größeren Welle ein Teil über Bord geht. Von nun an erreichen sie die Gestade der Kannibalen, und aus einem romantischen Südseetrip wird mehr und mehr eine unheilvolle Reise in das dunkle Herz einer Inselwelt, in der sich die Londons mit mysteriösen Krankheiten und mißtrauischen Stämmen konfrontiert sehen. Alle Crewmitglieder bekommen bösartig juckende Ausschläge, Eiterbeulen, die sich durch die Haut fressen.

Auf der Insel Guadalcanal, in den Solomons, werden die Londons von Kapitän Jansen auf sein Boot, die »Minota«, eingeladen, ihn auf eine Rekrutierungsfahrt für Plantagenarbeiter zu begleiten. Charmian und Jack schauen sich eine halbe Minute an, ohne zu sprechen, sie diskutieren schweigend, wie sie es nennen, dann sagen sie: »Wir sind dabei.«

»Nehmt besser eure Revolver mit«, sagt Kapitän Jansen. Es geht nach Malaita, in ein Gewirr aus Kanälen, Riffen und Inselchen, wo ein halbes Jahr zuvor der frühere Kapitän der »Minota« von den Eingeborenen mit Tomahawks in Stücke gehauen worden war. Im Holz der Kabinentür des Skippers sieht man noch die Kerben der Axthiebe. Als Reling hat man nun Stacheldraht angebracht, was auf einem Segelboot äußerst unbequem ist, zumal jeder Kratzer ein neues Geschwür verheißt.

Ein Problem für die Besucher ist, daß die Männer dieser Breiten, die sie als Wilde bezeichnen, jedes gestrandete Boot als ihr Eigentum betrachten. Als die »Minota« in einer Mangrovenlichtung ankert, schwant London Übles. Eine Falle, denkt er. »Wenn wir auflaufen«, sagt der Kapitän, »springen wir ins Walboot, und dann nichts wie ab.« Ein Kanu nähert sich, drei Männern sind darin. Sie warnen den Kapitän davor, an Land zu gehen. In der Nacht wird die Warnung wiederholt. Von Bord aus sieht man sie nicht, man ahnt sie nur: Im Busch lauern Hunderte Bewaffnete. Die Einwohner der Inseln, das notiert London neugierig, laufen nackt herum, »und wenn ich sage nackt, meine ich nackt«. Sie durchstechen ihre Nasen und füllen die Kanäle mit Knochen, dazu ziert jedes Ohr bis zu einem Dutzend Löcher, die mit Muscheln und Korallen geschmückt sind, manchmal auch mit einer leeren Patronenhülse.

Bald werden sie alle vom Fieber befallen, sie müssen sich unentwegt kratzen, es ist höllisch warm und feucht. Auf See treffen sie die »Eugénie« und deren Kapitän, einen Herrn Keller, einen Deutschen, zweiundzwanzig Jahre alt. Es ist eine Begegnung, die ihnen das Leben retten wird.

Kurze Zeit später sieht sich die Crew der »Minota« in einer Bucht gefangen, deren schmaler Ausgang bedrohlich nahe an einem Riff liegt. Wind kommt auf, eine überraschend steife Brise, der Regen fällt plötzlich waagrecht, der Kiel schrammt über den Boden, hakt sich fest, der Mast erzittert, die Ankerkette reißt, das Boot droht in die Brecher zu treiben, Richtung Land. Wie von Geisterhand erscheinen überall Kanus, waffenstarrende Männer darin, die sich durch die Brandung schlagen und dann warten. Auch am Strand sammeln sich Eingeborene.

Verzweifelt kämpft die Mannschaft, die »Minota« gegen den Sturm zu halten. Mit Baumstämmen versucht man, den Kiel zu schützen, aber das Holz wird zerdrückt. Einen ganzen Tag, eine ganze Nacht dauert das Spektakel, das die Wilden ungerührt verfolgen. Ans Boot trauen sie sich nicht heran, sie fürchten die Gewehre. An Bord sind, Charmian eingerechnet, vier Weiße, dazu die einheimische Besatzung, deren Treue nicht bewiesen ist. An Land warten über tausend Buschleute, schätzt London.

Er ist es, der auf die Idee kommt, ein Beiboot zur »Eugénie« zu schicken, um Hilfe zu holen. Kellers Schiff hat drei Meilen entfernt geankert. Als Lohn setzt London eine halbe Kiste Tabak aus, einen halben Jahreslohn für einen Arbeiter, doch keiner der angeheuerten Männer will die Fahrt wagen. Schließlich macht sich doch einer in einem schmalen Kanu auf den Weg, mit Londons Brief an Keller.

Es vergehen drei Stunden, lange wird es nicht mehr gutgehen, befürchten die Londons, da nähert sich Kapitän Keller in einem Boot, durchnäßt vom Regen und von der Gischt, mit Ankern und Tauen und, wie seine Matrosen, bis an die Zähne bewaffnet. Im Unterhemd, mit nackten Beinen. Jack London sieht in ihm »den weißen Mann, den unvermeidlichen weißen Mann, der kommt, einen weißen Mann zu retten«. Noch weitere drei Nächte und zwei Tage liegt die »Minota« auf dem Riff fest, dann flaut der Wind ab, und schließlich wird sie von der »Eugénie« abgeschleppt. Die Wilden geben sich damit zufrieden, an Land ein unbewohntes Missionars-Haus abzufackeln.

Mit Keller spielt London gerne Poker, sie rauchen gemeinsam Haschisch, zum Vergnügen der anderen, sie verstehen sich blendend. Kurz vor seinem eigenen Ableben wird London erfahren, daß Keller einige Zeit nach der mutigen Rettung von den Kannibalen geköpft wurde. »Wenn ich an ihn denke, ist das Abenteuer nicht tot«, wird London bewegt zu Papier bringen.

Hier auf der »Snark«, in diesen himmlisch-schönen Gestaden, ruiniert er sich seine Gesundheit. Monatelang gleicht ihre Yacht einem Lazarettschiff; einer ist immer krank. Londons Hände schwellen zur doppelten Größe und schmerzen grauenvoll, die Haut pellt sich; die Zehennägel werden so dick wie lang; er leidet unter Malaria und Durchfall, insgesamt an fünf Krankheiten, von denen die Ärzte in Sydney, wohin sie sich flüchten, eine als unheilbar einstufen, eine andere ist ihnen vollkommen unbekannt. Heute geht man davon aus, daß London unter Pellagra litt, einer Mangelkrankheit, weil er offenbar kaum Vitamine und Proteine zu sich nahm.

Er selbst schiebt es auf die Sonne der Tropen. Fünf Monate lang erholt er sich in Sydney und Tasmanien. Dann brechen die Londons schweren Herzens die Reise ab, Charmian weint, als Jack ihr seinen Entschluß mitteilt.

Am 23. Juli 1909, mehr als zwei Jahre nachdem sie in See gestochen sind, die »Snark« haben sie noch in *down under* verkauft, kehren sie nach Glen Ellen zurück. Jack kommt als geschlagener Mann nach Hause. Und hier erwarten ihn wieder all jene Verpflichtungen, vor denen er geflohen ist. Sein kühner Plan, die Welt als Kapitän im eigenen Boot zu umschiffen, ist gescheitert, und keiner ist schuld außer ihm selbst. Er ist jetzt dreiunddreißig Jahre alt, kein junger Mann mehr. Sein Körper macht ihm zu schaffen. Und doch liegen seine besten Jahre noch vor ihm.

Wir schauen schweigend auf den See, den trüben See. Truthahngeier kreisen in der Luft, die Sonne senkt sich langsam hinter den Kamm der Berge. Die knackig trockene Luft wird kühl, jeder Laut hört sich an, als wäre er ganz nah.

Als wir wieder hinuntersteigen, Richtung Cottage, beginnt Mike zu kichern. »Wußtet ihr, daß ›Call of the Wild‹ bei uns bedeutet: pissen gehen? Jack hat das ganz bestimmt gewußt. Er muß es genossen haben.« Dann empfielt sich unser Guide und verschwindet mal kurz hinter den Bäumen.

Von der Hütte der Londons zu dem, was ihr Heim hätte werden sollen, ist es nicht weit, nicht mal einen Kilometer. Man dringt ein in den Wald, wenn man sich dem Wolfshaus nähert, das da als Ruine steht, wie eine vergessene Burg, überwuchert von der Natur. Wir erkennen den Wandelgang, der einem Kloster nachgebildet scheint, das flache Becken, wie in einer römischen Villa, die Mauern aus Vulkangestein, die aussehen wie die Wälle Mykenes. Tausend Jahre sollte das Haus mit den 26 Zimmern bestehen, das war Londons Plan. Aus den Spalten wachsen Moos und Efeu. Sechs Schornsteine ragen in die Luft. Die Ziegel, all die Jahre geschützt vor dem Wetter, sind noch hell, in den Höhlen hat niemals ein wärmendes Feuer gebrannt. Es zerreißt einem ein bißchen das Herz.

Der Flur, Breezeway genannt, war überspannt von zwei gewaltigen Redwoods, deren Stämme die Decke bildeten, über die volle Breite des Hauses. »Im Speisesaal hätten fünfzig Leute Platz gehabt«, sagt Mike. »Es sollte die Kommandozentrale der sozialistischen Revolution werden. Und eine Oase für Jacks Freunde.«

Jack war ein Optimist. Er vertraute jedem Menschen. Und er wollte vor allem »einfach, ehrlich, aufrichtig sein«, sagte er gerne. »Ich meine das, was ich sage. Keinen Deut mehr oder weniger.«

Im Jahr 1900 begann er damit, sein damaliges Haus in Oakland jeden Mittwoch zu öffnen, bewirtete großzügig Künstler, Sozialisten, Kumpel. Die Abende wurden zur Institution, die *crowd* wuchs und wuchs. »Ich habe die fatale Gabe, Freundschaften zu schließen«, sagte London in dieser Zeit kokett verzweifelt, »und ständig tauchen die Freunde auf. Mein Haus ist das Mekka jedes zurückgekehrten Klondikers, Seemanns oder Glücksritters, den ich jemals getroffen habe.«

Und lange nach seinem Tod sagten viele seiner Bekannten: Jack war mein bester Freund. Der Bildhauer Finn Frolich, ein Mitglied der *crowd*, des Freundeskreises, behauptete, er habe »niemals einen Mann getroffen, der eine größere, schönere Magnetkraft besessen hätte«. Julian Hawthorne, Sohn des Schriftstellers Nathaniel, war schon bei der ersten Begegnung angetan: »London ist so einfach und geradeheraus wie ein Grizzly. Auf seiner großen, herzlichen, gesunden Natur ruht ein Gehirn von ungewöhnlicher Klarheit und ungewöhnlichem Verständnis. Keine Spur von Pose an ihm.«

Zugleich war sich London für keinen Spaß zu schade. Gern veralberte er seine Gäste. Einmal ließ er auf der Ranch Seile an den Betten des Gästehauses anbringen, bohrte Löcher in den darunterliegenden alten Weinkeller und begann nachts, an den Seilen zu rütteln. Natürlich nicht, ohne den ganzen Abend geraunt zu haben: »Sieht schwer nach Erdbeben aus.« Der Spaß funktionierte prächtig, schreiend rannten die Gäste nach draußen – nur stellte sich dabei heraus: Nicht jeder hatte in dem Bett genächtigt, in dem er hätte nächtigen sollen.

London nahm sich Zeit für andere, ausgerechnet er, dem die Zeit stets davonlief. Wenn er briefliche Bitten abschlagen mußte, entschuldigte er sich höflichst, erklärte bis ins Detail seine komplizierte Lage. Aber wenn es möglich war, gab er und gab. Er wollte ständig teilen, sein Geld, seine Ideen, seine Tatkraft. »Ich bin das ganze Jahr über der Weihnachtsmann«, sagte er. Unablässig lud er Leute ein, am liebsten die, mit denen er sich gerade mächtig gefetzt hatte. Die Londons ließen gar einen Zettel mit Anreisehinweisen für Gäste drucken. In seiner Nähe gab es keine anderen Schriftsteller, überhaupt keine Künstler. Um so mehr genoß er jeden Moment des Zusammenseins.

Und sei es nur im Geiste. Von der »Snark« aus schrieb er seinem dichtenden Freund Sterling: »›Memory‹ ist großartig. Ich habe es ein Dutzend Male laut gelesen.« Und seine Frau Charmian fügte in Klammern hinzu: »Du solltest uns sehen, George, wenn du uns ein neues Gedicht geschickt hast! Wir sitzen da und lesen es mit Tränen in den Augen!«

Mit ganzem Herzen dabei. Das war auch London, der Sozialist – aus heutiger Sicht sollte man hinzufügen: in einer Zeit, in der es keine Kranken- oder Rentenversicherung gab, in der die Not der Arbeitslosen unbeschreiblich war und viele Kinder arbeiten mußten. Vermutlich wäre ein Mann wie London heute ein Liberaler.

Nichts, worüber er sich so empören konnte wie über die Lage der Arbeitermassen in den USA. Sein Land sei »die Heimat von Unterdrückung und Ungerechtigkeit, ein Alptraum des Elends, ein Inferno des Leids, eine menschliche Hölle, ein Dschungel voller wilder Tiere«. Er verachtete die »selbstgefällige, brutale Bourgeoisie« und schrieb: »Wir sind nicht sauberer, weil wir jemanden anders die Drecksarbeit für uns machen lassen.«

Seit seinen Tagen als Tramp interessierte er sich für den Sozialismus, trat 1896 in die Partei ein. Nach seiner Rückkehr las er die maßgebenden Denker, schon im Klondike hielt er Ansprachen vor Männern, die Kälte, Hunger, Krankheiten durchlitten hatten, deren Gier und Hoffnung so stark waren, daß sie der Wildnis getrotzt hatten. Nur die Besten, Härtesten hatten es hierher geschafft. Die sonst durch nichts zu beeindrukken waren, London beeindruckte sie.

Zweimal läßt er sich als sozialistischer Kandidat bei der Wahl zum Bürgermeister von Oakland aufstellen. Beim ersten Mal, 1901, bekommt er nur 245 Stimmen, der Sieger 2 548, beim zweiten Mal, 1905, sind es 981 Stimmen, das entspricht knapp neun Prozent. Er hätte das Amt ohnehin nicht angetreten. Es geht ihm um Publicity für die Sache, obwohl er weiß, daß ihn jeder öffentliche Auftritt als Sozialist Leser kosten kann.

London reist Anfang 1906 durchs ganze Land, hält Vorträge, die Menschen strömen zu Tausenden herbei. Er wird gefeiert wie heute ein Rockstar. Es sind doppelt so viele Frauen bei den Veranstaltungen wie Männer. Viele kaufen »original blutrote Jack-London-Souvenirs«, das ist sein Zeichen. Londons Reden enden so: »Die Revolution ist hier, jetzt. Stoppe sie, wer kann!« Eines Tages tragen ihn Studenten auf ihren Schultern aus dem Saal. »Laßt uns das Haus abreißen!« schreit er.

Jack war indes kein Anarchist, er trat sehr für Gesetze ein. Und er war kein Kommunist. Er wünschte sich eine bessere Welt, es ging ihm nicht um Gleichmacherei, sondern nur um die »wahre Gleichheit der Chancen«.

Die Vortragsreise muß er abbrechen, gezeichnet von exzessivem Alkoholkonsum. Als Revolutionsführer sieht er sich ohnehin nicht. Seine Waffe ist das Wort. »Weil ich Geschichten erzählen kann von Hunden und Wölfen und Goldgräbern und Schiffen und Kannibalen, bringe ich eine verblüffend große Menge dazu, mir zuzuhören, wenn ich über Sozialismus rede«, sagt er Kritikern im eigenen Lager, die ihm vorwerfen, in seinen Texten zu unpolitisch zu sein. In den USA tobt schon jene Diskussion um die Parteilichkeit von Autoren, die in Deutschland erst zwanzig Jahre später aufbranden wird. (Egon Erwin Kisch wird dann die »Reportage als Kunst- und Kampfform« beschreiben, eine heute sehr antiquierte Sicht.)

Seine Briefe an Genossen unterschreibt London: »Yours for the Revolution.« 1908 veröffentlicht er den utopischen Roman *The Iron Heel*, in dem er George Orwells *1984* vorwegnimmt und vor einem faschistischen Regime als Ergebnis der gescheiterten proletarischen Revolution warnt. Er weiß, mit diesem Band gefährdet er in bürgerlichen Kreisen endgültig seinen Ruf als respektabler Autor. Er nimmt es in Kauf. Fast die Hälfte seiner Bücher sind keine Fiktion, sondern Betrachtungen, Essays; so gut wie alle seine Reden drehen sich um den Sozialismus.

Im März 1916 aber tritt er aus der Partei aus. Ihr fehle Feuer und Kampfgeist, klagt er. »Wird das Proletariat sich selbst retten? Wenn nicht, ist es unrettbar.« In Europa tobt der Krieg, und seine Partei hält es für richtig, daß die USA neutral bleiben. Jack London verzweifelt über diese Haltung. Ginge es nach ihm, müßte sein Land sofort an der Seite Englands in den Krieg eintreten (was es tatsächlich im April 1917 tat, wenige Monate nach Londons Tod).

Es ist schwer, Londons Gedankengebäude, seine »Philosophie des Lebens« aus heutiger Sicht zu verstehen. Er hatte als Kind und als Jugendlicher kaum Bildungschancen, war aber lerndurstig und leicht zu beeinflussen, er setzte nichts dagegen als seinen ungeschliffenen, dennoch scharfen Verstand. Er war ein Autodidakt, der auch wissenschaftliche Bücher verschlang, sich aber nur das Wissen aneignete, das ihm in den Kram paßte. Er mischte die Theorien nach eigenem Geschmack. »Meine Rasse ist das Salz der Erde«, schrieb er 1899. Die »Weißen« würden, das war seine Meinung, wenn es hart auf hart käme, den »Ruf des Blutes« hören, sie stünden Seite an Seite. Die Geschichte belehrt ihn eines Besseren. Den Ausbruch des Krieges schreibt er aber allein dem »deutschen Militarismus« zu.

Er war allerdings nur so rassistisch wie die Mehrzahl seiner Mitbürger – auch nicht rühmlich, gewiß. Um Russ Kingman, einen seiner Biographen, zu zitieren: »Jack London nach den Maßstäben unserer eigenen Zeit einen Rassisten zu nennen wäre lächerlich.« Ihn gar einen frühen Faschisten zu schimpfen, wegen seines Faibles für Nietzsches Übermenschen, kann nur der wagen, der seine extremsten Äußerungen aus der Sicht der Nachgeborenen wertet.

Vor allem in seinen späteren Werken kann er es nicht lassen, seine sozialistischen Thesen an den Mann zu bringen. Vielleicht ist er deswegen in Amerika noch immer mit dem Stigma des Kommunisten behaftet, ausgerechnet er, der sein Land so liebte. Seit 1905 der »San Francisco Newsletter« ihn einen »Zündler und rotbeflaggten Anarchisten« nannte, den man »verhaften und wegen Verrats verurteilen« solle, sieht die konservative Presse in ihm einen Lieblingsfeind. In der McCarthy-Ära, den fünfziger Jahren, wurden seine Bücher geächtet. Auf Hawaii verhinderte noch vor wenigen Jahren ein Professor für englische Literatur, daß ein Denkmal »für diesen Bolschewisten« aufgestellt würde.

London schrieb viel, und er sagte viel. Wenn man will, kann man sich aus seinen Briefen und Interviews einige Weltsichten zusammenbasteln, die sich herrlich widersprechen. Daß London diese Widersprüche in sich trug, daß sie das Feuer waren, welches seine unnachahmliche Maschine heizte, das wird selten gewürdigt. Schon zu Lebzeiten wurde er mißverstanden.

Und das geht so bis in die heutige Zeit. Jack London, der sich aus freien Stücken selbst bildete, war zwar auch den Gedankenmoden seiner Zeit unterworfen. Vor allem aber war er ein freier Geist.

Kein Mann über ihm, niemals.

Traum in Flammen

Mike könnte ewig weitererzählen, vor allem an diesem Ort. Er schweift gern ab. »Aber Jack hätte das gefallen«, sagt er, »es gibt so viele Geschichten, man müßte sie alle gleichzeitig erzählen können.«

Mit dem Zeigefinger deutet er auf die traurigen Mauern im Wald. »Das Wolfshaus ist noch immer ein Ort der Inspiration, ist das nicht ein Wunder?« Er tippt gegen das Glas eines Schaukastens, hinter dem der Grundriß zu sehen ist. »Hier ist Jacks Schlafzimmer und hier Charmians, und hier, seht Ihr die vorspringende Mauerkante? Er wollte zu ihr emporklettern wie Romeo zu Julia.« Mike seufzt. »Sie waren so nahe dran, sie haben es schon geschmeckt«, sagt er.

Als die Londons in der Nacht auf den 22. August 1913 vom Flammenschein am Himmel geweckt werden, ist es bereits zu spät. Sie eilen hinunter. Feuer schlägt aus dem Dachstuhl. Jack fällt in Charmians Arme, er weint wie ein Kind. Das Haus war so gut wie fertig, der Umzug stand unmittelbar bevor.

Es ist kein Wasser da, den Brand zu löschen. Die Männer der Ranch fällen die umgebenden Bäume, damit nicht der ganze Wald Feuer fängt. Und sie müssen sie ins lodernde Haus hinein fällen, sie zerstören, was sie in über drei Jahren aufgebaut haben. Dann stehen sie machtlos da, viele weinen, so wie ihr Boß.

Das Feuer hatte etwas in ihm getötet, wird London später sagen. Es war sein Traumhaus, sein mächtigster Anker. Und nun war die Hölle aufgebrochen und riß diesen Anker mit sich. London schwor bald, das Haus wieder aufzubauen, aber er hatte nicht mehr die Kraft dazu. Lange vermutete man Brandstiftung: neidische Sozialisten oder verärgerte Arbeiter. Erst achtzig Jahre später sollte das Rätsel gelöst werden. Öllappen, mit denen das Parkett behandelt worden war, hatten sich in einem Kellerraum in der trockenen Hitze selbst entzündet.

»Er gab es selten zu«, sagt Mike, »aber Jack war ein tiefsinniger Mann, er hatte ein Herz für Schönheit. Nur entsprach das nicht seinem Selbstbild. Er sah sich als Tatmensch. Deshalb konnte er nicht an Gott glauben. Das ist eines der großen Rätsel, die er hinterlassen hat.«

Doch das größte Rätsel löste London, wenn auch nur für sich: Frauen.

Die Gefährtin

Jack London findet die Liebe seines Lebens, als er nicht mehr daran glaubt.

Sein erster großer Schwarm ist Mabel Applegarth, drei Jahre älter, ein dröges Mädchen aus bestem Hause, gebildet, klug, anbetungswürdig – und im Denken alte Schule. Selbst als er schon mehrere Geschichten verkauft hat, sagt sie dem Einundzwanzigjährigen: Es wird zehn Jahre dauern, bis du eine Familie ernähren kannst. Die Zuneigung erkaltet. »Sie war rein, ehrlich, wahrhaftig, aufrichtig und alles. Aber sie war klein. Ihre Tugenden führten sie nirgendwohin«, schreibt er einem Vertrauten.

Selbst für enge Freunde überraschend, heiratet London statt ihrer im Jahr 1900 Elizabeth Maddern, genannt Bessie, eine Bekannte, mit der er viele Radtouren unternommen hat – die er aber, wie er ihr offen eingesteht, nicht liebt. Jack will sich aufs

Schreiben konzentrieren, und als erfolgreicher Single ist er für die ledigen Töchter der Bay ein begehrtes Objekt, manche lauern ihm gar vor der Haustüre auf, wie seine Mutter Flora berichtet, rechte Groupies offenbar. Ob da was lief? Man weiß es nicht. An einem Sonntag jedenfalls hält Jack um Bessies Hand an, Samstag darauf sind sie ein Ehepaar. Er will sieben Söhne in die Welt setzen, sagt er, am liebsten sieben Angelsachsen.

Im Lauf der Zeit aber verliebt sich Bessie in ihren Mann, zumindest wird sie besitzergreifend. Der Gatte zeugt zwar zwei Töchter, kann sich jedoch an der prüden und temperamentlosen Angetrauten nicht erwärmen. »Moral ist nur der Beweis für niedrigen Blutdruck«, sagt er seiner Frau, die ihn dafür haßt.

Seine Ehe ist noch jung, da verguckt er sich in Anna Strunsky, eine russische Jüdin von geheimnisvollem Äußeren und originellem Geist. Sie schmachten sich in Briefen an, es ist wohl nur eine platonische Freundschaft, man gibt sich sehr ideell, sie schreiben gar ein gemeinsames Buch über die Liebe, in dem Anna für die romantischen, Jack für die zweckmäßigen Aspekte einer Partnerschaft eintritt. Er sei mal ein Träumer gewesen, erklärt er ihr, nachdem die Welt aber »ihre harte Hand« auf ihn gelegt habe, sei er nüchtern geworden, man kenne ihn daher nur als schroff, ernst, kompromißlos. Er habe gelernt, »daß Vernunft mächtiger ist als Imagination, daß der wissenschaftliche Mann dem gefühlvollen Mann überlegen ist«.

Als Anna 1902 erfährt, daß Bessie London ihr zweites Kind erwartet, ist sie empört. Jack, der in London für seine Elends-Reportage recherchiert, soll sich rechtfertigen. Er taumele unter ihren anklagenden Worten, antwortet er, als wäre er von den Hieben eines Boxchampions getroffen. »Und jetzt ist alles ein und für allemal aus. So soll es sein. Ich werde Romanzen für andere Leute träumen und sie in Brot und Butter verwandeln.«

Er ist, so kommt es ihm vor, für die Liebe nicht gemacht. Er erwartet wohl zuviel von seiner Partnerin: Sie muß seine Liebe zur Natur teilen, mutig sein und nicht verklemmt, lebensfroh, aber nicht schnatterhaft, sie soll politisch diskutieren können und fließend Maschine tippen und ihm ganz im allgemeinen den

Rücken freihalten. Unter anderem. Ein solches Wesen gibt es nicht, denkt London.

Doch dann lernt er im Sommer Charmian Kittredge kennen, der er zuvor nur einige Male kurz begegnet war. »Wir müssen einander von Beginn an bestimmt gewesen sein – wenigstens du für mich«, schreibt er ihr am 1. September 1903. »Ich habe so viele Frauen getroffen, die diese Seite oder jene Seite hatten; aber keine hatte alle Seiten. Sie verfehlten mich hier, sie verfehlten mich da, während du triffst und triffst.«

Und wieder öffnet er sich. Nur gegenüber seinen Frauen äußert er sich so gefühlvoll. »Über meine Lippen meines Innersten habe ich seit langem ein Siegel gelegt – ein Siegel, das wirklich selten gebrochen wird, in Augenblicken, wenn ein anderer flüchtige Schimmer von dem Eremiten erhaschen kann, der darinnen haust«, schreibt er. Sollen die Leuten denken, sagt er, er sei ein rauher, wilder Geselle, der sich an Boxkämpfen und Brutalitäten ergötze, ein ungebildeter Self-Made-Mann, der seine Defizite unter einer Attitude der Unkonventionalität verberge. »Soll ich es unternehmen, sie vom Gegenteil zu überzeugen? Es ist so viel einfacher, sie mit ihren Urteilen allein zu lassen.« Es ist eine düstere Zeit. Die lebensverachtenden Worte aus Wolf Larsens Mund, das sind seine eigenen Gedanken, niedergeschrieben im schwierigen Sommer 1903, als die »schwarzen Launen« und die »schwarze Philosophie« über ihn kamen. Daß Charmian ihn rettete, ist noch heute im *Seewolf* nachzulesen.

Er reicht die Scheidung ein, noch im selben Jahr, und in der Öffentlichkeit bricht ein Sturm der Entrüstung los. Londons Privatleben birgt offenbar so sensationellen Stoff wie seine Geschichten.

Zwei Jahre werden vergehen, bis Jack London ein freier Mann ist und Charmian heiraten kann – was er gleich am ersten Tag in die Tat umsetzt, an dem dies möglich ist. Zwei Jahre, in denen niemand ahnt, wer die Geliebte ist, die es doch geben muß. Bessie London strengt eine Schlammschlacht modernster Prägung an, verdächtigt erst öffentlich Anna Strunsky, die Nebenbuhlerin zu sein, fällt dann beinahe in Ohnmacht, als sie endlich erfährt, daß es ausgerechnet Charmian ist, eine Freundin.

Die ist fünf Jahre älter als Jack, die einzige Stenographin der Gegend, sie gilt als derb, reitet wie ein Mann (Mütter verdeckten ihren Töchtern die Augen, wenn sie angaloppiert kam), lacht gern und laut, sie ist »wundervoll und unmoralisch und bis zum Rand mit Leben angefüllt«, wie es Jack ausdrückt. Sie ist nach damaligen Maßstäben keine Schönheit, aber sie zieht ihn an wie ein Magnet. Charmian wird sein ersehnter Kamerad, seine *mate-woman*. Er gibt ihr zu lesen, was ihn fasziniert, er diskutiert mit ihr, sie boxen miteinander, schwimmen, segeln. In ihr findet er den ersehnten ebenbürtigen Geist, der dennoch bereit ist, sich seinen Stimmungen zu unterwerfen. Und Charmian führt den unerschrockenen Jack London zu der einen Sache, vor der er stets ängstlich zurückgewichen war: der Liebe.

In der Bay Society rümpft man die Nase über dieses Früchtchen, das den neuen Frauentypus verkörpert, der sich nimmt, was ihm gefällt. Für Jack aber ist Charmian ein Glücksfall. Er sehnt sich Zeit seines Lebens nach Wärme. Nach außen gut gelaunt, kraftvoll und scheinbar sorgenfrei, war er im Herzen zu lange ein einsamer Mann. Künftig wird er von Charmian in der Balance gehalten. So gut dies eben geht.

»Eine Stunde Liebe ist mehr wert als ein Jahrhundert Wissenschaft«, schreibt er ihr 1906. »Du bedeutest mir mehr, als du jemals vermuten könntest, und ich wäre verdammt, wenn ich es dir sagen würde«, 1912. Als er in dieser Zeit fürchtet, sie habe eine Affäre, schreibt er: »Ich bin der stolzeste Mann der Welt. Ich habe entdeckt, daß ich ein Herz habe.« In den kommenden Wochen lieben sie sich auf dem Wohnzimmerboden »zu Tode«, wie sie das nennen.

Der ersehnte Statthalter jedoch ist ihm nicht vergönnt. Ihre gemeinsame Tochter Joy lebt nur 38 Stunden, im Juni 1910.

Seine ersten Töchter, Joan und Bess, genannt Becky, waren nach der Trennung bei Bessie geblieben. Jack mietet ihnen ein Haus, zahlt seiner Ex-Frau 100 Dollar im Monat. Allerdings muß er einen Termin absprechen, wenn er die Mädchen sehen will. Der

Kleinkrieg endet nicht mit der Scheidung. »Deine Beschränktheit ist die Beschränktheit der engsten Zelle in der Hölle«, schreibt er Bessie. Bis zuletzt streiten sie sich mit harten Bandagen. Als seine Ex-Frau mehr Geld verlangt, beklagt er sich, sie wolle ihn berauben, und er werde »kämpfen, kämpfen, kämpfen, Tag und Nacht, Monat um Monat, Jahr um Jahr, bis entweder du oder ich aufhören zu leben«. London kann so hart nur werden, wenn er sich von Menschen, die ihm nahestehen, betrogen fühlt. Mit Geschäftspartnern oder Kritikern übt er sich in zwar sarkastischen, aber doch harmlosen Wortgefechten, stets zum Handschlag bereit. Sein Heiratsexperiment jedoch geht in Zwist und Hader unter.

Besonders Joan, die ältere, leidet unter dem Streit. Zumal Jack keine Antenne hat für die Gefühle seiner Töchter; offenbar konnte er, der so früh erwachsen sein mußte, Kinder nicht verstehen. Und so wendet er sich an Joan, wenn er Bessie verletzen will. Im August 1913, zwei Tage zuvor ist das Wolfshaus in Flammen aufgegangen, schreibt er der Zwölfjährigen, im Bett liegend vor Weltschmerz: »Was hast Du für mich in Deinem ganzen Leben getan? Was empfindest Du für mich? Ich bin krank – und Du schweigst. Mein Traum ist zerstört, und Du hast kein Wort zu sagen. Willst Du, daß es mich für alle Zeiten nicht mehr kümmert, von Dir zu hören?«

Kurze Zeit später fleht Joan ihn an: »Bitte gib mir das Gefühl, daß dies der letzte dieser furchtbaren Briefe ist, die Du mich zu schreiben zwingst; es schmerzt mich so, Dir zu schreiben.«

Wenigstens begreift Jack noch rechtzeitig, daß er zu weit gegangen ist. Die Briefe werden versöhnlicher. Und am Abend vor seinem Tod lädt er seine Mädchen per Brief für den nächsten Sonntag ins Saddle Rock Restaurant ein, das sie sehr mochten. »Sagt mir sobald als möglich Bescheid.« Die Unterschrift war sein letztes Wort an seine Kinder. Es ist ein schönes Wort: Daddy.

Ruhig wandern wir ein paar Minuten den Hügel empor, dorthin, wo Londons Asche begraben ist. Es ist der 22. November, sein Todestag. Nichts los im Park. Ein Glück, es gibt keinen Kult um ihn.

Plötzlich bleibt Mike stehen. »Psst!« flüstert er. »Warum heult ein Wolf? Weil er das Leben spürt. Weil er es in sich spürt, ganz tief unten drin.« Mike wirft den Kopf in den Nacken, schließt die Augen, im Zwielicht sieht er ganz jung aus. Seine Stimme wird eindringlich. »Weil es stark ist und mächtig und raus muß, das Leben, so stark ist es, daß es raus muß – jauuuuh!« Der Laut hallt durch das Tal. Es klingt wirklich wie Wolfsgeheul. Wir lauschen. Statt einer Antwort hören wir das Rauschen unseres Blutes.

Auf der Kuppe des kleinen Hügels hat Jack seine letzte Ruhestätte gefunden, ganz in der Nähe sind zwei Pionierkinder bestattet. Eines starb 1876, im Jahr seiner Geburt. London hatte sich zu ihren Gräbern hingezogen gefühlt. Bei seiner Beerdigung wurde kein einziges Wort gesprochen. Man hat einen Stein vom Wolfshaus über die Urne mit seiner Asche gerollt, so war es sein Wunsch. Es wirkt so, als brauchte er noch im Tod einen Anker, nicht daß er noch mal ausbüchst.

Charmian folgte ihm neununddreißig Jahre später. Die Gefährtin ruht an Jacks Seite.

Der Damm bricht

London behauptete, keinen Sinn für die Welt jenseits des Faktischen zu besitzen, seine Mutter habe ihm das Spirituelle ein für allemal ausgetrieben. »Wenn ich tot bin, bin ich tot«, sagte er, »ich glaube, mit meinem Tod bin ich genauso ausgelöscht wie die letzte Mücke, die ich erschlagen habe.« Trotzdem erforschte er im *Star Rover*, einem seiner letzten – und besten – Romane, das Thema der Reinkarnation. Ob er wirklich daran glaube? fragte ihn ein Leser. London verneinte.

Da hatte er es längst satt zu schreiben. Schon 1912 behauptet er in einem Interview: »Ich würde lieber drei Stunden jeden Tag Kohle schippen, aber der einzige Weg, Brot und Butter zu verdienen, ist, indem ich Geschichten ausstoße.« Und einem Journalisten vertraut er etwas später gar an: »Ich hasse meinen Job.

Ich hasse ihn. Ich finde keine Worte, um meinen Ekel auszudrücken. Ich bin ein großer Träumer, aber ich träume von meiner Ranch, meiner Frau. Ich träume von schönen Pferden und fruchtbarer Erde.« Allerdings legt sich London danach mit jenem Reporter an, einem Ostküsten-Intellektuellen namens Ernest Haldeman-Julius, und hält ihm entgegen: »Die lustigste Sache ist, ich bin überhaupt kein Pessimist. Kein Mann, der jemanden liebt, kann ein Pessimist sein.«

1913 war London der bestbezahlte Schriftsteller der Welt, erhielt 1914 allein für die Rechte am Erstabdruck seiner Stories von »Cosmopolitan« 2 000 Dollar im Monat, rund 25 000 Dollar aus heutiger Sicht. Damit waren die Kosten für die Farm gerade gedeckt. Insgesamt ließ er in den sechzehn Jahren seines Schaffens eine Million Dollar durch seine Konten laufen. Die Maschine arbeitete lange wie geschmiert. Und sein literarischer Ehrgeiz? All die Jahre hatte London davon geträumt, eines Tages nicht mehr »hack work« abzuliefern, hastig hingeworfene Gebrauchstexte. Aber die Mühle hielt ihn im Geschirr.

Bis zuletzt folgte er dem Pfad des Abenteuers, auch wenn sein Körper nicht mehr die Energie hatte, mit seiner Lebensgier gleichzuziehen. Er nahm zwölf, dreizehn Kilo zu und geriet schwer außer Form. 1913 war sein furchtbares Jahr, das Jahr, »in dem sich mein Gesicht für immer verändert hat, es hat nie den alten Ausdruck wiedergewonnen«, wie er zu Charmian sagte. Kurz zuvor war er am Blinddarm operiert worden und hatte das Todesurteil der Ärzte vernommen. War seine ungebrochene Genußsucht, sein ganzer Way of Life ein »langsamer Selbstmord«, wie es ein Zeitgenosse nannte?

Es war für ihn die einzig mögliche Art zu leben. »Lieber bin ich Schwergewichts-Weltmeister als Präsident der Vereinigten Staaten«, sagte er. Und kurz vor seinem Tod:

Ich will lieber, daß mein Funke in einer hellen Flamme ausbrennt, als daß er in Fäulnis erstickt. Ich will lieber ein prächtiger Meteor sein, der in all seinen Atomen zugleich verglüht, als ein langlebiger, verschlafener Planet. Der Mensch ist gemacht, damit er lebt, nicht damit er existiert. Ich werde meine Tage nicht damit vergeuden, daß ich sie zu verlängern suche. Ich werde meine Zeit nutzen.

Im Jahr 1914 kehrt er vom Krieg aus Mexiko als Wrack zurück, die Ruhr, Rheuma-Attacken und eine Brustfellentzündung plagen ihn. Sein ganzes Leben war Exzeß, nun fordert es seinen Tribut.

Er machte immer alles volle Kraft voraus, lernen, arbeiten, reisen, lieben, prassen, als liefe ihm die Zeit davon. Und das tat sie dann auch. Sein Lebenshunger führte zur Selbstzerstörung. Am Ende, das sagen seine Biographen, war Jack London ein von den Zwängen überforderter, oft übellauniger Mann.

Zwar hofft er noch auf einen großen Auftrag, will in den Krieg, nach Europa. Doch schon 1915 auf Hawaii dämmert er lieber im Schatten der Veranda, als schwimmen zu gehen. Nur sein Geist ist so hungrig wie eh und je. Als er die ersten Werke der Psychoanalyse zu fassen bekommt, beginnt er zu begreifen, woher seine Lebensgier stammen könnte – und daß er deren Befriedigung vielleicht eher in den Tiefen seiner selbst als in der weiten Welt hätte suchen können.

Noch immer hegt London große Pläne, er träumt davon, daß seine Ranch zu einem autarken Selbstversorgungsbetrieb werden würde, will eine Schule einrichten für die Kinder seiner Arbeiter, siebzig Familien hängen von ihm ab. Und den Jahreswechsel 1916/17 will er in New York verbringen, dem »Mankiller«; dort will er mit Verlegern sprechen.

Gebrochen ist er nicht.

Im November 1916 aber, vierzig Jahre alt, dem Tod geweiht. Seine Nieren versagen, sein Körper vergiftet sich langsam selbst. Die Dialyse ist noch nicht erfunden; er hat keine Chance. Es wird kein heroischer Tod sein, kein Big Bang, wie es einem Mann seines Schlages vorschweben muß. Aber gewiß auch kein Selbstmord, wie es eine über die Jahre entstandene Legende glauben machen will und wie Lexika bis heute verbreiten.

»Und so, wie ich keine Angst vor dem Leben hatte, stehe ich dem Tod offen gegenüber«, hatte er vierzehn Jahre zuvor an seine Freundin Anna Strunsky geschrieben. »Ich habe keine Angst zu sterben. Ich habe Männer sterben sehen. Es hatte einen Wert für mein Leben, daß ich sie sterben sah. Und was auch immer ich nehme, bin ich bereit zu geben. Die ganze Welt, wenn sie es will, kann kommen und mich sterben sehen.«

Als sich Jack London am letzten Abend seines Lebens um acht Uhr in sein Zimmer zurückzieht, spielt er nicht wie sonst noch ein bißchen mit Possum, seinem Foxterrier. So viel zu tun, murmelt er. Seine letzten Worte an seine Frau sind: »Gott sei Dank, du fürchtest dich vor nichts.«

Charmian und die Bediensteten finden ihn am Morgen des 22. November mit blau angelaufenem Gesicht, neben sich zwei leere Phiolen Morphin, die er genommen haben muß, um die starken Schmerzen zu lindern.

Sie flößen ihm heißen Kaffee ein, massieren ihn, aber er wacht nicht auf. Sie bringen ihn in Charmians Glasveranda, legen ihn dort auf ihr Bett. Vier Ärzte eilen herbei, versuchen stundenlang, ihn ins Leben zurückzuholen. Einer brüllt: »Der Damm ist gebrochen!«

Einmal krümmen sich Jacks Finger, als wollte er eine Faust bilden, und die Hand schlägt schwach auf die Matratze.

»Der Tod ist süß«, hatte Jack einmal zu Charmian gesagt. »Der Tod ist Ruhe. Denk nur! – für immer zu ruhen! Ich verspreche dir, wann und wo auch immer der Tod mich holen kommt, werde ich ihn mit einem Lächeln begrüßen.«

Auf seinem fahlen Gesicht liegt nun, so wird es seine Frau erzählen, tatsächlich ein Lächeln.

Draußen versinkt die Beauty Ranch in der Nacht. Um 19.45 Uhr hört sein Herz auf zu schlagen. Der unbesiegbare Jack London, den keine Welle, kein Frost, kein Hieb kleinkriegen konnte, er ist tot.

Man nenne ihn Jack

Die letzte Abendsonne taucht die Reben in Gold. Es ist kurz vor fünf, es wird schnell dunkel um diese Jahreszeit, und der »State Historic Park« legt sich schlafen. Die Ranger sind schon fort, es ist keiner mehr da auf der Ranch, außer Mike und uns – und der Erinnerung an Jack. Die Luft ist Wein. Durch das Fenster des »House of Happy Walls« sieht man Londons Schreibtisch. Der Stuhl davor ist leer.

Jack London, der Entdecker, läßt sich noch immer entdecken. Vieles an seinem Leben liest sich, als wäre er einer von uns. Da ist, hundert Jahre später, keine Distanz. Seine Stories durchzieht dieser eigenwillige Ton, der schnell vertraut wird, der warm ist, wenn er von der Kälte erzählt. Er hat offene Arme. Er ist ein Kumpel. Man nennt ihn Jack, nach ein paar Stunden des Lesens.

Die Geschichten, die er schrieb, zwang er dem verlorenen Kind in sich ab. Er schrieb sie für sich selbst, als wäre in ihm für alle Zeiten jener Junge lebendig, der sich in seiner Einsamkeit nach Aufregung sehnt, und dieser Junge steckt in all seinen Büchern und kann nicht vergehen. London war ein Getriebener seiner Begeisterung. Er brockte sich alles selbst ein, und sein schriftstellerisches Talent schöpfte er niemals bis zur Neige aus. Dafür ein anderes, noch größeres: das Talent zu leben. Man muß kein Mitleid haben, weil er so früh starb.

Man kann ihn sich nicht alt vorstellen, und darin gleicht er Stars späterer Jahre, James Dean und Marilyn Monroe etwa, deren früher Tod ebenfalls einen Mythos wob. Er ist eine romantische Figur und zugleich eine durch und durch moderne. Er würde auch heute seine Abenteuer finden.

London wußte viel über das Leben, aber er wußte nicht alles. Er wußte, wie man glücklich wird. Er wußte nicht, wie man glücklich bleibt. Er wußte nicht, daß das Ziel das Ende bedeuten kann. Daß danach manchmal nichts mehr kommt. Alles, was ihn trieb, kam niemals zur Ruhe. Er konnte nicht anders.

»Nimm mich so«, sagte er Anna Strunsky eines Tages, »ein verirrter Gast, ein Zugvogel, der mit salzverkrusteten Flügeln durch einen kurzen Augenblick deines Lebens planscht – ein grober und stolpernder Vogel, an große Höhen und weite Räume gewöhnt, ohne Sinn für die Vorzüge einer eingesperrten Existenz.«

Zum Abschied drückt uns Mike an die Brust. Das haben wir Jack zu verdanken. Es funktioniert immer noch.

Was würde London heute machen, ein Mann mit seinen Möglichkeiten? Mike überlegt lange, dann nickt er plötzlich. »Er wäre Oliver Stone. Oder Tom Hanks. Er nutzte die modernen Medien. Man nahm ihm alles ab. Du hast ihm geglaubt und du hast ihm vertraut.« Er lächelt. »Wir Leser erwarten doch von einem Erzähler nur eins: Geh auf den Berg, ergreife einen Zweig, stecke ihn an am Feuer, das dort oben brennt, und bringe mir den göttlichen Funken. Das ist Storytelling. Und das ist es, was Jack machte. Er ging auf jeden Berg, ihn schreckte kein Gipfel, und er brachte nicht nur einen Funken zurück.«

Mike schaut uns einfach nur an, es ist das Lebewohl. »Jack brachte das ganze Feuer.«

Stephen Crane

... daß ich zufrieden sein könnte mit den kleinen, kleinen Dingen, die ich vollbracht habe. Zum ersten Mal sah ich die majestätischen Kräfte, die sich gegen den wahren Erfolg eines Mannes stellen – nicht die Welt – die Welt ist dumm, veränderbar, jede ihrer Entscheidungen kann rückgängig gemacht werden – aber die eigenen Impulse eines Mannes, stärker als Ketten, und ich erkannte, daß ich diesen Kampf nicht mit der Welt auszutragen haben würde, sondern mit mir selbst.

»Trink lieber noch ein paar Bier, Papa.«
»Schön.«
»Was ist mit den guten Schriftstellern?«
»Die guten Schriftsteller sind Henry James, Stephen Crane und Mark Twain. Das ist nicht die Reihenfolge, in der sie gut sind. Es gibt keine Reihenfolge für gute Schriftsteller.«
»Mark Twain ist ein Humorist. Was ist mit den anderen?«
»Crane schrieb zwei ausgezeichnete Geschichten. Das Offene Boot *und* Das Blaue Hotel. *Die letzte ist die beste.«*
»Was geschah mit ihm?«
»Er starb. Das ist einfach. Er starb von Anfang an.«

Ernest Hemingway, Die grünen Hügel Afrikas

»Ich glaube nicht, daß die amerikanischen Kritiker bislang der unübertrefflichen Schönheit von Cranes besten Geschichten gerecht geworden sind. Und wenn ich solche Worte schreibe, großartig, unübertrefflich, meine ich sie vollkommen. Er war, ohne Frage, der beste Schreiber unserer Generation, und sein vorzeitiger Tod war ein unwiderruflicher Verlust für unsere Literatur.«

H. G. Wells, Schriftsteller

Sie hätte ihm gefallen, diese Ironie der Geschichte: Daß sich heute eine herrliche Badewanne breitmacht, wo einst sein Schreibtisch stand – im ersten Stock von Brede Place, über dem Eingang, zur Rechten ein Kamin –, an dem er, von der Schwindsucht ausgezehrt, von Geldsorgen übermannt, nächtelang saß, schales Bier trinkend und Pfeife rauchend, und nach Worten rang. Eine Badewanne, so groß wie jenes Rettungsboot, in dem er nach dem Untergang der »Commodore« dreißig Stunden auf hoher See trieb.

Stephen Crane lebte bis kurz vor seinem Tod hier, in diesem geheimnisvollen uralten Herrenhaus in der englischen Grafschaft East Sussex, dessen Mauerwerk aus dem 14. Jahrhundert stammt, in dem es zu seiner Zeit kein fließendes Wasser gab, keine Heizung und keinen Strom. Die Latrinen, schlichte Erdlöcher, waren hinter das Haus an den Hang gebaut und mochten im 16. Jahrhundert modern gewesen sein. Cora Taylor, seine Lebensgefährtin, hatte ein paar Räume hergerichtet, die sie abends mit Bienenwachskerzen und Fackeln erhellten. In der Nacht pfiff der Wind durch die Ritzen, was sich anhörte, als kreischten Kinder. Türen schlugen, und Fledermäuse huschten durch die höhlenartigen Räume. In dem mächtigen Kamin hätte man einen Ochsen grillen können, scherzte ein Besucher.

Brede Place schmiegt sich immer noch in die sanften Hügelwellen dieses heckenbewehrten Lands und blickt Richtung Ärmelkanal wie ein treuer Wächter. Drinnen liegen heute flauschige Teppiche, massive Holzbalken stützen die Decken, Breitbild-Fernseher warten neben riesenhaften offenen Feuerstellen – eine Ritterburg im 21. Jahrhundert.

Hundert Jahre lang hatte das Haus leergestanden, bevor Crane einzog. Die Menschen der Umgebung wagten nicht, darin zu übernachten, und das war das Beste, fand er: Es spukte in Brede Place. Wenn man dem heutigen Eigentümer, einem silberhaarigen englischen Gentleman, Glauben schenken möchte, spukt es immer noch. Trotz der Schulden beschäftigte Crane Gärtner, Koch, Kutscher, Butler und Kellner, dazu ein paar Dienstmädchen. Allesamt kehrten nachts zurück ins Dorf.

Sie fürchteten den Geist.

Den Geist des früheren Besitzers Sir Goddard Oxenbridge, der der Sage nach ein hünenhafter Menschenfresser war, ein Hexenmeister obendrein, der jeden Abend ein kleines Kind verspeiste. Eines Tages hatten die Jugendlichen von Brede diesen schrecklichen Oxenbridge, von dem jede Kugel abprallte und an dem jede Klinge zerbrach, in der Mitte zersägt, auf der kleinen Brücke unten am Fluß. Vermutlich war die Legende durch eine Schmugglerbande in die Welt gesetzt worden, die Brede Place in vergangenen Zeiten als Hauptquartier genutzt hatte. Die Kanalpiraten waren von der Geschichte verschluckt worden, die Sage hatte überlebt.

Die Kraft der Worte, Crane wußte um sie. Im Jahr 1899 saß er in seinem Kabuff, dem kleinen Arbeitszimmer über der Eingangstür, und schrieb wie um sein Leben. Unter den Augen lagen tiefe Schatten, um seinen Mund hatten sich Kerben gegraben, der nahende Tod zeichnete ihn, ganze siebenundzwanzig Jahre alt. Es entstand dort, wo heute die lächerlich weiße Badewanne steht, *The Upturned Face,* die Geschichte der Beerdigung des Doktor Gibbs. Es ist die knappe Schilderung, wie Soldaten die Nerven verlieren, als sie dem Tod ins Gesicht schauen, geschrieben in einem lakonischen, vollkommen durchkomponierten Ton. Crane benutzt kein Wort zuviel.

Lean shouted back to his little firing line, and two men came slowly, one with a pick, one with a shovel. They stared in the direction of the Rostina sharpshooters. Bullets cracked near their ears. »Dig here«, said Lean, gruffly. The men, thus caused to lower their glances to the turf, became hurried and frightened merely because they could not look to see whence the bullets came. The dull beat of the pick striking the earth sounded amid the swift snap of close bullets.

Von diesem Stil wird es eines Tages heißen, Hemingway habe ihn erfunden.

Das Singen der Nerven

Unter den Wilden Dichtern ist er vielleicht der widersprüchlichste. Ganz sicher aber der unbekannteste, zumindest im deutschsprachigen Raum, und ihm waren die wenigsten Jahre auf Erden vergönnt – Stephen Crane wurde nur achtundzwanzig Jahre alt. Er war in den 1890er Jahren ein gefeiertes Wunderkind der amerikanischen Literatur, eine Skandalnudel der New Yorker Künstlerszene, ein Traumwandler der Schützengräben, und zugleich einer der ersten Schreiber, der sowohl Reporter als auch Literat war. Er bereitete die Spur, in der später Hemingway, Norman Mailer und Tom Wolfe folgten. Sein theatralisches Leben, episodenhaft wie das einer Romanfigur, barst vor grotesken Wendungen. Und stets spürte Crane das hartnäckige, unerbittliche Nahen des Todes. Sein jämmerliches Ende fand er in einem Sanatorium des Schwarzwalds.

Von strenggläubigen Methodisten erzogen, seinen Phantasien folgend, von seiner Bildung zehrend, gegen die Konventionen ankämpfend, das Sterben so wenig fürchtend wie das Leben – das war Stephen Crane. Mit seinen Werken wollte er die prüde Gesellschaft schocken. Seine Biographin Linda Davis nennt ihn gar einen »literarischen Elvis«.

Mit zweiundzwanzig Jahren schrieb Crane *The Red Badge of Courage*, das Hemingway später als »eines der feinsten Bücher unserer Literatur« bezeichnen sollte. (In deutscher Sprache 1954 als *Das Blutmal* erschienen, 1955 als *Die Flagge des Mutes*, 1962 als *Das rote Siegel*, 1985 als *Die rote Tapferkeits-*

medaille.) Es ist ein verstörendes, metaphernreiches Meisterwerk, das die Ängste des gemeinen Soldaten im modernen Krieg auslotet, Jahre bevor die Psychoanalyse Einzug in die Wissenschaften hielt – verfaßt von einem Baseball liebenden Collegeabbrecher, der keinen Schimmer vom Soldatenleben hatte, und erst 1871, sechs Jahre nach dem Ende des amerikanischen Bürgerkriegs, geboren worden war. Sein fragmentarischer Stil, seine Dramaturgie erinnern an heutige Kinofilme. Crane läßt den Leser Bilder sehen. Das funktioniert noch heute, in unserem optischen Zeitalter, vermutlich sogar besser als zu seiner Zeit, da man ihn mitunter oberflächlich schalt.

Der Mann, den Joseph Conrad, H. G. Wells und Henry James als ihren Freund bezeichneten, verschwand nach seinem Tod 1900 rasch aus der Wahrnehmung der Kritiker. Es hätte ihn wenig erstaunt: Verschwinden war seine Spezialität. »Ich gehe durch diese Welt ohne Erklärung«, sagte Crane einmal selbst. »Ich kann nicht anders, als zu verschwinden, zu verduften, mich in Luft aufzulösen. Es ist mein hervorstechendster Charakterzug.«

Crane hinterließ vor allem Rätsel. Er war komplexbeladen und zugleich von sich selbst uneingeschränkt überzeugt. Niemandem vertraute er so wie den eigenen Instinkten. Seine Gefühle gegenüber seinen Eltern, seiner Kindheit, seinen Frauen gab er nicht preis, man weiß nicht, ob er nicht wollte, es ihm nicht wichtig erschien oder er dazu nicht in der Lage war. Bis heute ist es, als entzöge sich dieser Mann dem Einfühlungsvermögen seiner Biographen. Selbst Linda Davis, die seinen Spuren sieben Jahre lang folgte und ihn hartnäckig »Stephen« nennt – was bei Crane so seltsam anmutet, wie es umgekehrt von Jack Londons Biographen Selbstdisziplin erfordert, nicht permanent »Jack« zu schreiben – selbst Davis also vermag sein Wesen nicht zu entschlüsseln, und sie versucht es erst gar nicht.

Zu keiner Zeit hatte Crane ein ganzes Leben vor sich. Er suchte den Tod nicht wie der übermütige Hemingway, er wußte, daß der Tod ihn schon finden würde. Gerade deswegen bleibt er auf eine seltsame Weise fremd, als meldete er sich aus der unbekannten Welt desjenigen, der sich mit dem Tod arrangiert hat. In seinen Büchern gibt es keine Figur, um die man wirklich trauern könnte. Statt dessen hinterläßt er beim Leser ein grimmiges Lächeln, das staunende Verzweifeln desjenigen, der einen Blick in die unerbittliche Maschinerie der Weltläufe geworfen hat.

Auf eine faszinierende Weise folgte Cranes Weg den Bahnen, die er sich selbst im Schreiben ersonnen hatte, verblüffend gegensätzlich etwa zu Conrad, Melville und London: Er war erst Literat und dann Abenteurer, ein Autor, der seinen eigenen Büchern hinterherlebte.

Crane wollte stets das Dasein fühlen, wo es sich ohne Pose aufspüren läßt. Deshalb bannten ihn die kämpfenden Männer im Dreck, zermürbt vom »Singen der Nerven«, wie er das nannte. Er suchte das Innerste, das bei diesen Verlorenen zutage tritt. Und er schürfte mit der Kraft seiner Intuition. Ihn interessierten keine Fakten, keine Wissenschaft. Er übte scharfe Sozialkritik, aber der Sozialismus spielte in seinen Gedanken keine Rolle – immer nur das Individuum, das der gleichgültigen Welt ausgelieferte Individuum.

Nach ein paar Wochen als Kriegsberichterstatter sah er zerlumpt aus wie ein Landstreicher, mit dunklen Ringen unter den Augen, sein Bartschatten ließ ihn düster wirken, sein Schnurrbart hing schlapp herab, er hatte einen furchterregenden Mundgeruch. Und dann wieder, wenn er sich herausputzte, kamen seine Augen zur Geltung, die zu groß waren für sein schmales Gesicht und eine ungewöhnliche Anziehungskraft hatten. Auf den meisten Photos sieht er wiederum merkwürdig steif aus, sein Kopf zu groß für dieses Rinnsal von schwindsüchtigem Kerl.

Und doch war dieser Schriftsteller »so amerikanisch wie Jazz, der Cowboy und Baseball«, schreibt ein Literaturwissenschaftler. In den USA erlebte er in den zwanziger Jahren eine Renaissance, da hatte die Legendenbildung schon eingesetzt, zu schillernd war sein Leben, zu geheimnisvoll seine Weltsicht. Aber erst in den Fünfzigern begann man zu begreifen, was dieser Mann geleistet hatte. 1998 würdigte die »New York Times« die ersten Absätze des *Red Badge of Courage* als »einige der beeindruckendsten der amerikanischen Literatur«. Aus keiner Anthologie klassischer Kurzgeschichten aus den USA ist Crane wegzudenken. Ein kurzlebiger Meistererzähler, der sich binnen weniger Jahre seinen Platz unter den ganz Großen erschrieben hatte.

Auf deutsch aber liegt derzeit lediglich der Erstling *Maggie* vor, Cranes beste Erzählungen sind nur noch antiquarisch zu ergattern. Dabei hat der Mann seine Chance verdient.

Die Macht des Wortes

Der Autor stammt aus altem amerikanischem Werteadel: Die Cranes hatten mitgeholfen, die Vereinigten Staaten zu gestalten, ein Ahne war mit Sir Francis Drake zur See gefahren, andere gehörten zu den ersten Siedlern in Connecticut und New Jersey. Städtegründer, Soldaten und hohe Geistliche waren darunter, in der Revolution von 1776 »schön heißblütige Leute«, wie Stephen Crane schrieb. All die bürgerlichen Ideale, für die seine Vorfahren gekämpft hatten, prägten den Geist seiner Erziehung.

Der am 1. November 1871 in Newark, New Jersey, geborene Stephen war der jüngste Sproß eines strenggläubigen Methodisten-Paares, das vierzehn Kinder in die Welt setzte, von denen fünf früh starben. Für die Cranes war die Welt böse, Feinde lauerten überall. Stephen wuchs in Port Jervis auf, einem hübschen Ort nahe der Ostküste, von Hügeln umgeben, in einem redlichen Elternhaus, das ihm in den ersten Jahren als behütet vorgekommen sein muß – bis das Unheil über die fromme Familie hereinbrach.

Bei Stephens Geburt war Jonathan, der Vater, bereits zweiundfünfzig Jahre alt, ein wortmächtiger, aber humorarmer Pfarrer, den der Sohn eines Tages als »großen, feinen, einfachen Kopf« bezeichnen würde. Stephens Mutter Mary Helen Peck, die schon fünfundvierzig war, als sie ihren Jüngsten auf die Welt brachte, nannte ihren Ehemann in Briefen »Mr. Crane« und lobte einmal, er sei »ohne eine schlechte Angewohnheit«.

Offenbar muß man dieses Urteil ernst nehmen. Ihr Gatte verfaßte ehrgeizige Traktate gegen die Gefahren des Romanlesens und Tanzens, und nichts ist überliefert, was darauf hindeuten könnte, daß er sich jemals gehen ließ. Die Mutter wiederum widmete viel Zeit ihrem Kampf gegen Alkoholmißbrauch in der Gesellschaft und für die Rechte der Frauen.

Kaum zu glauben, daß diese durch und durch rechtschaffenen Leute einen solchen Bengel aufziehen konnten, der in seinem Leben nach Herzenslust pokern, huren, fluchen, haufenweise Schulden machen, seine Zeche prellen und sich frech der Obrigkeit widersetzen sollte.

Das Kleinstadtidyll in Port Jervis zerbricht, als der Vater 1880 plötzlich zusammensackt und an einem Herzinfarkt stirbt. Die Mutter flüchtet zu Verwandten, das Familienleben liegt für mehrere Monate in Trümmern. Wie der achtjährige Stephen den Verlust verkraftet, weiß man nicht. Er ist von klein auf mehr Hungerhaken als Nesthäkchen: angsterregend dünn und von schwächlicher Konstitution. In seinen wichtigsten Werken wird in späteren Jahren stets eine Vaterfigur fehlen, und die Mutter wird schwach, einsam, besorgt und überfordert dargestellt sein.

Drei Jahre später ziehen die Cranes nach Asbury Park, einem biederen Badeort südlich von New York. Direkt daneben liegt Ocean Grove – von den Jugendlichen Ocean Grave genannt –, die Sommerfrische der amerikanischen Methodisten, eine Zuflucht vor den schrecklichsten Verlockungen des Lebens. (In der kleingeistigen Atmosphäre jener Küstennester wird rund achtzig Jahre später ein anderer Künstler aufwachsen, der als junger Kerl ausziehen wird, die Welt zu erobern: Bruce Springsteen.)

Der Tod bleibt den Cranes auch fortan treu. Stephens Tante Fannie stirbt 1883, seine Schwester Agnes 1884. Luther, ein Bruder, wird 1886 von Eisenbahnwaggons zerquetscht. Der Tod ist immer an seiner Seite, Stephen kennt es nicht anders: Das Leben kann jederzeit zu Ende sein.

Doch noch etwas anderes brennt sich ihm ein: das Bewußtsein um die Kraft des gedruckten Wortes. Jonathan ersann keimfreie

Kindergeschichten, aber auch kirchenpolitische Essays, die ihm Ärger mit seinen Oberen einhandelten. Agnes veröffentlichte in Frauenmagazinen, sein Bruder Townley in der »New York Tribune«, und die Mutter galt als begabte Erzählerin harmloser Schrullen.

Seine erste Geschichte schreibt Stephen mit vierzehn Jahren, doch in dieser Zeit will er nur eins werden: Soldat. Schon als Teenager ist er ein rechter Kauz. »Er hat die Nähe anderer Männer gesucht, aber nur so weit, daß es gerade noch normal schien. Er hatte keine Vertrauten, war nicht beliebt und wollte es auch nicht sein«, erinnert sich ein Mitschüler des Claverack College, und ein anderer erzählt: »Er fühlte sich ohne Zweifel als etwas Besonderes. Er wollte ein Demokrat sein und zugleich ein Diktator. Daher dieser Widerspruch, Selbsterniedrigung gepaart mit Arroganz, die so viele verwundert hat. Er war sich selbst sein eigenes Gesetz.«

Crane ist auf dem College ein Einzelgänger, dennoch ein cooler Typ, und er hat, mit seinen wilden blonden Haaren und den blauen Augen, einen erstaunlichen Schlag bei Mädels. Er gibt keinen Cent auf die Meinung anderer, sagt aber nur zu gern seine eigene Meinung.

Nur beim Baseball taut er auf. Crane ist ein sicherer Catcher, wobei er ohne Handschuhe spielt, aber werfen kann er nur, indem er den ganzen Körper hinterherschleudert, wonach er sich vor Schmerzen windet. Er ist einfach zu schwächlich gebaut, seine runden Schultern fallen kraftlos ab, seine Beine sehen in den Hosen aus wie Besenstiele. Und doch wählt man ihn an der Universität von Syracuse zum Kapitän des Baseball-Teams. Hier ist er bald wegen seines *trash talk* berüchtigt, seiner bitterbösen Kommentare in Richtung der gegnerischen Schläger.

Um das Jahr 1890 beschließt er, sich in seinem Leben »von niemandem herumkommandieren« zu lassen. Schriftsteller sein, das ist die Lösung. Sein Bruder Townley schreibt ja für die »Tribune«, und einer seiner Kollegen engagiert Stephen nun als Korrespondenten. Endlich hat er einen Grund, die Seminare sausen zu lassen und »Gesichter zu studieren«, wie er es nennt. Er tritt für sein Alter sehr weltmännisch auf, ein neunmalkluger Grünschnabel.

»Das Unileben ist Zeitverschwendung«, sagt er 1891. Er verläßt Syracuse, zwanzig Jahre alt, und zieht im Herbst zu seinem Bruder Edmund nach Lake View, New Jersey, von wo aus New York schnell erreichbar ist. Atemlos erkundet er die Bowery, die berüchtigte Meile im Lower East End von Manhattan. Hier sei die menschliche Natur »offen und rein, nichts versteckt«, schreibt der Junge.

Sein Talent erforscht er mit Erzählungen aus dem Sullivan County, märchenhafte Abenteuer um Bären, Indianer und Trapper, die er von echten Fallenstellern aufgeschnappt hat. Cranes Bildsprache ist ungestüm, noch hat der aufstrebende Jungautor seinen von Ironie durchwebten späteren Ton nicht gefunden. Er will schreiben, was er selbst sieht, fühlt, denkt. Aber erst als er bei einem Vortrag dem Schriftsteller Hamlin Garland lauscht, begreift er, daß andere auch schon diese Idee hatten – und daß es für diesen Stil bereits einen Begriff gibt: Realismus, »die Wirklichkeit, wie der Autor sie sieht«, wie Garland sagt.

Für Crane sind Garlands Sätze eine Offenbarung. Es kommt nur auf ihn selbst an. Die typische Haltung seiner risikoliebenden Generation, die sich in einer verklemmten, noch puritanischen Gesellschaft um jeden Preis durchsetzen will.

Stimmprobe

Die Sommermonate 1892 verbringt Crane zu Hause in Asbury Park, wo er zu Fuß und mit dem Fahrrad für die »Tribune« als Reporter herumstreift. Eines Tages klagt ihm Arthur Oliver, ein anderer junger Journalist: »Ich weiß, ich habe etwas Ungewöhnliches zu erzählen, aber ich verheddere mich in meinen verschiedenen Ansätzen, wie es zu erzählen sein müßte.«

Crane wirft eine Handvoll Sand in die Luft und schaut zu, wie der Wind die Körner ergreift und davonweht. »Mach es mit deinen Ansätzen genauso«, sagt er. »Vergiß, was du darüber denkst, und erzähle, wie du darüber fühlst. Weg mit den literarischen Moden und Regeln. Sei du selbst!«

Er hört sich an, wie sich auch Jack London in unzähligen Briefen an aufstrebende Talente anhören wird. Es ist bis heute der beste Rat, den ein junger Schreiber bekommen kann: Vertraue deinen Gefühlen, vertraue dir selbst.

Am 17. August schlägt Cranes Stunde. Durch Asbury Park zieht die »Parade des Jugendbundes der Vereinigten Amerikanischen Mechaniker«. Es ist weniger eine Parade als vielmehr ein lausiges Getrotte von zerlumpten, aber stolzen Gestalten, vorneweg die amerikanische Fahne, vorbei an Vornehmtuern im feinsten Sonntagsstaat, die gönnerhaft Applaus spendieren.

Der Tribune-Reporter Crane, zwanzig Jahre alt, begreift das Spektakel als das, was es unzweifelhaft war: eine herrlich absurde Veranstaltung. Allerdings kann er es nicht lassen, einen Kübel Häme gegen die scheinheilige, geldgierige Oberschicht des Ortes in seinen Bericht zu mischen. Er schreibt:

Der treusorgende Asbury Park-Mann ist ein Mann, für den ein Dollar, wenn er ihm nahe vor Augen gehalten wird, oft jede Eingebung ausschließt, die er gehabt haben könnte, daß nämlich andere Leute Rechte besitzen. Er glaubt wohl, daß Männer und Frauen, vor allem wenn sie aus der Stadt kommen, geschaffen wurden, um von ihm beraubt zu werden.

Obwohl den Artikel mindestens zwei Redakteure gegenlesen, wird er am 21. August veröffentlicht, ohne Namenszeile.

Der Aufruhr ist gewaltig. Drei Tage später entschuldigt sich die »Tribune« bei ihren Lesern. Offenbar hat der Besitzer der Zeitung eingegriffen, Whitelaw Reid, der demnächst für die Republikaner Vizepräsident werden will. Allerdings kommt der Kniefall zu spät. Hartnäckig wird sich noch lange die Mär halten, daß Cranes Stück, das auch die Arbeiter gehörig verhöhnte, die Republikaner die Wahl gekostet hätte.

Stephen Crane wird fristlos gefeuert. Sein Weggefährte Arthur Oliver berichtet von seiner Reaktion: »Stevie grüßte mich mit jenem frommen Lächeln, das er allzeit für jedes Unglück bereithielt.« Er sei erstaunt, sagt Crane, »daß ein kleiner unschuldiger Kerl wie ich so einen Aufruhr in der amerikanischen Politik verursachen konnte. Das zeigt, was Unschuld vermag, wenn sie nur Gelegenheit hat«.

Im Herbst zieht er endgültig nach New York, in die Avenue A, eine brodelnde Straße im East Village, einem verrufenen Viertel, das hundert Jahre davon entfernt ist, zu einer begehrten Wohngegend zu werden. Allein in der Lower East Side soll es damals viertausend Saloons gegeben haben.

Hier stranden viele Einwanderer, hoffnungslose Fälle, Ganoven. Es ist ein Gewimmel der Nationen und Kulturen, oft gewalttätig, oft berauschend. Wie geschaffen für den lebensdurstigen Pfarrerssohn.

Höllenmädel

Er kommt in die Stadt mit einem Manuskript im Gepäck, einem Entwurf seines ersten Romans: *Maggie, das Straßenmädchen.* Angeblich hat er den Text in einem einzigen Anlauf zu Papier gebracht, nachdem seine Mutter ein Jahr zuvor gestorben war.

In den Wochen nach ihrem Tod beherrscht ihn das Gefühl, der Mensch sei allein auf der Welt, »getrennt von der Menschheit durch unüberbrückbare Abgründe«, wie er es in einer Geschichte formuliert. Es wird auch künftig sein Thema sein: das schutzlose Ausgeliefertsein des Menschen, vor anderen, im Krieg, auf See, unter Fremden in der Not.

Für sein Debüt wählt er einen Stoff, der in der Literatur zuvor nur melodramatisch behandelt wurde: Wie ein unbedarftes Mädchen im Elendsviertel zur Hure, dann schwanger wird und in ihrer Verzweiflung ihr Leben zerstört. Crane beschreibt ihre Welt der alltäglichen Gewalt, des Drecks, der Hoffnungslosigkeit, er suhlt sich in der fluchbeladenen Sprache der Gosse, er streift mit dem Leser durch die Bowery und späht in die »schauerlichen Türeingänge, die Horden von Babies an die Straße und den Rinnstein auslieferten«. Die Natur, die er früher als düster beseelt empfand, findet hier ihr Gegenstück, die dunklen Höhlen sind nun aus Stein gemauert, und die Ungeheuer, die darin hausen, sind Menschenbrüder.

So unsentimental hatte vor ihm noch keiner über das Elend geschrieben. Viele Beobachtungen löst er durch schroffe Ironie auf, das Lachen bleibt oft im Halse stecken. Er hat schon seine ganz eigene Sprache, seine filmhafte Technik. Manchmal betrachtet er die Dinge wie durch eine Lupe, manchmal wie durch ein Fernrohr. Er vermischt die ihm vertraute Kraft der Bibelsprache mit einem bemerkenswerten Gefühl für die Statik einer Szene, er ist ein Impressionist, der mit genauem Pinselstrich überwältigende Schnappschüsse hintupft – die mitunter geheimnisvoll schnell verflossen sind, wenn der Betrachter sich abwendet. »Photographie ist falsch in Perspektive, in Licht und Schatten, in Schärfe«, schreibt er, gelten läßt er nur seinen besonderen Blick. Crane verbindet eine homerisch anmutende Kampfrhetorik mit Gaunersprüchen, eine Religionssymbolik mit Sportjargon, es war eine wohlüberlegte Mischung, aber eine im wahrsten Sinn des Wortes unerhörte. »Dieser Mann ist mit voller Bewaffnung ins Leben gesprungen«, würde sein Vorbild William Dean Howells eines Tages schreiben.

Sein erstes Werk gibt Crane befreundeten Redakteuren zu lesen. Die staunen über die »pochende Lebendigkeit«, wie einer sagt, »jede Zeile scheint zu leben«. Doch zwei Verleger winken ab: Dieses unverfrorene Werk überfordere die Leser.

Crane verkauft seine ererbten Anteile an einer Mine und verlegt das Buch kurzerhand selbst. Unter falschem Namen wohlgemerkt, Johnston Smith, denn er will seinen honorigen Verwandten die Schande ersparen, die ihnen sein Buch beschert, wird es doch ganz New York schocken. Davon geht er zumindest aus. Crane schickt *Maggie* an Reformpolitiker, Priester, Journalisten und Verleger, lehnt sich zurück, bereit für den großen Knall, und es passiert – nichts.

»Keiner hat es bemerkt«, beklagt er sich bei seinem Freund Corwin Knapp Linson. »Nicht mal die Quasselstrippen, die ihre

Seele für einen Nickel verkaufen würden. Man sollte glauben, das Buch käme direkt aus der Hölle, und sie würden den Rauch riechen. Keiner sandte mir auch nur ein Wort!«

Einen Monat später kommen dann doch erste Rezensionen. Der Skandal aber, den er provozieren wollte, bleibt aus. Kritiker empfinden das Buch zwar als vulgär, dunkel, brutal und ausweglos, große Wellen jedoch schlägt es nicht. Vor allem eine Kritik wird Crane bis zuletzt begleiten: Seine Figuren seien Archetypen, keine unverwechselbaren Geschöpfe aus Fleisch und Blut.

Doch langsam bahnt sich der Roman seinen Weg. Verleger dienen sich an, er hat sich einen Namen gemacht – obwohl sein eigener gar nicht auf dem Umschlag steht. In dieser Phase zeigt sich ein verblüffender Wesenszug: Crane denkt nicht an die Zukunft. Vielmehr beginnt er, seiner eigenen Dichtung hinterherzuleben.

Er hatte große Teile von *Maggie* geschrieben, bevor er die Slums kennenlernte. In der Tat durchweht den Roman eine träumerische Atmosphäre, die wenigen Fakten, die er hineinwebte, hat er sich wohl angelesen. Es ging ihm um den Stoff und um seinen Stil, trotz des realistischen Anstrichs nicht um die Wirklichkeit.

Für Crane ist New York eine Wildnis, die ihn verschlingen will. Das wahre Amerika. Die Stadt wird seine *frontier*.

Und er will wissen, ob die Welt seiner Phantasie standhält.

Männertöter

Er kleidet sich in diesem Herbst 1893 wie ein Penner, und er lebt wie ein Penner. Er sagt seinem Bruder Edmund, der in einem Laden in der Beekman Street arbeitet, daß er ihm nicht mehr als einen Nickel geben solle, wenn er vorbeischaue, und kommt dann tatsächlich. Er sieht völlig ausgehungert aus, dieser Bettler, und der fassungslose Edmund läßt nur langsam und schweigend einen Nickel in Stephens Hand fallen.

Im Auftrag der Bacheller-Zeitungen erkundet Crane die Bowery. Er schert sich nicht um sein Aussehen, schläft in den Kleidern, in denen er herumzieht, stinkt nach Zigaretten und Knoblauch. Seine Notizen kritzelt er sich auf Hemdsärmel. In einer Februarnacht 1894 zieht ein Blizzard durch die Stadt, fünfzig Zentimeter Schnee fallen binnen kurzer Zeit. Crane reiht sich vor der Armenküche in die Schlange der frierenden Männer ein, in dünnen Kleidern, aus den Schuhen lugen die Zehen – und schreibt die ganze folgende Nacht an *The Men in the Storm*. Am nächsten Tag liegt er wie erschlagen im Bett. »Warum hast du dir nicht wenigstens zwei, drei Unterhemden mehr angezogen?« fragt sein Freund Linson. »Wie hätte ich sonst wissen sollen, wie sich diese armen Teufel fühlen, wenn mir selbst warm ist?« antwortet er. »Außerdem habe ich nicht mehr Hemden.«

So beginnt Cranes Zeit als Tramp, wie Linson das nennt. Stephen verschwinde manchmal tagelang und tauche unvermutet wieder auf, »und sieht aus, als hätte er in einem Grab gehaust«. Es scheint, als fände eine bizarre Metamorphose statt: Er beobachtet die Menschen nicht nur und schreibt über ihre Angewohnheiten, er wird einer von ihnen. Immer wieder quält ihn sein hartnäckiger Husten. Doch raucht er wie ein Schlot und hält stets eine Zigarette zwischen den gelbgebrannten Fingern.

Obwohl er zu jener Zeit bereits einen leidenschaftlichen Flirt mit Lily Brandon Munroe führt, einer verheirateten Dame, älter als er selbst, interessieren ihn die anrüchigen Frauen aus der Bowery brennend. Immer wieder kehrt er von seinen Streifzügen mit neuen Gespielinnen zurück, wahllos bändelt er mit Nutten an. Manchmal sagt er, bevor er ausgeht: »Ich zieh los und hole mir eine Negerhure, um mein Glück zu wenden.« Als er einmal zu Hause mit Freunden feiert, sehen die, als sie seine Wohnung verlassen, daß ein Mädchen in seinem Bett schläft, das in der Nacht nach Hause gekommen sein muß.

Ist es Maggie? flüstert einer. Die aus deinem Buch?

Eine von ihnen, antwortet Crane.

Ein Gebaren, als müßte er zur Schau tragen, daß er kein Waisenknabe ist, daß ihn seine religiöse Erziehung nicht für alle Zeiten verdorben hat. In vielem bleibt widersprüchlich, wie dieser Kerl tickt. Gegenüber Frauen seiner eigenen Bildungsschicht hat er sich eine romantisierende Sicht bewahrt. Er kann ritterlich sein, begrüßt fremde Damen, indem er den Hut abnimmt, seine Linke auf sein Herz legt und eine galante Verbeugung macht.

Auf den meisten Photos sieht er seltsam linkisch und unkörperlich aus, immer so, als wäre er sich seiner selbst nicht sicher, ganz anders als etwa Jack London oder Ernest Hemingway, die auch umschwärmte Mannsbilder waren. Einmal malt ihn Linson in Öl. Das Bild zeigt einen ernsthaften jungen Mann mit hohen Wangenknochen und langer Nase, mit vorstehender Oberlippe. Es ist ein strenges Gesicht. Nach allem, was man weiß, lacht Crane so gut wie nie. Er fühlt sich klein, mißt nur knappe 1.70 Meter. Zeit seines Lebens plagt ihn ein Minderwertigkeitskomplex gegenüber Frauen, den er mit merkwürdigem Imponiergehabe zu überspielen sucht.

Im verwinkelten Art Students' League Gebäude lebt er in einer vierköpfigen Wohngemeinschaft, die sich ein einziges Zimmer leisten kann. Drei Mann schlafen im Doppelbett, einer in einer Art Hängematte. Selbst Schuhe und Kleider werden abwechselnd getragen. Viele Aktmodelle besuchen die Studios, und es gibt keine Anzeichen, daß sich Crane in dieser Gesellschaft nicht pudelwohl gefühlt hätte. Meistens hängt er mit Malern und Zeichnern herum, die, vor dem Aufkommen der in Massen reproduzierbaren Photographie, oftmals harte Reporternaturen waren (das legendäre Bohemeleben der Literaten in Greenwich Village wird erst in den 1920er Jahren erblühen).

Im Atelier seines Kumpans Linson durchstöbert er eines Tages alte Ausgaben des Magazins »Century«, mit Geschichten über den Bürgerkrieg, samt Photos, Karten, vielen Details. Im Schneidersitz liest er die Berichte der Soldaten. Plötzlich springt er vom Boden auf: »Ich frage mich, warum diese Kerle nicht erzählen, wie sie sich in diesen Kämpfen gefühlt haben! Sie tönen unendlich herum, was sie taten, aber sie sind gefühllos wie Felsen.«

Er hatte als Junge in Port Jervis den Veteranen gelauscht, damals Männer in den besten Jahren. Sie erzählten ihm, wie sich ihr Regiment aufgestellt hatte, wo der entscheidende Vorstoß stattgefunden hatte und wie viele Kameraden gefallen waren – aber was sie empfunden hatten, als Pulverrauch beißend in Nasen und Augen stieg und die Südstaatler brüllend auf sie zustürmten, dafür fanden sie keine Worte. »Man kann ihnen in gar keiner Weise trauen«, sagt Crane.

Trauen, das kann er nur sich selbst.

Ein Geschöpf des Krieges

Was er nun will? Ein »psychologisches Porträt der Angst« erstellen, sagt er. *The Red Badge of Courage* wird die Gefühle des kleinen Gefreiten schildern, eine Perspektive, die bisher niemand eingefangen hat. Es wird ein Meisterwerk des impressionistischen Schreibens, bis heute Pflichtlektüre in amerikanischen Schulen. Er hatte zuvor alle Techniken ausprobiert. Nun fügen sie sich zusammen zu einem filigranen, zugleich kolossalen Schlachtengemälde.

Es ist sehr poetisch, sehr eigen. Eine kraftvolle Collage voller sarkastischer Brüche. Meistens arbeitet er nach Mitternacht, wenn ihn nichts und niemand stören kann. Eines Morgens kommt Linson sehr früh in das Zimmer und findet Crane am Fenster sitzend, umhüllt von Zigarettenrauch, einen weißen Turban um den Kopf. Der Autor sieht vollkommen frisch aus. »Ein nasses Handtuch kühlt die Maschine«, sagt er nur.

»Er war untergetaucht in seinen Träumen«, erinnert sich Linson später. Sein Held, Private Henry Fleming, habe Stephen verfolgt, »ein schattenhafter Begleiter jeder seiner Bewegungen«. Crane quält sich. Manchmal schreibt er in einer Nacht nur einen einzigen Halbsatz. Manchmal sind es drei Seiten, niemals mehr. Er schreibt langsam und gleichmäßig, als lausche er einer inneren Stimme, die ihm zuraunt, »die roten Teufel seines eigenen Herzens über die Seiten hüpfen« zu lassen. Nach jedem Satz steckt er wieder seine Pfeife an oder fängt an zu singen. Zu seinem Freund sagt er: »Es ist schade, daß Kunst ein Kind des

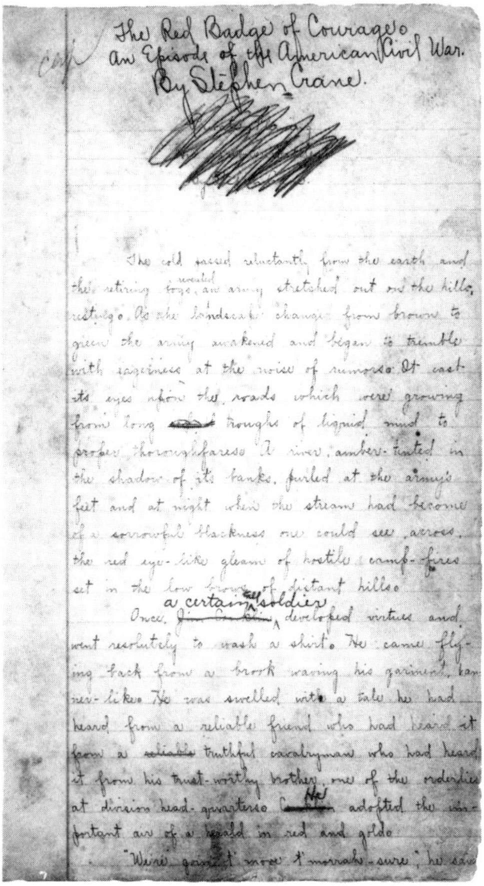
The Red Badge of Courage.
An Episode of the American Civil War.
By Stephen Crane.

The cold passed reluctantly from the earth and the retiring fogs revealed an army stretched out on the hills, resting. As the landscape changed from brown to green the army awakened and began to tremble with eagerness at the noise of rumors. It cast its eyes upon the roads which were growing from long troughs of liquid mud to proper thoroughfares. A river, amber-tinted in the shadow of its banks, purled at the army's feet and at night when the stream had become of a sorrowful blackness one could see, across, the red eye-like gleam of hostile camp-fires set in the low brows of distant hills.

Once, a certain soldier, developed virtues and went resolutely to wash a shirt. He came flying back from a brook waving his garment, banner-like. He was swelled with a tale he had heard from a reliable friend who had heard it from a truthful cavalryman who had heard it from his trust-worthy brother, one of the orderlies at division head-quarters. He adopted the important air of a herald in red and gold.

"We're goin' t' move t'morrah-sure," he said

Schmerzes sein muß, und dennoch glaube ich, das ist es.«

Inspiration – und gute Luft, die seinen Husten lindert – findet er auf dem Land bei seinem Bruder Edmund. Dort schläft er jeden Tag bis zum Mittagessen und bringt nachmittags den Jungs der Umgebung Football bei. Für ihn gleicht dieser Sport dem Krieg. Lücken reißen, Durchbrüche verhindern, all das ist so, wie eine Schlacht sein muß. Später wird er sagen: »Mein Gefühl für das Wüten eines Kampfes habe ich auf dem Football-Platz bekommen.«

Nachts aber schreibt er. Nachts ist seine Phantasie von den Fesseln des Tages entbunden. Wenn er anderntags seinem Bruder eine Passage zu lesen gibt, steht in seinen Augen keine Frage. »Er hatte das Selbstvertrauen des Genies«, erinnerte sich Edmund. Manche werden den Jungen mit Victor Hugo vergleichen, andere mit Leo Tolstoi, sein großes Vorbild, dessen *Krieg und Frieden* Crane verschlungen hatte – der aber hatte den Krieg selbst erlebt. Crane stellt sich den Kampf nur vor. Die Wirkung ist verblüffend, obwohl er lediglich aus der Phantasie schöpft. Oder eben: *Weil* er nur aus der Phantasie schöpft. Noch heute gilt Cranes Buch vielen als beste Darstellung des amerikanischen Bürgerkriegs.

Da ist ein in sich gekehrter Bauernjunge, Henry Fleming, ein Träumer, der sich den Krieg als Romanze vorstellt – und in den Stunden vor seiner ersten Schlacht ins Grübeln gerät. »Der Krieg kam ihm wie eine ungeheure, furchterregende Maschinerie vor, deren unübersichtlicher und unerbittlicher Ablauf ihn fesselte. Er mußte sie aus der Nähe besichtigen, wie sie Leichen hervorbrachte«, schreibt Crane. Es ist keine gewöhnliche Romanfigur, dieser Soldat, den der Autor da für die Union ins Feld schickt. Es ist Crane selbst, der sich vorstellt, wie es wäre, in den Krieg zu geraten und unter dem Anprall nicht weich zu werden: »Er wollte sich selbst überzeugen, daß er nicht vom Schlachtfeld fliehen würde.«

Sobald aber die ersten Kugeln fliegen, gibt Fleming Fersengeld, und fortan taumelt er verloren durch die Szenerie, und mit ihm der Leser, der den Grund des Krieges nicht erfährt und ebensowenig irgendwelche Hinweise erhält, die es ihm ermöglichten das Geschehen geographisch oder historisch einzuordnen. Man tappt mit dem Gefreiten durch Rauch und Nebel und Blut und Träume, ist so verstört wie dieser feige Held, der nicht weiß, wo er ist, noch wohin er soll mit seiner Angst, vor allem aber mit seiner Scham. Private Fleming fürchtet nicht den Feind, er fürchtet die mitleidlose Natur.

Auf seinen Irrwegen schlägt ihm schließlich ein anderer Soldat in Panik den Gewehrkolben an den Kopf. Fleming blutet. Endlich blutet auch er, der Deserteur. Es ist seine rote Tapferkeitsmedaille – pure Ironie Cranes –, und sie verleiht ihm den ersehnten Mut, beim nächsten Angriff stürmt er tollkühn gegen die Linien des Südens und erobert die gegnerische Fahne.

Viele interpretieren den Roman heute so, daß Fleming im Krieg zum Mann wird, nachdem er seine Feuertaufe erlebt hat. Man kann ihn aber auch anders begreifen, immer Cranes gebrochenes Pathos im Blick: Da findet einer den Mut erst, als er merkt, daß er sterblich ist. »Psychologisch gräbt Crane um einiges tiefer als Hemingway, dessen Romane die grübelnde Ethik seines Lehrmeisters durch männlich-herbe Lakonie zudecken«, urteilt der FAZ-Kritiker Paul Ingendaay.

The Red Badge of Courage ist ein noch immer beeindruckendes Buch, auch wenn einige Passagen heute etwas klischeehaft daherkommen, etwa wenn der Soldat Cranklin auf quälend theatralische Weise stirbt. Der »New Yorker« allerdings bemerkte 1961 zu Recht: Crane selbst schuf das Klischee. Für viele spätere Kriegsfilme lieferte er die Blaupause.

Große Schlucke Wind

Noch ist seine Not groß. Crane, gerade dreiundzwanzig Jahre alt, zeigt einen Teil des fertigen Manuskripts Hamlin Garland. Der liest es sofort, während Crane auf seine Kosten ein Steak verspeist. »Die Endgültigkeit, die in jedem Wort lag, die epische Weite seines Blicks, die Pracht seiner Bilder – all das zeigte eine unerhört kraftvolle und originelle Einbildungskraft wie den reifen Meister literarischer Form«, urteilte Garland später. Dem jungen Verfasser aber erzählt er zunächst nicht, wie sehr in die Lektüre bewegt hat. »Wo ist der Rest?« fragt er nur.

»Beim Pfandleiher«, antwortet Crane. »Ich hab die fünfzehn Dollar nicht, um den Typisten zu bezahlen.«

Amerikaweit erscheint eine Kurzfassung des Romans im Dezember 1894 in einem halben Dutzend Zeitungen. Eine Sensation bahnt sich an. Ein Rezensent nennt Crane den »kraftvollsten aller amerikanischen Erzähler«. Viele Kritiker gehen davon aus, so auch die »Philadelphia Press«, es handle sich um einen »höchst eindrucksvollen und genauen Bericht von tatsächlichen persönlichen Erfahrungen«.

Als die ersten Reaktionen eintreffen, begreift Crane, daß dieses Werk sein Durchstoß ist. Er läuft im dünnen Mantel durchs froststarrende New York, mit strahlenden Augen, er leuchtet von innen, wie Freunde berichten. Er wird zum gefeierten Autor, Zeitungen interviewen ihn, scheinbar mühelos verkauft er eine Zeitlang Story auf Story. Wenn er Redaktionen besucht, scharen sich die Angestellten um ihn, alle wollen einen Blick auf das junge Genie erhaschen.

Im Januar 1895 tritt er für seinen Verleger Bacheller eine lange Reise in den Westen der USA an, von dort reist er weiter nach Mexiko. Der Wilde Westen ist schon domestiziert. Aber noch gibt es sie, Cowboys, Trapper, Sheriffs, Indianer – für einen kultivierten Mann des Ostens üben diese Figuren eine unwiderstehliche Anziehungskraft aus. Hier war das Abenteuer nicht stinkend und schäbig; hier wölbte sich ein blanker Himmel über die weite Erde. Und die Männer? »Sie meinen es ernst, diese Burschen«, sagte er. »Wenn sie geboren werden, nehmen sie einen großen Schluck Wind, und dann leben sie.« Crane hielt viel von militärischen Tugenden wie Treue, Kameradschaft, Männlichkeit, Mut. Gern wäre er gewesen wie die Westernhelden, aber er war nur ein schattenhafter Intellektueller mit einem hartnäckigen Husten und abfallenden Schultern, ein Mann, der sich selbst zugleich bewunderte und verachtete. Einer ehrgeizigen jungen Reporterin ist zu verdanken, daß wir uns ein Bild machen können, wie Crane damals war, mit seinen vierundzwanzig Jahren, dieser wandelnde Geheimtip aus New York.

Willa Cather heißt sie, die später berühmte Schriftstellerin, jetzt noch in Lincoln, Nebraska, Mitarbeiterin des »State Journal«, dessen Redaktion Crane mehrfach besucht. Sie erlebt einen niedergeschlagenen, lebensmüden Mann. Er kommt unrasiert daher, die Haare hängen in Zotteln herum, die Kleider schlottern am Körper. Ihr kommt er sehr krank vor. Dafür habe er schöne Augen und feine Hände, erinnert sie sich später, diese Augen, die »feinsten, die ich jemals sah, groß und dunkel und voller glänzender wechselnder Lichter, aber mit einer tiefen Melancholie, die tief in ihnen stets lauerte. Dies waren Augen, die sich selbst auszubrennen schienen«. Crane war für sie eine düstere Figur – er erinnerte sie an Edgar Allan Poe.

Gibt es Regeln für eine gute Geschichte? fragt sie ihn.

»Wo haben Sie den Mist her?« fährt er die Neunzehnjährige an. »Geschichten folgen keiner Mathematik. Sie können sie nicht nach Regeln erzählen, so wie Sie nicht nach Regeln tanzen können. Die Sache muß Sie in den Fingerspitzen jucken, und wenn Sie da nichts spüren – na, dann haben Sie verdammtes Glück und werden lange und gesegnet leben, das ist alles.« Einmal in Wallung, erklärt er ihr, er führe ein »doppeltes literarisches Leben«. Am liebsten schreibe er über die Themen, die ihn selbst bewegten, doch dies vollbringe er nur sehr langsam. Es brauche seine Zeit, bevor er das richtige Detail ausgewählt habe, bevor er aus seinen Eindrücken überhaupt Geschichten formen könne. »Das Detail einer Sache muß durch mein Blut sickern, und dann kommt es ans Licht wie ein natürliches Produkt, aber das dauert ewig«, sagt er. Ein quälend langsamer Prozeß also, und durch nichts zu beschleunigen. Um leben zu können, müsse er daher die zweite Art Geschichten schreiben – jene, die sich verkaufen. Dabei könne er so ganz und gar nicht arbeiten. »Was ich nicht kann, kann ich wirklich gar nicht, und ich kann's auch nicht lernen. Ich halte nur einen Trumpf in der Hand.«

Carther entgegnet dem Verzweifelten fröhlich: »In zehn Jahren lachen Sie über Ihre heutigen Mißlichkeiten.«

Doch Crane antwortet. »Ich habe keine zehn Jahre. Ich habe keine Zeit.«

Ruhmesdusche

Zurück im Osten, verbringt er den Sommer 1895 beim Campen in den Wäldern um Port Jervis. Ende September gibt ein Verlag endlich *The Red Badge of Courage* als Buch heraus. Es wird im kommenden Jahr in New York und London an die Spitze der Bestsellerlisten klettern. »Cranes Arbeit detonierte mit der Wucht und der Kraft eines Zwölf-Inch-Geschosses, gefüllt mit sehr viel Dynamit«, erinnerte sich später der in England lebende Joseph Conrad. Und ein gewisser H. L. Mencken erzählte Jahre danach, *Red Badge* sei über die Leser gekommen »wie ein Blitz aus einem klaren Winterhimmel«.

Der einsetzende Rummel überwältigt Crane. Im Dezember 1895 erhält er eine Einladung nach Buffalo, wo die Philistine-Gesellschaft ihm zu Ehren ein Gala-Dinner ausrichtet. An jenem Abend wird zunächst das Essen in aller Würde eingenommen. Dann erhebt sich Elbert Hubbard, der Gastgeber, und setzt an zu seiner Lobrede auf den Dichter, der zu seiner Linken sitzt.

»Wahrscheinlich ist er der einzigartigste ...«, beginnt er.

»Kann man einzigartig steigern?« unterbricht ihn jemand von weiter unten am Tisch, und damit ist der muntere Ton für die nächsten Stunden gesetzt. Crane wird weniger geehrt als vielmehr lächerlich gemacht. So empfindet dies zumindest ein Teilnehmer namens Claude Bragdon. Der Maler erhebt sich und erklärt, er könne nicht länger in diesem Raum bleiben, zu erschüttert sei er über »diesen jungen Ochsen, der zur Schlachtbank geführt wird«.

Da steht Cranes Freund Willis Hawkins auf: »Ich habe neben ihm geschlafen, mit ihm gegessen, gehungert, bin mit ihm geritten, mit ihm geschwommen«, sagt er. Diese ausgelassene Stimmung sei Crane viel lieber als alle steifen Lobreden. Crane nickt der Überlieferung nach eifrig und erleichtert. Bragdon entschuldigt sich förmlich und nimmt wieder Platz. Wie Crane wirklich selbst zumute ist, ist nicht bekannt. Ein Freund behauptete zwar hinterher: »Er hatte die Zeit seines Lebens«, ein anderer aber glaubte, eine »Mordsangst« zu beobachten.

Endlich bittet ihn Hubbard, ein paar Worte zu sagen. Und zwar mit der »starken Stimme, die jetzt in Amerika gehört wird – der Stimme von Stephen Crane«.

Crane steht unsicher auf, befeuchtet sich die Lippen mit der Zunge, und braucht eine ganze Weile, bis er den ersten Satz herausbringt. Er beschreibt sich schlicht als einen »Zeitungsmann, der versucht, das zu tun, was er kann, seit er sich vom College erholt hat«.

Ein Reporter notiert nach dem Abend wohlwollend, Crane sei ein junger Mann »der sich selbst nicht so ernst nimmt«.

So zumindest tritt er auf.

Aber da hat er längst einen Gedichtband veröffentlicht, in dem klar wird, daß es Crane sehr wohl darum geht, ernst genommen zu werden: die *Black Riders*, für ihn das wichtigste, das persönlichste Werk. Aber nein, Gedichte sind dies nicht, er nennt sie »lines«, Zeilen, und er behauptet, er schreibe sie in

»Verzweiflung«, sie kämen als plötzliche Eingebungen. Sie strömten, sagte er, einfach so aus ihm heraus, manchmal neun am Tag.

Es ist dürre, sperrige Poesie, mitunter von verstörender Kraft. Sie lesen sich wie Telegramme, heute erinnern sie an Ergüsse wilder SMS-Poetiker. In den *lines* sagt er, was er über das Leben denkt, daß es keinen Gott gibt, und wenn es ihn gebe, dann seien ihm die Erdenwürmer herzlich egal. Noch heute kann man ob mancher Zeile schaudern.

In der Wüste
Sah ich ein Geschöpf, nackt, tierisch,
Das, am Boden kauernd,
Sein Herz in Händen hielt
Und davon fraß.
Ich sagte: »Ist es gut, Freund?«
»Es ist bitter – bitter«, antwortete es;
»Doch ich mag es,
Weil es bitter ist
Und weil es mein Herz ist.«

Das Publikum reagiert im Frühjahr 1895 irritiert. Einige Kritiker sehen Crane auf Augenhöhe mit Emily Dickinson und Walt Whitman, andere halten ihn für einen ungebildeten Flegel, wieder andere imitieren mit lächerlicher Geste seine reimlosen Dichtkünste. Crane zeigt sich als Meister des Auslassens, des Andeutens. Als man ihn bittet, die Gedichte auf einer Lesung vorzutragen, lehnt er ab. »Ich würde lieber sterben, als das zu tun.«

All das überschattet aber der große Ruhm, den ihm sein Kriegsroman beschert. Es ist unerträglich, »es war leichter, für jeden Humoristen dieses Landes die Zielscheibe zu sein«, sagt er. Zwar genießt er es, daß ihn seine Familie »nicht länger als schwarzes Schaf« ansieht, »sondern als einen Star«. Doch Crane beginnt schnell, unter dem Erfolg zu leiden. Einem Verleger schreibt er: »Ich habe mich in dem verfluchten *Red Badge* aufgezehrt.« Vor allem sind seine Selbstzweifel den Briefen zu entnehmen, die er an einen Schwarm namens Nellie Crouse schreibt, eine Frau, die er kaum kennt, die er nur ein einziges Mal getroffen hatte. Die sieben Briefe fallen exakt in die Zeit, in der er sich vom ambitionierten Neuling zum weithin gefeierten Jungstar der Literaturszene wandelt. Es sind Dokumente eines zerbrechenden Traums. Ein Glücksfall für die Biographen, denn so offen wird Crane nie wieder von seinem Seelenleben sprechen.

Er habe, schreibt er Nellie, den Jubel aus England gelesen, und er fange an zu fürchten,

daß ich zufrieden sein könnte mit den kleinen, kleinen Dingen, die ich vollbracht habe. Zum ersten Mal sah ich die majestätischen Kräfte, die sich gegen den wahren Erfolg eines Mannes stellen – nicht die Welt – die Welt ist dumm, veränderbar, jede ihrer Entscheidungen kann rückgängig gemacht werden – aber die eigenen Impulse eines Mannes, stärker als Ketten, und ich erkannte, daß ich diesen Kampf nicht mit der Welt auszutragen haben würde, sondern mit mir selbst.

Da er in New York herumgereicht werde, sei es für ihn schwer, »zu atmen in diesem verfluchten Aufruhr«. Und dann beklagt er sich, worüber er früher nicht einmal nachgedacht hätte. »Meine eigenen Freunde sind übel beleidigt, wenn sie mich nicht zwölfmal am Tag sehen – kurz, sie sind alle darauf vorbereitet, zu denken, ich sei eingebildet geworden.«

Er flüchtet Ende Januar 1896 aufs Land. »Du kannst dir nicht vorstellen«, erzählt er Nellie, »wie diese verdammte Stadt mir das Herz an den Wurzeln herausgerissen hat und es unter die Fersen seines Lärms geschleudert hat.« Und einem Freund sagt er: »Ich kann damit umgehen, ein verdammtes Arschloch genannt zu werden, aber diese plötzliche neue Bewunderung meiner Freunde macht einen sabbernden Idioten aus mir.« Voller Melancholie notiert er in diesem Jahr: »Ich war glücklicher in jenen alten Tagen, in denen ich stets von den Dingen träumte, die ich jetzt erlangt habe.«

Seine Liebesbriefe umweht etwas tragisch Unbeholfenes. Dazu schleicht sich in seine Zeilen immer wieder das Thema, das ihn am meisten umtreibt: der Tod.

Meine Liebe, wie sehr ich anfange, Friedhöfe zu bewundern – das ruhige unaufgeregte hoffnungslose Ende der Dinge – heitere Abwesenheit von Leidenschaft – uninteressiert an der Sünde – achtlos gegenüber den verfluchten goldenen Hoffnungen, die nachts flackern und einen Mann wild davonrennen lassen und sich dann, im Tageslicht der Erfahrung, als geniale Falle der Einbildungskraft erweisen. Wenn es eine Freude am Leben gibt, kann ich sie nicht finden.

Und ein anderes Mal: *Ich glaube, daß ich in meinem fünfunddreißigsten Lebensjahr sterben werde. Das ist alles, was ich ertragen möchte. Das Leben scheint mir den Ärger nicht wert zu sein.*

Sein Weltschmerz hält ihn allerdings nicht davon ab, fleißig Aufträge anzunehmen. Im März 1896 reist er nach Washington, im Auftrag einer Zeitung soll er Politiker porträtieren. Nach vier Wochen gibt er entnervt auf. »Diese Männer posieren so übertrieben«, schreibt er, »daß man eine doppelläufige Schrotflinte brauchen würde, um ihre Gefühle offenzulegen.«

Viel lieber widmet er sich den Huren.

Edelmann

Im Sommer 1896 beginnt Crane für den Hearst-Konzern eine Serie über die New Yorker Polizei, die gemäß Lexow-Bericht vom Jahr zuvor als »eine der korruptesten, brutalsten, inkompetentesten Organisationen der Welt« gelten darf. Er begleitet die Cops, sitzt im Gericht und studiert die Gesichter des Verbrechens – oder der Unschuld, wer weiß das schon so genau, bei dieser Polizei? Wie es der Zufall will (und viel spricht dafür, daß es kein Zufall war), gerät er im Herbst selbst in den Mittelpunkt eines spektakulären Verfahrens, das die New Yorker Spießbürger wochenlang in Atem hält.

Am Abend des 15. September trifft sich Crane mit zwei Revue-Sängerinnen im berüchtigten Tenderloin-Viertel, um, wie er sagt, »Material zu sammeln«. Gegen zwei Uhr morgens interviewt er die beiden noch immer, nun im »Broadway Garden«, einem weithin bekannten Treff von Prostituierten und ihren Freiern, wo sich eine ihm unbekannte Dame namens Dora Clark zu ihnen gesellt. Crane bringt eine der Sängerinnen zur Straßenbahn, kehrt zurück – und kommt gerade rechtzeitig, um zu sehen, wie Officer Charles Becker die zwei wartenden Frauen wegen Anbändelei verhaftet. Obwohl Crane von Becker bedroht wird, begleitet er das Trio auf die Polizeiwache und sagt zu ihren Gunsten aus. Die Tänzerin wird bald entlassen, Dora Clark wird dabehalten.

Es dürfte nicht unbedingt ein Unschuldslamm getroffen haben. Die Einundzwanzigjährige war in den drei Wochen zuvor mindestens viermal eingebuchtet und am Jefferson Market Court vorgeführt worden, jenem Gericht, das Crane für seine Geschichten besucht hatte. Weil der berühmte Autor am nächsten Morgen wieder auftaucht und sich für die Dame verbürgt, wird sie freigesprochen.

Zwei Wochen später verklagt die Frau wiederum Officer Becker – und erneut sagt Crane als Zeuge aus. Seine Aussage wird morgens um zwei Uhr aufgenommen, nachdem er zehn Stunden hatte warten müssen. Becker aber wird freigesprochen, er habe einen »ehrlichen Fehler im Dienst begangen«.

Cranes Biograph Christopher Benfrey geht davon aus, daß Crane die gesamte Affäre ausgeheckt habe – ob aus Lust an der Provokation oder in selbstzerstörerischer Absicht, keiner weiß es. Doch diese Form derber Eigen-PR paßt zu ihm. Er sieht sich nicht als vergeistigten Poeten, er will sich der Welt als Mann zeigen, der den Dreck des Lebens unter den Fingernägeln trägt.

Und er ist erfahren genug, um zu wissen, was folgen muß. Die Polizei setzt ihn tatsächlich unter Druck, schnüffelt in seinem Privatleben herum, durchsucht seine Wohnung, nimmt ihn in ein hochnotpeinliches Kreuzverhör. Genüßlich breiten die Zeitungskollegen in ihren Sensationsartikeln die Details seines sündenvollen Lebensstils aus: daß er Opiumbesteck besitze (tatsächlich hatte Crane zuvor eine Reportage über Opiumsüchtige geschrieben), daß er regelmäßig in den Bordellen des Tenderloins verkehre, und: Skandal!, daß er sechs Monate lang mit einer sechzehn Jahre älteren Frau zusammengelebt habe. Es handelte sich um die Theaterkritikerin Amy Leslie, eine wunderschöne Dame mit scharfem Verstand, die ständig in operettenhaften Kostümen herumrauschte.

Für die Presse ist die Dora-Clark-Affäre ein gefundenes Fressen. Es ist die Geschichte einer anrüchigen jungen Frau, die von einem weltbekannten Künstler gerettet wird. Die Hälfte der Journalisten lobt seinen Edelmut, die andere macht sich über seine Triebhaftigkeit lustig. Crane jedenfalls ruiniert sich seinen Ruf gründlich.

Die beiden anderen Hauptdarsteller beweisen im Verlauf ihres Lebens eindrucksvoll, daß sie die Aufregung nicht recht wert sind. Dora Clark wird Ende Oktober schon wieder verhaftet, weil sie sich mit einer anderen Prostituierten geprügelt hat. Und Mr. Becker wird 1915 der erste New Yorker Polizist sein, der auf dem Elektrischen Stuhl endet (wegen einer anderen Geschichte, versteht sich). Die Polizei hat Crane seit der Affäre auf dem Kieker, vorneweg ihr Chef Theodore Roosevelt, der spätere Präsident der USA, der noch *Maggie* so gerne gelesen hatte, aber nun der festen Meinung war, der Schriftsteller sei »ein Mann von schlechtem Charakter«. Freunde raten ihm: Verlaß die Stadt!

Zu dieser Zeit beginnen sich auf Kuba die Ureinwohner gegen die spanische Besatzungsarmee zu erheben. Crane macht sich auf den Weg. In seinem Gürtel stecken 700 Golddollar, der Vorschuß des Bacheller-Konzerns. Der Mann, der sich den Krieg ausgemalt hat wie keiner vor ihm, soll nun den wahren Krieg beschreiben. Daß Crane dafür kaum geeignet war – er war körperlich zu angegriffen, zu undiszipliniert, am banalen Wogen des Alltags nicht interessiert, seine Arbeitsweise war literarisch, nicht journalistisch –, keiner ahnte es, auch der Autor selbst nicht.

Am 27. November macht sich Stephen Crane, fünfundzwanzig Jahre alt, auf nach Jacksonville, Florida, einer siedenden Stadt an der Ostküste, in der sich Exilanten, Soldaten, Kriegsberichterstatter und das übliche Geschmeiß herumtreiben, das schwierige Zeiten anziehen. Alle warten auf die Passage nach Kuba, doch die Lage ist angespannt. Inzwischen verlassen nur noch Schmugglerschiffe den Hafen in Richtung Süden.

Als habe sein unrühmlicher Abschied aus New York endgültig eine Leine gekappt: kaum kommt Crane in Jacksonville an, taucht er unter in der Halbwelt. Alle anderen Reporter sonnen sich in den Cafés, er hängt in Hinterzimmern herum. Da sitzt er nun unter allerlei finsteren Männern, er lauscht den Geschichten der Wasserratten, trinkt der Überlieferung nach unglaubliche Mengen Bier und gibt von sich selbst nichts preis. Allerdings wohnt er im vornehmen Saint James Hotel, wo er sich unter falschem Namen eingeschrieben hat. Einem Zeitungsbericht zufolge halten ihn die spanischen Spione für einen verdächtigen Ex-Leutnant, der sich in Kriegstaktiken hervorragend auskennt. Ein gefährlicher Mann offenbar.

Dabei interessiert der sich erst mal weniger für den Krieg als vielmehr für die Liebe. Amy Leslie schreibt er fleißig (»ich denk an Dich Tag und Nacht«) – wenn er nicht gerade die Bordelle der Stadt besucht. Ein Etablissement hat sich in kultivierter Entfernung vom Rotlichtbezirk angesiedelt: das Hotel de Dream. Dessen Geschäftsführerin ist die üppig gebaute Cora Taylor, zu jener Zeit einunddreißig Jahre alt, Tochter eines Malers, einmal geschieden, getrennt lebend von ihrem Gatten Captain Donald William Stewart.

Sie leitet das Bordell hochklassig, wenn man das so sagen kann, nur erlesene Gäste werden in ihre Privatgemächer geladen. Als sie erfährt, wer dieser schmalbrüstige neue Besucher ist, der da eines Abends hereinschaut, fällt sie fast in Ohnmacht. Sie kennt Cranes Stories, und sie verliebt sich sofort in den sechs Jahre jüngeren Dichter.

Der erwidert offenbar ihre Gefühle – aber vor Glück scheint er nicht zu schweben. Am 4. Dezember schreibt er ihr als Widmung in eins seiner Bücher:

Brevity is an element
That enters importantly
Into all pleasures of
Life and this is what
makes pleasure sad
and so there is no
pleasure but only sadness

Ob er ahnte, was geschehen würde? Als junger Reporter an der Küste hatte er über historische Schiffsunglücke geschrieben, etwa über die »New Era«, die 1854 mit vielen deutschen Auswanderern sank. Für die Überfahrt nach Kuba findet Crane endlich eine Passage auf der »Commodore«, einem Fischdampfer, der für den Waffenschmuggel umgerüstet worden ist. Jetzt, angesichts seiner Abreise in den Krieg, verfaßt er sein Testament, teilt allen Besitz seinen Brüdern zu und hinterläßt einen Brief, in dem er sein Verhalten in New York verteidigt: »Ihr müßt wissen, euer Bruder benahm sich wie ein Mann der Ehre und als Gentleman.«

1 500 Meilen sind es bis zum Bestimmungsort nach Cienfuegos auf Kuba. Die »Commodore«, knapp 40 Meter lang, 178 Tonnen schwer, wird bis in den letzten Winkel mit Waffen beladen, 203 000 Patronen, 1 000 Pfund Dynamit, 40 Bündel Gewehre, 300 Macheten, und nicht zu vergessen: zwei elektrische Batterien. »Es sah aus wie zur Fütterungszeit eines legendären Monsters des Meeres«, schreibt Crane.

Die Fahrt beginnt unheilvoll, am 31. Dezember 1896. Nach nur zwei Meilen läuft das Schiff im St. Johns River auf eine Sandbank, sitzt dort auch die Nacht über fest, bevor es am nächsten Tag von der »Boutwell« freigeschleppt wird. Die Zuschauer am Ufer applaudieren, als die »Commodore« Fahrt aufnimmt. Kurze Zeit später strandet sie erneut, kann sich aber im Rückwärtsgang selbst befreien. Auf die Idee, sich den Rumpf des Schiffes anzuschauen, kommt keiner.

Auf See erwartet sie ein strammer Wind aus Südost, das Meer ist aufgewühlt, vielen der knapp dreißig Mann Besatzung ist speiübel. Nicht so Crane. Er ist ganz offiziell als Seemann angestellt, und er erweist sich als Seemann. Während um sie herum der Sturm tobt, sitzt er in der Kapitänskabine, schmökt seine Pfeife und tauscht mit Käpt'n Murphy Anekdoten aus. Um 22 Uhr wird ein Leck entdeckt. Die Pumpen werden angeworfen, doch die versagen. Sabotage oder Unglück? Man wird es nie erfahren.

Crane wird Glied einer Eimerkette, aber die vermag des eindringenden Wassers nicht Herr zu werden. Die »Commodore« befindet sich hundert Meilen südlich von Jacksonville, sechzehn Meilen vom Mosquito Inlet entfernt – nicht zu weit, um einen Rettungsversuch zu unternehmen. Sie entzünden ein Feuer im Maschinenraum, um genügend Dampf zu erzeugen, doch das eindringende Wasser löscht es.

Das Schiff macht keine Fahrt mehr, treibt wie ein sich langsam vollsaugender Korken auf dem tobenden Meer. Als klar wird, daß sie sinken, zieht Crane seine fabrikneuen Schuhe aus und wirft sie über Bord. »Wenn wir schwimmen müssen, brauche ich sie nicht«, sagt er. Auch die 700 Golddollar wird er noch drangeben. Später wird es heißen, er sei sehr kühl gewesen in jenen Stunden. Er habe sogar einen Kubaner niedergeschlagen, der sich auf eigene Faust in einem der drei Rettungsboote davonstehlen wollte.

Nur der Kapitän, ein Maschinist, der Koch und Crane harren bis zuletzt aus und klettern dann, als alle Mann von Deck sind, in ein Dingi, eine Badewanne von Bötchen, ganze drei Meter lang.

Zwei Rettungsboote werden es an Land schaffen, sechzehn Besatzungsmitglieder können sich binnen weniger Stunden retten. Ein Boot aber kentert, die sieben Männer schwimmen zurück zum Schiff, bauen sich aus Planken ein Floß und lassen es hinunter in die rauhe See. Einer stirbt, als er versucht, auf das Floß zu springen, drei schaffen es.

Das Dingi treibt noch in der Nähe des Havaristen. Fünfzehn Zentimer nur ragt die Bordkante über das Wasser hinaus, die Wellen schleudern es hin und her. Die vier werfen den Männern auf dem Floß ein Seil zu und versuchen, Crane am Ruder, es aus dem Sog des untergehenden Schiffes zu befreien. Plötzlich bewegt sich das Dingi rückwärts, ein Kubaner zieht und zieht am Seil, »er war wild, wild wie ein Tiger. Seine Augen waren fast weiß«, wird Crane später schreiben, der, mit dem Rücken zur Fahrtrichtung, die gespenstische Szene mit ansehen muß. Schließlich ist das Floß so nahe, daß der Mann sich bereitmacht zu springen – was ihr vollbeladenes Dingi dem Untergang weihen würde. Da läßt der Koch die Leine los.

Die »Commodore« sinkt um sieben Uhr morgens mit einem friedlichen, murmelnden Geräusch und reißt alle Männer mit sich, die noch in der Nähe sind.

Nun beginnen schreckliche dreißig Stunden auf hoher See. Crane wird ihnen ein literarisches Denkmal setzen – *Das Offene Boot* beginnt so:

Keiner von ihnen wußte um die Farbe des Himmels. Ihre Augen blickten waagrecht und waren fest auf die Wellen gerichtet, auf die sie zutrieben. Die Wellen hatten die Farbe des Schiefers, abgesehen von den Wellenkämmen, die schaumig weiß waren, und alle Männer wußten um die Farbe der See.

Um vier Uhr nachmittags nähern sie sich der Küste bei Daytona Beach, doch sie trauen sich nicht in die Brecher. Am Strand winkt ihnen jemand zu, scheint aber die Not der Männer nicht zu begreifen, obwohl der Kapitän mit seiner Pistole in der Luft herumballert.

Verzweifelt rudern sie wieder zurück aufs offene Meer. Sie fürchten, in der Nacht an Land geworfen zu werden, aber noch wissen sie nicht, wie lang eine Nacht in einem solchen Boot auf See ist. Der Sturm wirft das Wasser zu haushohen Wellen auf, sie treiben mit dem Wind nach Norden. Irgendwann beginnt sie ein Hai zu umkreisen. »Der Korrespondent, den man gelehrt hatte, zynisch zu Männern zu sein, wußte jetzt schon, daß dies die beste Erfahrung seines Lebens war«, wird Crane schreiben. Als es hell wird, sehen sie in der Ferne wieder einen Strand, dazu Hütten, eine Windmühle. Sie wagen die Landung am Daytona Beach.

In einem mächtigen Brecher schlägt ihr Dingi um. Crane gerät in der wirbelnden Gischt unter das Boot, kann sich befreien, schleppt sich an Land und bricht entkräftet zusammen. Auch der Kapitän und der Koch retten sich. Der Maschinist aber wird tot an Land gespült.

Wenige Tage danach – Cora Taylor ist die Küste hinabgeeilt, bringt Crane nach Jacksonville und päppelt ihn auf, ganz so, als wären sie seit Jahren Mann und Frau – erscheint Cranes Reportage. Es ist nur der Bericht des Untergangs. Den besten Teil, die Stunden auf See, spart er sich auf. Das Erlebte muß sich erst in ihm setzen. Vor Coras erdrückender Zuneigung flüchtet sich Crane nach New York, um die Geschichte aufzuschreiben, die in ihm heranwächst. Ein Freund, der ihn in jenen Wochen sieht, sagt später: »Er sah aus wie ein Mann aus einem Grab, er warf sich im Schlaf herum und schlug um sich, und manchmal schrie er panisch auf.«

Es entsteht seine vielleicht beste Story, jedenfalls seine atmosphärisch dichteste. »Scribner's Magazine« kauft sie für viel Geld, 300 Dollar. Er widmet sie seinen Kameraden. Murphy liest er vor Veröffentlichung das Werk vor. In den Zeitungen wird der Kapitän später zitiert: »Crane ist in jedem Zoll ein Mann, und er handelte die ganze Zeit mit echtem Mumm.«

Die Geschichte ist keine Geburt der Phantasie wie *Red Badge*. Crane beteuert, daß die Fakten stimmen – auch wenn er keine Namen nennt und das Geschehen sich ebensogut vor der koreanischen Westküste oder sonstwo abspielen könnte.

Das Offene Boot beeinflußte viele nachfolgende Schriftsteller. Als sich Jack London an den *Seewolf* machte, erinnerte er sich in der Vorbereitung selbst daran, mit der »Intensität und Lebendigkeit und dem Tempo von Stephen Crane« zu schreiben. Manche Kritiker vergleichen Cranes Stück gar mit Hemingways *Der alte Mann und das Meer*, ein halbes Jahrhundert danach geschrieben:

Crane habe den Grundstein gelegt, Hemingway habe den Dachfirst geliefert für eine »bestimmte Art von amerikanischer Story. Nennen Sie es psychologischen Realismus oder hartgesottenen Modernismus«, urteilt etwa Eric McMillan. Die beiden Erzählungen glichen sich darin, »daß große Hoffnungen aufgebaut werden, nur um von der gleichgültigen Natur zerstört zu werden. Die wahre Geschichte spielt in den Köpfen der Bootsbesatzung.«

Der junge Autor, der schon als ertrunken galt, dessen Ruf fast ruiniert schien, der aus der großen Stadt geflohen war, ist nun der Mann der Stunde. Der Held des Untergangs.

Der 1000-Yard-Blick

Crane hat mächtig Oberwasser. Zurück in New York, beschwert er sich bei einem Freund über den »Berg an Lügen«, der über ihn im Umlauf sei. Regelmäßig treffen Schecks von Redaktionen ein. Er trägt einen langen Schnurrbart und ungewöhnlich gute Kleidung, »ein ziemlich dandisierter Steve« sei wieder da, sagt sein Freund Linson.

Im März 1897 schickt ihn Hearst nach Griechenland, das mit den Türken im Clinch liegt. Drei Tage macht Crane in London Station, wo er von Reportern belagert wird. »Ich habe soviel über den Krieg geschrieben, nun ist es höchste Zeit, daß ich ein paar Kämpfe sehe«, sagt er lässig. Cora ist an seiner Seite. Sie hat in Jacksonville alles stehen und liegen lassen, keine Rechnung bezahlt, ist einfach abgedampft. Nun wird sie für Cranes Auftraggeber die erste Kriegsberichterstatterin der USA – auch wenn ihre Texte mitunter verdächtig nach Crane klingen. Dennoch erwirbt sie sich einen guten Ruf. Die Kollegen loben, daß sie manchmal die letzte sei, die das Schlachtfeld verlasse.

Schon immer hatte Crane die romantische Idee, Soldat zu werden. Nun ist er ganz aufgeregt, als er in Athen eintrifft. Er interessiert sich nicht für das klassische Griechenland oder die

Ruinen der Antike. Völlig unbeeindruckt besichtigt dieser Anti-Byron die Akropolis. Er reist nach Kreta, dann weiter nach Thessalien.

Aber mit Cora an der Seite nimmt er sich seine Auszeiten. Die ersten Kämpfe verpaßt er, weil er Zahnweh hat. Cora notiert in ihrem Tagebuch nur: »Maus krank.« Der Kriegsreporter Richard Harding Davis, einer der angesehensten unter den 131 Korrespondenten, verdächtigt die blonde Begleiterin, Crane aufzuhalten. Sie sei eine »langweilige Frau, alt genug, seine Mutter zu sein«. Zugleich staunt er, dieser Bursche sei »schüchtern, ganz anders, als ich ihn mir vorgestellt habe«. Und schreibt nach Hause: »Aus mehreren Gründen hat Crane nicht so viel gesehen wie ich, aber wenn ein Mann Schlachten so gut beschreiben kann wie er, ohne sie gesehen zu haben, warum sollte es ihn kümmern.« Und ein anderes Mal: »Er scheint ein Genie zu sein, das für nichts und niemanden Verantwortung hat.«

Die Griechen werden dreißig Tage lang jeden Kampf verlieren, bis sie kapitulieren. Es ist ein kleiner Krieg, aber er reicht Crane. Denn er erlebt seine erste wirkliche Schlacht:

Aus der Distanz war es, als ob ein Kleid zerreißt; wenn man höher kam, hörte es sich an wie Regen auf einem Blechdach, und wenn man ganz nahe war, kam Schlag auf Schlag. Es war ein schöner Klang – so schön, wie ich es mir niemals erträumt hätte. Es war eindrucksvoller als das Rauschen der Niagara-Fälle und feiner als Donner oder eine Lawine – weil es das Wunder des menschlichen Unglücks in sich trug. Es war der schönste Klang, an den ich mich erinnern kann, ausgenommen nicht mal eine Symphonie. Der Krach war ideal. Das ist die eine Sicht der Dinge. Die andere könnte man von den Männern bekommen, die dort gestorben sind.

Diese plötzliche sarkastische Wendung: typisch Crane. Einmal klettert der Autor auf einen Hügel und schaut dem Getümmel zu. Artilleriegeschosse regnen herab, doch er setzt sich auf einen

Munitionskasten, zündet sich eine Zigarette an und beobachtet, wie sich in der Ferne die langen Linien der Türken formieren, diese »Schatten der Ebene – vage Gestalten in Schwarz, Andeutungen einer geheimnisvollen Kraft«. Beim Rückzug wird sein Pferd von einem Splitter getroffen, Crane bleibt unverletzt.

Er umschmeichelt nicht etwa die Generäle, wie die meisten seiner Kollegen, sondern erlebt die Wirren Seite an Seite mit den Verwundeten. In ihren Gesichtern steht für ihn alles geschrieben. »Ich werde niemals aufhören, mich über ihre Gleichgültigkeit zu wundern.« Er beobachtet heimlich ihre Augen, die »hier schauten, dort schauten, überall in langsamen Schwenks«. Seine Wahrnehmung ist eine ganz und gar filmische, lange vor dem Siegeszug des Kinos. Noch heute sprechen US-Soldaten im Irak von jenem verstörenden »1 000-Yard-Blick«, den Verwundete aufsetzen. Im Starren zeigt sich das Trauma des überforderten Kriegers der Moderne.

»Die Vorstellung, als Held auf einem feierlichen Schlachtfeld zu fallen, war für immer verschwunden«, schrieb der Autor Ford Madox Ford über Cranes Einfluß. Dank seiner Geschichten »wußten wir, daß wir wie Straßenfeger unedel niedersinken und in Flüssen aus Schlamm fallen würden«. Vielleicht hätte man Stephen Crane in Deutschland jenen Jünglingen zu lesen geben sollen, die sich begeistert in den Ersten Weltkrieg stürzten, eine Rose am Revers, Flausen im Hirn und beim Sturmangriff die Pickelhaube auf dem Kopf.

Landparty

Als das Spektakel vorüber ist, kommt eine Rückkehr in die USA nicht in Frage. Mit dieser zwielichtigen Frau an seiner Seite hätte Crane seine Familie in Verruf gebracht, und wenn er sich schon nicht um sein eigenes Image schert, wenigstens die Verwandtschaft ist ihm heilig. »Zu Hause in den USA«, schreibt er, »scheint es so viele zu geben, die mich töten, begraben und vergessen wollen, vor allem aus Unhöflichkeit und Neid – und wegen meiner Unwürdigkeit.« Dabei wolle er doch nur seinen »einfachen kleinen Platz« in der Welt finden.

Das Paar sucht ihn im Süden Englands, wo sie als Mr. und Mrs. Crane auftreten und in einen unmöblierten riesigen Ziegelsteinbau bei Oxted ziehen, zwanzig Meilen südlich von London. In dieser Gegend wohnen viele Schriftsteller, hier wird er als Starautor Amerikas bewundert, der in Reithosen und Wickelgamaschen auf Empfänge marschiert, für sein Leben gern Poker spielt und vor Freunden mit seiner Pistole herumfuchtelt. Doch seinen Verwandten und Freunden in der Heimat gibt er nicht mal seine neue Adresse – als Kontaktmann fungiert sein englischer Verleger. Noch immer schickt er seiner Verflossenen Amy glühende Briefe. Sie hat wohl Gerüchte über die neue Liaison gehört, doch er beteuert seine Treue: »Du weißt genau, was für eine Art Mann ich bin, glaube nicht die Lügen, die man erzählt.«

Nun, aus der Ferne, beginnt er mit klarem Blick über seine Heimat zu schreiben. Mehr und mehr aber verzettelt er sich in Auftragsarbeiten und Schnellschüssen. Er will nicht mehr der verlotterte Bohemien sein. Statt dessen gibt er viel mehr Geld aus, als er verdienen kann, Cora kauft Möbel, um das Haus zu füllen, sie bewirten Freunde, beschäftigen drei Bedienstete, beginnen englischer Landadel zu spielen. Manchmal ist zu Hause so viel Betrieb, daß er sich in London ein Hotelzimmer nehmen muß, um eine Geschichte in Ruhe zu Ende zu schreiben. Das üppige Leben auf dem »einfachen kleinen Platz« stellt sich als teuer heraus, zumal bei dieser Gefährtin, die sich auch mal für 100 Pfund, umgerechnet 500 Dollar, ein Klavier bestellt. Noch zwei Jahre später haben die Cranes die Rechnung nicht beglichen.

Die Zahlungsmoral der amerikanischen Verlage sei schlecht, klagt er. Und aus England, wo er enorm populär ist, fließen kaum Honorare, seinen Knebelverträgen sei Dank. Durch die Geldnot fühlt er sich bald »an die Wand gedrückt«. Er ist unruhig, unzufrieden, fühlt sich aber auch gereift. »Ich bin mit meinem Erfolg wie ein Narr und ein Kind umgegangen«, schreibt er in einem Brief, »aber es ist eben auch schwer, mit dreiundzwanzig anmutig Erfolg zu haben. Ich lerne jedoch jeden Tag. Langsam werde ich ein Mann.«

In Oktober 1897 lernt er in London Joseph Conrad kennen, der beinahe vierzig ist und viel älter aussieht. Als Autor jedoch steht der Exil-Pole noch am Anfang. Er hat *Red Badge* mit Bewunderung gelesen und ist neugierig auf den Shootingstar der amerikanischen Literatur. Für Crane wiederum übt Conrad die Anziehungskraft des kultivierten Europäers aus. Sie treffen sich zum Mittagessen, daraus wird ein ganzer Nachmittag, und schließlich trennen sie sich um elf Uhr abends.

Conrad fällt sofort Cranes »bildhafte Einfachheit« der Sprache auf. Ebenso daß er gern mit übertrieben starkem amerikanischem Akzent rede und dabei die »r« sehr texanisch rolle. Eine außergewöhnliche Freundschaft entsteht, jenseits der üblichen Dichtereitelkeit. Wenn er Probleme mit dem Arbeiten hat, wendet sich Conrad an den Jüngeren: »Ich vermisse Dich schrecklich.« Der ältere Schreiberlehrling zweifelt oft und viel an sich. Wenn er mal wieder mit sich hadert, sagt er sich: »Crane mag das verdammte Ding«, und er schöpft wieder Mut.

Am stärksten berührt Crane, den jungen Routinier, Conrads *Nigger of the Narcissus*, in dem der Protaganist Wait an Tuberkulose stirbt. »Es war zu gut, zu schrecklich, ich wollte es sofort vergessen«, schreibt Crane an Conrad. Das Thema geht ihm nahe. Schon jetzt, 1897, scheint er zu spüren, daß ihm die Schwindsucht bald die Kräfte rauben wird. »Es war beängstigend, mit der Wucht eines wirklichen Todes.«

Nach einem Treffen mit dem Hochverschuldeten notiert Conrad mit einer Mischung aus Zuneigung und Irritation: »Er ist seltsam hoffnungslos, was ihn selbst angeht. Ich mag ihn.« Und nachdem er Cranes Kurzgeschichte *A Man and some Others* gelesen hat, sendet er ihm folgende Zeilen: »Ich bin neidisch auf Dich – schrecklich. Zum Henker mit Dir – Du füllst die verdammte Landschaft aus – Du – bei allen Teufeln – füllst die See aus. Ich würde Dich gerne verfluchen, Dich segnen – Dich vielleicht erschießen – aber ich ziehe es vor, Dein Freund zu sein.«

Gegen Ende des Jahres wird Cranes finanzielle Lage immer schwieriger. Mancher Verleger hält sein Manuskript monatelang zur Prüfung, ohne sich zu entscheiden. Und doch gelingen ihm einige seiner besten Erzählungen. *Das Blaue Hotel* etwa, in dem sich ein zittriger, nervöser Schwede in Nebraska um Leib und Leben ängstigt. Es ist mal wieder eine Geschichte des Ausgeliefertseins, ein einsamer Kampf fern der Heimat. Oder *Die Braut kommt nach Yellow Sky*, angesiedelt im Wilden Westen: Ein Sheriff bringt seine kürzlich Angetraute, von der kein Mensch weiß, mit dem Zug in seine Heimatstadt. Der Ort hält gerade den Atem an, weil der lokale Revolverheld wild herumballert und nach seinem bevorzugten Feind schreit – dem Sheriff. Die Auflösung ist grotesk komisch und dennoch hochfein, ein Klassiker der Short Story.

Tausende Dollar Schulden drücken Anfang 1898 auf Cranes Gemüt, die Miete ist nicht mehr zu bezahlen, der Bäcker, der Krämer, der Fleischer warten auf ihr Geld. Crane streckt verzweifelt die Fühler aus: Er muß wieder als Korrespondent arbeiten, das bringt das meiste Geld. Und befreite ihn vom quälenden Korsett seines neuen Lebens. Erst liebäugelt er mit Südafrika, dann mit dem Sudan. Bacheller fragt ihn, ob er nicht in den Klondike wolle, zum großen Goldrausch (wo sich zur selben Zeit ein noch unbekannter Jüngling namens Jack London herumtreibt). Crane überlegt es sich, entscheidet sich aber dagegen. Bei seiner Konstitution ein Glück, möchte man sagen.

Es wird: Kuba. Endlich Kuba.

Tauchgang

Im Februar 1898 fliegt im Hafen von Havanna das US-Kriegsschiff »Maine« in die Luft, 262 Menschen sterben. Die amerikanische Öffentlichkeit ist empört. Die Ursache wird nie ermittelt, aber das Unglück bietet den willkommenen Anlaß für die USA, die spanischen Besatzer von Kuba zu vertreiben.

Als Ende März klar ist, daß der langerwartete Krieg endlich

ausbricht, setzt Crane alles daran, von Anfang an dabei zu sein. Conrad erinnert sich später an die »weißgesichtige Aufregung«, die sich Cranes bemächtigt habe. »Nichts hätte ihn aufhalten können. Er war bereit, durch das Meer zu schwimmen.«

Mit Conrads Hilfe überredet er das »Blackwoods Magazine« in London, ihn als Reporter loszuschicken. In New York nimmt er dazu den Auftrag der »World« an, für angeblich 3 000 Dollar. Wie das »Journal« hetzt das kriegslüsterne Massenblatt seine Leser auf. Bis in in die heutige Zeit hält sich die Mär, mit ihrer Hysterie hätten die beiden Zeitungen den Konflikt erst ausgelöst. Aber seine Pflichten als Korrespondent wird Crane nicht sonderlich ernst nehmen. Nach England schickt er keine einzige Depesche. Und auch bei der »World« wird man sich bald unzufrieden äußern über diesen Berichterstatter, der bedächtig arbeitet wie ein Schriftsteller und nicht wie ein newsbesessener Zeitungsmann. Man erwartet Sensationen – und bekommt nachdenkliche Skizzen von der Front.

Ende April, rechtzeitig zum Kriegsbeginn, trifft Crane in Key West ein, wo 250 Reporter auf die Überfahrt warten. Das wenige Geld, das er bei sich trägt, verspielt er binnen weniger Tage am Roulettetisch. Sobald er auf See ist, inmitten der amerikanischen Blockadeflotte, streift er seine neue Hülle schon wieder ab. Offenbar ist er froh, der englischen Landidylle und der erdrückenden Fürsorge seiner Freundin endlich entkommen zu sein. Zum Vorschein kommt der Gossen-Crane aus der Bowery – er wäscht und rasiert sich nicht mehr, läuft nur in langen Unterkleidern herum, die vor Öl und Dreck strotzen. Sein Mundgeruch verschlägt seinen Kollegen den Atem. Barfuß tappt Crane übers Deck, trinkt Bier um Bier und hält die Flaschen beim Schreiben zwischen den nackten Zehen. Mit jeder lässigen Geste will er sagen: Schaut her, hier fährt ein harter Mann zum Krieg, ein Veteran, der sich um sein Äußeres nicht schert. Er sieht so mitgenommen aus, daß man später lange Zeit dachte, ein Photo, das ihn auf Deck vor Kuba zeigt, sei nach dem Untergang der »Commodore« aufgenommen.

Als am 10. Juni 1898 650 US-Marines in der Guantanamo Bay, im Südosten Kubas, die Landung wagen, beobachten die Reporter gebannt das Geschehen vom Schiff aus und dampfen dann weiter nach Jamaika, um ihre Berichte abzusetzen. Nicht Crane. Er geht an Land, als einziger Journalist. Die Soldaten hatten keinen Widerstand vorgefunden. Sie baden nackt in der herrlichen Bucht, als sie plötzlich unter Beschuß geraten. Nachts greifen die Spanier richtig an, dringen so weit vor, daß die Marines mit Revolvern kämpfen müssen. Vier sterben, einer wird verwundet. Aber sie überstehen den Angriff, halten die Stellung.

Am nächsten Tag ist Crane krank, er hat Fieber und schickt nach John Blair Gibbs, dem Arzt. Gibbs sagt gerade: »Well, hier will ich nicht sterben ...«, da trifft ihn eine Kugel, und er rollt in den Schützengraben, in den sich Crane zurückgezogen hat.

Er brauchte lange, um zu sterben. Er war jenseits davon, stöhnen zu können. Da war nur sein bitterer Kampf nach Luft. Ich hielt meinen Atem an, im unbewußten Wunsch zu helfen. Ich dachte, dieser Mann würde niemals sterben. Ich wollte, daß er starb. Einen Moment lang war ich kein Zyniker mehr. Ich war ein Kind, das in einem Ausbruch der Unwissenheit in den Bottich des Krieges gesprungen war.

Crane verbringt eine Nacht bei den Signalmännern, die mit ihren Laternen der eigenen Artillerie die Richtung weisen sollen und aufrecht am Hügelkamm stehen, erhellt vom gelben Licht, mit dem Rücken zum Feind. »Man findet keine Worte dafür – das Spektakel, wie ein einfacher Mann gewissenhaft seine Arbeit macht, die ihm zugedachte Arbeit«, schreibt Crane später. »Es ist die eine Sache im Universum, die einen jeden Ausdruck in den Wind schleudern läßt und zufrieden zurückläßt, wenn man sie nur spürt.«

Er sitzt nahe genug bei den fünf Männern, um ihr Gemurmel zu verstehen. Der Legende nach greift er manchmal selbst zu den Laternen. Er selbst berichtet nichts davon. Crane bewundert die

Signalmänner, sie seien »kühle Boten fiebrig heißer Ereignisse«. Es ist auch sein Ideal als Schreiber, das er da formuliert. Ob er dabei wirklich so kühl ist, wie die Chronisten erzählen? Einmal erledigt er Botengänge für eine Einheit. »Mit dem Herz in den Stiefeln«, wie er schreiben wird, führt er die Aufträge aus. Er ist im Krieg *embedded*, und er arbeitet so, wie es im Jahr 2005 nur die wagemutigsten Reporter tun werden. Neuigkeiten interessierten ihn herzlich wenig. Ein Kollege erinnerte sich spöttisch, wie eines Tages ein Reporter Nachrichten verkündete, »die so wichtig waren, daß selbst Crane aufblickte«.

Ein überraschender Durchbruch gelingt den US-Truppen am San Juan Hill, um den zuvor eine schwere Schlacht getobt hatte. Aus der Ferne sehen die Journalisten, wie die Linien hin und her wogen. Da verschwinden die »Rough Riders«, die Elite-Kavallerie, plötzlich in einem Wald und tauchen unvermittelt hinter den feindlichen Linien auf. »Großer Gott, da gehen unsere Jungs den Hügel rauf!« schreit einer, die anderen jubeln, wie bei einem entscheidenden Touchdown im Football. Selbst der kühle Crane läßt sich mitreißen: »Es gibt viele gute Amerikaner«, wird er vermelden, »die einen Arm dafür geben würden, den Schauer patriotischen Wahnsinns zu erleben, der uns durchlief, als wir diesen Schrei hörten. Ja, sie gingen den Hügel rauf, den Hügel rauf. Es war für jeden einzelnen von uns der beste Moment in seinem Leben.«

Für die Beobachter war es ein skurriler Krieg. Die Reporter zogen oft, obwohl sie selbst bewaffnet waren, wie heute die Zuschauer beim Golf hinter den Soldaten her und beschritten nach deren Arbeit das Schlachtfeld.

Ob Crane fortan der Illusion eines Zuschauersports verfällt oder schlicht lebensmüde ist, man weiß es nicht. Jedenfalls trägt er in diesen Stunden am San Juan Hill seinen weißen indischen Regenmantel aus Gummi, obwohl es mörderisch heiß ist und er ein gleißendhelles Ziel bietet. So gewandet, reitet er auf seinem Pony ebenjenen Hügel hinauf, um den gerade noch so erbittert gekämpft worden war. »Er sah so sorglos aus, als wäre er auf einer Gartenparty«, schrieb der Photograf Jimmy Hare, der Crane begleitete. »Nur das Pferd war nervös.« Crane hatte Hare eingeladen, ihn zu begleiten, der nahm an und machte sich hinter dem Pony möglichst klein. »Um so besser, wenn sie auf mich zielen«, sagte Crane. »Kein Spanier trifft jemals das Ding, auf das er zielt.«

Am San Juan Creek finden sie ein Lazarett. Das Wasser des Bachs ist rot vor Blut. Wie es seine Gewohnheit ist seit den Tagen von Griechenland, beginnt Crane, die Verwundeten zu befragen. Da sieht er seinen alten Schulkameraden Reuben McNab aus Claverack, »mit einem Loch in seiner Lunge«, und dieser Anblick »ließ mich stottern, und ein Gefühl der fürchterlichen Vertrautheit mit diesem Krieg durchströmte mich, von dem ich bis dahin angenommen hatte, er sei ein Traum – beinahe. Zwanzig angeschossene Männer wandten ihre Augen und schauten mich an. Nur ein Mann schenkte mir keine Beachtung. Er starb, er hatte keine Zeit.« Crane, immer noch im weißen Gummimantel, schenkt McNab sein Pony. Dann geht er davon, hilflos und verstört.

Später an diesem Tag besucht er Stellungen der Amerikaner. Er wandert scheinbar furchtlos an den Rändern ihrer Schützengräben entlang, beobachtet die feindlichen Linien und raucht eine Pfeife. Es dauert nicht lange, und die ersten Mauser-Granaten rauschen heran. »Er sah so ruhig aus, als schaute er sich eine Vorstellung in einem New Yorker Theater an«, schrieb Richard Davis, der die Szene verfolgte. »Komm da runter«, schreien die Soldaten, »du verrätst dem Feind unsere Stellung.« Aber Crane kümmert sich nicht darum, bis Davis ruft: »Du beeindruckst damit keinen.« Erst dann trollt er sich. Kurze Zeit später richtet er sich wieder auf, Davis reißt ihn sofort zurück, da durchlöchert eine Kugel seinen Hut, eine zweite streift die Ledertasche von Cranes Fernglas.

So erwirbt sich Crane einen legendären Ruf. An schreiberischer Klasse nimmt es keiner mit ihm auf, das stellt selbst der ehrgeizige Davis fest. Manche sagen auch, er sei der tapferste aller Reporter, andere aber, er sei der unbedarfteste, der größte Idiot, der sich je in einen Krieg verirrte.

Warum diese Pose? Seine Biographin Linda Davis erklärt sich das Verhalten mit seinen Komplexen. »Seine Angst, seine Angst zu zeigen, war größer als seine Angst vor dem Tod«, schreibt sie. Darin sei er aber auch, so folgert sie, ein Produkt seiner Zeit gewesen. Für Crane hatte ein Mann seine Pflicht zu erfüllen. Er wollte, als echter Crane, ein guter Soldat sein. Und doch verfiel er nur äußerst selten in den zu jener Zeit üblichen pathetischen Hurrastil seiner Kollegen.

Drei Wochen lang wechselt er nicht die Kleidung, ignoriert das Fieber, das ihn bald gepackt hält, schnorrt sich wie die anderen Journalisten durch die Feldküchen der Kompanien. Dann kehrt er in die USA zurück, seine Krankheit wird diagnostiziert: Malaria. Als er wiederhergestellt ist, besucht er ein Sanatorium in den Adirondack Mountains, um seine Lungen vom Spezialisten Dr. Edward Livingston Trudeau untersuchen zu lassen. Es ist das erste Mal, daß sich ein Hinweis auf Tuberkulose findet. Manches spricht dafür, daß er schon als Kind an Tbc erkrankt war und daß er es wußte, immer schon gewußt hatte.

Allerdings wird Crane für gesund erklärt. Zu jener Zeit waren die Ärzte hilflos gegenüber dieser Krankheit. Wer ihr zum Opfer fiel, hatte nur geringe Chancen davonzukommen. Am Ende stand qualvolles Ersticken.

»Was macht Ihr Appetit?« fragt ihn Dr. Trudeau eines Morgens.

»Bestens«, sagt Crane.

»Schön!« sagt Trudeau.

»Ich hatte die doppelte Portion zum Frühstück.«

»Wunderbar, was denn?« fragt der Arzt.

»Scotch mit Soda«, antwortet Crane.

Er besaß eine angeborene Abneigung gegen Autoritäten. Zurück in New York, feuert ihn die »World«, bei der er als faul und trinksüchtig gilt. Für das Konkurrenzblatt »Journal« macht er sich wieder auf in den Süden, diesmal geht es nach Puerto Rico, wo die Einwohner ihre Befreier begeistert feiern. Als der Kollege Charles Michelson Crane baden sieht, erschrickt er: Der

Mann habe »das Wrack eines Athletenkörpers«, die Schultern seien nach vorn gekrümmt, der Brustkorb sei eingefallen, Dellen, wo wohl einst Muskeln waren. Es ist der Körper eines alten Mannes.

Auf Puerto Rico ereignet sich die unglaublichste seiner Geschichten. Wie es später Hemingway in Frankreich machen wird, wartet Crane nicht, bis die Truppen vorwärtsdringen – er selbst ist die Vorhut. Es gibt zwei Varianten der Anekdote, im Kern gleichen sie sich. Folgen wir Richard Davis, der als zuverlässig gelten kann:

Crane, im Khaki-Dreß, reitet die neun Meilen von Ponce in das Dorf Juana Diaz. Allein. Ohne Schutz. Offenbar hält man ihn in seiner Aufmachung für einen Gesandten der US-Regierung. Crane läßt sich vom Bürgermeister feierlich die Schlüssel übergeben und teilt dann die Bewohner nach eigenem Gusto in »gute Kameraden« und »Verdächtige«. Letztere schickt er nach Hause, die anderen dürfen als seine Leibwächter mit ihm auf dem Marktplatz die Befreiung des Städtchens feiern. Es geht hoch her, bis zum nächsten Morgen. Bei Tagesanbruch erscheinen die ersten Späher eines US-Regiments, Crane schlürft gerade genüßlich eine Tasse Kaffee, umringt von Leibwächtern. Der Colonel erkennt Crane und ist geschmeichelt. Dieser berühmte Autor also würde schildern, wie er Juana Diaz eingenommen hat, welch Ehre!

Munter grüßt der Colonel vom Pferd herab. »Sind Sie mit unseren Soldaten gekommen, Stephen?«

Crane schüttelt den Kopf.

»Tut mir leid«, sagt der Offizier. »Ich hätte gerne gehabt, daß Sie uns gesehen hätten, wie wir die Stadt einnehmen.«

»Diese Stadt?« sagt Crane, »es tut mir wirklich sehr leid, Colonel, aber ich selbst habe diese Stadt gestern vor dem Frühstück eingenommen.«

Sonst passiert nicht viel auf Puerto Rico. Crane kabelt Cora am 16. August nach England, daß er in Key West sei, um sich zu erholen. Es wird die einzige Nachricht sein, die er für die nächsten drei Monate nach Hause schickt.

Denn wieder segelt er nach Kuba, »ohne Erlaubnis von irgend jemandem«, quartiert er sich in Havanna ein. In der Stadt herrschte nach der Kapitulation der Besatzungsmacht eine seltsam schwebende Atmosphäre, in der alles möglich schien und nichts sicher. Die Spanier rückten nach und nach ab, und erst im Herbst würden amerikanische Truppen eintreffen (tatsächlich kamen sie am 16. Dezember 1898. Die Übergabe war auf den 1. Januar 99 festgelegt worden).

In Havanna verliert sich Cranes Spur. Zwar sendet er noch Berichte an seine New Yorker Redaktion, aber dies sind seine einzigen Lebenszeichen. Keiner weiß, was er treibt. Gerüchte kommen auf: Eine einheimische junge Frau stecke dahinter, heißt es, er flüchte vor seinen Schulden, oder aber, die Spanier hätten ihn eingebuchtet. Die Zeit in Havanna ist bis heute ein Rätsel für die Biographen. Es wird wohl niemals gelöst.

Als Cora unruhig wird – sie ist völlig pleite, die Gläubiger sitzen ihr im Nacken –, alarmiert sie höchste diplomatische Kreise. Staatssekretäre, Militärs, Reporter beginnen, Crane zu suchen. Aber selbst als ihn Telegramme erreichen, reagiert er nicht. Ja, er fragt sogar den Boten (der ihm am nächsten Tag ein weiteres Telegramm bringt), was denn in dem ersten gestanden habe?

Längst hat das »Journal« seine Zuwendungen gestrichen, so daß er aus seinem Hotel ausziehen und in einem Armenheim ein Zimmer beziehen muß. Seinem zuständigen Redakteur schreibt er am 1. November: »Ich arbeite wie ein Hund. Wann – oh, wann – werde ich ein wenig Geld haben? Wenn Sie nur meine Armut sehen könnten!« Die Armut ist es schließlich, die ihn aus seinem Versteck treibt. Und Coras Nachsicht. Die Frau, die es verstand, Verleger anzuschnauzen und Freunde wie Joseph Conrad herzzerreißend um Geld anzuflehen, schrieb ihm, sie wolle keine Erklärungen, er müsse sich nicht rechtfertigen. Er solle nur nach Hause kommen. Beider Briefe aus jenen Tagen klingen, als wäre nichts geschehen. Dieser Crane konnte allem Anschein nach menschliche Bande fallenlassen und bei Bedarf wieder anknüpfen, und man konnte ihm trotzdem nur schwer böse sein.

An Weihnachten segelt er zurück nach New York. Seine Freunde sind erschrocken, als sie ihn sehen. Zumal er selbst ausgesucht kraftlos wirkt. »Er war nicht überwältigt vor Freude, mich zu sehen. Er sah gelb aus, und sein Blick war nicht mehr offen«, erinnerte sich Hamlin Garland. Und doch sei Crane in seinen Gedanken noch immer der alte gewesen, der Mann der Überraschungen, der Unberechenbare.

Am 11. Januar 1899 betritt der Flüchtling wieder englischen Boden. Nach neun Monaten kehrt er zu Cora zurück, als sei es das Normalste der Welt. Aus ihrem Haus in Ravensbrook müssen sie bald ausziehen, zu lange sind sie mit der Miete in Rückstand. Sie entdecken ein altes Herrenhaus, nicht weit entfernt: das zugige, klamme Brede Place in East Sussex, in das sie am 12. Februar einziehen. Für den vom Fieber angegriffenen, von der Lungenschwäche gezeichneten Siebenundzwanzigjährigen gibt es auf der Welt womöglich wenige Plätze, die geeigneter sind, seine Gesundheit endgültig zu ruinieren.

Crane wird den Süden Englands nur noch einmal verlassen: Als man ihn nach Badenweiler schafft, damit er sterben kann.

Der letzte Vorhang

Ist Brede Place nur Coras »neuer Käfig für den ausgeflogenen Vogel«, wie Christopher Benfey mutmaßt? Einerseits ja. Andererseits muß es für Stephen Crane das Größte gewesen sein, Herr eines solchen Palastes der Geschichten zu sein.

Fast immer sind Gäste im Haus. Seine englischen Freunde nennen ihn bald Baron Brede und: Duke. Der liebt die Geselligkeit, spielt gerne, singt gerne. Mancher Abend endet gar mit Kindereien: H. G. Wells und Joseph Conrad summen auf einem Kamm, und Crane dirigiert die beiden Kumpel mit einer Gabel.

Cora, die einst berühmte Grande Dame von Jacksonville, begnügt sich, in seinem Schatten zu stehen. Alle Freunde halten sie tatsächlich für Stephens Gattin. Sie ist rundlich geworden, trägt oft mittelalterlich geschnittene Kleider. Jessie, die Ehefrau

Joseph Conrads, attestiert ihr »eine durchaus monumentale Figur«. Die Conrads leben um die Ecke. Stephen lache beinahe niemals, beobachtet Joseph, aus ihm breche nur Gelächter hervor, wenn er mit Borys spielte, Conrads achtzehn Monate altem Sohn. Manchmal liegen sich die beiden einfach nur gegenüber und starren sich an, »mit einem heiligen Verstehen«, wie Conrad sagt, dem Cranes Gefühl für Babies völlig abgeht.

Der Duke schuftet bis zur Erschöpfung. Die Lage ist tatsächlich dramatisch. Selbst Gläubiger aus Kuba spüren ihn auf, die Schulden erdrücken ihn. Eine Art Insolvenzverwalter wird eingeschaltet, der Ordnung in die Finanzen bringen soll. Crane verpfändet die Rechte an seinen Büchern und schreibt seinem Agenten: »Ich muß Himmel und Hölle in Bewegung setzen, ich brauche jeden Penny, den Sie dem Feind abringen können.« Der Feind: das sind die Magazine, die Verlage. Selbst seine besten Geschichten bringen ihm nur 2.7 Cents pro Wort – Jack London, der den gleichen Kampf führte, allerdings unendlich viel mehr Kraft einzusetzen hatte und sich immer wieder fünfzehn Cents erfocht, hätte vor Wut aufgeschrien und Kipling, der sagenhafte dreiundzwanzig Cents erhielt, nur müde gelächelt. Binnen dreier Jahre verdient Crane in den USA insgesamt 1 200 Dollar, genausoviel, wie dort das jährliche Durchschnittseinkommen beträgt. Dabei erlebte allein der Klassiker *Red Badge* in seiner Heimat noch zu seinen Lebzeiten vierzehn Auflagen.

In seiner Methode läßt Crane trotz der immer schlechter werdenden Verfassung nicht nach. Worüber er schreibt, das muß er spüren. Eines Nachts träumt er, er sei ein Schauspieler, dem auf der Bühne die Handgelenke und Knöchel zusammengebunden werden. Ein Brand bricht aus, alle Menschen fliehen, und er wird vergessen. Am nächsten Morgen läßt ihn das Bild nicht los. Er bittet Cora, ihn zu fesseln, und bis zum Mittag schubbert er auf dem Fußboden herum, um herauszufinden, auf welche Art er sich bewegen könne. Die daraus entstehende Erzählung *Manacled* (Gefesselt) zeigt Crane noch einmal auf der Höhe seiner Kunst. Am Ende verschwindet der Protagonist in den Flammen.

Im April 1899 erscheint Cranes zweiter Gedichtband, er wird von der Kritik zerrissen. Wie könne man den Krieg als »kind« bezeichnen, als sanft und freundlich? fragen die empörten Kritiker. Wenn man daraufhin das titelgebende Gedicht liest, ahnt man, daß der Autor in seinem Sarkasmus seiner Zeit weit voraus gewesen sein muß.

Heiser dröhnende Trommeln des Regiments,
Junge Seelen, dürstend nach Kampf,
Männer geboren, um geschunden zu werden und zu sterben.
Und die Flagge von irgendwas weht ihnen voran,
Groß ist der Kriegsgott, groß, und sein Königreich —
Ein Feld, um tausend Leichen zu bergen.

Nicht weinen, Kleine, sieh, Krieg ist sanft.
Auch wenn im gelben Schützengraben dein Vater fiel,
Mit zerrissener Brust, nach Luft würgend starb,
Nicht weinen.
Krieg ist sanft.

Zu Weihnachten 1899 beginnt der letzte große Akt im theatralischen Leben des Stephen Crane.

Fünfzig Gäste sind geladen, tatsächlich kommen dreißig bis vierzig. Überall in Brede Place werden Feldbetten aufgestellt, Gäste wie H. G. Wells und seine Gattin bringen ihre eigenen Decken mit. Die stimmungsvolle Feier beginnt am 27. Dezember, beinhaltet am 28. ein Schauspiel für die Einwohner von Brede und endet am 29. mit einem Galaball im Hause der Cranes. Für das Theaterstück hatte Crane seine Schriftsteller-Freunde gebeten, zumindest eine Zeile zu liefern, »oder auch nur ein Wort, irgendeins, damit Ihr Euch mit diesem Schauspiel identifizieren könnt«. Conrad schickt die hübsche Zeile: »Dies ist eine fröhlich kalte Welt.«

The Ghost ist ein ruppig zusammengeschriebenes Stück Kolportage, das bei den Dorfbewohnern blendend ankommt. Mrs. H. G. Wells begleitet die Darsteller am Piano. Die Rolle des

Geistes Sir Oxenbridge übernimmt der Autor A. E. W. Mason. Als der sich aufmachte zu den Cranes, kam er am Haus des älteren Kollegen Henry James vorbei, der nur sieben Meilen entfernt wohnte und gerne nach Brede Place radelte. Für die Weihnachtsfeier aber hatte er abgesagt. Der distinguierte Herr warnte Mason vor den Schauspielerinnen: »Ein paar dieser armen Dirnen haben eine gewisse wilde Anmut.« Der abschließende Ball wird ein zünftig amerikanisches Fest, das bis tief in die Nacht dauert. Tatsächlich tauchen wie aus dem Nichts zahlreiche junge Damen auf, und sogar der notorische Nichttänzer Crane tanzt.

In jener Nacht, in der die Gäste das herrliche Fest verdauen, erleidet Crane eine Lungenblutung. Cora weckt Wells, der schnappt sich ein Fahrrad und hetzt bei naßkaltem Wetter über die Felder ins nahe Dorf, um einen Arzt zu holen.

Es ist der Anfang vom Ende. Crane übersteht die Attacke. Aber fortan ist er gezeichnet. Der Winter in Brede Place hat ihm den Tod gebracht.

Er arbeitet weiter, vom Bett aus. Einmal, so heißt es, dichtet er drei Tage hintereinander und schiebt am Ende vier Geschichten unter dem Türspalt hindurch. Er beginnt einen letzten Roman, ein seichtes Mantel-und-Degen-Abenteuer namens *O'Ruddy*. Es treibt ihn nur noch die Sorge ums Geld. Was seine Gefühle angeht, war Crane noch niemals gesprächig, nun verstummt er endgültig. Vielleicht denkt er einfach, seine Zeit sei gekommen.

Anfang April 1900 erleidet er weitere Blutungen. Cora ist der Auflösung nahe. Sie fleht allerorten um Geld, um Stephen nach Badenweiler im Schwarzwald bringen zu lassen, wo berühmte Lungenspezialisten forschen. Crane stimmt zu, dabei weiß er: Es ist vorbei. Er will nur noch seiner Gefährtin einen Gefallen tun. Am 15. Mai verläßt eine vielköpfige Entourage Brede Place. Es ist die schönste Jahreszeit in diesem Landstrich, die Natur steht in voller Blüte, vom Meer weht ein weicher Wind, die Gärten duften nach Leben.

Eine Bekannte seiner ersten Freundin Lily Brandon erzählte Jahre danach: »Stephen war ein geplagter Geist, der ein Glück suchte, das stets außer Reichweite schien. Er sagte mir: Alles, was ich will, sind ein paar Jahre des Glücks.«

In Dover macht die Reisegruppe Quartier, um für Crane einen Paß zu besorgen. Er liegt kurzatmig im Hotel Lord Warden, starrt durch das offene Fenster hinaus auf den Ärmelkanal. Seine Haut ist fahl, seine Stimme nur mehr ein Hauch, die Hände zittern. Joseph Conrad besucht ihn, um Lebewohl zu sagen. Er schaut in das Gesicht eines Sterbenden. Crane blickt aus dem Fenster auf das Meer und sagt: »Wie schön das Leben ist.« Seine letzten Worte zu Conrad, kaum zu hören: »Ich bin müde. Drück Deine Frau und Dein Kind von mir.«

Conrad bleibt zwanzig Minuten. Er hat danach keine Hoffnung mehr, Crane wiederzusehen. »Es ist das Ende, Jess«, sagt er seiner Frau. »Er weiß, es ist alles sinnlos. Er würde lieber zu Hause sterben.«

Seinen Freund Robert Barr überredet Crane, den Roman *O'Ruddy* zu vollenden. Zum Abschied sagt er unter großen Mühen: »Wenn du zur Hecke kommst – die wir alle überqueren müssen – ist es nicht so schlecht. Du fühlst dich schläfrig – und – es ist dir egal. Da ist nur ein bißchen träumerische Neugierde – in welcher Welt du wirklich bist – das ist alles.«

Aus dem Nebel

Am 28. Mai kommt Stephen Crane in Badenweiler an, das über die Hänge des Schwarzwalds fließt, ein paar Kilometer südlich von Freiburg gelegen.

Für die Reise von Basel benötigt man heutzutage mit dem Auto eine gute halbe Stunde – damals dauert es vier Tage, ehe Crane in Badenweiler eintrifft. Er leidet an einem Abszeß in seinen inneren Organen, wird auf einer Luftmatratze transportiert und klagt dennoch über große Schmerzen. In der Villa Eberhardt angekommen, diktiert er Cora sofort weitere Passagen des *O'Ruddy*. Sein Arzt ist Dr. Albert Fraenkel – der zehn Jahre später auch Hermann Hesse behandeln sollte –, ein ausgewiesener

Fachmann, der sich wundert, daß man Cranes Krankheit nicht schon im Dezember diagnostiziert hat. Er kann nichts mehr für Crane tun. Nur noch seine Leiden lindern.

Das heimelige Badenweiler wird von einer Burgruine überragt, zu deren Füßen man römische Thermen gefunden hat, 2 000 Jahre alt. Viele Geschichten flüstert der märchenhaft dichte Wald. Doch Crane hat wohl keine Kraft mehr, sie zu vernehmen. Er bekommt hohes Fieber, er phantasiert, wähnt sich auf hoher See, schreit, er wolle die Plätze tauschen in ihrem kleinen Rettungsboot.

Er stirbt am unwahrscheinlichsten Ort, an dem einer wie er sterben kann, in einem Sanatorium eines sterbenslangweiligen Kurorts, umhegt von Krankenschwestern und Ärzten, seine Gefährtin an der Seite. Da ist kein Pathos um seinem Tod, er schwindet einfach dahin. Die Krankheit, sie paßt zu ihm.

Am 5. Juni 1900, morgens um drei Uhr, bleibt sein Herz stehen. Stephen Crane ist achtundzwanzig Jahre alt.

Wo die Villa Eberhardt gestanden hat, ist über die Jahre in Vergessenheit geraten. Erst im Jahr 1956, als amerikanische Wissenschaftler um die Sterbeurkunde baten, wurden die ältesten Bewohner des Kurorts befragt, doch erinnern konnte sich keiner an Crane. Wohl aber an Albert Eberhardt, der die »Villa Eberhardt« besessen haben muß.

In der Waldstraße 2, früher Luisenstraße 44, oben im ersten Stock, reicht der Blick aus den Fenstern unter dem Dach weit über das Tal auf die gegenüberliegenden Schwarzwaldhöhen. Crane mit seiner Vorliebe für Häuser, die Geheimnisse wispern, wird sich in klaren Momenten wohl gefühlt haben. Dunkles Fachwerk trägt den glasverkleideten Balkon. Auf dem Zöllinplatz, unterhalb der ehemaligen Villa Eberhardt, steht heute eine kleine Gedenktafel, die im Jahr 2000, zu Ehren seines 100. Todestages, eingeweiht wurde.

Es ist ein Bronzerelief. Crane ist kaum zu erkennen. Er trägt einen Hut, der Kragen seines Mantels ist hochgestellt. Seine Augen sind blank, als wäre er blind, ausgerechnet er, der sehen konnte wie kaum ein anderer.

Stephen Crane war ein Mann, der, was selten ist, die Männer rührte. »Wenn sie ihn beschrieben, konnten sie so gefühlvoll klingen, als ob sie über eine Frau schrieben«, sagt seine Biographin Davis. Dr. Fraenkel, der Arzt, der ihn mit Morphium in den Tod gleiten ließ, war der letzte, der seiner Ausstrahlung erlag.

»Herr Crane hat die wunderbarsten Augen, die ich jemals gesehen habe«, sagte er. »Sie lesen die Welt.«

Joseph Conrad

Sechs Uhr morgens aufgestanden, nach unangenehmer Nacht durch ein Gewirr von Hügeln marschiert, sahen wieder eine Leiche am Wegrand, in einer Haltung meditativer Ruhe. Abends kamen drei Frauen an unserem Lager vorbei, eine ein Albino; schreckliches, kreidiges Weiß mit rosa Flecken. Hörte nachts, als der Mond aufging, Rufe und Trommeln aus weit entfernten Dörfern. Heute morgen an Skelett vorbeigekommen, das an einen Pfahl gebunden war. Auch am Grab eines Weißen, kein Name, ein Haufen Steine in Form eines Kreuzes.

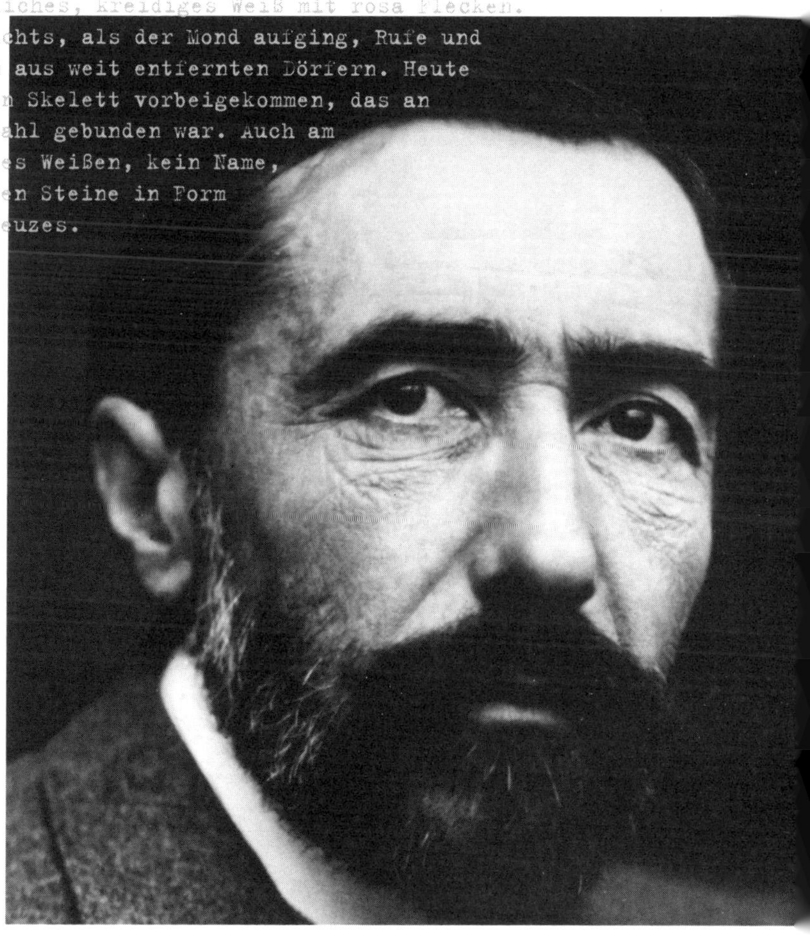

»Der menschliche Geist ist zu allem fähig.«

»Küsse sind das, was von der Sprache des Paradieses übriggeblieben ist.«

»Nichts wird so leicht für eine Übertreibung gehalten wie die Schilderung der Wirklichkeit.«
Zitate von Joseph Conrad

»Schon bei unserer ersten Begegnung sprachen wir mit immer größer werdender Vertrautheit miteinander, wir schienen Schicht um Schicht durch das nur Oberflächliche hinabzusinken, bis wir allmählich das Feuer erreicht hatten, das im Innersten brennt.«
Bertrand Russell, Philosoph und Mathematiker

Der Künstler Max Beerbohm hat 1920 eine hübsche Karikatur von Joseph Conrad gezeichnet. Sie heißt »Irgendwo im Pazifik« und zeigt den ergrauten Dichter an einem leeren weißen Strand, dahinter weites Meer. Die Conrad-Figur vergräbt die Hände in den Taschen eines Zweireihers, hat den überzeichnet großen Kopf eines Denkers, ein zynisches Lächeln auf den Lippen, dazu todernster Blick. Der Comic-Conrad sagt: »Was für ein reizender Strand! Man könnte sich einbilden, hier immerfort heiter zu sein« – und blickt dabei auf einen hohlen Totenschädel, in den sich eine Schlange eingenistet hat.

Die Karikatur trifft, in vielerlei Hinsicht. Sie zeigt Conrad, den Seefahrer, der an paradiesischen Ufern spazierte, das Dunkle in der Welt aber nie ausblenden konnte. Sie zeigt Conrad, den Dandy, der in den Tropen selbst bei dreißig Grad im Schatten noch in Krawatte und feinem Zwirn an Land trat. Sie zeigt Conrad, den sarkastischen Gentleman, der die Menschen amüsieren konnte, dabei jedoch alles und jeden hinterfragte. Die Karikatur zeigt auch Conrad, den Moralisten, den Denker, den ewig Unzufriedenen. Vor allem aber offenbart sich in der kleinen Zeichnung der vielleicht stärkste Eindruck, den man von diesem Mann gewinnt, wenn man sein Leben betrachtet – Conrad, der Flüchtige, der Distanzierte und Heimatlose. Ein Schriftsteller, der sich keinem jemals wirklich erschlossen hat. Ein liebenswürdiger Sonderling.

So mancher Literat hat einen seltsamen Weg eingeschlagen. Der von Joseph Conrad wirkt beinahe unglaubwürdig. Ein polnischer Junge, der mit seinen politisch radikalen Eltern in der russischen Verbannung landet. Später ein begabter Teenager, den die Schule höchstens langweilt, der jedoch Shakespeare, Victor Hugo und *Don Quijote* liest, als seine Altersgenossen noch auf Bäume klettern und mit Holzpistolen spielen. Ein junger Mann, der mit siebzehn Jahren aus seiner Heimat Polen ausbricht, jahrelang die Ozeane besegelt, Kapitän wird – um anschließend Bücher zu schreiben, die heute zur Weltliteratur zu zählen sind.

Seine Rastlosigkeit begründete Conrad mit dem Satz: »Ich stieg im Jahre 1874 in Krakau in einen Zug, wie man in einen Traum gerät. Die Hauptsache war, wegzukommen.« In der Tat: Es trieb den jungen Dickkopf früh in die weite Welt hinaus, wobei er alle möglichen Winkel des Planeten kennenlernte. Australien, Fernost, den Malaiischen Archipel, den Kongo, die Karibik, Kolumbien, Häfen in Venezuela. Doch in dem gestandenen Seemann verbargen sich noch andere Wesenszüge. Irgendwann begann der bärtige Offizier und Kapitän, seine Geschichten aufzuschreiben – er war siebenunddreißig, als er das Meer gegen die Weiten des Geistes tauschte. Und mit den fünfzehn Büchern, die er in seinem Leben verfassen sollte, marterte er sich, quälte sich mit enorm hohen Ansprüchen, bis er eines Tages sogar kollabierte. Gereizt konnte er dabei sein und von einer Ironie der gleichzeitig subtilsten wie bösesten Sorte. Dann wiederum war er ein warmherziger, mitfühlender Mann, der Frauen und Männer tief beeindruckte. Nein, einfach war er nicht, dieser Józef Teodor Konrad Korzeniowski, wie er eigentlich hieß, bis er als Schriftsteller unter seinem englischen Namen auftrat.

Seine Cousine erinnerte sich an den fünfzehnjährigen Conrad, nachdem er beide Eltern verloren hatte und unter den Verwandten herumgereicht wurde: »Er wohnte zehn Monate bei uns, als er in der siebten Klasse war. In geistiger Hinsicht war er allen weit voraus, aber er lehnte die Routine der Schule ab, er fand sie ermüdend. Er pflegte zu sagen, daß er begabt sei und Schriftsteller werden wolle. Solche Äußerungen, sein sarkastisches Gesicht und seine kritischen Bemerkungen schockierten seine Lehrer und riefen bei den Klassenkameraden Gelächter hervor. Doch er hatte eine Abneigung gegen jeder Art von Einschränkung. In der Schule und auch zu Hause lümmelte er herum. Er hatte oft starke Kopfschmerzen und nervöse Anfälle.«

Das war der eine Conrad, der hypersensible, schmale, blasse Kauz. Der andere Conrad saß im Geographieunterricht und fuhr mit dem Zeigefinger stundenlang über die Globen und Atlanten. In seinem Buch *Über mich selbst* erinnerte er sich Jahrzehnte später an jene sehnsüchtigen Momente seiner Jugend. Besonders die Landkarten Afrikas sollen ihn gefesselt haben, er besah sich die »weißen Flecken« und dachte an die »ungelösten Geheimnisse dieses Kontinents«. Später behauptete Conrad felsenfest, schon als Schulbub mit resoluter Stimme gesagt zu haben: »Dort will ich hin, wenn ich erwachsen bin!«

Das Erstaunliche: Conrad machte wahr, wovon er als Junge faselte und wofür er von fast allen gehänselt wurde. Nicht nur Afrika sollte er bereisen, er sah die halbe Welt. Und nicht nur ein Schriftsteller sollte er werden, er wurde einer der besten.

Jedoch feilte Conrad dann auch kräftig an seinen eigenen Legenden. Ob er sich wirklich schon als Junge für Afrika interessierte und ob er danach tatsächlich so tatkräftig seine Ziele verfolgte, bleibt fraglich. Denn daß er ein entschlossener und besonnener Mann war – das vor allem wollte er die Leute glauben machen. Immer wieder brachte er Anekdoten in seinen Büchern und autobiographischen Texten unter, von denen bis heute keiner weiß, ob sie auf Wahrheit beruhen. Was hingegen seine tatsächlichen Motive waren, daß er gelegentlich auch haltlos und verstört durchs Leben schlingerte, das versuchte er beharrlich zu vertuschen. Auf welche Weise er anderen gefallen wolle, wurde er einmal gefragt. Conrad: »Indem ich mich rar mache.« Und auf die Frage, was seine Vorstellung von Glück sei, entgegnete er: »Ich träume nie davon, möchte die Wirklichkeit.«

Er holte sich seine Wirklichkeiten. Er schmuggelte angeblich Waffen nach Spanien, verspielte sein letztes Geld in Casinos, befehligte dreimastige Wollklipper, sah zwei seiner Schiffe vor seinen Augen auf offenem Meer sinken, schoß sich als Zwanzigjähriger eine Kugel in die Brust und erlebte im tiefsten Kongo das Grauen. Doch das Bild des Abenteurers und Lebemanns, das solche Schilderungen hervorrufen, stimmt nur zu Teilen. Auf der anderen Seite steht Conrad als gepflegter Mann von

Welt, ein feinsinniger Intellektueller mit besten Manieren, der sich mit Politikern und Literaturgrößen wie H. G. Wells und Henry James umgab. Der Philosoph und Mathematiker Bertrand Russell nannte Conrad gar einen »polnischen Aristokraten bis in die Fingerspitzen«.

Der sture Bursche hatte am Ende seines Lebens einiges erreicht. Doch er war nie wirklich stolz auf sich. Weder auf seine Karriere als Kapitän noch auf das Lob, das er für seine Bücher zwar erst spät, dann jedoch in hohem Maße erntete. Conrad blieb Zeit seines Lebens der hektische, teils schwer depressive Grübler, der sich selbst immer wieder unter hohen Druck setzte. Eine vielleicht bis heute unverstandene Persönlichkeit. Denn trotz Büchern wie: *Über mich selbst* sowie *Der Spiegel der See – Erinnerungen und Eindrücke:* »In Wirklichkeit gab Conrad nicht viel von sich preis«, wie der Biograph Peter Nicolaisen schreibt.

Statt dessen sehen wir vor allem eines deutlich: Conrads Leben ist in drei Teilen geschrieben – und zeigt eine außerordentliche Ähnlichkeit mit der Geschichte seines berühmten Vorgängers Herman Melville. Zuerst eine schwere Kindheit, dann die See, schließlich der Sturz in die Literatur. Hätten sich die beiden Schriftsteller jemals getroffen, sie hätten sich ob ihrer verblüffend gleichen Lebensläufe nur staunend in die Augen sehen können.

Beide verloren früh den Vater, beide trieben Fernweh und eine desolate Situation zur Seefahrt, beide fuhren auf Segelschiffen über die Ozeane, Melville als Walfänger, Conrad als ausgebildeter Nautiker. Und zum Schluß – hingen sie beide an der Feder. Sie schrieben und schrieben, fast verzweifelt, bis zum Ende ihres Lebens. Und beide waren schwärzeste Pessimisten; sie suchten, fanden aber nie einen Ausweg aus dem Dilemma des Daseins. Die Kultur aber trennt die zwei Literaturgrößen. Herman Melville war Amerikaner. Joseph Conrad dagegen sollte in seinem Herzen immer der Junge aus dem Osten bleiben, so sehr er seiner Heimat auch entfliehen wollte. Obwohl er später die englische Staatsbürgerschaft annahm, konnte er niemals die Worte eines Verwandten vergessen: »Wohin du auch fährst, Józef, du fährst nach Polen.«

Unter seinem polnischen Namen wird Joseph Conrad am 3. Dezember 1857 in Berditschew in der heutigen Ukraine geboren. Er wächst zunächst in einer heilen Welt auf, seine Familie gehört dem Landadel an. Seine frühen Jahre sind unbeschwert, sein Vater Apollo Korzeniowski und seine Mutter Eva kümmern sich mit Strenge, aber liebevoll um ihn. Doch schon bald, Conrad ist gerade mal fünf Jahre alt, hat die politische Situation im Land einen starken Einfluß auf den Jungen. Rußland, Preußen und Österreich hatten Polen zwischen 1772 und 1795 politisch entmachtet und untereinander aufgeteilt. Seitdem leidet Polen, vor allem unter dem harten Regime der Russen. Conrad bekommt dies hautnah zu spüren: Denn seine Eltern sind politisch hoch aktiv – besonders sein Vater.

Apollo Korzeniowski ist ein »Roter«, ein Patriot, ein brennender Fanatiker, der für die Freiheit seines geliebten Polens mit allen Mitteln kämpfen will, sogar militärisch. Zur Taufe seines Sohnes hatte er ein Gedicht verfaßt, das seine radikale Haltung zeigt: »Mein kleiner Sohn, keine Furcht, schlaf nur, die Welt ist dunkel, du hast keine Heimat, kein Land, Geister werfen ihre Schatten, der Himmel und die Gottheiten umgeben dich, sei gesegnet, mein kleiner Sohn, sei ein Pole.« Der Vater, der in Sankt Petersburg Sprachen, Literatur und Jura studiert hatte, arbeitete eine Zeitlang als Gutsverwalter. Doch darin war er wenig erfolgreich. Seine wahren Interessen galten den schönen Künsten, der Literatur, der Politik. Er schrieb Aufsätze, Gedichte und übersetzte zahlreiche Werke aus dem Französischen ins Polnische. Ein Mann der Buchstaben, schon der Vater.

Conrads Mutter, Eva Bobrowski, setzte sich ebenfalls für das Schicksal Polens ein, jedoch kam sie aus einer Familie der gemäßigten »Weißen«, die eine friedliche, diplomatische Lösung des Besatzungsproblems suchten. Apollo dagegen mischt aktiv im Untergrund mit, verfaßt haßerfüllte Schriften gegen das Regime und organisiert heimliche Treffen der Aufständischen. Eines Tages wird der Vater verhaftet, und das Urteil nach sechs Monaten Haft in der Warschauer Zitadelle ist kraß: Verbannung nach Rußland. Conrads Mutter wird wegen Mittäterschaft ebenfalls verurteilt, die Eltern werden mit ihrem Sohn nach Wologda nördlich von Moskau gebracht. Und das Exil ist hart. Das Leben unter einfachsten Bedingungen, wenig zu essen, das Land ein einziger Sumpf, die Winter ohne genügend Feuerholz erbärmlich kalt, oft monatelang Schnee. Für den jungen Conrad, der noch gar nicht recht verstehen konnte, worum es hier eigentlich ging, muß es ein Schock gewesen sein: vom warmen Zuhause ins eisige Elend. Die Zeiten des adligen Daseins waren für immer passé.

Im Januar 1863 wird die Familie abermals umgesiedelt, diesmal nach Tschernigow in der nördlichen Ukraine. Mutter Eva und der kleine Józef dürfen sich während eines Urlaubs erholen und verbringen einige Monate zu Hause bei den Bobrowskis. Doch Eva geht es zusehends schlechter. Das rauhe Klima während der Verbannung in Rußland hat ihr zugesetzt, sie leidet an Tuberkolose und stirbt im April 1865. Sie wird nur zweiunddreißig Jahre alt.

Vater Apollo, inzwischen ebenfalls an Tuberkolose erkrankt, ist vom Tod seiner Frau zerstört. Erst 1868 gestattet man ihm, Rußland zu verlassen; Joseph Conrad ist zehn, als er und sein Vater nach über fünf Jahren Verdammung endlich heimkehren und nach Lemberg und bald darauf nach Krakau ziehen. Nur ein Jahr später, im Mai 1869, stirbt schließlich auch der Vater. Conrad, er ist erst zwölf Jahre alt, soll tapfer an der Spitze des großen Trauerzugs marschiert sein. Von jetzt an ist er Vollwaise.

Doch die Zeiten, die er mit seinen Eltern verbrachte, seine traumatischen Erlebnisse der frühen Jahre haben ihn geprägt. Er wuchs ohne Spielgefährten auf und hatte kaum Freunde, was seine notorische Distanziertheit zu den Menschen bis ins hohe Alter erklären mag. Im Exil ging er nur selten zur Schule, zudem war er schon früh geschwächt und oft kränklich. Nach dem Tod der Mutter Eva schrieb der Vater über seinen Sohn: »Das arme Kind, es sieht meine Trauer und meine Schwäche, und wer weiß, ob sein junges Herz bei diesem Anblick nicht verkümmert und seine Seele grau wird. Meine Gesundheit nimmt rasch ab, und mein lieber kleiner Wicht versorgt mich – nur wir beide sind auf dieser Erde zurückgeblieben.«

Der Vater hatte recht, und es war kaum zu übersehen, daß sein Sohn litt. In seinem Buch *Über mich selbst* beschrieb Conrad später noch einmal seine einstige Tristesse. »Mein Vater saß von Kissen gestützt in seinem tiefen Sessel. Später sah ich ihn nicht mehr außerhalb seines Bettes. Er erschien mir weniger als ein hoffnungslos kranker, denn als ein tödlich erschöpfter, überwältigter Mann.«

Doch trotz seines Mitleids blickte Conrad auf seinen Vater mit großem Argwohn zurück. Er behielt ihn als politisch Gescheiterten in Erinnerung und teilte damit die Meinung seines Onkels Tadeusz Bobrowski, der fortan die Verantwortung für den Jungen übernahm. Dieser hielt Apollo für einen weltfremden Hans-guck-in-die-Luft, und auch Conrad bezeichnete seinen Vater einmal als »sensiblen Mann mit einem träumerischen, exaltierten Temperament, düster und mit scharfer Ironie«. Es ist nicht auszuschließen, daß Conrad seinen Vater im stillen auch für den Tod seiner Mutter verantwortlich machte. Schließlich hatte Apollo die ganze Familie in die politischen Verwicklungen mit hineingezogen, in die Verbannung, in das ganze Unglück, das Eva Bobrowski nicht überlebte.

Ganz anders Conrads Verhältnis zur Mutter, das voller Zuneigung und Wärme war. »Mit ruhiger Standhaftigkeit trat sie den grausamen Prüfungen des Lebens gegenüber«, schrieb der Sohn über sie. Eva habe stets ihre Pflichten erfüllt, trotz aller nationalen und gesellschaftlichen Mißgeschicke. Sie sei eine gute Mutter gewesen, eine Patriotin und liebende Ehefrau. »Sie teilte die Verbannung ihres Mannes und verkörperte in edler Weise das Ideal der polnischen Frau.«

Darüber hinaus aber steckte Conrad seit seiner Jugend noch etwas in den Knochen: die Literatur. Sein Vater hatte ihn früh in die schweren Stoffe der Bücher eingeführt. Mit fünf, sechs Jahren bereits mußte Conrad die Romantiker lesen, sogar laut vorlesen, wobei er zweisprachig aufwuchs und neben seiner Muttersprache bald auch fließend Französisch sprach. Schon früh sollte er sich mit den großen Dichtern beschäftigen und die Übersetzungen seines Vaters vortragen. »Ich las die Korrekturfahnen von Anfang bis Ende, zu seiner vollen Zufriedenheit«, erinnerte er sich. »Dies war übrigens meine erste Begegnung mit dem Meer der Literatur.« Seine frühen literarischen Lehrjahre zwischen 1862 und 1868 würden Conrad prägen, und es sollte eine Art Haßliebe daraus erwachsen. Zum einen stellten die Bücher eine große Herausforderung für ihn dar; bis zu seinem Lebensende biß er sich an der Schreiberei die Zähne aus. Zum anderen aber fühlte er sich in der Literatur heimisch, sie wurde etwas Selbstverständliches für ihn. Bücher waren für Conrad wie Brot.

Nach dem Tod der Eltern lebte Conrad eine Zeitlang in einem Pensionat in Krakau, wohnte später bei seiner Oma und anderen Verwandten. Vor allem sein Onkel würde bald großen Einfluß auf ihn haben, und Tadeusz Bobrowski war ganz anders als Vater Apollo. Pragmatischer, erdiger, kein literarischer Traumtänzer. Statt sich in hitzigen politischen Debatten zu verheddern, ging er das Leben mit nüchternem Kalkül an, immer wieder beteuernd, daß jeder zum Untergang verdammt sei, der sich nicht an bestimmte Spielregeln halte. »Ohne eine gründliche Erziehung wirst du es in der Welt niemals zu etwas bringen«, gab er seinem Neffen mit auf den Weg. »Du wirst deinen Unterhalt nicht aufbringen können. Ein Mann, der nichts gründlich kann, der keine Charakterstärke hat, nicht selbständig arbeiten kann und sich keine Richtung geben kann, der ist kein Mann mehr, sondern eine Puppe und ein Nichtsnutz.«

Tadeusz Bobrowski sollte Joseph Conrad stets ein väterlicher Freund bleiben. »Seiner Sorge, Hingabe und seinem Einfluß verdanke ich die guten Eigenschaften, die ich vielleicht besitze«, bemerkte Conrad einmal. Die unterschiedlichen Wesenszüge seines Vaters und seines Onkels fochten von nun an ihren Kampf in ihm aus. Einerseits Apollo, der fanatische Polit-Streiter und literarische Feingeist. Andererseits Onkel Tadeusz, der ruhige, abgeklärte Mann der Tat. Conrad muß es nicht leicht gefallen sein, sich einen Reim aus seinem bisherigen Leben zu machen. Wie kann ein heranwachsender Junge selbstbewußt in die Zukunft blicken, wenn zwei völlig verschiedene Weisen, das Leben anzugehen, auf ihn einwirken? Vor diesem Hintergrund scheint es nur verständlich, daß der halbwüchsige Conrad irgendwann danach drängte, seine eigenen Erfahrungen zu machen. Vor allem jedoch: Polen war für ihn mit dem Tod behaftet, sein Zuhause, sein Land – alles roch nach Grab. Und so kam es, daß er Polen im Alter von siebzehn Jahren verließ und sich, wie er sagte, in eine »heimatlose Existenz stürzte«. Es war der Beginn einer niemals endenden inneren Flucht.

Zur See

Conrad kränkelt. Er hat Husten, Fieber, oft ist er bettlägerig, in Krakau bricht die Cholera aus. Der Junge spricht nun immer öfter davon, Polen den Rücken zu kehren. Zur See fahren will er, die Ozeane kennenlernen, immer wieder sagt er das. Sein Onkel schickt den Teenager zur Erholung in die Schweiz, gemeinsam mit dem Medizinstudenten Adam Pulmann. Der Tapetenwechsel, die Berge sollen ihn von seinen kuriosen Plänen abbringen. Doch die Reise zeigt alles andere als die gewünschte Wirkung. Conrad ist bald fest entschlossen, zur See zu fahren. Sein Reisegefährte Pulmann nannte ihn rückblickend einen »unbelehrbaren, hoffnungslosen Don Quijote«. Conrad selbst erinnerte sich, wie sein Vorhaben eine »Unmenge von Vorwürfen« bei seiner Familie hervorrief. »Der Junge spinnt doch!« sagten die Verwandten und lächelten ihn bald mitleidig an. Unterschwellig beschuldigten sie ihn aber auch, sein Land verraten zu wollen. Wo waren sein Stolz und das Verantwortungsgefühl für seine Nation geblieben?

Conrad aber war seine Flucht wichtiger als das Gerede, allerdings würde er sein Leben lang ein schlechtes Gewissen mit sich herumschleppen. Immer wieder versuchte er, sein Ausbüchsen vor sich und anderen zu erklären. »Weshalb sollte ich, ein Sohn des

Landes, das von Männern mit der Pflugschar aufgerissen und mit ihrem Blut getränkt worden ist, mich aufmachen, um auf den weiten Meeren Pökelfleisch und Schiffszwieback zu essen? Dem Nachsichtigen muß dies eine unbeantwortete Frage bleiben. Ach! Ich bin der Überzeugung, daß es Männer von fleckenloser Rechtschaffenheit gibt, die bereit sind, verachtungsvoll das Wort Fahnenflucht zu murmeln. Sonst kann einem doch der Geschmack an unschuldigen Abenteuern verdorben werden!« Allerdings trieb ihn noch etwas weit Profaneres als Abenteuerlust, Fernweh und der Wunsch, seine Heimat abzuschütteln. Würde er in Polen bleiben, drohte ihm als Sohn eines Verräters ein langer, knüppelharter Militärdienst bei der russischen Armee. Und von Rußland hatte er genug gesehen. Rußland hatte seine Eltern auf dem Gewissen.

Conrad ist siebzehn Jahre alt, als er in Krakau durch den alten Bahnhof marschiert und in einen Zug gen Westen steigt. Ein gutaussehender junger Mann mit einem feinen, fast spanisch anmutenden Gesicht, langen zurückgekämmten Haaren, geschwungenen Lippen und Augen, die eine Mischung aus Verletztheit und Entschlossenheit verströmen. Nur noch dreimal sollte er für kurze Zeit in seine Heimat zurückkehren.

Als Conrad 1874 in Marseille aus dem Zug steigt, betritt er eine völlig fremde Welt. Pferdekutschen fahren durch die Straßen, auf den Märkten verkaufen die Händler haufenweise Obst, Gemüse, Fisch, Austern. Conrad verfügt über ein kleines Erbe seiner Eltern, er erkundet die Stadt, geht in Bars und Restaurants und weilt oft im mondänen Café Bodoul. Es ist nicht viel Geld, gerade genug, um sich eine Zeitlang über Wasser zu halten. Das gesellschaftliche Leben fasziniert ihn, noch mehr aber begeistert ihn der Hafen. An den Piers liegen große Segelschiffe, die ersten Dampfschiffe laufen Marseille an, überall werden Wagen beladen, um die Fracht aus Übersee abzutransportieren. Im Hafenbecken schippern Lotsenschiffe und Barkassen, und weit draußen, fragile Gebilde am Horizont, ziehen die Segler in die Ferne. In Polen hatte er auf Kartoffeläcker und triste Städte geblickt. Hier nun schwillt ihm die Brust. Marseille, das Meer, es ist die Bühne seines neuen Lebens.

Und er ist zuversichtlich. Denn sein Onkel hatte zuvor, wenn auch widerwillig, seine Beziehungen genutzt und einen Kontakt zur französischen Handelsmarine hergestellt. Bald lernt Conrad den Lotsen Baptistin Solary kennen, der sich seiner annimmt, ihm die Stadt zeigt und ihn mit auf die Schiffe nimmt. »Den ersten Tag auf dem Salzwasser verbrachte ich auf Einladung in einem geräumigen Lotsenboot, das in diesigem Wetter bei aufbrisendem Wind mit gerefften Segeln vor dem Hafen kreuzte«, beschrieb Conrad später seinen ersten Ausflug aufs Meer. Conrad darf bald nach Lust und Laune an Bord bleiben und sich erstmals nützlich machen. Er hilft bei den Manövern, packt beim Setzen der Segel mit an und schaut dem Steuermann über die Schulter. Und es dauert nicht lange, bis er das erste Mal auf große Fahrt geht.

Zunächst reist er als Passagier auf einem Segler nach Martinique. Und seine neue Fluchtwelt – das Meer – gefällt ihm. Wie eine Katharsis ist es, als er wochenlang aufs Wasser blickt, die See als unbeschriebene Weite, genau wie jenes »undefinierbare Weiß« auf den Landkarten, nach dem er sich immer sehnte. Mit jeder Seemeile, so scheint es, kann er seiner Jugend weiter und weiter davonsegeln. Kurz nach seiner Rückkehr aus der Karibik heuert er als Leichtmatrose an, fährt erneut zu den westindischen Inseln, danach als Steward und Matrose durchs Mittelmeer, nach Haiti und Kolumbien. Zurück in Marseille, verbringt er turbulente Aufenthalte an Land. Er geht aus, amüsiert sich, verpraßt sein Geld.

Vor allem aber tun es Conrad die Schiffe an. Sie sind seine Sehnsuchtsvehikel. Besonders die »Tremolino«, ein Küstenschiff, habe sein Herz erobert und seine Liebe zur See entfacht, sagte er einmal. »Mit dem Beben ihres schnellen kleinen Körpers und dem Brausen des Windes unter dem Lateinersegel« zog das Schiff dahin und erfüllte Conrad mit Freiheit und Mut. In regelrechten Liebeserklärungen würde er sich ergießen, als er später seine See-Erinnerungen niederschrieb. Er verlieh seinen Seglern menschliche Züge, bezeichnete sie als »gut«, »glücklich«, »anmutig«, andere als »schweigsam und schön«, und wieder andere ließ er als »amazonenhafte Geschöpfe« durch die Zeilen segeln. Schiffe begriff er wie Wesen, die man »vernunftwidrig zu lieben beginnt«. Conrad war gefangen. Diesmal nicht in den politischen Klauen seiner Heimat. Diesmal von der See.

Wie er sich in dieser Zeit gab, ist kaum überliefert. Nur aus den Reaktionen des Onkels ist zu erfahren, wie Conrad war. Der Neunzehnjährige konnte aufbrausend sein, war verletzlich, auf Kritik reagierte er ablehnend und besserwisserisch. Regelmäßig mußte ihn Onkel Tadeusz zur Vernunft rufen.

Vier Jahre bleibt Conrad in Marseille und arbeitet auf den Schiffen der französischen Handelsmarine. Während seiner vielen Küstenfahrten läßt er sich dabei eines Tages auf ein Abenteuer ein, das bis heute durch seine Biographie geistert. Conrad will Waffen nach Spanien geschmuggelt haben, um sich ein Zubrot zu verdienen, woraufhin die Mannschaft eines Tages von der Küstenwache erwischt wurde und ihr Schiff versenken mußte. Um die mysteriöse Schmuggelaffäre rankt sich reichlich Seemannsgarn, nichts ist wirklich bestätigt.

Was auch immer sich abspielte, fest steht, daß diese Episode Conrad keinen müden Centime einbrachte, sondern im Gegenteil: reichlich Ärger! Als Conrad nach der Schmuggelei versucht, auf einem anderen Schiff unter dem Kommando eines Capitain Escarras anzuheuern, verweigern die Behörden die Erlaubnis. Zudem sind bei den Beamten Briefe aus Polen eingegangen, Conrad müsse zum Militärdienst in seine Heimat zurückkehren. Die Behörden sind skeptisch, was die Aktionen des einundzwanzgjährigen Polen betrifft. Außerdem stellt sich bald auch noch heraus, daß er niemals eine Aufenthaltsgenehmigung für Frankreich besessen hat. Conrad wird dazu verdonnert, an Land zu bleiben.

Hinzu kommt ein weiteres Desaster. Laut Onkel Tadeusz hatte Neffe Józef 1 000 Francs in das Schmuggelgeschäft investiert, was auch immer dahintersteckte, und nach den ersten Waffenlieferungen tatsächlich 400 Francs Gewinn eingesackt – woraufhin er allerdings übermütig wurde und bei der nächsten Ladung sein gesamtes Hab und Gut aufs Spiel setzte. Und alles verlor. »Arm wie eine Kirchenmaus saß er nun da«, kommentierte sein Onkel die Lage, alles andere als amüsiert. Conrad darf von nun an keinen Fuß mehr auf ein französisches Schiff setzen. In dem verzweifelten Versuch, seine Schulden zu bezahlen, verspielt er im Casino von Monte Carlo auch noch sein allerletztes Bargeld. Danach ist Conrad am Ende.

Wie sollte es weitergehen?

Er muß sich geschämt haben, vor seinem Onkel und letztlich vor sich selbst. Denn eigentlich war er nicht der wagemutige, törichte Draufgänger. In seinem Innern war und blieb Conrad stets der aufrichtige und ernsthafte Junge, zu dem ihn seine Eltern und vor allem sein Onkel erzogen hatten. Wie stark diese Ideale in ihm arbeiteten und wie schlecht er sich nach seinem Versagen gefühlt haben muß, zeigt seine nächste Aktion: Conrad versucht, sich zu erschießen.

Sein Onkel sitzt im entfernten Polen, als ihn die Hiobsbotschaft aus Marseille erreicht. Was hat sein Neffe jetzt wieder angestellt? »Nachdem er es so herrlich weit gebracht hatte«, gab sein Onkel die Geschichte sarkastisch weiter, »kehrte er von Monte Carlo nach Marseille zurück. Eines schönen Abends lud er einen Freund zum Tee ein, versuchte allerdings, sich noch vor dessen Eintreffen mit einem Revolver das Leben zu nehmen. Die Kugel ging knapp am Herzen vorbei, ohne ein wichtiges Organ zu verletzen. Zum Glück ließ er seine Adressen auf seinen Klamotten liegen, so daß mich dieser ehrenwerte Herr, der ihn besuchte, sofort benachrichtigen konnte.«

Einige Literaturtaktiker versuchen, Conrad an dieser Stelle ein Spiel mit dem Tod anzudichten. Nach dem frühen Verlust der Eltern soll die Schuld des Überlebenden auf ihm gelastet haben, wovon er sich mit seinem Selbstmordversuch befreien wollte. Die Wahrheit ist wohl banaler: Conrad ist Anfang Zwanzig, verschuldet und in vielerlei Hinsicht noch ein Greenhorn, das da auf die Welt losgelassen wird. Doch hat er bis jetzt schon so einiges gesehen – und ahnt gewiß nicht, daß er aus seinen bisherigen See-Erlebnissen eines Tages Bücher stricken würde, die ihm ewigen Ruhm sichern sollten. Bücher, über die berühmte Schriftsteller wie Henry James sagen würden, sie seien das »stärkste Bild der See und des Lebens auf See, das unsere Sprache besitzt«.

Nach dem Schmuggeldebakel bleibt Conrad nur eine Möglichkeit: Er will zur englischen Handelsmarine, vor allem, weil die Vorschriften und die Behörden dort erstaunlicherweise viel laxer sind. Auch dies ein Schritt, von dem er später strikt behaupten wird, alles sei geplant, England schon immer sein angepeiltes Ziel gewesen. Waren es aber nicht in erster Linie seine Eskapaden, seine aussichtslose Lage in Marseille, die ihn schließlich erneut fortdrängten? Conrad versuchte auch hier, seinen Weg in Nebel zu hüllen. Im Juni 1878, mit einundzwanzig, landet er schließlich in London. Ohne Kontakte ist er jetzt auf sich selbst gestellt, und nun beginnt seine eigentliche seemännische Laufbahn.

Sechzehn Jahre pflügt er auf Seglern und Dampfern durch die Ozeane. Als Steuermann, zweiter und erster Offizier und später als Kapitän reist er nach Australien, Singapur, Madras, Papua-Neuguinea, fährt bis in den südlichen Indischen Ozean nach Mauritius. Es ist die Zeit der großen, erstmals regelmäßig bedienten Frachtrouten, und auf seinen Schiffen transportiert er alle erdenkliche Ladung, Getreide, Seife, Stoffe, Talg und Dünger. Erst 1888 wird er das erste und einzige Kommando als Kapitän übernehmen, es ist der Höhepunkt seiner maritimen Laufbahn.

Als Matrose geht Conrad von London aus zunächst an Bord eines Küstenschoners, dessen Routen quer durch die Nordsee führen. Doch mehr als der kalte Atlantik reizt ihn die Ferne. Auf einem Wollklipper sticht er bald darauf in See, Ziel Australien. In diesen Jahren sollte sich, wie er später sagte, seine Leidenschaft für die See »groß und mächtig in seiner Brust entfalten«. Auch ist er jetzt gezwungen, Englisch zu lernen, und dies ist ihm vielleicht eine willkommene Möglichkeit, sich immer weiter von allem, was mit Polen zu tun hat, zu distanzieren. Conrad lernt schnell, er saugt die Sprache in sich hinein, auch wenn er bis zuletzt mit arg rumpelndem R und zischendem Th sprechen sollte. Conrad ist ehrgeizig, in jeder Hinsicht, bald besteht er die nächsten Prüfungen auf der Karriereleiter eines Seemanns und bekommt sein Offizierspatent.

Doch trotz seiner Fortschritte, es sind keine rosigen Jahre. Jedesmal, wenn er zurück nach London kommt, fühlt er sich allein. Zum einen als Pole, in England höchstens ein Exot aus dem Osten. Zum anderen als Seefahrer mit einem denkbar unregelmäßigen Leben und wenig Geld. Nach jeder Reise wankt er durch das große London wie ein schüchterner Fremdling, der nicht recht weiß, wo er seinen Anker werfen soll. Während er in den Reedereien und am Hafen neue Schiffe sucht, wohnt er in billigen Absteigen, ohne Freunde, ohne Bekannte. »Kein Kundschafter hätte einsamer sein können als ich«, schrieb er später. »Ich kannte keine Menschenseele unter all diesen Millionen, die die geheimnisvollen Weiten der Straßen bevölkerten.«

An den Piers tummelten sich wesentlich mehr Blaujacken als Schiffe, weswegen nicht jeder einen Posten an Deck bekam und sich an Land durchschlagen mußte. In jenen Tagen ohne Job greift Conrad immer wieder zu seinen alten Bekannten, den Büchern. Er liest Shakespeare, Flaubert, Byron. Auch schreibt er ein erstes kleines Stück, vermutlich weil er bei dem Schreibwettbewerb einer Zeitschrift mitmachen will. Doch schwingt er die Feder rein aus Langeweile, »ganz nebenbei«, wie er selbst immer strikt behauptete. Jene Geschichte, *Der Schwarze Seemann,* wird erst posthum veröffentlicht. Nur sein Onkel ermutigt ihn, weiterzuschreiben, schlägt ihm vor, Reiseberichte für polnische Zeitungen zu verfassen. »Dein Stil«, sagt Tadeusz, »ist nicht schlecht.«

Aber Conrad denkt nicht ans ernsthafte Schreiben. Noch nicht.

Mit vierundzwanzig heuert er auf der kleinen Bark »Palestine« an, fährt Kohlen von Newcastle nach Bangkok. Eine Reise, die von Pech und Stürmen begleitet ist, das Schiff schlägt einmal Leck, östlich von Sumatra bricht Feuer an Bord aus, das Schiff muß aufgegeben werden. Conrad entkommt in einem Rettungsboot, landet auf der Insel Bagka im Hafen von Muntok und erweist sich dabei immer wieder als guter Seemann. Der Kapitän der »Palestine« empfiehlt ihn als »nüchtern und ehrlich«, ein Offizier nennt ihn sogar einen »ausgezeichneten Kerl und den besten Zweiten Steuermann, mit dem ich je gesegelt bin«. Wobei das Fristen auf den knarzenden, damals noch höchst einfachen Holzschiffen keineswegs ein Honiglecken ist.

Das Essen ist faulig, viele bekommen Krankheiten, dazu die Monotonie auf See. Aus Kalkutta schreibt Conrad: »Ich habe die Nase voll, für wenig Geld herumzusegeln.«

Doch er bleibt standhaft – und hält im Oktober 1886 endlich das Kapitänspatent in Händen. »Certificate of Competence as Master« steht in verschnörkelter Schrift auf dem Dokument, darunter noch sein alter Name, Józef Korzeniowski. Noch als der ehedem kleine Spinner aus Polen zum ersten Mal als Kapitän einen Segler betritt – dies allerdings erst einige Zeit später –, ist er ergriffen. »Als ich meinen Fuß auf das Deck meines Schiffes setzte, hatte ich ein Gefühl tiefster physischer Befriedigung. Nichts konnte der Fülle dieses Augenblicks gleichen, der Vollkommenheit dieses seelischen Erlebnisses.«

Für ihn aber vielleicht noch wichtiger, vor allem für seine spätere Laufbahn: Im gleichen Sommer erhält er ebenfalls die englische Staatsbürgerschaft. Zwölf Jahre nach dem Verlassen seiner Heimat muß Conrad zumindest eine gewisse Genugtuung gespürt haben. Er war nun Engländer, er beherrschte inzwischen eine zweite Fremdsprache, fast schon fließend, und er war Kapitän. Vor allem aber konnte er jetzt all jenen trotzen, die ihn einst ausgelacht hatten. »Ich hatte mich in einer Sache behauptet«, schrieb er später, »die als stupide Verranntheit oder als phantastische Laune verschrien worden war.« Und wieder nutzt er in seinen autobiographischen Schriften die Situation, um seine frühe Entschlossenheit herauszukehren. Conrad, der *unbedingt* Seemann werden wollte. Dahinter mag sich vielleicht ein anderes, sein wahres Motiv verborgen haben: Denn kaum ein anderer Job hätte ihn weiter von einem Zuhause, das er nicht mehr hatte, fortspülen können.

Vor allem der ferne Osten ist es, der Conrad auf seinen weiteren Seereisen beeindruckt. Dort sieht er Dinge, die sich ihm für immer einbrennen, wobei sich langsam ein Fundus an Erlebnissen anreichert, der ihm in wenigen Jahren ein Buch nach dem anderen aus der Feder treiben wird. Viele seiner Werke, wie etwa *Lord Jim*, spielen vor der exotischen Kulisse Asiens, und immer wieder wird Conrad für seine Romanfiguren auf Menschen zurückgreifen, denen er auf den Schiffen und in den Häfen begegnete. »Das war der Osten, wie er den Seefahrern alter Zeiten erschienen sein mochte, so alt und geheimnisvoll, prächtig und düster, unverändert lebendig, voller Gefahr und Lockung.«

In Singapur aber landet er zunächst im Krankenhaus, eine Spiere war auf seinem Schiff heruntergekracht und hatte ihn am Rücken verletzt. Und nach seiner Genesung fährt er nicht zurück nach Europa – sondern übernimmt einen Posten auf dem kleinen 200-Tonnen-Dampfer »Vidar«, der im Malaiischen Archipel zwischen Singapur, Borneo und Celebes pendelt. Auf Flüssen fährt er stromaufwärts, bis tief hinein in den vor Grün überschwappenden Dschungel, um in den letzten Außenposten der Zivilisation seine Fracht abzuliefern. Fünf Monate treibt er durch dieses tropische Wunderland, das schwül und triefend in der Hitze wuchert. Und Conrad mag seinen Job, durch dieses gottverlassene Niemandsland zu tuckern, einen Job, den sonst kaum einer machen will. Hier hat er einen neuen »weißen Fleck« auf seiner Fluchtkarte entdeckt. Ein unbeschriebener Ort im Universum, wo keine Gräber, sondern vielleicht etwas anderes, etwas Gutes wartet. Polen ist Welten entfernt.

Conrad ist längst in der See verwurzelt. Sie ist für ihn etwas Vertrautes, etwas Selbstverständliches geworden. Fast die Hälfte seines bisherigen Lebens hat er nun in Häfen und auf dem Wasser verbracht. Und er fährt keineswegs nur auf kleinen Kuttern. Das erste Schiff, das er als Kapitän übernimmt, die »Otago«, ist ein 350-Tonnen-Dreimaster mit großen Rahsegeln und neun Mann Besatzung. Conrad hat Vertrauen gewonnen, auch in seine eigenen Fähigkeiten. Auf dem späteren Weg von Sydney nach Port Louis auf Mauritius, wählt er die schnellere, jedoch gefahrvolle Nordroute durch die Torres Strait und die Arafurasee zwischen Nordaustralien und Papua Neuguinea.

Doch ist er nicht nur der eingefleischte Seefahrer. Bisweilen schlägt eine seiner anderen Seiten durch. Conrad, der Adlige. Conrad, der Unterhalter. Während seiner Landgänge besucht er oft Empfänge, und er ist ein gerngesehener, umschwärmter Gast, auch bei den Frauen. Auf Mauritius verliebt er sich in die Tochter eines Kolonialbeamten, doch die Affäre hält nicht lange. Der damalige Charterer der »Otago« erinnert sich später an den oft phantasievoll erzählenden Kapitän seines Schiffes. »Er war etwas kleiner als der Durchschnitt, hatte kräftige, sehr bewegliche Gesichtszüge, die sehr schnell von Sanftmut zu einer an Zorn grenzenden Erregbarkeit wechseln konnten. Er hatte große schwarze Augen, die gewöhnlich sanft und melancholisch-träumerisch blickten, außer wenn er ärgerlich war. Er hatte ein energetisches Kinn, einen schön geformten, hübschen Mund, einen dichten, gut gestutzten Schnurrbart. Anders als seine Kollegen war Kapitän Korzeniowski immer wie ein Dandy gekleidet. Ich sehe ihn noch heute vor mir, dunkles Jackett, helle Weste, teure Hosen, modisch, einen grauen Bowler-Hut etwas schräg auf dem Kopf sitzend. Er trug immer Handschuhe und einen Spazierstock mit einem goldenen Knauf.«

Als Conrad auf den Tea-Partys in Übersee auftaucht, reden alle vom »russischen Grafen«. Höflich und gleichzeitig kühl soll er sich gegeben haben. Eines Abends steht er, von verschiedenen Damen umringt, neben einem Dinnertisch und muß sich, damals ganz *en vogue*, an kecken Plauderspielchen beteiligen. Einige seiner Antworten sind bis heute überliefert, und sie zeigen, daß sich Conrad gänzlich anders geben konnte, als er war.

Was ist Ihr wichtigster Charakterzug? wird er gefragt. »Faulheit«, entgegnet Conrad.

Wie ist Ihr momentaner Seelenzustand? »Gelassen.«

Was lehnen Sie am meisten ab? »Falsches Gehabe.«

Glauben Sie, daß Sie geliebt werden? »Lehne eine Antwort ab.«

Conrad hätte zu diesem Zeitpunkt auf eine einigermaßen sichere Zukunft blicken können. Er war in den englischen Kreisen bekannt, er fuhr als Offizier und Kapitän, er konnte zwischen Französisch und Englisch hin und her springen, wie es ihm beliebte. Er war ein angesehener Mann. Doch dann, wie aus heiterem Himmel, hängt er seine Kapitänsmütze – und mit ihr die ganze Seefahrt – 1894 an den Nagel. Dabei waren seine Fahrten allesamt erfolgreich verlaufen, Kollegen achteten ihn, man hatte ihm gute Leistungen bescheinigt.

Was war in ihn gefahren?

Biographen haben bis heute keine einleuchtende Erklärung für Conrads Entscheidung gefunden. War es eine enttäuschte Liebe, die ihn seine Pläne ändern ließ? Wollte er am Ende vielleicht doch zurück nach Polen? Oder war es der langsam aufkommende unterschwellige Drang, schreiben zu wollen? Schreiben zu müssen? Die Literatur als letzter Fluchtpunkt, die »weißen, unbeschriebenen Flecken« gleich seitenweise vor Augen? In Adelaide schmeißt Conrad die Seemannsklamotten hin. Er besteigt den deutschen Dampfer »Nürnberg« als Passagier und tritt die lange Heimreise nach Europa an. Sein Ziel ist Southampton. Kurz darauf wird er seinen ersten Roman vollenden.

Es ist wahrscheinlich, daß Conrad während seiner Seefahrerjahre schon die Idee hatte, selbst zu schreiben. Die langen Zeiten auf dem Meer eigneten sich bestens, um die Gedanken auf Reisen zu schicken und über Literatur nachzugrübeln – eine Neigung, die er allerdings ständig beiseite schob und um keinen Preis wahrhaben wollte. Sein Vater hatte bereits gedichtet, war ein glühender Verehrer der Schrifstellerei und hatte seinem Sohn so manches Werk geradezu aufgezwungen. Kein Wunder, daß Conrads Beziehung zu der schweren, gleichzeitig aber faszinierenden Welt der Romane gestört war. Bücher waren für ihn abstoßend und einladend zugleich. Vielleicht wollte er mit der einstigen Passion seines Vaters nichts zu tun haben, ihm auf diese Weise nicht noch nachträglich nacheifern. Daß er schließlich im später erlernten Englisch schrieb – und nicht französisch, wie schon sein Vater –, könnte diesen Verdacht bestätigen. Doch trotz seiner Abneigung: Das Spiel mit der Sprache übte einen unwiderstehlichen Reiz auf ihn aus. Es war, als würde sich die Schreiberei durch die Hintertür an ihn heranschleichen.

Seine ersten Skizzen und Seiten schrieb er zögernd auf, als er in seiner Kajüte saß, eine reine »Ferienbeschäftigung«, beteuerte er. So entstand sein erster Roman *Almayers Wahn* über einen Zeitraum von fünf Jahren. Er schrieb unter Deck, dann legte er die Seiten beiseite, vergaß sie, bis er sich eines Tages daranmachte, seinen Stoff weiterzuspinnen. Daß ihn eine innere Kraft zum Schreiben trieb, ihn geradezu zwang, mag pathetisch klingen – ist aber kaum von der Hand zu weisen. Denn was da in ihm schlummerte, wie fanatisch Conrad beim Schreiben letztlich wirklich war, zeigen seine späteren Kommentare über seine neue Leidenschaft. Das Schreiben habe ihm »ungeheure Anstrengungen« bereitet, sagte er einmal. Er habe geschuftet »wie ein Minenarbeiter im Kohlebergwerk, um die englischen Sätze aus schwarzer Nacht ans Tageslicht zu befördern«. Conrad ein Feriendichter? Zur Geburt seines ersten Romans sagte er schon bald: »Es ist ein Kampf bis zum Tod, wenn ich aufgebe, bin ich verloren.«

Doch ist es nicht nur die zwiespältige Begeisterung für die Sprache, die ihn an den Schreibtisch drängt. Es muß vor allem der Wunsch gewesen sein, seine Erlebnisse – von der Kindheit bis zur Zeit als Seefahrer – zu verarbeiten. Der Versuch, eine unverständliche Welt zu ordnen, ihr einen Sinn zu geben. Conrad wollte das Dasein niemals als Zufallsprozeß begreifen. Alles, jeder Mensch und jedes Ding, folge einem höheren Plan, war seine Überzeugung. Und genau diesen Plan wollte er in seinen Geschichten ergründen – wobei ihn ein Erlebnis seit einiger Zeit am meisten beschäftigte. Ihn schlichtweg übermannte.

Drei Jahre zuvor, noch bevor er die Seefahrt aufgab, hatte Conrad in Afrika eine Zeitlang das Kommando über einen heruntergekommenen kleinen Dampfer übernommen. Damit sollte er auf dem Kongo flußaufwärts fahren, um entlegene Handelsstationen zu versorgen, immer tiefer hinein in den Dschungel. Der Dampfer wurde zu seinem Höllenschiff. Ein Kahn, auf dem er Leichen sah, auf dem ihn der Geruch von Aas, Gier und roher Gewalt ansprang. Auf jenem Schiff trieb Conrad in den Horror, mitten ins »Herz der Finsternis«, wie Belgisch-Kongo damals genannt wurde.

Das Grauen

Es ist Juni 1890, die Hitze teilt Schläge aus, als Conrad in der Mündung des Kongo ankert. Schon beim Blick in die Karten war ihm der Strom unheimlich vorgekommen, »wie eine große Schlange, deren Kopf im Meer, deren Körper über eine weite Fläche hingelagert war und deren Schwanz sich in den Tiefen des Kontinents verlor«. Eine hellbrauner Strand schmiegt sich vor die Brandung, dahinter alles grün. Dahinter der Dschungel.

Conrad hatte zuvor auf der Suche nach einem Job Kontakt mit der belgischen Société Anonyme Belge pour le Commerce du Haut-Congo aufgenommen. Er unterschrieb einen Dreijahresvertrag, der ihn verpflichtete, in Afrika einen Dampfer zu kommandieren, um die gottverlassenen Handelsposten am Oberlauf des Flußes zu versorgen. Belgisch-Kongo war seinerzeit im Privatbesitz König Leopolds II.; Imperialisten, Gauner und Elfenbeinhändler hatten sich des Landes ermächtigt und schlachteten die Region aus, gierig, skrupellos, vom Traum des schnellen Reichtums besessen. Sie jagten Büffel und Riesenschildkröten, schossen Elefanten nieder, sie holten das Kautschuk aus den Wäldern, fingen Sklaven und brannten die Dörfer nieder. Conrad sagte öfter, daß er keinen blassen Schimmer gehabt habe, worauf er sich einließ. Ein harmloses Unterfangen, die Arbeit erledigen, mehr nicht. Dabei ist jedoch kaum anzunehmen, daß er nicht um den Irrsinn im Kongo wußte. Als weitgereister Seemann und lesender Mensch mußte er geahnt haben, was auf ihn wartete.

Auch sein Onkel hatte ihm dringend davon abgeraten, den Kongo-Job anzunehmen. Sechzig Prozent aller Männer, schrieb er seinem Neffen aufgeregt, müßten frühzeitig aufgeben, sie würden an Fieber und unbekannten Viren erkranken, viele würden sich mit letzter Kraft aus dem Urwald schleppen, um noch auf der Heimreise nach Europa zu verrecken. Conrad schrieb die Warnungen seines Onkels in den Wind, ganz so, als akzeptierte er ein tödliches Riskio leichtfertig. Über Teneriffa war er angereist, weiter nach Dakar, Freetown, über die Elfenbeinküste und Gabun bis zum Kongo. Und die Erlebnisse, die auf ihn einstürmten, sollten ihn durchschütteln. Vor dem Kongo, sagte er später, »habe ich nicht einen Gedanken im Kopf gehabt«.

Conrad geht in Boma an Land, reist weiter nach Matadi, wo Ziegen und Ochsen wie hautbehangene Skelette über die Sandwege streifen, Frauen vor Hirsebergen kauern und die Männer Wasser in umgestülpten Kuhmägen tragen. Es ist Conrads erste Begegnung mit Schwarzafrika. Fast zwei Millionen Quadratkilometer Wald, Sumpf und Steppe spreizen sich vor ihm ins Hinterland, ein Gebiet, das selbst von den Entdeckern bisher nur wenig beschrieben worden ist. Doch die Europäer wissen längst, was das Land zu bieten hat. Gold, Felle, Elefantenzähne: Handelswaren, die in Europa viel Geld bringen.

Habe erhebliche Zweifel über meine Zukunft. Glaube, daß mein Leben unter den Weißen hier nicht sehr angenehm sein wird. Werde Bekanntschaften am besten vermeiden. Die Leute reden schlecht voneinander.

Conrad führt Tagebuch, das erste und einzige Mal in seinem Leben. Nach der Ankunft in Matadi muß er zunächst einen brutalen Fußmarsch antreten, vierhundert Kilometer bis nach Kinshasa, mit dreißig Trägern. Die Temperaturen liegen bei vierzig Grad im Schatten, die Luft ist so feucht, daß sie Wasser schwitzt. Straßen gibt es nicht, Nachrichten brauchen Monate, um von einem Ort zum nächsten zu gelangen. Als die Truppe aufbricht und sich die ersten Kilometer durch den Busch schlägt, ahnt Conrad langsam, was ihm dräut.

Trafen einen Staatsbeamten, der die Gegend inspizierte. Sahen wenige Minuten später auf einem Lagerplatz die erste Leiche eines Backongo. Erschossen?

Die Landschaft ist graugelb, einzelne Ölpalmen stehen in der Gegend, dann wieder sattes Grün.

Sechs Uhr morgens aufgestanden, nach unangenehmer Nacht durch ein Gewirr von Hügeln marschiert, sahen wieder eine Leiche am Wegrand, in einer Haltung meditativer Ruhe. Abends kamen drei Frauen an unserem Lager vorbei, eine ein Albino; schreckliches, kreidiges Weiß mit rosa Flecken. Hörte nachts, als der Mond aufging, Rufe und Trommeln aus weit entfernten Dörfern. Heute morgen an Skelett vorbeigekommen, das an einen Pfahl gebunden war. Auch am Grab eines Weißen, kein Name, ein Haufen Steine in Form eines Kreuzes.

Über vier Wochen ist Conrad nach Kinshasa unterwegs, er ist zweiunddreißig Jahre alt, als er zu Fuß durch den Busch streift.

Harou [seinem weißen Gefährten], *geht es nicht gut. Moskitos. Frösche. Widerlich. Froh, das Ende dieses stumpfsinnigen Marschs zu sehen. Fühle mich ziemlich mies. Die Sonne ging rot auf. Sehr heißer Tag. Südwind. Allgemeine Marschrichtung Nordost bis Nord. Entfernung etwa siebzehn Meilen.*

Anfang August trifft die Karawane in Kinshasa ein, wo Conrad erfährt, daß die »Florida«, das Schiff, das er übernehmen soll, nicht mehr fahrtüchtig ist. Statt selbst als Kapitän, soll er nun als Offizier einen jungen dänischen Kapitän auf dem Flußdampfer »Roi des Belges« begleiten und flußaufwärts einen anderen Dampfer wieder flottkriegen, der in den Uferwurzeln feststeckt. Als er die »Roi des Belges« sieht, trifft ihn der Schlag. Es ist eine schwimmende Bruchbude, ein abgewrackter Heckraddampfer mit Holzfeuerung. »Ein Loch, einen zerschundenen Blechpott«, schimpft Conrad das Schiff.

Von Kinshasa aus macht er Abstecher ins Hinterland, und an einigen Eisenbahntrassen sieht er angekettete Sklaven, die keuchend Schienen verlegen. Andernorts beobachtet er, wie Afrikaner noch lebenden Elefanten die Stoßzähne aus den Köpfen schneiden. Und immer wieder wird er Zeuge, wie die Weißen im Land ihr Unwesen treiben. »Das Wort Elfenbein scholl durch die Luft, wurde geflüstert, wurde geseufzt. Sie beteten es an. Der Pesthauch aberwitziger Raubgier schien das alles wie Aasgeruch zu durchdringen. Bei Gott! Ich hatte nie so etwas Unwirkliches in meinem Leben gesehen«, schrieb er später.

Und die Greuel sollten sich weiter verdichten, als er mit der »Roi des Belges« tiefer ins Landesinnere schippert, durch unbegreifliches Grün, tausend Meilen den Fluß hinauf bis nach Stanley Falls. Auf ein neues Tagebuch schreibt er jetzt »Up-River

Book«, vermerkt darin Strömungen, markante Baumstämme, Sandbänke, alles, was ihm später hilft, wenn er auf dem Rückweg selbst das Kommando haben wird. Unterwegs müssen Conrad furchterregende Szenen zu Augen gekommen sein. Immer wieder notiert er im Tagebuch, Tote gesehen zu haben, was wohl kaum übertrieben ist. In Europa wurden damals Photos aus der Region bekannt, die die Öffentlichkeit schockierten. Auf einem dieser Bilder ist ein trauernder Kongolese zu sehen. Er hockt auf dem Boden, vor sich die abgeschnittenen Hände und Füße seiner Tochter.

Conrad wird krank. Er hat Fieber, bekommt die Ruhr, seine Schüttelanfälle deuten darauf hin, daß er Malaria hat. Conrad notierte mehrmals, daß er an manchen Tagen einfach nur noch sterben wollte. *Ich habe Heimweh, Heimweh nach der See.*

Und auch als er schließlich nach Stanley Falls gelangt, ins heutige Kisangani, entpuppt sich Afrika als wenig romantisch. Nachdem er den letzten Teil des schiffbaren Oberlaufs befahren hat, kommt er an verlassenen Dörfern vorbei, merkwürdige Laute dringen aus dem Dschungel, bis er schließlich die fast zerfallene Handelsstation erreicht. Eine Bretterbude am Ende der Welt. Als er seine Fracht zur Versorgung des Postens losgeworden ist, soll er einen Franzosen namens George Anton Klein mit zurück nach Kinshasa nehmen. Der junge Handelsagent leidet an Dysenterie und muß schleunigst behandelt werden. Als sie tagelang den Kongo Richtung Süden fahren, beschleicht eine düstere Atmosphäre das Schiff. Dem Franzosen geht es immer schlechter, ein weiterer Mann erkrankt, auch Conrad hat oft hohes Fieber, und zudem fürchten sie, in diesem kaum kartographierten Niemandsland von aufständischen Buschleuten angegriffen zu werden. Ende September schließlich stirbt der Franzose an Bord.

Vermutlich war es jener siebenundzwanzigjährige Klein, der Conrad Jahre später zu seiner legendären Romanfigur des Elfenbeinjägers Kurtz anregen sollte. In seinem Klassiker *Herz der Finsternis* verwandelt Conrad seine Kongo-Erlebnisse in eine packende schaurige Geschichte; es ist eine Reise in eine bedrohliche Wildnis, ein Trip in die Abgründe der menschlichen Existenz.

Der dämonische Kurtz als wandelndes Symbol für eine Zivilisation, die Menschen und Tiere ausrottet; für die Weißen, die in ihrer Habgier und Skrupellosigkeit am Ende verrückt werden. Nicht Afrika schockierte Conrad, es waren die Menschen. Im Verhalten der Kolonialleute erkannte er »die widerlichste Jagd nach Beute, die je die Geschichte des menschlichen Gewissens und der geographischen Forschungstätigkeit verunstaltet hat«.

Im Angesicht des Todes dreht Kurtz durch. »Die Dämmerung wiederholte seine Worte in einem nicht endenden Gewisper rings um uns her.« In Kurtz' Gesicht zeichnet sich alsbald die Ödnis seines Lebens ab, seine letzten Worte sind ein leiser Schrei, nicht mehr als ein Atemzug: »Das Grauen! Das Grauen!«

Wer den Film »Apocalypse Now« gesehen hat, wird die Worte noch im Ohr haben, die Marlon Brando alias Colonel Kurtz auf der Kinoleinwand so eindringlich herauspreßte. Regisseur Francis Ford Coppola hatte Conrads Roman 1979 adaptiert und ließ die Geschichte nun im Vietnamkrieg spielen. Brando als von allen guten Geistern verlassener Kriegsveteran, der sich am Ende tief im Dschungel verbarrikadiert und in einer geisterhaften Siedlung das Jüngste Gericht anzettelt. Bis er selbst verreckt. *Herz der Finsternis,* 1899 geschrieben, ist eines der besten Bücher Conrads. Mit »Apocalypse Now« setzte Coppola dem längst verstorbenen Literaten ein Denkmal. Der Film wurde zum Kult, der Roman danach eines der meistgelesenen Bücher an amerikanischen Universitäten.

Conrad selbst schnappte im Kongo nicht über, aber er war offensichtlich kurz davor. Während der Rückreise auf dem Strom ging es ihm immer miserabler. Auf dem Seelenverkäufer überkam ihn das Fieber, er hatte schrecklichen Durchfall, Krämpfe, und er wurde von Depressionen heimgesucht, bis er schließlich in einer Missionsstation behandelt wurde. Um zurück nach Matadi zu gelangen, mußte er streckenweise in einem Kanu Richtung Kongomündung rudern, durch einige Regionen wurde er wegen Schwäche in einer Hängematte getragen. Ein halbes Jahr hatte Conrad im Busch verbracht, bis auch er es »da drinnen« nicht mehr aushielt. Im Dezember stand er endlich wieder am Strand und hatte den Atlantik vor Augen. Sein Zustand besserte sich. Einen Monat später war er zurück in London.

Afrika hatte schwer an ihm genagt. Und seine misanthropische Einstellung wurde dadurch keinesfalls besser. Conrad blieb Zeit seines Lebens pessimistisch, was das Streben der Menschen nach Macht und Reichtum betraf. Die im Wesen kriminelle Gesellschaft, das unvermeidlich Schlechte und Tragische des Daseins: Es wurden die großen Themen seiner Romane. Doch nun hatte er auch Afrika überlebt. Nach der russischen Verbannung und dem Selbstmordversuch seine dritte Auferstehung.

Licht in der Dämmerung

Drei Jahre nach dem Alptraum im Kongo gibt Conrad seine Laufbahn als Seefahrer schließlich auf. Er ist sechsunddreißig, als er sich in England niederläßt. Die Zeiten für Kapitäne waren inzwischen schwieriger geworden, die Jobs rar. Unter diesen Umständen, und nach Jahren des Herumreisens, war er zu dem Entschluß gekommen, endlich zur Ruhe zu kommen. Er leidet jetzt an Rheuma und Neuralgien. »Meine Beine sind in schlechter Verfassung, Magen auch«, schreibt er in einem Brief. »Ich sehe alles mit größter Entmutigung – alles in Schwarz. Meine Nerven sind ganz und gar zerrüttet.« Wegen seines Zustands würde er später noch Badekuren antreten müssen, aber dennoch schreibt er an seinem ersten Roman *Almayers Wahn* weiter, den er bereits auf den Schiffen begonnen hatte.

Er kann sich nicht sicher sein, wie seine Zukunft von nun an aussieht. Ob er vom Schreiben leben kann, ist völlig ungewiß, doch die Literatur »verführt« ihn, wie er es nennt, und mit *Almayers Wahn* versteigt er sich schnell in eine neue Welt. Nach fünf Jahren, die er an dem Erstwerk fabulierte, teilt er einer Freundin mit, das letzte Kapitel beendet zu haben. »Mit Trauer und Schmerz muß ich Sie über den heute morgen um drei Uhr eingetretenen Tod von Herrn Kaspar Almayer informieren. Es ist vorbei! Ein Kratzen der Feder, die das letzte Wort schreibt, und plötzlich wird die ganze Gesellschaft von Menschen, die mir ins Ohr gesprochen, vor meinen Augen gestikuliert, so viele Jahre mit mir zusammengelebt haben, zu einer Menge von Phantomen, die sich entfernen, verschwinden, sich auflösen.«

Als er das fertige Manuskript ein letztes Mal durchgesehen hat, schickt er es an den Verleger Fisher T. Unwin. Und erst Monate später, Conrad sitzt längst an seinem zweiten Buch, bekommt er die Antwort: *Almayers Wahn* soll gedruckt werden. Conrad, merkwürdigerweise, reagiert verstört. Was sollte das bedeuten? Eröffnete sich ihm da eine neue Perspektive, eine womöglich viel ernster zu nehmende, als er in der Schreiberei zunächst vermutet hatte? »Neue Werte im Dasein zu entdecken ist ein verwirrendes Erlebnis«, schreibt er im Vorwort zu seinem zweiten Buch. »Es war ein Gefühl, in Dunkelheit gestürzt zu sein, aber in diesem Chaos einer neuen Laufbahn ließ ich mich bewegungslos hingestreckt treiben.« Conrad hungert sich in dieser Zeit durch. Er hat kaum Erspartes, und auch wenn er gelegentlich Unterstützung von Verwandten bekommt, muß er Schulden machen. Während er längst an seinem zweiten Buch arbeitet, *Der Verdammte der Inseln,* ist nun aus Korzeniowski, dem polnischen Seemann, Joseph Conrad, der englische Schriftsteller, geworden. In großen Lettern steht sein neuer Name auf den Erstausgaben.

Und schon beim Lesen von Conrads frühen Werken will man kaum glauben, daß hier jemand nicht in seiner Muttersprache schreibt. Conrad formuliert sorgfältig, sein Stil ist präzise und bildhaft. Bis zu zehn Versionen eines einzigen Satzes legte er sich zurecht, bevor er sich für den gelungensten entschied. Es war kein Schreiben, es war Schufterei. Die ersten Kritiken fielen positiv aus, ein Rezensent sah in Conrad den »Kipling des Malaiischen Archipels«. Conrad lernte in dieser Zeit auch einen Lektor seines Verlags kennen, Edward Garnett. Die beiden redeten oft über Literatur und ihre finanziellen Risiken. Conrad war in dieser Hinsicht durchaus fordernd und nicht darauf aus, als verarmter Poet zu enden. »Ich will nicht in einer Dachkammer wohnen, darüber bin ich hinaus«, sagte er zu Garnett.

Schon ein Jahr zuvor hatte Conrad seine zukünftige Frau Jessie George kennengelernt. Seinen Verwandten in Polen beschrieb er sie als eine »etwas hausbackene, keineswegs gutaussehende Frau«. Die beiden heirateten 1896 in London, Conrad achtunddreißig, seine Braut fünfzehn Jahre jünger. Seine »Kameradin« nannte er sie und sah in ihr eher so etwas wie eine Mutter, die sich um ihn kümmern sollte. Von großer Liebe kann kaum die Rede gewesen sein, Conrad hatte angeblich während eines Museumsbesuchs um ihre Hand angehalten, an einem regnerischen Sonntag, und seine Worte waren so hilflos unromantisch, wie man es von einem ehemaligen Seefahrer nicht anders erwarten konnte. »Schau her, meine Liebe«, soll Conrad gestammelt haben, »wir sollten dies hinter uns bringen und heiraten. Sieh dir das Wetter draußen an.«

Womöglich hatte Conrad das Alleinsein satt. Er brauchte einen Ruhepol, suchte nach einer gewissen Häuslichkeit. Jessie kümmerte sich liebevoll um ihn, war eine gute Köchin und in ihren Wertvorstellungen sehr traditionell. Eine Besucherin beschrieb Jessie als ein »nettes, freundliches, dickes Wesen, das in der Tat eine gute und erholsame Matratze war für diesen hyperempfindlichen, an seinen Nerven leidenden Mann, der von seiner Frau keine hohe Intelligenz, sondern nur eine Milderung der Erschütterungen des Lebens verlangte«. Für Conrads Bücher interessierte sich Jessie wenig. Sie lebten still und zurückgezogen, meist in kleinen Häusern auf dem englischen Land, südlich von London. Die beiden sollten zwei Söhne haben, Borys und John, doch auch als Vater blieb Conrad der bizarre Vogel, der er war, oft gereizt, fast immer distanziert, selbst von seiner Frau hielt er sich lieber fern.

Als die beiden ihren ersten Sohn bekommen, reagiert Conrad kalt wie ein Eisberg. »Schämen« würde er sich, sagt er, und einem Bekannten, Ted Sanderson, teilt er ob seines Vaterwerdens mit: »Keine weiteren Neuigkeiten, es sei denn, man wollte die Nachricht, daß die Aussicht auf einen Nachfahren besteht, als Neuigkeit werten. Ich bin nicht übermäßig erfreut.« Conrad bleibt der abweisende Mann auf der Flucht, erst in seinen letzten Jahren würde er ein herzlicheres Verhältnis zu seinen Söhnen aufbauen.

Noch während der Flitterwochen in der Bretagne erschien Conrads zweites Buch, *Der Verdammte der Inseln,* die Geschichte eines Holländers, der in der malaiischen Inselwelt strandet und in der hoffnungslosen Liebe zu einer Eingeborenen – die kläglich scheitert. Mit der Liebe hatte es Conrad nicht, auch in seinen Büchern spielen Frauen, wenn überhaupt, eine Nebenrolle. Und wenn er sich in einigen Werken zu Liebesszenen hinreißen ließ, dann wirkten sie unglaubwürdig, konstruiert, fad. Conrad war ein Mann der See und der Gedanken. Für Romantik, selbst für Techtelmechtel, schien er kein Gespür zu haben. In den Schreibpausen verzog er sich ans Meer und mietete sich ein Segelboot.

Conrad schrieb in den dreißig Jahren, die er noch zu leben hatte, beharrlich weiter. Werke wie *Lord Jim, Der Spiegel der See, Herz der Finsternis, Der Geheimagent, Mit den Augen des Westens* oder *Sieg* entstanden, hinzu kamen mehrere Erzählungen und Kurzgeschichten. Für frühe Storys erhielt er teilweise bis zu fünfzig Pfund, doch seine Gewinne und Einkünfte blieben bis kurz vor seinem Tod mager und unkalkulierbar. Viel Geld besaß Conrad nie. Seine Texte wurden lange Zeit nur von einer geistigen Elite gelesen, und er wußte, daß er niemals großartig absahnen würde. »Von einem Vermögen träume ich nicht, das findet man ohnehin nicht in einem Tintenfaß.«

Dennoch verrannte er sich immer tiefer in die Schreiberei. Stundenlang konnte er über einem Satz grübeln, notierte er, »ihn jedoch selbst dann nicht so zusammenbringen, daß er dem Verlangen meiner Seele entspricht«. Conrad driftete ab. Manchmal glaubte er sogar, eine »ernsthaft geistige Krankheit« durchzumachen. Vor allem nach dem Ableben seines geliebten Onkels war Conrad fertig mit den Nerven. Alles wäre nun tot in ihm, klagte er.

Aufmunterung sucht Conrad bei neuen Freunden, Literaten wie Henry James, Ford Madox Ford, André Gide und auch Stephen Crane. Conrad diskutiert häufig, über Politik, Philosophie. André Gide besuchte er eines Tages und platzte mit dem

Satz in dessen Haus: »Lassen Sie uns über Bücher reden!« Gide wurde ein enger Vertrauter. Vor allem aber zum jungen Star-Autor Crane entwickelte Conrad eine gute Freundschaft. »Crane ist eigenartig verzweifelt, ich mag ihn«, schrieb er. Das erste Mal trafen sie sich, weil Crane den Autor dieses außerordentlichen Buches *Der Nigger von der Narzissus* kennenlernen wollte. »Hatten wir nicht ein gutes Palaver?« sagte Crane danach.

Conrad benötigte immer wieder den Zuspruch anderer Schreiber. Zu kritisch, zu unsicher stand er seinen Texten gegenüber, und immer wieder haderte er, fragte sich, ob es nicht kompletter Unfug sei, den er da aufs Papier brachte. Mit einigen Büchern ging er so lange schwanger, daß er sie erst zehn, fünfzehn Jahre nach dem ersten Satz fertigstellte. Conrads Schreiben war oft Kampf. Manchmal fühlte er sich physisch geradezu krank. Es sei, sagte er, als ließe er kalte, graue Nebel in sein Hirn.

Dabei glaubte er nicht an eine bestimmte Methode, sondern wartete auf Inspiration, auf das, was »in mir ist«. Es habe keinen Sinn, sich in diesen Prozeß einzumischen. Tatsächlich sah sich Conrad eher als Werkzeug eines Gebieters, der auf seltsame Weise seine Feder führte. Ein Gebieter wohlgemerkt, auf den in seinem Fall wenig Verlaß war. Manchmal ließ er seinen dichtenden Jünger wochenlang allein, was Conrad zur Weißglut trieb. »Das verdammte Zeug kommt nur durch eine Art geistigen Krampf heraus, der einige Tage oder manchmal zwei Wochen anhält, danach bin ich schlapp und nicht besonders glücklich. Ich bin so gereizt, daß ich wild werden könnte.« Manchmal aber floß es auch aus ihm heraus. Dann ertrank Conrad in einem Schreibrausch.

Vielleicht hatte er in der Schreiberei seinen letzten Fluchtpunkt gefunden. Was andere Dinge betraf, blieb er ein rastloser Geselle, der es begrüßte, bei der nächstbesten Gelegenheit zu neuen Ufern aufzubrechen. Selbst als die Conrads in späten Jahren noch häufig umziehen mußten, beschwerte er sich keinesfalls, sondern nahm jeden Tapetenwechsel dankend in Kauf.

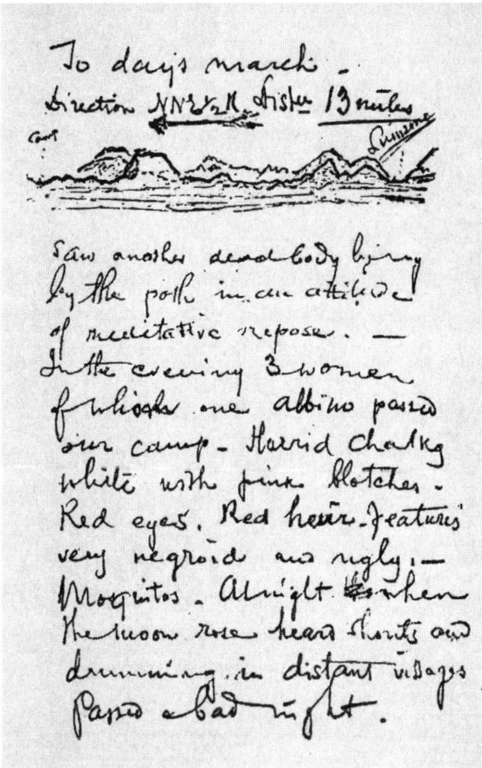
To days march -
Direction NNE1/2N. Distce 13 miles
Saw another dead body lying
by the path in an attitude
of meditative repose. —
In the evening 3 women
of whom one albino passed
our camp - Horrid chalky
white with pink blotches.
Red eyes. Red hair. Features
very negroid and ugly. —
Mosquitos - At night when
the moon rose heard shouts and
drumming in distant villages
Passed a bad night.

Vor allem in der Phase von 1897 bis 1911 gelang es Conrad, wirklich gute Bücher zu schreiben. Es war seine Hochzeit. Bedrückt von Schulden und psychischen Leiden, dichtete er sich langsam in die große Literatur empor. Hinter seinen Seegeschichten verbergen sich oft subtile Handlungen, in denen die Helden an Kleinigkeiten, an scheinbaren Banalitäten scheitern. Conrad war ein extrem scharfer Beobachter. Seine frühen Literaturkenntnisse und seine Erfahrungen hatten ihn für Dinge sensibilisiert, die an den meisten ungesehen vorbeihuschen. In einigen Büchern, vor allem in seinem »geliebten Nigger«, wie er es nannte, erschuf er eine eigenartig dichte Atmosphäre, eine Stimmung, in der man beim Lesen benommen von Satz zu Satz rudert.

Conrad geht bald als moderner Schriftsteller in den Kanon der Literatur ein. Er schreibt zwar noch episch, ausholend wie ein Charles Dickens, doch vor allem sein eigenwilliger, kritischer Pessimismus wird als neu gelten, als Markenzeichen des Conradschen Schreibens – wobei seine Bücher auch Spiegel seiner Zeit sind.

Und pessimistisch sollte er bleiben, jener polnische Junge, der auf Photos am Ende so düster und ernst aussehen konnte wie nebelverhangenes Patagonien. Selbst mit der Religion, mit dem Christentum, hatte er abgeschlossen. Der Mensch könne ins Paradies einziehen? Könne um Gnade bitten? Conrad hielt solche Sottisen für die Träumereien unrealistischer Menschenkinder. »Die absurde orientalische Fabel, von der das Christentum seinen Ausgang nimmt, irritiert mich«, schrieb er in einem Brief. »Es gibt keine Sühne. Alles Handeln im Leben ist endgültig und bringt unweigerlich seine Konsequenzen hervor.«

Conrad mochte keine Optimisten. Das Leben hielt er für ein aussichtsloses Schauspiel, in dem man durchhalten müsse. Einer Bekannten gab er seine Weltsicht folgendermaßen mit auf den Weg: »Man zweifelt an der Zukunft. Warum sollte man auch an sie glauben? Und auch, warum sollte man darüber traurig sein? Ein wenig Illusion, viele Träume, ein seltener Glücksstrahl und dann die Desillusionierung, ein wenig Ärger und viel Leiden und dann das Ende. Frieden! Das ist das Programm, und wir müssen dieser Tragikomödie bis zum Ende beiwohnen. Man muß seine Rolle in ihr spielen.«

Anders als Herman Melville erlebt Conrad seinen Ruhm noch. Von 1920 an werden seine Bücher allmählich von einem breiteren Publikum entdeckt, sein Name taucht in den Zeitungen auf, er wird zitiert, und er verdient am Ende genug Geld, um seine Schulden nach und nach zu bezahlen. Hochwertige Sammelausgaben erscheinen und werden zu Höchstpreisen versteigert. 1923 wird er für eine Vorlesung nach New York eingeladen, wird mit Literaturgrößen wie Dickens und Henry James verglichen – die Reise wird zum Triumphzug.

Am Ende ist Joseph Conrad völlig ergraut, sein Gesicht zerknittert. Aber er kann noch fröhlich sein. Auf Photos sieht man ihn in seinem Garten, er plaudert angeregt mit Freunden, Besuchern. Viele halten ihn trotz seiner manchmal befremdlichen Art für liebenswürdig, scharfsinnig und zuweilen äußerst zuvorkommend. Conrad sollte großen literarischen Einfluß ausüben. Hemingway, F. Scott Fitzgerald, William Faulkner lasen und lernten von seinen Büchern, Graham Greene beteuerte, viele Anregungen von ihm bekommen zu haben. Kurz vor seinem Tod wird Conrad der Ritterschlag angeboten. Er lehnt ab.

Als er sein letztes Buch, *Der Freibeuter,* verfaßt, Conrad ist sechsundsechzig Jahre alt, sieht er das Ende bereits voraus. Seinem Bekannten Arnold Bennett schreibt er: »Es kommt mir vor, als läge die Dämmerung schon auf diesen Seiten.« Es passiert schnell. Am 3. August 1924 erliegt er einer Herzattacke. Er wird auf dem städtischen Friedhof von Canterbury begraben, knapp außerhalb der alten Stadtmauern.

Conrad hatte ein erstaunliches Leben hinter sich. Ein aufregendes und ein trauriges Dasein, ein Leben, in dem er auch als Autor stets der gebrannte Józef Korzeniowski blieb. Mit seinem Werdegang konnte er sich nie so recht versöhnen. Wegen seines Temperaments und seiner Geschichte fühlte er sich immer im Abseits, sagte er – »wie irgendein merkwürdiges Tier, das dem Publikum in einem Käfig zur Schau gestellt wird«. Sein vielleicht einziges Zuhause waren seine Bücher, in denen es ihm vor allem um die Menschen ging, um die »ideellen Werte« und um die verworrenen, nicht immer heiteren Welten hinter den Fassaden.

»Können Sie sich überhaupt vorstellen, worum ich mich bemühe?« fragte er einmal seinen Agenten. »Ich bin keiner Ihrer Billigautoren, die drei Fortsetzungsromane gleichzeitig schreiben. Ich bin kein Mensch von dieser Sorte. Und reden Sie mir nicht vom Scheitern, verdammt noch mal!«

Ernest Hemingway

Wenn man gekämpft und gewürfelt und bei Hofe gedient hat und in den Krieg gezogen ist und sich in der Schriftstellerei auskennt und Seemannserfahrung hat und die Unterwelt und die große Welt und die verschiedenen Länder und andere Dinge kennt, dann hat man genug Kenntnisse, um daraus Lügen zu machen. Das ist alles, was zu einem Romanschreiber gehört.

»Afrika und das Meer sind die beiden entzückendsten Huren, die ich kenne.«

Ernest Hemingway

»Ich will als Schriftsteller gelten, nicht als ein Mann, der an Kriegen teilgenommen hat; oder als einer, der sich in Kneipen prügelt; oder als Schütze; oder als Pferdewetter; oder als Trinker. Ich will nichts als ein Schriftsteller sein und als solcher beurteilt werden.«

Ernest Hemingway

Man schreibt das Jahr 1940, es ist heiß auf Kuba. Der Nordostpassat treibt schneeweiße Kumuluswolken über den Golf von Mexiko, das Meer ist blau und von Schaumkronen überzogen. Auf den staubigen Straßen spielen Kinder, Fischer hocken vor ihren Hütten, als der Künstler Samuel Feijóo beschließt, den Tag in der Natur zu verbringen. Er fährt mit der Kleinbahn von Casablanca nach Cojimar, dort mietet er sich ein kleines Boot, verstaut seine Malutensilien und rudert den Río Cojimar hinauf ins abgelegene Hinterland, vorbei an Sandbänken, Palmen und großen Felsen, von denen die Schreie der Pelikane hallen.

Feijóo, sonst einer der umtriebigsten Künstler der Insel, taucht oft in die Einsamkeit ab. Er liebt das Grün der Lagunen, die Landschaft seiner Heimat, das klare, scharfe Licht und den Anblick der Fische, die wie schnellziehende Schatten durchs Wasser fliegen. Nach einer Stunde Fahrt zieht er das Boot an Land und packt seine Sachen aus. Den ganzen Nachmittag malt er, als er plötzlich ein zweites Boot erkennt, das durch die Mangroven langsam näher kommt. In dem Boot sitzt ein muskulöser Ausländer mit sehr rotem Gesicht, der im Bug einige Flaschen verstaut hat. Der Mann verlangsamt seine Fahrt und ruft herüber: »Darf ich anlegen?« Feijóo zögert, winkt ihn dann aber herbei. Kurz darauf steigt der bullig gebaute Amerikaner in weit geöffnetem Leinenhemd und kurzen Hosen aus und zerrt sein Ruderboot an den Strand.

»Ein sehr gelungenes Aquarell«, sagt der Yankee, nachdem er das Bild eine Weile betrachtet hat.

»Sie verstehen etwas von Malerei?«

»Ja, von Malerei versteh ich was. Ich habe lange genug in Paris gelebt, um mich in solchen Dingen auszukennen.«

Die beiden Männer kommen schnell ins Reden. Sie sprechen über Kunst und über viele Dinge, ohne zu wissen, wer der andere ist. Offensichtlich sind sie beide hier, um dem Rummel zu entfliehen, um allein zu sein. Der Amerikaner sagt, daß auch er gern die Einsamkeit suche und daß ihn die Leute, die ihn meistens umgäben, anwidern.

»Freunde!« stößt der Amerikaner hervor. Er habe keine wahren Freunde, fast alle würden sich nur um ihn scharen, weil er Schriftsteller sei. Der Fremde stöhnt. Feijóo ist sich nicht sicher, wen er vor sich hat. Er hat bisher nur ein Buch von jenem berühmten amerikanischen Literaten gelesen, der auf seiner Insel lebt, es heißt *In einem anderen Land*, und er stellt keine weiteren Fragen.

»Das ist doch auch keine schlechte Reisegesellschaft«, sagt Feijóo und zeigt auf die Whiskyflaschen im Boot des Amerikaners.

»Nein, das ist mir keine Gesellschaft, das ist nur ein Türchen, um der Welt ab und an zu entwischen.«

Der 1.85 Meter große Mann, einundvierzig Jahre alt, mit riesigen Füßen und mit Händen, so groß wie Schinken, beginnt auf einmal zu schluchzen.

»Verdammt, hör bloß auf«, sagt Feijóo. »Laß dich nicht so gehen, es ist nun mal unser Schicksal, wir sind bis in den Tod gescheiterte Existenzen.«

Der Amerikaner stockt. Der Satz scheint ihm durch Mark und Bein zu fahren. »Bis in den Tod gescheiterte Existenzen«, wiederholt er mit tiefer Stimme. Und dann richtet sich der Gringo auf, mit seinem enormen Brustkasten und seinen dunklen Augen, und weint jetzt haltlos und hört gar nicht mehr auf.

Drei Stunden vergehen, dann rudern die beiden zurück nach Cojimar. Am Kai des Dorfs laufen die Menschen zusammen, Fischer und Höker, und alle rufen zu den Booten rüber: »Heming, Heming!« Jetzt weiß Feijóo, mit wem er den Nachmittag verbracht hat. Als sie noch nicht ganz an Land sind, sagt er zu seiner amerikanischen Bekanntschaft: »Diese Leute sind wie Schmutzwasser. Stauen sich und gieren nur nach Trinkgeld.«

»Die Farbe des Wassers kümmert mich nicht. Es dürstet mich danach«, antwortet Hemingway und verschwindet mit Feijóo in einer Bar namens »Terrasse«. Er bestellt zwei Langusten und mehrere Drinks, und nach einiger Zeit kommt er noch einmal auf die Verlorenheit zu sprechen: »Ich brauche Zuneigung, und es ist mir egal, woher sie kommt. Das Leben hier ist entsetzlich, aber in meinem Land ist es noch schlimmer. Hier hat man wenigstens ein Lächeln für dich übrig.«

Es gibt viele Geschichten über Ernest Hemingway, und diese schilderte der kubanische Maler und Schriftsteller Samuel Feijóo Jahre später dem Autor Norberto Fuentes, als dieser für ein Buch über Hemingways Jahre auf Kuba recherchierte. Die Geschichte erzählt viel über den späteren Nobelpreisträger, der als löwentötender und hochseeangelnder Bonvivant die Welt eroberte und dessen Bücher schon zu Lebzeiten zu den Klassikern der Literatur gehörten.

Bis in den Tod gescheiterte Existenzen. Ein Satz, der Hemingways Nerv traf, der den Kern seiner Lebensanschauung ausmachte. Denn dies war sein großes Thema: die ewige Niederlage – und das Aufrechtbleiben, wenn es dich erwischt. Ein Thema, das sein Werk durchweht wie ein kalter, kräftiger Wind.

Und er schrieb nicht nur darüber. Hemingway war bekannt für sein »an Wahnsinn grenzendes Draufgängertum«, wie es der Biograph Kenneth Lynn nannte, für seine Wagnisse, im Krieg, in Spanien, in Afrika. Er sollte sich den Ruf eines Helden schaffen. Hemingway, der Sportsmann, der unerschrockene Reporter, der Kriegsveteran, der Kenner des Stierkampfes, der U-Boot-Jäger, der Großwildjäger. Hemingway, der schreibende Haudegen. Mit diesem Image wurde der Mann zum Mythos.

Doch hinter dem Draufgängertum versteckte sich noch etwas anderes, ein seltsamer Wesenszug. Das standhafte Auflehnen gegen den Tod, die Suche nach der Würde im Scheitern – dies war das eigentliche Abenteuer, das er suchte. Hemingway gierte danach, sich in Extremsituationen zu beweisen und seinen Mann zu stehen. Dem Schicksal eiskalt die Schulter zeigen, dies war sein Spiel. Und dieses Schicksal ist das des Menschen schlechthin: das Verurteiltsein zum Tode, von dem Moment an, da der Mensch das Licht der Welt erblickt.

Eine düstere Weltanschauung, ohne große Euphorie, ohne Illusionen. Das Leben als verhängnisvolle Schiffsreise: Morgens läufst du aus und weißt genau, daß du am Abend absaufen wirst. Immer wieder platzte dieser Gedanke aus ihm heraus, in Witzen, Flüchen, in seinen Briefen und Büchern. Sein Pessimismus war dabei keinesfalls etwas Neues. Schon viele Autoren vor ihm, wie etwa Melville und Conrad, hatten die Abgründe der Existenz beschrieben, als sei kein ernsthaftes Buch, das sich nicht mit dem Tod beschäftigt. In der Literatur wimmelt es von Fatalisten.

Doch Hemingway bot einen neuen Ausweg – seine Methode, mit den Dingen fertig zu werden. Denn die Tatsache, daß der Mensch dem Tod geweiht ist, beflügelte ihn in gleichem Maße, wie sie ihn demütigte. »Die kranke Auster scheißt die schönste Perle«, pflegte er zu sagen. Und der Spruch offenbart das Motiv, das ihm die Zeilen aus der Seele trieb. Nur im Bewußtsein des Scheiterns kann Schönheit gedeihen, kann das Wahre sichtbar werden. Dabei war Hemingway ein reichlich verrückter Kauz. Er trank hemmungslos, prügelte sich regelmäßig, er jagte und boxte, doch hinter all seinen Grobheiten verbarg sich sein verzweifeltes Anliegen: die Suche nach Lebenskraft im Wissen um das sichere Ende.

»Ich habe da eine neue Geschichte«, sagte Hemingway einmal zu seinem späteren Freund A. E. Hotchner und hielt ihm ein Manuskriptbündel hin. »Ich möchte, daß du sie liest. Ihren Kern bildet das älteste *Doppel-Dicho*, das ich kenne.«

»Was ist ein *Doppel-Dicho*?« fragte Hotchner.

»Ein Spruch, dessen Behauptung man umkehren kann. Dieses *Dicho* lautet: Der Mensch kann vernichtet, aber nicht besiegt werden. Man kann es umdrehen, aber ich habe es immer vorgezogen, den Menschen für unbesiegbar zu halten.«

Hemingway gab ihm die Seiten, auf denen er *Der alte Mann und das Meer* niedergeschrieben hatte. Die Geschichte des alten

Fischers Santiago, der für immer *salao* ist, verfolgt von der übelsten Sorte des Pechhabens. Vierundachtzig Tage in Folge, geschmäht von den Einheimischen, fährt er hinaus auf den Golfstrom, ohne einen Fisch zu fangen. Als er dann endlich einen großen Marlin an die Oberfläche bringt, fressen die Haie das Fleisch bis aufs Skelett, und nach tagelangem Ringen kehrt Santiago zurück – geschlagen als Fischer, aber unbesiegt als Mensch im tapferen Kampf gegen die Aussichtslosigkeit. »Das Segel war mit Mehlsäcken geflickt, und zusammengerollt sah es aus wie die Fahne der endgültigen Niederlage«, schreibt Hemingway. Langsam und müde schultert Santiago am Schluß den Mast und schleppt ihn, vor Erschöpfung zusammenbrechend, die Hügel zu seiner Hütte hinauf wie Jesus das Kreuz über die Via Dolorosa. Dann schläft der alte Mann ein. Und träumt von den Löwen.

Doch nicht immer trugen Hemingways Tänze mit dem Untergang derart romantische, Kritiker sagen: kitschige Züge. »Ich werde entscheiden, wann der Tod über mich kommt«, tönte er in Kneipen und bei zig Abendessen. »Und, verlaßt euch drauf, ich werde auch die Art und Weise bestimmen, wie er mich holen wird.« Mehr als einmal führte er den Leuten detailliert vor, wie er es anzustellen gedachte. Dr. Herrera, sein kubanischer Arzt, wurde des öfteren Zeuge solcher Szenen. »Sehen Sie her, so werd' ich's machen«, begann Hemingway stets seine Show. Woraufhin er sich in seiner Finca auf Kuba barfuß auf einen Stuhl setzte und den Kolben seiner Mannlicher Schoenaur 256 auf den Webteppich des Wohnzimmers zwischen seine Beine stellte. Dann beugte er sich vor und schob sich die Gewehrmündung in den Mund bis an den Gaumen. Anschließend drückte er mit dem großen Zeh auf den Abzug. Klick. Zum Schluß lächelte er und beendete die Vorstellung mit den Worten: »So begeht man Harakiri mit einem Gewehr, meine Herren, der Gaumen ist der weichste Teil des Kopfs.«

Auch andere Menschen schockierte er mit seiner Todesverachtung. Ein deutscher Journalist stellte ihm einmal die Frage:

»Mister Hemingway, können Sie mir kurz sagen, was Sie über den Tod denken?« – »Ja«, erwiderte dieser knapp. »Auch nur eine Hure.« Und seiner Mutter schrieb Hemingway nach einer schweren Frontverletzung, er war gerade mal neunzehn Jahre alt: »Wieviel besser ist es, mitten in der glücklichen Jugendzeit zu sterben, im strahlenden Licht dahinzuscheiden, als alt und klapprig zu werden und seine Illusionen zerstört zu sehen.«

Am 2. Juli 1961, im Alter von einundsechzig Jahren, war das Reden vorbei. Hemingway machte Ernst. Vom Alkohol gezeichnet, von schweren Depressionen, Bluthochdruck, Nierenleiden und Verfolgungswahn gepeinigt, verließ ihn zu guter Letzt auch noch seine wichtigste Triebfeder, die Kunst zu schreiben. »Ich kann es nicht mehr, es wird kein Frühling mehr kommen«, sagte er zu seinem Freund Hotchner. Hemingway war als Mensch und Literat ausgebrannt. In der Vorhalle seines Hauses in Ketchum, Idaho, hielt er sich an einem Sonntag gegen sieben Uhr morgens eine doppelläufige großkalibrige Schrotflinte von Abercrombie & Fitch an den Kopf und drückte ab. Diesmal war die Waffe geladen. Ob er sich die Mündung an Gaumen oder Schläfe setzte, bleibt ungewiß. Der Schuß riß ihm den Kopf vollständig weg.

Hinter seinen Todessehnsüchten vermuteten Biographen oft Ängste, wovon Hemingway allerdings nichts hören wollte. Regelmäßig beschimpfte er sie als Parasiten und kastrierte Marketender. »Die berufsmäßigen Besserwisser, Professor Carlos Back-up und Professor Philip Youngerdunger und wie sie alle heißen, gehüllt in ihre feierlichen Seidenroben von Princeton und Yale, sie stopfen meine gesammelten Werke in ihre Symbolsucher, Kreuzungen aus Geigerzählern und Spielautomaten, oder sie benutzen ihre Todestriebindikatoren, da braucht man nur an einer Scheibe zu drehen, und rauskommen beglaubigte wie unbeglaubigte Komplexe.« Hemingway hatte es nicht mit Akademikern. Gelehrte, die mit hochgestochenen Fragen durch sein Leben und sein Werk schnüffelten, übergoß er mit Spott.

Manche Zeitgenossen hingegen sahen in ihm keinesfalls den eloquenten Heroen. Viele hielten sein Gebaren für maskuline Anmaßungen, nichts als eitles Gegockel. Die Frau seines Literatenfreundes F. Scott Fitzgerald (*Der große Gatsby*) behauptete gerne, Ernest Hemingway sei nichts als ein aufgeblasenes Windei. Und auch nach seinem Tod wurde der Autor oft als lächerlicher Macho verurteilt. Doch zig Biographien, Tausende Bücher der Sekundärliteratur und alle Porträts zeigen höchstens, daß der wahren Person Hemingway mit solch einseitigen Urteilen kaum beizukommen ist.

Ohne Zweifel war Hemingway ein verzweifelt Getriebener, der die Fronten des Daseins suchte, um dort den Stoff für seine Short Storys und Romane zu finden. Ohne ein pralles Pfund an Erfahrungen, glaubte der Literat, müsse jeder Schriftsteller leer ausgehen. »Ich habe lieber einen Sack voll guter Geschichten und einen stumpfen Bleistift als eine spitze Feder und nichts zu erzählen.«

Dies war sein Rezept. Keine Zeile, ohne vorher selbst etwas riskiert zu haben; kein Absatz, ohne zuvor selbst am seidenen Faden gebaumelt zu haben. Erst das Erlebte bescherte ihm den Fundus für sein Schaffen. In einem Brief an Fitzgerald schrieb er: »Wir sind alle von Anfang an verflucht, und auch Du mußt erst furchtbar verletzt werden, bevor Du ernsthaft schreiben kannst. Aber wenn Du diesen verdammten Schmerz fühlst, nutze ihn und betrüge nicht damit. Sei damit so ernsthaft wie ein Wissenschaftler.«

Mit diesem Credo brach Hemingway auf. Nicht nur um mit seinem knappen Stil und seiner kraftvollen Prosa einer der berühmtesten Schriftsteller der Welt zu werden. Sondern auch, um der Nachwelt ein ziemlich bewegtes, ein »ziemlich kompliziertes Leben«, wie er es nannte, zu hinterlassen.

Am 21. Juli 1899 wird Ernest Miller Hemingway in Oak Park, Illinois, geboren. Der kleine Vorort Chicagos, wo er Kindheit und Jugend verbringt, ist ein Vorzeigeparadies. Aufgeräumte Häuser, gepflegte Vorgärten und die Demut vor Gott prägen den Alltag des provinziellen, wohlhabenden Bürgertums. Nicht gerade ein Ambiente, dem man zutraut, einen Schriftsteller vom herben Charakter Hemingways hervorzubringen. Einer seiner Lehrer bemerkte später, als der kleine Ernest längst weltbekannt war: »Das Erstaunliche ist, daß ein in puritanischem und christlichem Geiste erzogener Knabe den Dämon und die Unterwelt so genau kennenlernen konnte und daß er so gut darüber schreiben kann.«

Hemingways Vater, Doctor Clarence E. Hemingway, ist in Oak Park ein angesehener Arzt. Er ist groß, hat stechend scharfe Augen und liebt die Natur. Doch trotz seiner scheinbaren Stärke wird Ernest ihn bald verachten, denn der Vater erweist sich ihm gegenüber als nervös, erregbar und unsicher. Von seiner herrschsüchtigen Frau läßt er sich Vorschriften machen, und nicht selten beugt er sich ihrem Willen. Schon dem jungen Hemingway muß die Sensibilität des Vaters aufgestoßen sein, in einer frühen Kurzgeschichte sagt sein Alter ego Nick Adams: »Alle sentimentalen Menschen werden ein ums andere Mal verraten.« Und er bedauert seinen Vater weiter: »Er hat sich so viel entgehen lassen!«

Ein Leben lang wird der Schriftsteller gegen diese Erinnerung an einen Schwächling ankämpfen, an einen Vater, in dem er Gefühlsduselei und Unentschlossenheit erkannte und zutiefst mißbilligte. Daran änderte auch der Selbstmord nichts, den der Vater 1928 beging, gebeutelt von Krankheit und Einsamkeit.

»Gott ist im Himmel, der Welt geht es gut.« Mit dieser grundpositiven Lebenseinstellung macht sich dagegen Mutter Grace Hall Hemingway an die Erziehung ihres kleinen Ernest. Sie ist eine standhafte Frau, stark, gewissenhaft, nie läßt sie Zweifel an ihren Überzeugungen aufkommen. Sie singt im Chor, ist Musikerin, malt und zeigt eine sprudelnde Leidenschaft für die schönen Künste. Einen Monat vor Ernests zweitem Geburtstag läßt sie ihn und seine Schwester Marcelline photographieren. Auf einem Bild ist ein kleines Kind zu sehen, pausbäckig, die langen Haare brav gekämmt, mit Hütchen auf, einem weißen Kleidchen an und einer Blume in der Hand. Neben das Photo schreibt Grace

»Sommermädchen«. Doch zu sehen ist nicht etwa Marcelline – sondern der kleine Ernest Hemingway.

Nicht selten legt die Mutter dem Jungen nahe, mit seiner Schwester und mit Puppen zu spielen. Ernest soll Schürzchen tragen, Hauben aufsetzen, nähen lernen und bald auch noch Cello-Unterricht nehmen. »Ich spielte es schlechter als irgendein anderer auf der Welt«, erinnerte er sich später. Was hatte die Mutter ihm angetan? Er selbst als zarter Musikant, als Mädchen!

Ob der Weihnachtsmann auch wisse, daß er ein Junge sei, fragte er einmal irritiert, keinesfalls darauf aus, Mädchengeschenke zu bekommen. Und als seine Mutter ihn wie so oft »ihr Bubiköpfchen« oder gar »Püppchen« nannte, bekam er eines Tages einen Tobsuchtsanfall und stampfte mit den Füßen: »Ich nicht Püppchen. Ich Pawnee Bill. Ich erschieß' Fweetee! Peng!« Fweetee, so nannte er seine Mutter. Er spreizte Daumen und Zeigefinger – und zielte auf sie. Sein Haß auf sie sollte nie mehr vergehen.

Noch mit fünf, sechs Jahren ist Ernest stark verunsichert. Mal als süßes Mädchen ausstaffiert, lobt ihn die Mutter anderntags als »ihren starken Jungen«. Auf eine Frage, die ihm die Eltern ob seines auflehnenden Gebarens öfter stellen, feuert der Junge bald nur noch wildes Geschrei ab.

»Wofür fürchtest du dich, Ernest?«

»Ich keine Angst! Ich keine Angst!«

Eine Antwort, die sich im nachhinein wie ein tiefsitzendes Motiv liest.

Doch auch das Abenteuer lernte Hemingway früh kennen. Mit zwei Jahren bekam Ernest seine erste Angelrute, bald darauf ging er bereits mit dem Vater auf Jagdtouren. Seine Mutter notierte 1902 in einem Tagebuch: »Ernest Miller ging mit zwei Jahren und elf Monaten mit zwei Männern zum Angeln. Er fing den größten Fisch. Er weiß, wann einer anbeißt, und zieht ihn selbst an Land. Er ist ein guter Schütze und kann selbst laden und spannen.«

Die Sommer verbrachten die Hemingways später oft am Walloon Lake nahe Petoskey. Hier lebten noch Indianer, rundherum erstreckten sich riesige Wälder, und gleich nebenan begannen die Weiten des Michigan-Sees. Tagelang zog der Vater mit Ernest umher, schoß Federwild, paddelte mit dem Kanu über die Flüsse und wies ihn schon früh in die Hohe Schule des Fliegenfischens ein. Sein Sohn lernte schnell, Ernest begeisterte sich für alles, was mit Natur zu tun hatte. Mit viereinhalb Jahren konnte er angeblich die Namen von fast siebzig Vogelspezies auswendig, sammelte Käfer und Fliegen, konnte Eichhörnchenarten und verschiedene Hirschspuren voneinander unterscheiden, er machte Feuer und ging bald allein zum Fischen. Einen »Natural Scientist« nannte ihn stolz die Familie.

Hemingway war schon früh von enormem Ehrgeiz angestachelt. Immer wollte er der Beste sein, sich beweisen. Die Sommer im nördlichen Michigan zeigten ihm dabei nicht nur einen ersten Weg, aus dem biederen Vorort Oak Park auszubrechen. Die Natur und das Jagen gaben ihm auch das Gefühl, zum Kerl zu reifen. Ein Lederstrumpfleben, ganz nach Art der Pioniere. Der junge Hemingway liebte es.

Herrliches Dasein

Die eindrucksvollsten und gewaltigsten Eruptionen bringen Vulkane hervor, die zuvor jahrelang unter der Oberfläche brodeln. Hemingway ist achtzehn Jahre alt, als sich sein erster Ausbruch ankündigt. Im April 1917 erklärt Amerika Deutschland den Krieg, und der Teenager Hemingway liest Hugh Walpoles jüngsten Roman *Und der Wald stand still,* eine Kriegserzählung, die auf Erfahrungen aus erster Hand basiert. Kurz darauf, er hat inzwischen die Highschool abgebrochen und arbeitet für eine Zeitung in Kansas City, schreibt Ernest in einem Brief an die Familie: »Länger kann ich mich unmöglich, unter keinen Umständen, aus diesem Krieg raushalten.« Der Bursche ist wild entschlossen.

Es ist ein kühler, grauer Morgen in Paris. Am Gare du Nord steigt Hemingway mit seinem Kollegen Ted Brumback, von Bordeaux kommend, aus einem Zug. In der Ferne, weit jenseits des Pariser Bahnhofs, ist dumpfes Grollen zu hören. Hemingway hatte am Tag zuvor erfahren, daß die Deutschen Paris mit der Dicken Bertha einheizen, einem gewaltigen Belagerungsgeschütz, das seine Sprengkörper bereits mehrere Kilometer weit schießen konnte. Von Brumbacks Plan, sich schleunigst im Hotel zu verschanzen, hält Hemingway wenig. Er winkt eines der Zwei-Zylinder-Taxis herbei, wirft das Gepäck hinein und drängt den skeptischen Fahrer, sie sofort dorthin zu fahren, wo die Granaten einschlagen. Eine Stunde lang knattern sie durch das leere Paris, weil Hemingway vom Nervenkitzel getrieben ist, endlich in feindliches Feuer zu geraten. Um selbst zu spüren, wie es ist, »eine verpaßt zu kriegen«.

Am Place de la Madeleine schließlich rauscht ein Geschoß über sie hinweg. Es macht einen solchen Krach, daß sie schon befürchten, samt Taxi in die Luft zu fliegen. Statt dessen jagt das Projektil in die Kirche La Madeleine, daß die Fassade bröckelt. Erst jetzt ist Ernie bereit, zum Hotel zu fahren.

Er ist nun einer von Tausenden Freiwilligen des amerikanischen Roten Kreuzes, die Europa im Krieg helfen wollen. Für einen Soldaten zu jung und wegen einer Sehschwäche für den Kampf untauglich, hatte er sich prompt beim Red Cross gemeldet und stolzierte bald darauf in frisch verpaßter Uniform durch New York, bereit für den Aufbruch in den Krieg. Fünf Sektionen dieses Ambulance Corps werden zum Einsatz nach Italien geschickt. Hemingway wird der vierten Einheit zugeteilt, fünfzig Mann, die tags darauf von Paris nach Mailand aufbrechen. Am nächsten Morgen kommen sie an, und die Gefechte lassen nicht lange auf sich warten. Granaten und Detonationen am Wegesrand: Hemingway ist endlich mittendrin. Und er ist begeistert. »Herrliches Dasein!« schreibt er auf eine Postkarte in die Heimat. »Habe hier am ersten Tag schon die Feuertaufe empfangen, als eine Munitionsfabrik hochging.« Während Ambulanzkollegen still ihren Dienst verrichten und grausam entstellte Leichen von den Zäunen pflücken, lebt Hemingway regelrecht auf und zeigt eine fast schon absurde Neugier.

Was ist los mit diesem komischen Sanitäter? Ist er verhaltensgestört? Ein lebensmüder Spinner? Für junge Männer war es zu dieser Zeit zwar durchaus normal, sich im Krieg bewähren zu wollen. Die Schlachten in Europa lösten bei vielen jungen Amerikanern romantische Vorstellungen aus. Hemingway aber reagiert fast schon ekstatisch, als müsse er allen zeigen, was für ein Kerl er ist.

Biographen sehen darin, wie auch in seinem ewigen Jagen, oft den Zwang, seinen Vater besiegen zu wollen, ihn im Bestehen immer heftigerer Mutproben übertrumpfen zu müssen. Und so mag es eine Kombination aus halbirrem Übermut und naivem Herauskehren eigener Härte gewesen sein, als er eines Abends beim Essen vor seinen Kameraden posaunt: »Es wird langweilig. Ich wünschte, daß sie sich beeilen, uns an die Front zu schicken.« Schon jetzt konnte der junge Hemingway den Hals nicht voll kriegen. Angst? Er? Niemals? Man könnte meinen, daß er die harsche Realität des Krieges verdrängt hatte. Doch genau das Gegenteil war der Fall. Denn wie sehr ihn die Bilder bis hier schon beeindruckten und in welchem Maße er Details aufsog, statt sich als Achtzehnjähriger schockieren zu lassen, wird später klar. Nüchtern und exakt bringt er das Erlebte Jahre danach zu Papier.

Ich erinnere mich, daß wir, nachdem wir sehr gründlich nach den kompletten Toten gesucht hatten, Fragmente einsammelten. Viele mußten von einem schweren Stacheldrahtzaun abgelöst werden, und auch von seinen stehengebliebenen Teilen klaubten wir viele dieser Stücke ab. Das Aufsammeln der Fragmente war eine außergewöhnliche Sache, war es doch erstaunlich, daß der menschliche Körper in Stücke gesprengt wurde, die nicht nach der anatomischen Struktur auseinanderplatzten, sondern sich eher so willkürlich teilten wie eine Explosivgranate beim Bersten.

Die Details exakt betrachten. Die Wirklichkeit herausfiltern, wie sie wahrhaftig ist, und genau wissen, was es ist, das eine bestimmte Emotion auslöst. Hemingway ging diesem Vorsatz mit ungewöhnlicher Akribie nach, und hinter all seinen Sprüchen und Tollheiten muß stets das Auge des kühlen Beobachters gewacht haben. »Ich habe niemals taggeträumt«, sagte er einmal, als er alt geworden war. Freunde waren oft sprachlos. Dieser rüde Trinker konnte sich noch Jahrzehnte später an Details erinnern, als hätten sie sich in sein Hirn eingraviert. Die ersten Kriegserlebnisse müssen seine Wahrnehmung in dieser Hinsicht nur geschärft haben. Doch er hatte beileibe noch nicht genug.

Bald wird er südlich nach Schio versetzt, einen kleinen Ort nordwestlich von Vicenza, in dessen Nähe Kämpfe stattfinden. Doch seine Aufgabe, mit einem Fiat-Laster Verwundete aufzusammeln, wird ihm schnell zu eintönig. Er will in die Ebene hinab. Dorthin, wo geballert wird.

Captain James Gamble sucht zu dieser Zeit Leute, die zweimal täglich mit dem Fahrrad direkt an die Front fahren, um dort Schokolade und Zigaretten zu verteilen und die Feldküchen im Tal zu versorgen. Tenente Hemingway meldet sich sofort freiwillig. Er hat gehört, daß unten an der Piave die erbittertsten Kämpfe seit der Niederlage bei Caporetto wüteten.

Doch dann kommt die Züchtigung. Die erste Gelegenheit, seinem heißersehnten Schicksal mitten ins Antlitz zu blicken.

Am Abend des 8. Juli fährt er mit dem Rad weit draußen am Westufer entlang. Während er in einem Schützengraben nahe des Dorfes Fossalta Essen verteilt, explodiert nur knapp neben ihm eine Streubombe, abgefeuert von einem 420er Kaliber Minenwerfergeschoß. »Die Splitter zerfetzten dem amerikanischen Tenente beide Beine«, schrieb er 1929 in seinem Roman *In einem anderen Land.* »Ich hörte ein Husten, dann kam das tschu, tschu, tschu – dann ein Aufflammen, als wenn die Tür eines Hochofens aufgerissen wird.« Und Hemingway übertrieb nicht. Er wird der erste schwerverwundete Amerikaner des Krieges. Über zweihundert Schrapnellsplitter bohren sich in seine Beine und Füße. Hemingway, übel zersiebt, soll sogar noch einem italienischen Soldaten geholfen haben, dem beide Beine abgesprengt waren. Die italienische Regierung verlieh ihm später die Silberne Tapferkeitsmedaille.

In seiner Heimat wird er zum gefeierten Helden. Er ist jung und repräsentiert das unerschrockene Amerika. Die Zeitungen zu Hause drucken aufsehenerregende Berichte, sie tragen Titel wie »Ernest Hemingway wird die Tapferkeitsmedaille für seine Heldentat an der Piave bekommen«. Und er läßt es sich nicht nehmen, den eiskalten Heroen zu mimen. Im Mailänder Hospital wird er photographiert, wie ein gebrochener alter Mann, in Wolldecken gehüllt und grober Uniform in einem Rollstuhl sitzend. Seiner Familie schreibt er lapidar: »Ich bin gar nicht so ein Mordskerl. Mach Dir keine Sorgen, Paps!« Und bald darauf: »Hallo! Liebe Familie, man hat ja einen großen Wirbel darum gemacht, daß ich eine verpaßt bekam. Es ist ungefähr das Beste, was es gibt, getötet zu werden und seinen eigenen Nachruf zu lesen. Ich sage nicht, daß es die Hölle war, aber es gab etwa acht Gelegenheiten, bei denen mir die Hölle willkommen gewesen wäre. Die Granaten sind nicht so schlimm, wenn es keine Volltreffer sind. Man riskiert nur, Splitter abzubekommen. Wenn es aber ein Volltreffer ist, wird man über und über mit Kameraden bespritzt, buchstäblich bespritzt.«

Der Ausbruch aus dem bürgerlichen Oak Park war gelungen. Schon vor seiner Zeit als Ambulanzfahrer in Italien hatte er sich zwar abgenabelt. Zu Hause hatte er sich zunehmend dem Willen der Eltern widersetzt, war tagelang auf Angeltouren verschwunden und bald nach Kansas City gezogen, wo er Jazzclubs besuchte und bei der renommierten Zeitung »Kansas City Star« anfing. Dort hatte er sich die »hundertzehn Stilregeln einfachen, guten Schreibens« angeeignet und seine ersten Lokalreportagen veröffentlicht.

Und die journalistische Lehrzeit mochte ihn angespornt haben, doch erst der kalte Sprung in die Kriegswirren ließ ihn Feuer fangen. Als ob er auf der Suche gewesen wäre nach etwas Großem, Starkem, Brutalem. Nach etwas, was nach mehr roch als müder Lokalberichterstattung, denn längst war er fest ent-

schlossen, Schriftsteller zu werden. Bücher sog er fortan förmlich in sich auf. Mark Twain, die Klassiker, Joseph Conrad, Stephen Crane, den er früh bewunderte, dazu Autoren wie Kipling, den er für den besten Kurzgeschichtenerzähler seiner Zeit hielt. Doch nun hatte er seinen eigenen Stoff – höchstselbst erlebt und aus erster Reihe geschöpft. Er hatte jetzt ein paar Geschichten zu erzählen. Ein paar »verflucht gute Geschichten«, wie er es reichlich überheblich ausdrückte. Seine Arroganz bezüglich des Schreibens würde er nie mehr ablegen. Nach den ersten Erfolgen knallte er Verlegern immer wieder seinen Hochmut an den Kopf: »Ich kann jederzeit eine bessere Geschichte schreiben als jeder andere.« Und das war noch harmlos formuliert. Schlagen, besiegen, niederringen wollte er andere Schriftsteller. Nur zu gern redete er in Kriegsmetaphern, auch was das Schreiben betraf.

In einer maßgeschneiderten Felduniform, am Stock hinkend, kehrt Hemingway nach Amerika zurück. Während seiner Genesung in Oak Park streitet er sich bald schon wieder heftig mit seiner Mutter, die ihn für faul und launisch hält und ihn schließlich rauswirft. Hemingway stürmt ohne eine Wort aus dem Haus und fährt in sein »Eden«, oben in die Ahornwälder von Nordmichigan, wo er schon als Junge seine Ferien verbracht hatte. Ohne festen Job geht er zum Fischen und schaufelt Kies, um sich ein kleines Zimmer als Untermieter zu leisten. Seinem Freund Ted Brumback erklärt er abends am Lagerfeuer erneut, daß er unbedingt Schriftsteller werden und sich als Journalist nur noch so lange über Wasser halten wolle, bis er von seinen Geschichten leben könne. Seine Mußestunden verbringt er damit, an Short Storys zu arbeiten.

Kurz darauf zieht Hemingway nach Chicago und schreibt von dort für den kanadischen »Toronto Star«. »Ein geborener Erzähler«, bemerkte damals schon der Chefredakteur. »Aber er schreibt nur über das, was er genau kennt, einmal übers Fliegenfischen, ein anderes Mal über den lokalen Snobismus oder über das Betragen jener, die nicht an der Front waren.« Ein Feature-Redakteur des »Star«, Gregory Clark, war vom damaligen Journalisten Hemingway weniger beeindruckt, von »diesem großen, schweren, schlaksigen Jüngling mit dem roten Gesicht, dem dunklen, offenen Haar und dem großen, roten Mund«. Clark fand, daß er reichlich schwitzte, den Buchstaben *l* nicht richtig aussprechen konnte und eine merkwürdige, hitzige Art hatte, etwas zu beschreiben. Selbst als Clark ihn besser kennenlernte, behauptete er, daß eine »seltsamere Kombination aus zittriger Empfindsamkeit und Gewaltbesessenheit noch nie über diese Erde gewandelt ist«.

Hinter der Maske des Unberührbaren steckte ein Sensibelchen, voller Feingefühl und überraschender Verletzlichkeit. Nicht nur, daß er die in Menschen und Momenten versteckten Gefühle regelrecht durchleuchtete. Hemingway konnte Sätze aufschreiben, fast zärtlich und dabei so treffend, daß sie für die Ewigkeit formuliert schienen. Die Sprache war für ihn ein Mittel, die Welt für sich zu ordnen, sie zu begreifen. Als ob er beim Schreiben Dinge endeckte, die kaum einer so einfach und klar sehen konnte.

In Chicago besucht Hemingway jetzt regelmäßig Bars und Boxclubs und trainiert bald ausgiebig selbst. »Ihr müßt die Dinge sehen, fühlen, riechen und hören, um darüber zu schreiben«, sagt er zu Freunden. Wieder will er Erfahrungen aus erster Hand, auch wenn es Schweiß und Haue sind. Inzwischen arbeitet er auch ernsthaft an seiner Schreibtechnik, die über die reinen Stilregeln des Journalismus hinausgeht. Jahre später erinnerte er sich: »Ich versuchte dann die Kleinigkeiten umzusetzen, die man nicht bemerkt und die die Emotionen verursachen, etwa die Art und Weise, seinen Handschuh hinzuwerfen, das Knirschen von Harz unter der Sohle eines Athleten. Es sind die Sachen, die einen bewegen, noch bevor man die eigentliche Geschichte kennt.« Immer öfter hält er sich nun im literarischen Milieu auf, wo er auf Autoren wie John Dos Passos und Sherwood Anderson trifft und auf einer Party bald seine erste Frau kennenlernt, Hadley Richardson.

Hemingway ist einundzwanzig, als er sie zu umgarnen beginnt. Sie heiraten wenig später in Petoskey. Daß Hadley Schnaps mag, kommt ihm entgegen, denn dies ist auch die Zeit, in der er erstmals täglich zur Flasche greift. Ebenfalls eine Angewohnheit, die er nicht wieder los wird. »Das Dumme war, daß ich mein Leben lang, wenn es mir richtig schlecht ging, bloß etwas zu trinken brauchte, und schon ging's mir viel besser.« In Chicago schreibt Hemingway jetzt beharrlich weiter, abends trifft er sich mit Freunden und zieht durch die Nachtlokale. Doch schon bald hat er die Nase abermals voll. »Die Welt ist ein Gefängnis, und wir werden gemeinsam ausbrechen«, sagt er zu Hadley und beschließt im Winter 1921, Amerika zu verlassen. Sein Ziel ist Paris, wo das Leben bei starkem Dollarkurs extrem billig ist, was viele Amerikaner in die Alte Welt lockt. Er ergattert einen Job als Auslandskorrespondent für den »Toronto Star«, und am 8. Dezember schifft sich das junge Paar auf dem Ozeandampfer »Leopoldina« ein. Kurs Europa.

Ein urzeitliches Tier, absolut tödlich

Paris, die schönste Stadt der Welt, »ein Fest fürs Leben«. Was für ein Pflaster, um nach Neuem zu suchen, sich zu prügeln, sich in Tweedsakkos zu werfen, die Bars und Cafés unsicher zu machen, Französisch zu lernen, das Flair Europas zu spüren und darüber zu schreiben. Paris sollte für den reifenden Hemingway die Plattform werden für sein weiteres Wüten und Schaffen. Diese Stadt, hatte ihm Sherwood Anderson gesagt, sei die neue

Schmiede der Literatur und der Kunst. Hier würde er Dichter treffen wie Gertrude Stein und James Joyce, Maler wie Picasso und Chagall.

Hadley und Ernest sind begeistert. »Wir essen regelmäßig in dem Restaurant am Pré-aux-Clercs an der Ecke Rue Bonaparte und Rue Jacob. Erstklassiges Essen und guter Wein für zwölf Francs!« berichten sie Anderson nach Amerika. Das Leben sei spottbillig, die Menschen, die Stadt wunderbar. Das von Inflation und Nachkriegswehen gebeutelte Frankreich war für US-Auswanderer damals ein Paradies. 1927 sollen sich laut der Pariser Polizei bis zu 35 000 Amerikaner in der Stadt aufgehalten haben.

Auf ein Empfehlungsschreiben hin lernt Hemingway bald tatsächlich die Intellektuelle Gertrude Stein kennen, jene Autorin, die den Begriff der *Lost Generation* prägte. Sie sah in dem Amerikaner »einen tolpatschigen Athleten«, der sich in den Salons zum Schattenboxen erhob und in schweren Stiefeln und Lederweste an den Ufern der Seine entlangspazierte wie ein Trapper vom Huron-See. Auf ihren Rat hin beginnt er mit gezielten Stilübungen. Hemingway fühlt sich der Dame mit dem kurzgeschorenen Haar bald verbunden und ist regelmäßig auf ihren Empfängen zu sehen, wo sich auch andere aufkommende Dichter wie Ezra Pound, T.S. Eliot und James Joyce tummeln. »Schreiben war leicht, bevor ich Getrude Stein kennenlernte«, sagte Hemingway bald. Sie unterhalten sich viel, über Literatur und die Geheimnisse hinter den Buchstaben. Beide scheinen die gleiche tiefe Angst zu spüren und das Verlangen, dem Tod mit der Kunst etwas entgegen zu halten. Etwas, das länger hält als ein kurzes Menschenleben. Es ist die Suche nach einer versteckten, kaum greifbaren Schönheit, und Schreiben ist das geeignete Mittel.

Von Zeit zu Zeit aber gibt sich Hemingway weniger feingeistig und verewigt sich bei Anlässen ganz anderer Art. Als der Amerikaner Lewis Galantière die Hemingways zum Essen im »Michaud« einlädt, fordert Ernest den großzügigen Gastgeber zu einem kleinen Kampf auf, nicht verschweigend, daß er auf der Atlantiküberfahrt einen bekannten italienischen Preisboxer vernichtend weggeputzt habe. Galantière sieht den wuchtigen Hemingway an und lehnt dankend ab. Mit James Joyce, der gerade *Ulysses* herausgebracht hat, zieht der frisch Emigrierte bis in die frühen Morgenstunden durch die Bars, wobei Ernest als sein »Leibwächter« regelmäßig in handfeste Schlägereien gerät. »Er war ein bäuerischer Mensch, stark wie ein Bär«, beschrieb ihn Joyce später einem Reporter. »Jederzeit bereit, das gleiche Leben zu leben, das er beschreibt. Er hätte nie so schreiben können, wenn es gegen seine Natur gewesen wäre.«

Hemingway sollte bald bekannt dafür werden, Kollegen, Kritikern und Verlegern Schläge anzudrohen, sobald sie sich auch nur einen Hauch Kritik erlaubten. Auch Ezra Pound kannte den rüpelhaften Autor bald gut genug, um seine Worte lieber vorsichtig zu wählen, wenn er ihm Tips für seine Texte gab: »Ich glaube, du bist viel intelligenter als dieses Manuskript.« Seinen Schreiberkollegen Nathan Asch kloppte Hemingway eines Tages sogar bewußtlos, was sich laut Asch etwa so abspielte: »Er schlug mich auf dem Boulevard Montparnasse k.o., nachdem er mir gesagt hatte, das einzig Originelle an meiner Schriftstellerei sei meine Unerfahrenheit.«

Hemingways Prügellust war notorisch. Jahre später noch, er lebte längst auf Key West, polierte er dem Schriftsteller Wallace Stevens die Fresse, weil dieser in großer Runde behauptet hatte, Hemingway wäre eine Nulpe, ein Taugenichts. Immer wieder sollte er Freunde und Fremde, gelegentlich sogar Profiboxer dazu herausfordern, sich mit ihm zu messen, lauthals verkündend, daß er jeden niedermachen würde.

In Paris indessen schreibt der junge Autor unermüdlich weiter. Um seine Reisen und Trinkgelage zu finanzieren, wettet er neben seinem Zeitungsjob bei Pferderennen, pokert und verdingt sich als Sparringspartner bei Boxkämpfen. In der Rue Mouffetard mietet er sich ein kleines Zimmer im sechsten Stock eines schäbigen Hotels, wo er, um den Raum zu heizen, mit Reisigbündeln Feuer macht und sich regelmäßig zum Schreiben zurückzieht. Eines Tages erhält Hemingway ein Telegramm von seiner Zeitung aus Toronto, das ihn nach Konstantinopel beordert, wo er über die Folgen des Krieges zwischen Griechen und Türken berichten soll. Seine Frau Hadley ist entsetzt. Gerüchten nach sollen in Kleinasien böse Seuchen wüten und noch immer Gefechte stattfinden. Als sie ihren Mann bittet, nicht zu fahren, brüllt er sie an und fragt, ob sie noch ganz bei Trost sei. Die Aussicht auf einen weiteren Krieg läßt sich Hemingway nicht nehmen. Anfang der zwanziger Jahre reist er in den griechisch-türkischen Krieg und schreibt mehrere Berichte.

Auch hier stillte Hemingway wohl in erster Linie seine Gier, sich in der Gefahr zu behaupten. Seiner Journalistenkarriere zuliebe fuhr er jedenfalls nicht los. »Dieses gottverdammte Zeitungszeugs bringt mich allmählich um«, schrieb er Sherwood Anderson im März 1922. Seiner Meinung nach verschwendete er damit nur noch seine Zeit. Seine Substanz in vergänglichen Blättern mit schnellen Artikeln zu vergeuden war nicht mehr seine Sache. Vielmehr wollte er die wahren Dimensionen der Dinge ausloten. »Wenn man für eine Zeitung schreibt«, sagte er bald, »muß man mit dem Schwamm über sein Gedächtnis wischen, als sei es eine Schiefertafel. Die journalistische Arbeit ist nur bis zu dem Moment wertvoll, an dem sie beginnt, dein Gedächtnis zu zerstören. Ein Schriftsteller muß sie vorher aufgeben.«

Daß er die Zeitungsarbeit nicht mehr ernst nimmt, zeigt schon der Umgang mit seinen Brötchengebern. Obwohl er einen Exklusiv-Vertrag mit dem »Star« hat, verschickt er exakt dieselben Depeschen an zwei weitere Agenturen, Universal News und INS, und streicht dafür zusätzliches Geld ein. Am Ende seines zweiten Jahres in Paris verlangt er vom INS-Vertreter Frank Mason auch noch unverschämte achthundert Schweizer Franken für angeblich gezahlte Telegrammgebühren. Als Mason kabelt, er benötige dafür dringend Quittungen, reagiert Hemingway mit einem Telegramm: INTER NEWS PARIS SCHLAGE VOR UNTERLAGEN ARSCHWÄRTS ANZUWENDEN HEMINGWAY.

Unterdessen werden seine ersten Bücher verlegt, größtenteils Kurzgeschichten, die unter den Titeln *Three Stories and Ten Poems* und *In our Time* erscheinen. Hemingway hatte hart daran gearbeitet und war stolz, seine beiden Erstlinge in der Hand zu halten. Allerdings wird er immer pingeliger, was seine Geschichten angeht. Lektoren, die ihm Änderungen vorschlagen, leben gefährlich, und Hemingway ist kaum bereit, irgend etwas umzuschreiben. Als ein Verleger seine Geschichte *Mein Alter* nicht drucken will, ist Hemingway von der Abfuhr schwer getroffen. »Habe mich daraufhin betrunken und mich noch mieser gefühlt. Und doch will ich, verdammt noch mal, veröffentlicht werden.« Hemingway ist erst wieder aufzuheitern, als er mit Bekannten nach Spanien aufbricht. Zu seinem ersten Stierkampf.

In Madrid essen sie über Eichenplanken gegrilltes Spanferkel, trinken Rioja und beziehen eine Pension in der Calle San Jerónimo, wo traditonell Stierkämpfer wohnen. Sie unterhalten sich über die bevorstehenden *Corridas*, vor allem über die Brutalität gegenüber den Pferden, die damals noch ungeschützt in die Arena geschickt wurden. Als sie bald den ersten Kampf sehen, schäumt Hemingway vor Begeisterung über. In einem Artikel für den »Star« schreibt er: »Der erste Stier war absolut unglaublich. Er war irgendein großes, urzeitliches Tier, absolut tödlich und absolut bösartig.« Auch beeindrucken Hemingway die Bewegungen der Matadore und Picadore, ihr Tänzeln, ihre katzenschnellen Schritte – und vor allem ihr Mut. Sein Verleger McAlmon hingegen ist wegen der Brutalität und einiger halb zerfleischter Pferde entsetzt, er verurteilt diese »spanische Grausamkeit«. Als Hemingway McAlmons Gezeter hört, rastet er aus. Die wehleidige Reaktion verachtet er, überschüttet ihn mit Flüchen, will ihn zusammenschlagen und wird McAlmon dafür ein Leben lang durch den Kakao ziehen.

Dennoch reisen sie weiter, um sich noch mehr Kämpfe in ganz Spanien anzusehen, Ronda, Sevilla, San Fermin. Vor allem Pamplona tut es Hemingway an. »Bei Gott, die haben vielleicht Stierkämpfe in dieser Stadt!« schreibt er jubelnd seinem Freund Bill Horn in die USA. »Acht der besten Toreros Spaniens waren dabei, und fünf von ihnen wurden aufgespießt!« Und natürlich läßt er sich nicht nehmen, bald selbst auf die Stiere loszugehen, wobei er es mit kleineren Bullen aufnimmt, denen für wagemutige Amateure damals die Hörner gepolstert wurden. Auf Photos ist er zu sehen, nur Zentimeter von den Stieren entfernt. Immer wieder stachelt Hemingway dabei auch seinen Bekannten Don Stewart an, sich in den Ring zu wagen. Stewart ist irgendwann so entnervt, daß er es tatsächlich wagt, allerdings mit voller Wucht getroffen wird und sich mehrere Rippen bricht.

In der »Chicago Tribune« erscheint prompt ein Bericht über die Kämpfe in Pamplona. Auf Seite eins die reißerische Schlagzeile: »Stier spießt zwei Yankee-Toreros auf.« Hemingway, fabuliert der Autor des Artikels weiter, habe in Pamplona »dem Tod ins Auge geblickt«. Jahre zuvor war er bereits als der »am übelsten zerschossene Mann der USA« dargestellt worden, als Held von der Piave, und nun verfestigen die neuen Stierkampfanekdoten seinen Ruf als Teufelskerl nur noch weiter. Hemingway hat keinesfalls etwas einzuwenden. Im Gegenteil, die Möglichkeit, die Medien für sein Image zu nutzen, entdeckt er schon früh. Er setzt sich oft in Szene und wird mit seinem Wagemut noch öfter durch die Presse geistern.

Zurück in Paris ist Hemingway von den Stierkämpfen so nachhaltig entzückt, daß er beginnt, mehrere Skizzen zu schreiben. Und sie gelingen ihm. Seit den berühmten *Tauromaquia*-Radierungen von Goya war der Stierkampf in der Kunst nicht mehr so eindringlich eingefangen worden wie in diesen fünf Stükken. Die Kritiker sind begeistert. Hemingway und der Stierkampf – von nun an ein Klischee, das bis heute weltweit in den Köpfen ist. Doch hinter dem Schauspiel erkannte der junge Schriftsteller mehr als nur ein Blutbad. »Der Stierkampf ist eine Tragödie, eine Symbolisierung der Fehde zwischen Mann und Ungeheuer.« Man brauche mächtig *Cojones*, Eier, um in den Ring zu steigen, trompetete Hemingway gern. Um einen Stier zu besiegen, müsse der Matador all seine Ängste besiegen. Wieder das Thema Angst, das Thema Mut. Es war klar, daß Hemingway mehr daraus machen würde als nur die Beschreibung eines sonntäglichen Freizeitvergnügens. Der Stierkampf ließ Hemingway nie mehr los.

Mit seinem Buch *Tod am Nachmittag* sollte der Schriftsteller dieser alten spanischen Tradition später ein Denkmal setzen. Er galt bald als Kenner der komplizierten Rituale und Techniken, vor allem aber hatte er jenes spanische Gefühl des Stolzes eingefangen, wie es in der Literatur noch nie zu lesen war. Es ging um die Grundhaltung eines Volkes, um eine Lebensweise, die im Gefecht mit dem Stier symbolisch gipfelt. Die Art der Spanier empfand Hemingway dabei als noble und wissende Aufrichtigkeit, der Tragik des Lebens zu begegnen – für ihn nicht weniger als der Versuch des sieghaften Sterbens. Hemingway erkannte im Stierkampf zudem auch ein Auflehnen gegen den betäubenden Puritanismus, gegen betrügerische Kirchen. Spanien wurde für ihn das Land des harten Mutes und der Wahrheit, während ihn die religiöse Oberflächlichkeit und zunehmende Konsumkultur seiner Heimat nur noch anekelten. »Die Spanier wissen, daß der Tod die unentrinnbare Wirklichkeit ist, daß er über alle modernen Errungenschaften triumphiert und daß man seinetwegen nicht wie in jedem amerikanischem Heim eine Badewanne braucht. Und ein Radio braucht man auch nicht, wenn er kommt.« Für den einstigen Jungen aus Oak Park ein gefundenes Fressen. Dem Tod zuraunen: Komm her, du Hure! Das Schicksal so kaltblütig zu inszenieren! Der Stierkampf, der spanische Stolz, wurde für ihn die erhabene Art, durchs Leben zu gehen. Amerika dagegen ein Land voller Panik, dessen großer Zirkus nichts als Feigheit war.

Doch in seinen hintergründigen Geschichten zeigte sich nur der eine Hemingway, der Denker, der große Fabulierer. Viel öfter gab er sich als einfacher, derber Mann, der sich lieber mit Soldaten, Bauern und Fischern herumtreibt als mit Intellektuellen. Kritikern und Gelehrten, auch wenn sie ihn lobten, stand er immer kritisch gegenüber, schimpfte sie »Wortfritzen« und Maulhelden, die oft nicht wüßten, worum es überhaupt ginge. Ein herrliches Geprahle, denn letztlich war er selbst natürlich nichts anderes als ein eitler, beflissener Autor, der händeringend um Anerkennung schrieb. Und diese auch bald bekommen sollte.

Fast alle seine Werke begann er als Kurzgeschichten und schrieb sie erst zu einem Roman aus, »wenn sie wirklich das Zeug dazu haben«. Zeug dazu hatte, noch lange vor seinem großen Stierkampfepos, erstmals *Fiesta*, sein Debüt als Romancier. 1926 erschien es im Original unter dem Titel *The Sun also Rises*. Er hatte *Fiesta* in sechs Wochen geschrieben, und das Buch wurde zum Erfolg, zur regelrechten Bibel der jungen Leute, wie der Journalist Richmond Barret 1928 schrieb. Die hippe Szene lernte ganze Dialoge auswendig. Auf den Colleges geriet *Fiesta* zum Kultbuch, in Connecticut und New York äfften die Leute die Protagonisten nach, sprachen und kleideten sich auf einmal wie Lady Brett und Konsorten.

Auch Hemingway inszenierte sich in dieser Zeit als Lebemann und Salonheld. Er hatte sich inzwischen ein irisches Tweedsakko schneidern lassen, trug Krawatte und Hut, unter dessen Krempe zwei leicht traurige Augen unter scharfen, dunklen Brauen hervorguckten. Und kaum ein Photo, auf dem er nicht von Weinflaschen umringt war. Bei all seinen Trinkorgien und Essensgelagen war dabei kaum zu erahnen, wie ernsthaft er zu dieser Zeit das Schreiben nahm. Er arbeitete fast täglich, nächtelang, schrieb neu und schrieb um, kürzte unentwegt und hatte bereits seinen reduzierten Stil, seine »Eisbergmethode« entwickelt. »Die Würde, die in der Bewegung eines Eisbergs liegt, beruht darauf, daß nur ein Achtel von ihm über dem Wasser liegt«, sagte er. Tatsächlich verbergen sich sieben Achtel der Kolosse unter der Oberfläche, nur die Spitze des Eisbergs ist zu sehen. Und genau so wollte er schreiben. Nur andeuten, nur das aufs Papier bringen, was gerade eben reicht, um den tieferen Gehalt der Geschichten im Geist zu entfachen.

Ein Wandeln auf schmalem Grat. Denn von der Kunst des Weglassens zum Weglassen der Kunst ist's bekanntlich ein winziger Schritt. Ihm ging es dabei um jedes Wort, um jedes *und* und jedes Komma. Seinen Lektor Max Perkins meckerte er einmal an: »Wenn Du das Wort auf Fahne einundfünfzig streichst, das ist die reinste Katastrophe! Es ist gegen meinen Willen!« Und dem Herausgeber Horace Liveright schrieb er:

Die Erzählungen sind so knapp und so konzentriert geschrieben, daß die Änderung eines einzigen Wortes eine ganze Erzählung aus dem Lot bringen kann. Alles in diesem Buch hat seinen ganz bestimmten Platz in seinem Aufbau, und wenn ich mich irgendwo zu wiederholen scheine, hab ich gute Gründe dafür. Was Obszönitäten angeht, wissen Sie als Insider viel besser als ich, was unveröffentlichbar obszön ist. Ich höre, daß es nicht mehr nötig ist, das schöne alte Wort Hurensohn zu streichen. Das ist wahrhaftig eine gute Nachricht.

Fast immer wählte Hemingway einfache Worte. William Faulkner meinte deswegen einmal, Hemingway würde sich nicht aufs Glatteis wagen, er hätte keinen Mut, Worte zu benutzen, die den Leser zwingen, im Lexikon nachzuschlagen. »Der arme Faulkner!« wandte sich Hemingway an seinen Freund Hotchner. »Glaubt er wirklich, daß große Worte große Gefühle machen? Er glaubt, daß ich die Zehndollarwörter nicht kenne. Ich kenne sie genau. Aber es gibt ältere, einfachere und bessere Wörter, und das sind die, die ich verwende. Hast du sein letztes Buch gelesen? Nur noch eine Sauce.«

Doch für Hemingway war sein Stil nur Mittel für einen höheren Zweck. Was er wirklich erreichen wollte, was sein ganzes Ziel war, hatte er früher schon seinem Vater zu erklären versucht, der wie seine Mutter über seine Geschichten empört war. »Sieh mal, ich versuche in allen meinen Erzählungen ein Gefühl vom wirklichen Leben zu vermitteln, nicht bloß das Leben zu beschreiben – oder es zu kritisieren –, sondern es wirklich lebendig zu machen. So daß man, wenn man etwas von mir liest, die Sache tatsächlich erlebt. Das kann man nicht erreichen, ohne das Schlechte und Häßliche genauso zu zeigen wie das Schöne.« Sein Ziel beim Schreiben habe man erreicht, erklärte er den Leuten ferner, wenn das Verhältnis eins zu zehn ist – »daß heißt, daß das, was man geschrieben hat, zehnmal wahrer und wirklicher ist als die Realität, aus der man geschöpft hat.« Hemingway war die Schreiberei heilig. Nichts kam an sie heran.

Schweine!

Hemingway lebte noch immer in Paris, und während einer Reise nach Kanada war nun auch sein erster Sohn, John, geboren, doch nach vier Jahren hatte sich die Ehe zu Hadley Richardson verlaufen. Hemingway hatte inzwischen mit Pauline Pfeiffer angebandelt, einer »Vogue«-Journalistin mit einem reichen, spendablen Onkel, der das ausufernde Leben des neuen Paars bereitwillig sponsorte. Sie heirateten 1926. Mehrfach war Hemingway in dieser Zeit des intensiven Schreibens nach Spanien gefahren, hatte die Schweiz und Italien beim Skifahren und Gletscherklettern bereist und in den Pariser Bars weiterhin mächtig auf die Pauke gehauen. Allerdings kündigten sich schon jetzt seine ersten Suizidgedanken an. Pauline Pfeiffer schrieb er bald aus Paris, daß er sich umbringen sollte. Es sei für beide besser, wenn er tot wäre und zur Hölle fahren würde.

Schon 1928 war Hemingway so berühmt, daß er ständig in die Schlagzeilen geriet. Immerhin lieferte er den »Zeitungsfritzen« reichlich Klatsch und Tratsch. Einmal erschien sogar ein Artikel, nur weil er sturztrunken auf die Toilette gegangen war, die Kette des Spülkastens mit der des Oberlichts verwechselt und so heftig daran gerissen hatte, daß ihm die gesamte Glasplatte samt Rahmen auf den Kopf krachte. Er mußte sofort ins Krankenhaus, zurück blieb eine gigantische Narbe. Nach seinen Kriegslädierungen sollte es nicht die letzte bleiben. Risse, Gehirnerschütterungen, kaputte Organe – die Verletzungsarie würde an seinem Körper noch ein paar hübsche Spuren hinterlassen.

Nach sieben Jahren in Europa, etlichen Reisen, Zeitungsaufträgen und den ersten größeren Erfolgen als Schriftsteller, kehrt Hemingway 1928 in die Staaten zurück und läßt sich für einige Zeit auf Key West nieder. Mit Pauline Pfeiffer bekommt er seinen zweiten Sohn, Patrick, beginnt an einem neuen Buch zu arbeiten und blickt erstmals auf das weite, blaue Meer des Golfs von Mexiko.

1929, Hemingway ist jetzt dreißig Jahre alt, erscheint schließlich *In einem anderen Land*. Mehr als ein Jahrzehnt, nachdem ihm in Italien die Beine zerschossen wurden, hat er seine damaligen Kriegserlebnisse als Roman niedergeschrieben. Der weißgrundige Umschlag der Erstausgabe ist blau und orange bedruckt, vier Wochen nach Veröffentlichung sind bereits 33 000 Exemplare verkauft, einen Monat darauf 50 000, und der Erfolg hält an. Die Rezensionen in den Zeitungen sind äußerst schmeichelnd, und spätestens Dorothy Parkers »Profile« im »New Yorker« erhebt Hemingway von der Berühmtheit zur lebenden Legende. Seine Eskapaden hatten längst die Runde gemacht. Nun schlägt dieser Roman wie eine Bombe ein.

Hemingway verbringt jetzt die meiste Zeit auf Key West, wo ein warmer, seidiger Wind weht, Palmen wiegen und das Meer an weißen Stränden leckt. Die Insel ist in jenen Jahren noch sehr ruhig, von Touristen kaum eine Spur. Auf einem Eckgrundstück an der Whitehead Street steht ein großes, zweigeschossiges Haus mit undichtem Dach, großen, verzierten Balkonen und einem Swimmingpool. Es ist eines der ältesten Gebäude der Insel, und 1931 machen es die Hemingways zur ihrem festen Wohnsitz. Hier erreichen ihn nun immer mehr Erfolgsmeldungen seiner Bücher, sein Name wächst unaufhörlich. Er verhandelt mit Verlagen in aller Welt, schreibt Briefe an Kritiker und Verleger, in denen er inzwischen alles andere als kleinlaut Geld fordern kann. Mit *In einem anderen Land* streicht er satte Gewinne ein, doch das meiste Geld verwendet er für die Einrichtung eines Treuhandfonds und für monatliche Zahlungen an seine Mutter Grace, die inzwischen verwitwet ist. Auf sie ist er jedoch nach wie vor nicht gut zu sprechen. Sie hatte ihn oft getadelt, er habe sein moralisches Bankkonto weit überzogen, und riet ihrem Sohn, endlich wieder den reinen, christlichen Weg einzuschlagen. Als Grace die Hemingways einmal auf Key West besucht, schenkt Ernest ihr kaum Beachtung. Wohl auch, weil er glaubte, sie habe seinen Vater mit ihrer dominierenden Art in den Freitod getrieben. Sein Freund John Dos Passos sagte einmal, daß Hemingway der einzige ihm bekannte Mensch sei, der seine Mutter wirklich haßte. Vor allem aber lehnte er ihre Meinung zu seinen Büchern ab, die Grace gelegentlich in ihren Literaturzirkeln besprochen und als »Schmutz« abgetan hatte. Hemingway verweigerte ab einem bestimmten Zeitpunkt jegliche weitere Diskussion, weil seine Mutter und ihre gouvernantenhaften Büchertanten von solchen Dingen rein gar nichts verstünden. Kommentar Ende.

Statt dessen lockt ihn neuerdings das Meer. Immer öfter fährt Hemingway hinaus auf den Golfstrom, auf der Suche nach den großen Fischen. Tagelang durchkreuzt er die Gewässer und entdeckt seine Liebe zur See und zum Hochseeanglen. Bald kauft er immer größere Ruten und fängt Marlins, Haie und Königsdorsche. Neben seinen Ausflügen aufs Meer aber schreibt Hemingway diszipliniert weiter und veröffentlicht 1932 *Tod am Nachmittag*. In Amerika wird das Buch von der Kritik zerfetzt. Vor allem der Kritiker Max Eastman schlachtet das Werk in einer Rezension in der »New Republic«. Hemingways Ergüsse über den Stierkampf seien Geschwafel. Dazu bricht auch noch eine Diskusssion um den Autor als Person aus. Was ist mit Hemingways Männlichkeitswahn? Ist er impotent? Hemingway ist bitter getroffen und steigert sich in rasende Attacken. »Diese Schweine sind es nicht wert, daß man für sie schreibt«, heißt es wutentbrannt in einem Brief an Max Perkins von Scribner's.«

Dieses ganze Spektakel ist so ekelhaft, daß mir die Kotze hochkommt. Politische Verräter! Ach, was soll ich mich aufregen. Verstehst Du, worüber die nicht hinwegkommen? Erstens, daß ich ein Mann bin, zweitens, daß ich sie alle miteinander in die Tasche stecke, drittens, daß ich schreiben kann. Das letzte wurmt sie am meisten. Aber dem wird Papa schon abhelfen.

Auf Kritik reagiert der weltgewandte Hemingway, von seinen kubanischen Fischerfreunden »Papa« getauft, immer empfindlicher. Als er unterwegs auf einem Schiff in der Zeitschrift »Life and Letters« eine Beurteilung seines Werks liest, beginnt er zu toben. Die Überschrift lautet »Der dumme Ochse«, der Artikel steckt voller Abfälligkeiten und unterstellt einem seiner Buchcharaktere, ein Einfaltspinsel zu sein. Haltlos mit Flüchen um sich werfend, schnappt sich Hemingway eine Tulpenvase und zerschmettert sie. Auch sein alter Weggefährte und Erstverleger McAlmon muß erneut dran glauben. Als Hemingway zu Ohren kommt, daß dieser seine Memoiren verfaßt, die einige unschöne Bemerkungen über ihn beinhalten, schlägt er McAlmon vor einer Kneipe krankenhausreif.

Je größer sein Ruhm, desto leichter scheint er nun in Wallung zu geraten. Als seine Erzählungen *Der Sieger geht leer aus* als »Sammlung der schlechtesten und uninteressantesten Sachen, die der Autor jemals vorgelegt hat« abgefertigt werden, verteufelt Hemingway die Kritiker als Tröpfe und armselige Schwachköpfe. Gänzlich die Fassung aber verliert er, als er in der *Autobiographie von Alice B. Toklas* in einem Zitat von Gertrude Stein liest, er sei eine »Memme«, er sehe aus wie ein Moderner, aber rieche nach Museum. Hemingway sieht rot. Er ist derart aufgebracht, daß er Stein mit der Schrotflinte auf den Pelz rücken will.

Auch als Pauline ihm eröffnet, sie sei erneut schwanger, ist Hemingway wenig erfreut. Mit dem Erscheinen von *Tod am Nachmittag* begann auch die zweite Ehe bereits zu bröckeln. Sie hielt sich zwar bis 1940, strahlte aber alles andere als vor Liebe und Zuneigung. Als sein dritter Sohn Gregory Hancock auf die Welt kommt, sucht Hemingway das Weite. Das fürchterliche Geschrei der ersten Jahre sei nichts für Eltern, war seine Meinung, bei einem ordentlichen Kindermädchen sei der Nachwuchs allemal in guten Händen. In erster Linie dürfte Hemingway dabei an seine Ruhe gedacht haben, die er fürs Schreiben suchte. Wenn er an einem Buch arbeitete, tippte er von Sonnenaufgang bis mittags auf seiner alten Royal-Reiseschreibmaschine. Niemand durfte ihn stören.

Mit seinem Freund Joe Russel, dem Inhaber von »Sloppy's Bar« auf Key West, ergreift Hemingway also die Flucht und setzt auf dessen Yacht »Anita« für zwei Monate nach Havanna über. Dort mietet er sich ein Zimmer im Hotel »Ambos Mundos«, Blick auf den Hafen, vor sich die Halbinsel Casablanca und das Meer. Jeden Tag fahren sie raus zum Marlinfangen. Nachmittags korrigiert er Fahnenabzüge, besucht Pelotaspiele, wettet und trinkt seine Daiquiris im Fischrestaurant »Floridita«, umringt von Fischern, Dirnen und der reiselustigen Schickeria aus Amerika, die sich gern auf der Insel tummelt. Die Abende verbringt er oft mit der zweiundzwanzigjährigen Jane Mason, der Frau des Direktors von Pan American Airways auf Kuba. Sie war schlank und kurvenreich, mit rot zurückgekämmtem Haar, und soll die schönste Frau gewesen sein, der Hemingway je nachstellte.

Die Tage auf Kuba waren ausgelassen und dienten, neben einigen Abstechern nach New York und zurück nach Key West, als »Abkühlungsprozeß«, wie Hemingway es oft nannte. Aber schon bald packte ihn erneut die Reiselust.

Eine echte Glückssträhne

Er wollte schon immer nach Afrika, ins Paradies für Großwildjäger. Paulines Onkel Gus hatte sage und schreibe 25 000 Dollar für die Reise zur Verfügung gestellt, 1933 eine phantastische Summe, und am 10. Dezember treffen Hemingway und Pauline zusammen mit ihrem Freund Charles Thompson in Nairobi ein. Groß und weit liegt die Serengeti unter der Sonne Afrikas, das Land braun, von ausgedehnten Grünstrichen durchbrochen, Antilopenherden ziehen zu den Wasserstellen, dazwischen Löwen, Tüpfelhyänen, Schakale, Giraffen. Hemingway ist komplett begeistert, und die nächsten Wochen sollten zum großen Geballer werden, wobei er sich mit Thompson in regelrechte Wettkampfschießen hineinsteigert.

Bald lernt er auch den Großwildpapst Philip Percival kennen, der als Safariguide zuvor schon für Präsident Roosevelt gearbeitet hatte. Mit Gewehren, reichlich Munition, Trägern und Mengen an Bier und Schnaps bricht die Truppe auf für einen mehrmonatigen Trip in die Wildnis. Innerhalb von zwei Wochen erlegen sie vier Löwen, zwei große Leoparden, fünfunddreißig Hyänen, einen Geparden, eine Streifenantilope, etliche Elenantilopen, Wasserböcke und Gazellen. Am Ngorongoro-Krater schießt Hemingway mit seiner Springfield Nashörner und Kudus, abends sitzen sie in Moskitoboots und weiten Hosen frisch gewaschen am Lagerfeuer, bei Whisky und Soda und gebratenem Zebra. Es ist nicht wirklich das einfache, schlichte Abenteuerleben, wie es Ernest aus seiner Jugend kannte, oben in Michigan. Vielmehr eine Luxussafari mit Dutzenden Koffern, Dinnerzelten, Stapeln an Büchern und Zeitschriften sowie transportabler Bar. Hemingway konnte es fortan nicht mehr sein lassen, ständig in Jägerlatein zu reden und völlig überzogene Jagdgeschichten zum besten zu geben.

Wie immer war Hemingway extrem neugierig, bei fast allen Anlässen quetschte er die Leute regelrecht aus. Auch von den Buschleuten in Afrika wollte er alle erdenklichen Tricks wissen, stellte tausend Fragen und versuchte sogar, Suaheli zu lernen. Sein hier gesammeltes Wissen verarbeitete er 1935 in *Die grünen Hügel Afrikas.*

Zweiundsiebzig Tage hatten Pauline und Ernest auf dem schwarzen Kontinent verbracht, bevor sie auf dem schwedischen Luxusdampfer »Gripsholm« von Mombasa zurück nach Villefranche reisten. Afrika hatte Hemingway nachhaltig beeindruckt. In Briefen ließ er sich über die Schönheit der wilden Tiere und der nächtlichen Geräusche aus und beteuerte seine Sehnsucht, bald wieder zurückzukehren. Und auch hier suchte er das Spiel mit dem Tod. »Ich schieße gern mit der Büchse, und ich töte gern, und Afrika ist genau der Ort, wo man das tut.« Kaum in Key West, schmiedete er neue Pläne. Nach einigen Kurzgeschichten, die er als Auftragsarbeiten für amerikanische Magazine verfaßte, schrieb er an den Chefredakteur von »Esquire«: »Wie viele Sachen muß ich nach diesen noch schreiben, bevor ich bezahlt werde? Das einzige, worauf ich dieses Jahr stolz sein konnte, war, daß ich regelmäßig verdammt gute oder sogar einmalige Sachen für Sie geschrieben habe, je nachdem, wie dringend ich Kohle brauchte. Was ich jetzt benötige, ist eine sichere, ausreichende Menge Geld, von irgendwoher, damit ich nach Afrika fahren kann. Ich scheiße nämlich auf alles andere, ich will nur wieder nach Afrika, und das besonders an diesem Sonntagnachmittag. Aber morgens, mittags und abends auch nicht weniger, und zum Teufel mit allem anderen.«

Doch erst 1953, nach zwei weiteren Kriegen, würde Hemingway das Land der Löwen und Antilopen ein zweites Mal besuchen, diesmal mit seiner vierten Frau Mary Welsh für einen Auftrag der Zeitschrift »Look«. Allerdings sollte diese Reise vor allem von übermäßigem Alkoholkonsum und seinem sprichwörtlichen Verletzungspech geprägt sein. Nach einem Haiangriff vor Kuba hatte er zuvor schon mit einer Automatikpistole um sich geballert, wobei zwei Kugeln seine Beine verletzten. Auf seinem späteren Boot »Pilar« war Hemingway dann, wahrscheinlich leicht angetrunken, auf eine Belegklampe geknallt, wonach ihm eine Blutfontäne aus dem Schädel spritzte. Und zwischendurch war er in London auch noch ins Krankenhaus gekommen, weil er in seinem Auto nachts mit einem Wassertank kollidiert und durch die Windschutzscheibe gesegelt war. Doch den Höhepunkt seiner grandiosen Verletzungsserie sollten zwei Flugzeugabstürze auf seiner letzten Afrikareise sein, die er Jahre später unternahm.

Um sein geliebtes Land aus der Luft zu sehen, hatte Hemingway einen Piloten angeheuert, der ihn und seine Frau mit einer Cessna 180 über die Murchison-Fälle fliegen sollte. Doch nachdem die Maschine in einen Schwarm von Ibissen geflogen war, mußten sie im Busch notlanden. Andere Piloten hatten das Wrack bereits entdeckt, als die Nachricht um die Welt ging, Hemingway sei umgekommen. Doch der hatte sich inzwischen mit Frau und Piloten nach Butiaba durchgeschlagen, wo ihnen ein neues Flugzeug zur Verfügung gestellt wurde.

Als die Maschine starten wollte, auf dem welligen Boden »wie eine Wildziege bockend«, explodierte plötzlich der Steuerbordmotor, und die rechte Tragfläche ging in Flammen auf. Während seine Frau und der Pilot sicher entkamen, erlitt

Hemingway eine weitere Gehirnerschütterung, eine blutende Kopfwunde, Wirbelquetschungen und mußte sich mehrfach erbrechen. Zudem hatte er sich beim zweiten Crash lebensgefährliche Leber- und Nierenverletzungen zugezogen, sah angeblich alles doppelt und konnte nur noch vorübergehend etwas hören. In den USA erschienen prompt groß aufgemachte Storys in den Zeitungen, allerdings mit vielen falschen Angaben. Hemingway kreuzte daraufhin auf einer lärmenden Pressekonferenz in Nairobi auf, mit einer Flasche Gin und einem Bündel Bananen unterm Arm, und erklärte, er mache zur Zeit eine »echte Glückssträhne« durch. Danach schrieb er für das Nobelmagazin »Look« eine ellenlange Geschichte über seine Unfälle in Afrika, und die sechzehntausend Wörter, sagte er einem befreundeten Barbesitzer, waren »verflucht nicht einfach«. Doch Afrika hatte ihn noch zu mehr inspiriert. Aus seinen Erlebnissen strickte er einige seiner besten Storys, darunter *Schnee auf dem Kilimandscharo* und *Das kurze glückliche Leben des Francis Macomber*.

Hemingway war längst weltbekannt für seine haarsträubenden Erlebnisse. Seine Sottisen und seine Trinkerei hatten den Kult nur verstärkt, den er einerseits bewußt geschaffen hatte und der ihn andererseits überrollte wie eine tückische Lawine. Um seinem Image gerecht zu werden, sah er sich oft gezwungen, den zynischen, furchtlosen Helden zu spielen. Viele Artikel und Meldungen über ihn griffen diese Klischees dankbar auf. Die Leser wollten schließlich unterhalten werden, und der berühmte Autor war ein dankbares Opfer, er hatte den Kasper zu geben für Kapriolen jeder Art. Ob die oft schillernden Berichte immer die Wahrheit darstellten, mag bezweifelt werden. Doch schon die Hälfte aller Anekdoten würde reichen, um ein pralles Leben ohnegleichen zu zeichnen. Denn trotz seiner frühen körperlichen Beschwerden, seiner Schreibwut und seines Ruhms, ging Hemingway weiter seinem Drang nach Abenteuern nach. Wobei seine Lust an tödlichen Situationen noch drastisch zunahm. Das teuflische Spiel mit dem Risiko betrieb er bis zum bitteren Ende.

Nach der ersten Afrikareise verbrachten Pauline Pfeiffer und Hemingway eine Woche in Paris, wo er sich über einige neue Rezensionen maßlos aufregte, um schließlich auf der »Île de France« den Atlantik zu queren, zurück in die USA. Auf dem Dampfer lernte Hemingway Marlene Dietrich kennen, die ihm an Deck ein Gedicht ihrer Tochter Marie vorlas, das von Selbstmord handelte. Wie er reagierte, ist nicht dokumentiert, doch nach diesem Gespräch ging er mit der Dietrich eine lange Freundschaft ein. Nach dem Zweiten Weltkrieg besuchte sie ihn oft im Pariser »Ritz«, setzte sich angeblich öfter auf den Rand seiner Badewanne und sang ihm ihre Lieder vor, während er sich rasierte. Auch telephonierten sie fortan regelmäßig, offenbar konnten sich die beiden in ihrer Tristesse gegenseitig bestens aufheitern.

In New York angelangt, kassierte Hemingway 3 300 Dollar Vorschuß für weitere »Esquire«-Beiträge und holte sich anschließend in Miami einen elfeinhalb Meter langen, vorbestellten, dunkelgrün lackierten Kabinenkreuzer ab. Das Boot hatte Doppelantrieb, zwei Steuerruder und sechs Kojen. Er taufte es auf den Namen »Pilar« und stach in See, Richtung Key West und später nach Kuba. Vormittags schrieb er jetzt an *Die grünen Hügel Afrikas*, nachmittags fuhr er raus zum Fischen und befaßte sich abends mit allerlei illustren Gästen, die er aus aller Welt einlud.

Seine Frau Pauline hatte es längst aufgegeben, ihren rastlosen Mann in ihrem Haus auf Key West an eine gewisse Häuslichkeit zu gewöhnen. Er war mit zu vielen Dingen beschäftigt, unter anderem damit, in seinem Boot Cognac, Rum und Schnaps von Kuba an die US-Küste zu schmuggeln. In Amerika herrschte die Prohibition, und die verlassenen Nester auf Floridas Inseln mußten versorgt werden. Zudem war der Gatte zu dieser Zeit nicht gerade von Optimismus geprägt. Wieder wütete ein Krieg auf der Welt, und es schien den Schriftsteller ordentlich zu wurmen, nicht von Anfang an dabeigewesen zu sein. An Archie McLeish richtete er einen düsteren Brief: »Ich liebe das Leben sehr. So sehr, daß es ziemlich abscheulich sein wird, wenn ich mich mal erschießen muß. Werde mich aber vielleicht schon bald erschießen lassen, damit es nicht so schlecht auf die Kinder wirkt.« Die Massaker, die zu dieser Zeit im spanischen Bürgerkrieg wüteten, boten ihm die beste Gelegenheit, sich erneut dem Feuerhagel auszusetzen. Als ihn der Leiter der North American Newspaper Agency (NANA) im November 1936 fragte, ob er Interesse habe, als Kriegsberichterstatter zu arbeiten, zögerte Hemingway keine Sekunde. Wieder lockte ihn die Gefahr. Und die Aussicht, neuen Stoff für seine Bücher zu sammeln. Viermal reiste er daraufhin über den Atlantik, um von Spanien seine Frontberichte zu schicken. Zwischenzeitlich hatte er auch noch sein neuen Roman *Haben und Nichthaben* beendet.

Jenseits des Todes

In Spanien spitzte sich die Lage zu. Die militante Linke hatte sich mit der Regierung überworfen, das Land schlitterte ins Chaos. Innerhalb von fünf Monaten hatten Anarchisten, Anhänger des Volksfrontbündnisses und Syndikalisten überall Spuren der Gewalt hinterlassen: niedergebrannte Kirchen, politische Morde, zerstörte Parteibüros. Zeitungsredaktionen wurden gestürmt, in den Bergen wurde gekämpft. Und der Bürgerkrieg weitete sich aus, bald bekamen Francos Truppen Unterstützung von Mussolini und Hitler, während die Sowjetunion der Volksfront zur Hilfe kam.

Hemingway spendet vierzigtausend Dollar seines Privatvermögens, um Sanitätsmaterial für die Truppen der Republikaner zu kaufen im Kampf gegen den Faschismus. Zu jener Zeit eine unerhört hohe Summe. Wie enge Freunde glaubten, wollte er damit auch der Schmach des Reichseins entgehen. Hemingway verachtete die Hautevolée des Geldes, obgleich er oft in den oberen Kreisen weilte, meistens jedoch mit einer gewissen Traurigkeit und bösem Zynismus. Er hatte mit seinen Büchern, mit Tantiemen und Artikeln inzwischen zwar Mengen an Geld verdient, allerdings schluckten sein Lebensstil und seine Reisen einen Großteil davon. Zudem schickte er Freunden, die in der Klemme saßen, stets großherzig Schecks, ohne das Geld je wieder zurückzuverlangen, und nicht selten schmiß er mit enormen Trinkgeldern um sich. Kellnern, die entnervt warten mußten, bis er als letzter das Lokal verließ, legte er manchmal ohne ein Wort ein ganzes Monatsgehalt auf den Tisch. So war der schwergewichtige, berühmte Schriftsteller regelmäßig damit beschäftigt, sich um seine ausländischen Verträge zu kümmern, seine auf der Welt verstreuten Bilder und Besitztümer beisammen zu halten und sich ständig neues »verfluchtes Geld« zu beschaffen.

Im Februar 1937 bricht er schließlich für die NANA nach Spanien auf, er ist jetzt siebenunddreißig Jahre alt. Er nimmt den Ozeanliner »Paris«, von Toulouse fliegt er weiter nach Barcelona, Valencia und Alicante, wo die Republikaner den Sieg über italienische Truppen feiern. Wieder sieht er Tote auf den Schlachtfeldern und arbeitet bald darauf an dem Dokumentarfilm *The Spanish Earth*, der ihm als Vorlage für *Wem die Stunde schlägt* dienen wird. Auf Key West hatte er zuvor noch Martha Gellhorn kennengelernt, eine unerschrockene Journalistin, die seine dritte Ehefrau werden sollte. Auch Gellhorn reist nach Spanien und scheut sich nicht, die Kampfhandlungen aus der Nähe zu beobachten. Eine Beziehung, die Hemingways Tatendurst auf seinen nächsten Spanien-Trips nicht gerade zügelt.

Bald führt er die Filmmannschaft für *Spanish Earth* in der Nähe von Madrid zu den Kampfplätzen und läßt die Leichen inmitten von Explosionen filmen. Das grauenhafte Faszinosum des Krieges hatte ihn erneut gepackt. In Stiefeln, Jagdweste und Baskenmütze auf dem Kopf erlebt Hemingway mit den Freiheitskämpfern die Frontschlachten auf Augenhöhe. Auf einem Photo ist er zu sehen, neben zigarettenrauchenden Soldaten und hohlwangigen Rebellen. Hemingway sieht aus wie fünfzig, trägt schwere Flanellhosen, einen hellen Mantel und hält einen silbernen Flachmann in den Händen. An Artillerieduellen nimmt er persönlich teil, mit Feldstecher und Gewehr, und auf den Hügeln von Morata und Tajuna erlebt er Panzer- und Infanterievorstöße so nah, daß ihm das Schwarzpulver in die Nase kriecht. Spätestens hier erliegt er erstmals der Versuchung, den erfahrenen, abgebrühten Krieger zu mimen, »einen echten Falken«, wie er es nennt. »Bei der Einnahme Teruels war ich den ganzen Tag bei den Sturmtruppen und ging am ersten Abend mit einem Sprengtrupp in die Stadt«, beschrieb er seine Aktionen einem befreundeten Kritiker. Mehrmals will er sich jetzt als Armeemitglied einmischen, als echter Soldat statt als Reporter. Ein Verhalten, das im Zweiten Weltkrieg noch ausufern und einige Generäle schier zur Verzweiflung treiben sollte.

Der holländische Regisseur Joris Ivens und andere Zeitzeugen waren von Hemingways Habitus jedoch durchaus auch beeindruckt und erzählten später, wie ostentativ mutig er sich gab und daß er »voller Begeisterung« zwischen den feindlichen Linien marschierte. Hemingway beschreibt es später so: »Man fuhr früh morgens an die Front, in einem armseligen, kleinen Auto. Aber mich tötete man nicht. Verstehen Sie? Nein, mich nicht. Mich nie mehr.«

Offenbar hatte er jegliche Furcht abgelegt und schien seinen bizarren, inneren Sieg über den Tod endlich errungen zu haben. Zurück in Key West, schrieb er dem Russen Iwan Kaschkin: »Als ich als junger Mann im Krieg in Italien war, hatte ich große Angst. In Spanien hatte ich nach ein paar Wochen keine Angst und war sehr glücklich. Ich verstehe die ganze Sache jetzt besser. Bei einem Krieg, wenn er erst mal ausgebrochen ist, gibt es nur eins: Man muß ihn gewinnen. Aber zum Teufel mit dem Krieg. Ich will schreiben.«

Als er im August 1937 abermals nach Spanien kommt, quartiert er sich im Hotel »Florida« in Madrid ein, in einem heruntergekommenen Zimmer, in dem er, dem Feuer deutscher Batterien ausgesetzt, Berichte verfaßt und das Theaterstück *Die fünfte Kolonne* schreibt. Ein anderer Kriegsreporter erinnerte sich später an einen »schwarzhaarigen Riesen mit buschigem Schnurrbart und behaarten Händen, der der Vorstellung, die man allgemein von ihm hatte, tatsächlich entsprach. In seinem Auftreten schien er vor allem die Rolle des Hemingway zu spielen. Ich fragte mich, wie dieser Mann, dessen Kunst unter ihrer scheinbaren Derbheit

Gedanken und ein Feingefühl à la Turgenjew verbarg, in seinem Betragen so wenig innere Empfindsamkeit zeigen konnte«.

Gefühle, Ängste offen zu zeigen war nicht Hemingways Sache. Auch über Politik mochte er kaum reden, alles Theoretische tat er ab. Statt dessen mischte er sich überall ein, wo es zur Sache ging, vor allem im Krieg. Viele sahen darin in erster Linie Hemingways Drang, das Ringen des Menschen in der Unterdrückung, letztlich also den Todeskampf im Kern zu erfahren. Obwohl sich Hemingway bei einigen Anlässen vage und wenig fundiert zum Kommunismus bekannte, sagte er, daß die Politik ihn einen Dreck scheren würde. Wahrscheinlich interessierte er sich tatsächlich nur für jene »Wahrheit«, die er mit dem Schreiben zu finden suchte. Dafür nutzten ihm keine Studien, keine Lektüre, keine Debatten. Für Hemingway zählte nur die konkrete Erfahrung.

»Woran glauben Sie?« wurde er einmal gefragt. »Bildung?«

»Bildung, nein. Wissen, ja.«

Es war nun das dritte Mal, daß Hemingway sich dem großen Zank der Nationen ausgesetzt hatte. Dabei hatte er sich alles erdenkliche Wissen über Waffen und Kampftaktiken angeeignet, weil ihn die strategischen Aspekte des Krieges besonders interessierten. In gleichem Maße aber wollte er auch sehen und spüren, wie Menschen reagieren, wenn sie dem Grauen gegenüberstehen. Minutenlang verharrte er manchmal vor toten Soldaten und versuchte zu begreifen, was die Bilder wirklich auslösten. Er hatte den spanischen Bürgerkrieg auf seine Weise »ausgekostet« und würde ihn bald auf Kuba in *Wem die Stunde schlägt* auf Papier bannen, ein weiterer Riesenerfolg.

Sechzehn an einem Abend

Havanna, Sommer 1939. In dünnen Strahlen fällt das Sonnenlicht durch die Lamellen auf die schattigen Flure des Hotels »Ambos Mundos«. Unten in der Lobby schnattern einige Kubaner, auf den Straßen rollen Buicks und mintgrüne Kabrios durch die Hitze, vorbei an alten, dicken Steinhäusern, auf deren Balkonen Wäsche in der Brise flattert. Im zweiten Stock des Hotels führen Holztüren auf die Zimmer, betritt man das Zimmer am Ende des Flurs, gelangt man ins Chaos. Angelruten lehnen an den Wänden, Haken und Leinen hängen an gespannten Schnüren. Auf dem Boden, neben drei Lederkoffern und einem Seesack, stapeln sich Zeitschriften, Bücher und alte Zeitungen. Inmitten des Wirrwarrs, an einem kleinen Schreibtisch, sitzt ein Mann mit wuchtigem Rücken. Er trägt Ledersandalen ohne Socken, Khakishorts, ein breites, altes Koppel mit der Aufschrift »Gott mit uns« in deutscher Sprache, über seinem Leib hängt ein weites Leinenhemd. Er tippt auf einer klapprigen Royal-Maschine. Der Mann schreibt die ersten Zeilen von *Wem die Stunde schlägt.*

Er leidet an starken Leberschmerzen, er nimmt Cophytol und Drainochol. Sein Arzt, Dr. José Luis Herrera Sotolongo, hat ihn ermahnt, das Trinken vollständig aufzugeben. Am Abend verläßt er sein Hotelzimmer, geht über die Straßen, winkt den Leuten durch die warme Luft zu und betritt die Bar »Floridita«. In dem altmodischen Lokal ächzt ein Ventilator unter der Decke, drei Musiker spielen, die Theke besteht aus massivem, poliertem Mahagoniholz. Der Mann hat dort einen Stammplatz. Er muß nicht bestellen. Der Barmann begrüßt ihn, breites Grinsen, und bereitet ihm einen »Papa Doble« zu. Bacardi White Label Rum, Zitronensaft, Grapefruitsaft, sechs Tropfen Maraschino, dazu geschabtes Eis, das alles elektrisch gemixt. Der Mann hat muskulöse Arme, ein Bäuchlein und dünne Beine. Er nimmt seinen doppelten Daiquiri, trinkt, behält einen großen Schluck im Mund und läßt es dann in Raten über die Kehle rinnen. Es dauert nicht lange, da ist der Mann umzingelt. Gäste, Freunde, Fischer, Mädchen. Das geht jeden Abend so. Zu einem der Gäste sagt er:

»Hier haben wir es mit der absoluten Spitzenleistung der Daiquiri-Mixerkunst zu tun. Ich habe einmal sechzehn Stück an einem Abend gekippt.«

»Von dieser Größe?« fragt der Gast.

»Rekord des Hauses!« ruft der Barmann rüber. Er steht hinter der Theke und hält ein schneeweißes Geschirrtuch.

Es sind Geschichten wie diese, die Hemingways Jahre auf Kuba legendär gemacht haben. Trinken, Fischen, Schreiben. Ein Leben in den Tropen, hübsche Frauen und große Autos, Dollars, die aus dem nahen Amerika herbeifließen, um in den Hotels und Casinos ausgegeben zu werden. Hemingway war zunächst von Key West mit dem Boot herübergekommen. Nun hatte er sich in die Insel verliebt und sich hier niedergelassen. Er plante eine neue Sammlung von Kurzgeschichten, darunter auch eine Erzählung über einen Berufsfischer, der mit einem Schwertfisch kämpft. Doch zunächst wollte er seinen neuen Roman über den spanischen Bürgerkrieg beenden. Er schaffte in drei Wochen fünfzehntausend Wörter und versuchte bald, sein Alkoholkopensum auf drei Gläser Scotch vor dem Essen zu reduzieren. Es gelang ihm nicht.

Martha Gellhorn, seine dritte Frau in spe, die er im Bürgerkrieg näher kennengelernt hatte, haßte das Chaos in seinem Hotelzimmer. »Schlampig« nannte sie den berühmten Dichter. Am 28. Dezember 1939 kaufte Hemingway darum die Finca Vigía für 18 500 Dollar. Das Haus in den Hügeln vor Havanna war heruntergekommen. Der Putz bröckelte, die Mauern waren feucht, im Swimmingpool stand trübe, grüne Brühe. Doch Hemingway schrieb nur, er kümmerte sich um nichts. Nachmittags fuhr er mit seinem Boot »Pilar« auf den Golfstrom und tötete Schwertfische und Tunas. Seine Frau jedoch ließ das große Haus bald aufmöbeln. Die Finca Vigía mauserte sich, sie sollte der einzige Wohnsitz werden, den Hemingway als sein Zuhause betrachtete und wo er eine längere Zeit lebte. Mit Dutzenden Katzen, seinem Lieblingshund »Black Dog«, der als einziger beim Schreiben anwesend sein durfte, mit Landkarten Ostafrikas, sechs Flinten, einer Pistole und einer in Alkohol konservierten Fledermaus, die Hemingway das »abgefüllte Vieh« nannte.

Im Eßzimmer und im fünfzehn Meter langen Wohnzimmer hingen bald gehörnte Tierköpfe an den Wänden, auf den Böden lagen Kudu-Felle. Die Einrichtung war schlicht, ein paar geschreinerte Holzstühle, einfache Tische. Neuntausend Bücher, darunter Erstausgaben von Joyce, sprengten die Bibliothek und lagen verstreut über Regale und Sofas. Hemingway las noch immer viel. Dann kamen die Bilder, viele aus den Pariser Jahren, die er teils als Geschenk erhalten, teils beim Wetten oder für wenig Geld ergattert hatte. Über seinem Bett hing sein Liebling, der »Gitarrenspieler« von Juan Gris. In den anderen Räumen ein zweiter Gris, dazu Mirós »Bauernhof«, mehrere Massons, ein Klee, ein Braque. Im Schreibzimmer häuften sich Stöße von Zeitungen und Briefen. Daneben lagen Raubtierzähne, Federhalter in Antilopengestellen und kleine Zebrafiguren. Und im riesigen Badezimmer türmten sich die Arzneimittel.

Im April 1940 schickt Hemingway seinem Lektor Max Perkins von Scribner's schließlich die ersten 512 Seiten seines neuen Romans, drei Monate später ist *Wem die Stunde schlägt* fertig. Hemingway nimmt einen Zug nach New York, korrigiert das Typoskript und bezieht eine Suite im »Barclay«-Hotel. Als das Buch rauskommt, wird es zum Knüller. Die Erstauflage beläuft sich auf 75 000 plus 135 000 für einen Buchclub. Ende 1943 sind in den USA 785 000, in England 100 000 Exemplare an die Leser gebracht. Hemingways Kommentar: »Verkauft sich wie eisgekühlte Daiquiris in der Hölle.«

Auch die Rezensionen sind voll des Lobes. Das Buch wird als der »beste und reichhaltigste Roman« des Autors gepriesen. Ein anderer Kritiker schreibt in der »New Republic«: »Der Großwildjäger, der Supermann der Küste, der Stalinist vom Hotel »Florida« – sie alle sind mitsamt ihrer verkrampften und fieberhaften Einstellung verflogen wie die Wahngebilde des Alkohols. Wir haben den Künstler Hemingway wieder. Es ist, als wäre ein alter Freund zurückgekehrt.« Fidel Castro, der Hemingway einen »Abenteurer im echten Sinne« nannte, behauptete später, er habe sich Kampftaktiken aus dem Buch abgeschaut für seine

Machtübernahme auf Kuba. Hemingway ist zufrieden. Das Buch sollte zudem von Hollywood mit Ingrid Bergman und Gary Cooper verfilmt werden, mit denen er eng befreundet war. Für die Filmrechte an *Wem die Stunde schlägt* sackt Hemingway hunderttausend Dollar ein. Aber er ist skeptisch, was die Hollywood-Leute angeht. Als der Film in den Kinos anläuft, will er ihn gar nicht erst sehen. Die Zelluloid-Heinis hätten kein Gespür für Handlung und Charaktere, die Besetzungen seien meist reinste Katastrophen, und immer ginge es nur um Geld. Später sollte er einen regelrechten Haß auf alle Filmemacher entwickeln und sich beim Thema Hollywood in orkanartige Pöbeleien hineinsteigern. Eines Abends in Idaho, Hemingway kam gerade vom Skifahren zurück und wollte sich vor dem Kamin einen Drink anrühren, rief Darryl Zanuck von Twentieth Century Fox an, der seine Geschiche *Das kurze glückliche Leben des Francis Macomber* verfilmt hatte.

»Hi, Ernest«, sagte Zanuck in den Hörer. »Wir haben aus Ihrer Story einen ganz wunderbaren Film gemacht und sitzen gerade mit dem Vorstand zusammen. Der Film ist jetzt fertig für den Verleih, aber wir finden, daß der Titel für die üblichen Reklametafeln ein wenig zu lang ist. Könnten Sie ihn nicht vielleicht gegen einen kürzeren, knackigeren Titel auswechseln? Einen Titel, der beide Geschlechter anspricht und das Gefühl erweckt, man *müsse* diesen Film sehen.«

Zanuck hatte offenbar keine Ahnung, daß Hemingway schon beim Streichen eines einzigen Wortes explodieren konnte. Aber gleich den ganzen Titel ändern?

»Warten Sie einen Augenblick«, sagte Hemingway, »ich muß kurz darüber nachdenken.« Er griff sich seinen Drink und ließ Zanuck mehrere Minuten an der Strippe zappeln. Dann nahm er den Hörer wieder in die Hand.

»Zanuck, hören Sie? Ich glaube, ich habe das richtige Rezept. Sie sagten, Sie brauchen etwas Kurzes und Packendes, das beiden Geschlechtern ins Auge springt, richtig? Haben Sie einen Stift zur Hand? Gut, dann notieren Sie den neuen Titel: F wie Fox, U wie Universal, C wie Columbia und K wie Kodachrome.«

Doch Hemingway konnte mit den Filmbossen noch weitaus ärger umspringen. Als der Produzent David Selznick von seinem schon zuvor verfilmten Buch *In einem anderen Land* ein Remake gedreht hatte und ihm nun fünftausend Dollar anbot, kabelte Hemingway zurück. Selbst wenn der Film fünfzigtausend Dollar einspielen würde, Selznick solle das gesamte Geld auf einer Bank in Nickel eintauschen lassen und es sich so lange in den Hintern pfropfen, bis es ihm aus beiden Ohren wieder rauskäme. Und dies waren noch wohlwollende Erniedrigungen. Oft nannte er die Filmleute Arschlöcher und Drecksäue oder zürnte, sie hätten den Verstand eines eingewachsenen Zehennagels. Seinen alten Freund Fitzgerald bezeichnete er sogar als stinkende Hure, die sich auf dem gelackten Hollywood-Parkett jämmerlich verkauft hätte.

Hemingway konnte sich die Kritik leisten. Allein seine Bücher verkauften sich gut genug. *Wem die Stunde schlägt* hatte ihn unter die Kolosse der Literatur gehievt. Er verfügte nun über reichlich Geld, Muße und Zeit, um sich in den nächsten fünfzehn Jahren auf Kuba dem geliebten Dasein widmen zu können, wobei er so manchen Schabernack trieb. Weil er sich viel mit dem Wetter beschäftigte, gab er den Radiostationen gelegentlich auch selbst formulierte Sturmwarnungen durch. Als zu seinem großen Vergnügen eines Tages ein Hurrikan aufzog, den nur er vorhergesagt hatte, verschanzte er sich mit einem Dutzend Schnapsflaschen auf dem höchsten Turm der Finca, um den Sturm ganz oben auf der Terrasse im Freien abzuwettern. Es gibt Zeugen dafür, wie der Literat sich oben auf seiner »Kommandobrücke« halbnackt mehreren Zyklonen aussetzte und, Schlachtrufe ausstoßend, sein imaginäres Kriegsschiff durch den Sturm schrie. Sein Arzt Dr. Herrera erinnerte sich, daß er sich über solche Spielereien diebisch freuen konnte. »Jedesmal, wenn ein Zyklon im Anzug war, leuchteten seine Augen, und er forderte mich auf, bei ihm zu bleiben, um, wie er sagte, die ›Verteidigung zu organisieren‹.«

Über Literatur sprach er in dieser Zeit fast nie. Seinen Gästen und Freunden sagte er nur »die Arbeit geht voran« oder »heute habe ich soundsoviele Wörter geschafft«. Wenn er unzufrieden war, rührte er manchmal monatelang keinen Bleistift und keine Schreibmaschine an. In solchen Phasen wäre er »in Mißstimmung«, wie er meinte, trank meistens noch mehr und widmete sich diversen Gästen. In den fünfziger Jahren tummelten sich Ava Gardner an seinem Pool, Spencer Tracy, Katherine Hepburn, Jean Paul Sartre oder berühmte Stierkämpfer und Boxweltmeister wie etwa Rocky Marciano. Hemingway hatte bis zu neun Bedienstete auf der Finca. Zu Tagesbeginn ließ er sich gewöhnlich zwei Highballs mixen, stieg dann bis zum Frühstück auf Tom Collins oder Whisky um. An einem üblichen Tag, schreibt der Autor Norberto Fuentes, wurden auf der Finca drei bis vier Flaschen Whisky konsumiert, wobei Hemingway mit Abstand am meisten trank, wegen seiner großen Statur aber nie betrunken wirkte. Im Laufe des Tages schwenkte er dann um auf Gin, Campari, Tequila oder diverse französische Weine. Nachdem ihn der befreundete Colonel Buck Lanham 1949 besucht hatte, erzählte dieser, das Hemingway »Schnaps literweise« trinke. »Auch wenn er eine Handvoll Schlaftabletten nimmt, wacht er am nächsten Morgen immer gegen halb fünf auf. Meistens fängt er dann gleich an zu trinken und schreibt dabei im Stehen, den Stift in der einen Hand und einen Drink in der anderen.« Ende der vierziger Jahre hatte Hemingway zeitweise einen Blutdruck von 215 zu 125, wog 116 Kilo, seine Leberzirrhose war weit fortgeschritten, und nicht selten verbrachte er halbe Tage damit, Blutdruck zu messen und Medikamente zu dosieren.

Hemingway holte jetzt auch oft seine Söhne zu sich, um mit ihnen im Meer schwimmen und fischen zu gehen. Er organisierte Angelturniere, und des öfteren begab er sich auf Reisen. Spanien, Afrika, Italien, Paris. Als sich der Zweite Weltkrieg zuspitzte, führte er auf Kuba aber noch andere Dinge im Schilde.

1942 gründete Hemingway die von ihm sogenannte »Crook Factory«, einen privaten Spionagering, der auf der Insel weilende Nazispione aufspüren sollte. Daß die Militärs gelegentlich bekannte Privatiers einsetzten, um Informationen zu bekommen, war nichts Ungewöhnliches. Hemingway ließ sich die Gelegenheit natürlich nicht entgehen, mal wieder an kriegerischem Geschehen teilzuhaben, und suchte umgehend eine Mannschaft aus Fischern, Pelotaspielern und einem katholischen Priester zusammen, um sie auf Patrouillen ausschwärmen zu lassen. Die Berichte tippte er selbst ab und übergab sie dann dem US-Botschafter auf Kuba.

Als Hemingway mit seinen spionierenden Mannen jedoch nicht so recht vorankam, wollte er sich anderweitig nützlich machen und funktionierte sein Boot »Pilar« kurzerhand in ein Anti-U-Boot-Fahrzeug um. Die Deutschen hatten ihre gefürchteten Tauchboote bei der »Operation Paukenschlag« erstmals bis an die US-Westküste entsandt, wo sie zahlreiche Frachter versenkten, die bis dato noch ungeschützt in amerikanischen Gewässern fuhren. Nun sollten die grauen Wölfe, wie Admiral Dönitz seine U-Boote nannte, auch in karibischen Gebieten auf Beutezug gehen. Hemingway schaffte es irgendwie, die Verantwortlichen von seinem absurden Plan zu überzeugen.

Ende 1942 bestückt er sein Boot mit Panzerfäusten, Maschinengewehren und Handgranaten und läuft, als Forschungsschiff getarnt, mit acht Mann Besatzung aus, um vor der Nordküste Kubas zu patroullieren. Sein Plan: Er will sich von einem deutschen U-Boot aufbringen lassen, um es dann bei einem Enterkommando zu versenken. Der damalige Botschafter Braden gibt seinen Segen, wahrscheinlich aber nur, weil er einer Berühmtheit wie Hemingway nichts ausschlagen will. Mit dem Millionär Winston Guest, dem baskischen Seemann Francisco Paxtchi und seinem langjährigen Steuermann Gregorio Fuentes verbringt Hemingway Wochen auf See, das Boot vollgestopft mit Munition, Konserven und Schnapsflaschen. Es ist ein Unternehmen ganz nach seinem Gusto. Ein Himmelfahrtskommando, volltrunken ins Verderben. Auch dies würde er später in *Inseln im Strom* literarisch verarbeiten, jedoch wurde das Buch erst posthum veröffentlicht und erntete bei der Kritik eher müdes Lächeln.

Martha Gellhorn konnte nur Verachtung zeigen für solche, womöglich nicht ganz ungefährlichen Eulenspiegeleien, doch Hemingways Euphorie war nicht zu bremsen. Und so schipperten die Männer bald mit ihren Ferngläsern durch das klare, blaue Wasser der Karibik auf der Jagd nach deutschen U-Booten. Natürlich nahm sich Hemingway bei dieser Aktion mal wieder wichtiger, als er war. Vier Jahre später schrieb er in einem Brief rückblickend: »1942 und 1943 habe ich Kuba nicht ein einziges Mal verlassen, außer um bei der Spionageabwehr und U-Boot-Bekämpfung auf See die schwierigste Mission zu erfüllen, die einem überhaupt übertragen werden kann. Ich war auf See, bis die U-Boote abzogen.«

Hemingway war nicht der einzige, der sich anbot, mit seinem Boot zu patroullieren. Tatsächlich fuhren damals einige Schiffseigner und gelangweilte Millionäre hinaus, um die amerikanische Marine zu unterstützen. Sie nannten sich »Hooligan Navy«, durchaus wissend, daß sie gegen ein U-Boot nicht wirklich etwas hätten ausrichten können. Wie der Marineschriftsteller Michael Gannon rekonstruierte, gab es bisweilen sogar peinliche Momente. Einmal kreuzte vor Floridas Küste in der Tat ein privates Motorboot neben einem U-Boot auf. Der deutsche Kommandant ging längsseits und schrie auf englisch hinüber: »Seht zu, daß ihr hier wegkommt, ihr Schießbudenfiguren! Oder wollt ihr verletzt werden?« Die U-Boot-Leute hätten nicht mal ein Torpedo verschwenden müssen. Wenige Schüsse mit der Flak hätten gereicht, um die Hobby-Admiräle samt ihren Sportbooten in Stücke zu reißen.

Aber Hemingway hielt eisern an seinem Vorhaben fest, unbedingt ein deutsches U-Boot aufzubringen. Erst als er nach einigen Monaten feststellen mußte, daß vor ihm nur leeres, weites Meer lag, gerieten die Fahrten mit der »Pilar« zunehmend zu Juxpartien. Mehr oder weniger stark angetrunken schmissen er und seine »Offiziere« zur Belustigung bald Handgranaten über Bord und verbrachten den Rest der Tage beim Hochseeangeln. Doch was seine skurrile Lust am Krieg anging, blieb er unersättlich.

Paris muß fallen!

Bis nach Fernost war er gereist, um dort als erster amerikanischer Reporter vom chinesischen Krieg zu berichten, wobei ihn die journalistische Arbeit auch hier nicht sonderlich interessierte. Statt Berichte zu senden, hing er in Hongkonger Wettkellern herum und wollte später hautnah die Schlachten sehen. Nach seinem Asien-Trip war es aber vor allem das Ende des Zweiten Weltkriegs in Europa, wo er sich in einem Don-Quichotte-artigen Galopp ins Geschehen stürzte. Abermals als Berichterstatter unterwegs, ging sein Übermut jetzt endgültig mit ihm durch, denn im Rausch seines zunehmenden Größenwahns wollte er nun tatsächlich in die Kämpfe eingreifen.

Vor seiner Abreise aber übertölpelte er auf Kuba noch seine Frau Martha Gellhorn. Sie war bereits selbst als Reporterin in den Krieg nach Europa aufgebrochen, um für das Magazin »Collier's« zu berichten. Ihr berühmter Mann sei ein »Ungeheuer«, hatte sie zuvor gesagt, sie könne es auf Kuba nicht mehr länger mit ihm aushalten. Als sie schon bald jedoch die Sehnsucht überfiel, bat sie ihn nachzukommen, schließlich würde doch auch er über die Invasion Frankreichs schreiben wollen, und auf diese Weise könnten sie sich endlich wiedersehen. Hemingway reagierte völlig gleichgültig.

Als Martha dann, noch immer verliebt, zurück nach Kuba flog, pobelte er sie »widerwärtig und abscheulich« an, wie sie sagte, nur um ihr kurz darauf zu eröffnen, daß nun *er* nach Europa aufbrechen würde, um persönlich von der Befreiung Frankreichs zu berichten. Die Zeitungen rissen sich um ihn, bereit, horrende Honorare zu zahlen – und so angelte er sich kurzerhand keinen anderen als just Marthas Job bei »Collier's«. Bald darauf legte das unselige Paar einen Stop in New York ein, wo Hemingway sie angeblich weiter wie ein Wahnsinniger anging und sich nun auch noch weigerte, seine Beziehungen spielen zu lassen, um ihr nochmals die nötigen Papiere für Europa zu besorgen. Statt dessen sagte er, er würde sowieso bald umkommen und organisierte für sich einen der raren Plätze an

Bord einer Pan-Am-Maschine Richtung Krieg. »Oh, nein«, waren seine letzten Worte, als er den Flieger bestieg, »hier dürfen nur Männer mit.«

Kurz vor dem D-Day 1944 trifft Hemingway in London ein, von wo aus er über die Invasion in der Normandie berichten soll. Mit schlohweißem Zottelbart und einer kleinen runden Brille auf der Nase steigt er zunächst in die Bomber der Royal Air Force, um auf mehreren Flügen in deutsches Feindgebiet vorzudringen. Spät im Juni startet er über den Ärmelkanal an der Seite des Wing Commanders Alan Lynn, der den Auftrag hat, mit seiner Maschine eine Abschußbasis von Hitlers neuer V-1-Rakete zu zerstören. Auf einem Photo, das eine Szene kurz vor dem Einsteigen in die Maschine festhält, ist Hemingway in voller Kluft zu sehen, Lederkappe auf, Atemmaske um den Hals sowie Sicherheitsgurte und Fallschirm tragend.

Heil wieder auf Londoner Boden, macht er indes einer gewissen Mary Welsh schöne Augen. Sie ist ebenfalls als Kriegsreporterin vor Ort und offenbar ganz nach seinem Geschmack. Hemingway wählte immer Frauen, die couragiert waren und die Dinge selbst in die Hand nahmen. Verwöhnte Prinzessinnen verschmähte er, ebenso wie Schminke, Parfüm, intellektuelles Geschnatter und große Garderobe. Er ist zu diesem Zeitpunkt zwar noch mit Ehefrau Nummer drei verheiratet, macht Nummer vier aber bereits handfeste Angebote. »Ich kenne Sie nicht richtig«, sagt er eines Abends zu Welsh im »Dorchester Hotel«, »aber ich will Sie heiraten.« Sie glaubt an einen schlechten Scherz, zumal er sich bei den Abendessen zuvor reichlich komisch verhalten hatte, wahrscheinlich weil er schon unter starken Depressionen litt. »Der Krieg wird uns eine Zeitlang trennen«, läßt er sie wissen. »Wir sollten daher anfangen, unsere Kampfhandlungen zu koordinieren.«

Am Tag der Invasion kauert Hemingway an Bord eines Landungsboots, das sich Omaha Beach nähert. Entgegen all seinen Behauptungen geht er jedoch nicht an Land, sondern sitzt eingepfercht im Heck, als das Boot über die grauen Wellen zum Mutterschiff zurücksetzt. Hemingway war zu dieser Zeit ein Meister der Selbstinszenierung, wobei er streckenweise log, daß sich die Balken bogen. Bei der Invasion, tönte er, habe er sogar wesentlich dabei mitgeholfen, den Strand zu lokalisieren. Und selbstverständlich sei er mit an Land gegangen! Alles Quatsch. Die Zeitungen brachten dennoch mehrere Meldungen, denn ein »Larger than Life Hero«, wie die Amerikaner Persönlichkeiten à la Hemingway nennen, war stets für eine spektakuläre Geschichte gut, und die Klatschpresse und er harmonierten wie zwei zusammen spielende Geigen, wie es Kelly Dupuis, ein Experte der Hemingway Society, heute beschreibt. Richtig bunt sollte es der inzwischen recht bauchige Autor aber erst treiben, als die Amerikaner in Frankreich immer weiter vorstoßen und er sich nun auf eigene Faust aufmacht zu völlig wahnwitzigen Streifzügen quer durch die Feindgebiete.

Auf der Suche nach blutigem Treiben begleitet er mal die amerikanischen Truppen, mal die Infanteriedivisionen der französischen Armee und agiert jetzt mehr oder weniger, wie es ihm gerade in den Kram paßt. Die strengen Vorschriften, an die sich Kriegsreporter halten müssen, schreibt er nonchalant in den Wind, wohlwissend, daß er mit seinem Namen eine gewisse Narrenfreiheit genießt. Einige Befehlshaber sind aufgebracht und sichtlich nervös, was die Aktionen des umtriebigen Reporters betrifft, der sich jetzt sogar anschickt, bei Kampfhandlungen mitzumischen. »Der alte Ernie ist sechzig Meilen vor der ersten Armee entdeckt worden«, meldet ein entgeisterter General Burton im November 1944 Reportern auf einer Pressekonferenz. »Er hat Informationen geschickt. Und wissen Sie, was er sagt? Wenn er seine Stellung halten soll, brauche er Panzer!«

Wieder will sich Hemingway unter allen Umständen beweisen. Im Angriff seinen Mann stehen, bis zur letzten Kugel – er sollte sein großes Motiv von nun an mit grotesker Besessenheit verfolgen. Sein Schlafzimmer im »Hotel du Grand Veneur« wird seine »Operationsbasis«, wo er Melder, Soldaten, Deserteure und alle möglichen Leute empfängt und sie nach Informationen ausfragt. Die Stäbe irritiert er, weil er plötzlich eigene

Leute auf den Straßen aufstellt und bewaffnete Wagen planlos auf Patrouille schickt. Vom Colonel David Bruce hatte er sich zum rechten Zeitpunkt die Erlaubnis geholt, eine kleine »private« Widerstandsbewegung aufzubauen. Dreißig Meilen vor Paris, in Rambouillet, begann er daraufhin mit seinen irren Machenschaften, was wohl nur möglich war, weil die Zustände während der Befreiung Frankreichs chaotisch und weite Gebiete kaum zu kontrollieren waren. Journalistenkollegen trieb seine Soldatenspielerei auf die Palme, doch »Hemingstein«, wie viele ihn nannten, war wild darauf aus, bei der Befreiung seiner Lieblingsstadt Paris als erster die Champs-Élysées zu stürmen.

Wegen seines rücksichtslosen Vorgehens wird er von anderen Berichterstattern sogar beschuldigt, die Genfer Konventionen verletzt zu haben. In seinen diversen Hotelzimmern würde er haufenweise Landminen, Panzerfäuste und Handfeuerwaffen horten. Zudem habe der sehr gut Französisch und Spanisch sprechende Autor mutwillig das Kommando über französische Partisanen übernommen, die ihm offenbar abnahmen, er sei mit militärischem Auftrag unterwegs. Inzwischen hatte er nämlich seine Presseabzeichen von der Uniform entfernt und verfügte darüber hinaus über ein komplett ausstaffiertes Kartenzimmer.

Mitten im Krieg wurde er deswegen in Nancy zu einer Anhörung beim Generalinspekteur der dritten Armee vorgeladen. Hemingway war übergeschnappt, vermuteten die Kollegen. Ein genialer Schriftsteller, der irgendwo zwischen Schaffensdrang und psychotischem Heldengebaren den Weg der Vernunft ein für allemal verlassen hatte. Er selbst sah die Sache natürlich gänzlich anders, schloß sich der Panzerdivison des berühmten General Patton an und schrieb aus den Lagern euphorische Briefe an seine neue Bekanntschaft Mary Welsh: »Wir führen hier ein sehr lustiges Leben, voller Toter, mit deutschem Beutegut, bestem Cognac und viel Ballerei.«

Immer weiter rumpelt Hemingway jetzt ins vielerorts noch von deutschen Soldaten besetzte Frankreich. Dabei gerät er wiederholt in Maschinengewehrfeuer und muß einmal mit dem bekannten Kriegsphotografen Robert Capa von einem Motorrad in einen Graben springen, als ihnen die Kugeln um die Ohren fliegen. Weiter gen Westen vorstoßend, hört er, daß General Leclerc nach langem Warten endlich den ehrenvollen Auftrag bekommt, Paris zu befreien. Kurz darauf trudeln im General-Hauptquartier mehrere Telegramme von Hemingway ein, der sich irgendwo in einem alten Château eingenistet hat und sich dort über die Cognac-Keller hermacht. Die Funker stehen vor einem Wust konfuser Informationen, Spionagegerede und Angriffsgefasel. Hemingway will sich wichtig machen und bei der Schlacht um Paris um jeden Preis dabei sein.

Leclerc läßt ihm nur knapp mitteilen, er solle sich gefälligst aus dem Staub machen. Auch andere Militärs mahnen ihn, sich mit seinem »Guerillahaufen« nicht von der Stelle zu bewegen, um keine unnötige Verwirrung zu stiften. Hemingway reagiert wie ein beleidigtes Kind, besäuft sich bis unter die Schädeldecke in einer nahegelegenen Bar und schwadroniert vor Soldaten und befreiten Franzosen: »Paris muß fallen!« Aus heutiger Sicht ein Gebaren, als handelte es sich um einen miesen Kriegsfilm, B-Movie, vierter Teil. Doch wie etliche Biographien und Berichte von Zeitzeugen belegen, verstieg sich Hemingway tatsächlich zu derart anmaßenden Kabinettstücken. Und sorgte im Krieg immer wieder für sagenhaften Gesprächsstoff.

Wie Robert Capa in seinen Memoiren schreibt – er hatte Hemingway in zwei Kriegen erlebt –, habe dieser bei seinen Vorstößen jedes Mal mehr Schnaps und Munition im Gepäck gehabt als eine ganze Division benötigt hätte. Als Mary Welsh später zu ihm ins Hotel kam, sagte sie, sein Bett sei übersät gewesen mit M1-Gewehren, Handgranaten und Pistolen. Im Whisky- und Champagner-Delirium muß Hemingway damals jene abstruse Geschichte zusammengesponnen haben, er habe Paris mit befreit und sei als erster Amerikaner ins »Ritz« eingezogen. Zitat Hemingway aus einem Brief von der Seine, 27. August 1944: »Sind über die Étoile und Concorde in Paris einmarschiert. Habe die Einheit mehrmals ins Gefecht geführt.« Die Story flog von Mund zu Mund. In Wahrheit waren die GIs natürlich lange vor ihm in Paris gewesen und auch in dem bekannten Nobelhotel. Hemingway aber schraubte munter weiter an seinen phantastischen Siegeszügen. Er will die Stadt tapfer »gehalten« haben und sei »fünfzehn Kraut-Panzern mit zweiundfünfzig Fahrradfahrern« entgegengefahren. Zu Welsh meinte er: »Einige unser Patrouillenfahrten würden dich mehr erschrecken als Grimms Märchen.«

Was niemand ahnte, war, daß Hemingway in diesen Kriegsjahren wahrscheinlich schon stark unter seinem körperlichen Verfall und Depressionen litt. Daß er dabei, auch wegen seiner Trinkexzesse, zunehmend den Sinn für die Realität verlor, belegen seine Wutausbrüche und immer unberechenbarer werdenden Gambaden. Hemingway als Kriegsreporter unterwegs? Die restlichen Journalisten konnten darüber nur noch lachen. Seinen eigentlichen Auftrag betrachtete er höchstens noch als Alibi, um irgendwo da draußen endlich seinen gewaltsamen Tod zu finden. Und das Hemingwaysche Roulette kannte noch andere Spielarten. Bevor er Paris erreichte, kommandierte er eine Freischärlertruppe und platzte mitten in jene Schlachten hinein, die von Historikern als die grausamsten des Zweiten Weltkriegs in Westeuropa bezeichnet wurden.

Als ihm der befreundete Colonel Charles T. »Buck« Lanham, der in den Pausen zwischen seinen Einsätzen Sonette schrieb, eines Tages die Nachricht zukommen läßt »Wir kämpfen bei Landrecis und Du bist nicht dabei!«, springt Hemingway sofort in den nächsten Jeep und fährt los. Tags darauf gondelt er mitten durch ein Gebiet, das vor eingekesselten deutschen Soldaten nur so wimmelt. Militärs meinten, er habe mehr Glück als Verstand gehabt. Wären er und sein Fahrer erwischt worden, die Deutschen hätten sie kurzerhand erschossen. Statt dessen prescht Hemingway immer weiter Richtung Siegfried-Linie und Hürtgenwald, wo er sich während des brutalen Beschusses auch noch weigert, wie alle anderen einen Helm aufzusetzen. Hemingway, längst fern von Gut und Böse, schien seinen Tod jetzt unbedingt provozieren zu wollen.

Doch er entkommt ungeschoren. In einer eisigen Dezembernacht erreicht er Luxemburg, in Bomberjacke und fellgesäumtem Wildledermantel, den er sich zusätzlich übergestülpt hat. Kaum angekommen, betrinkt er sich und trifft auf seine Noch-Ehefrau Martha Gellhorn, die nun doch per Schiff nachgereist war und inzwischen mit einem gewissen Bill Walton ausging. Hemingway reagiert mit bösen Unflätigkeiten und will abends ihr Hotelzimmer stürmen. Seinen Biographen nach soll er sich im Hotelflur sternhagelvoll den Blecheimer eines Zimmermädchens auf den Kopf gesetzt und mit einem Wischmopp als Lanze mehrfach die Tür gerammt haben. »Hau ab, du Säufer!« schrie Martha, was er dann auch tat.

Zurück in Paris, stolziert er bald darauf mit seiner neuen Flamme Mary Welsh in den Dinnersalon des »Ritz«. Und man weiß nicht, ob man ihn bereits bedauern soll, als er abends Besuch von seinem Freund Colonel Buck Lanham bekommt. Freudestrahlend überreicht dieser Hemingway eine Trophäe: zwei Pistolen der deutschen Wehrmacht in einem Samtfutteral samt Munition. Hemingway, bereits leicht angeheitert, ist begeistert und lädt die Waffen. Sie können ihn gerade noch davon abhalten, Schüsse in den Garten und den Kamin abzufeuern. Als der kriegslüsterne Dichter dann plötzlich in einem Stapel Papiere ein Photo von Mary und ihrem zweiten Ehemann entdeckt, wird er cholerisch. Er nimmt das Photo, wirft es in die Toilette und feuert sechs Schüsse in die Kloschüssel ab. Nur mit vereinten Kräften können alarmierte Hotelangestellte ihm die Waffe entreißen.

Hemingway hatte jetzt seinen fünften Krieg erlebt. Und niemand kann genau sagen, ob es die Flut an barbarischen Bildern war, seine fanatische Schreiberei, seine Todessehnsucht, seine Ängste, seine massive Trinkerei – oder ob letztlich alles zusammen dazu führte, daß er zwar noch eines seiner schönsten Bücher schreiben sollte, aber nie mehr so recht den Boden unter den Füßen finden würde. Obwohl er ihn meist sarkastisch abtat, muß der Krieg ihn nachhaltig beeinflußt haben. Bis zu seinem Lebensende hatte er Alpträume, lag nächtelang wach und dröhnte am Tage dennoch unermüdlich weiter von seinen Heldentaten. Mehrere deutsche Soldaten wollte er eigenhändig abgestochen haben, seinem Verleger berichtete er sogar, er hätte einem »SS-Kraut«, der ihn beleidigte, erst in die Knie, dann in den Bauch und zuletzt in den Kopf geschossen. Ob er ähnliches wirklich getan hat, bleibt fraglich. Seinem Ziel aber, das er sich schon als achtzehnjähriger Ambulanzfahrer gesteckt hatte, war er inzwischen zur Genüge nachgekommen. Die Kriege hatten Hemingway geliefert, wonach er immer suchte: das Leben in Extremsituationen und reichlich Munition für seine Bücher.

Spätestens im Zweiten Weltkrieg hatte sich in Hemingway eine merkwürdige Metamorphose vollzogen. Es schien, als sei er nun selbst zu einem seiner Heldenbilder geworden. Der kleine, verängstigte Junge aus Oak Park, der erst zum Draufgänger wurde und sich in seinen Büchern schließlich eine eigene Welt aus Härte und Mut erschuf – nun sah es ganz danach aus, als wären seine im Schreiben erschaffenen Werte und Lebensmuster auf ihn übergegangen. Ein Autor, der sich zur wandelnden Romanfigur entwickelt hatte. Man kann nur ahnen, welcher Zwiespalt hinter der Fassade klaffte.

Schaden kann es nicht

Fünf Jahre später, der Krieg war längst vorbei, sollte sich Hemingway aber noch einer weiteren großen Schlacht widmen. Diesmal literarischer Natur. Im Frühling 1949, inzwischen hatte er seine vierte Frau, Mary Welsh, geheiratet, reiste er zum Skifahren ins italienische Cortina d'Ampezzo, wo er sich ein Bein brach und ihn zudem eine Augeninfektion heimsuchte. Noch im Krankenhaus begann er eine Kurzgeschichte für den »Cosmopolitan«, um, wie er sagte, die bald anfallenden Beerdigungskosten zahlen zu können. Er nannte sie *A Short Story*, schrieb unermüdlich, und im Sommer hatte er die Handlung so weit vertieft, daß er einen Roman daraus machen wollte.

Durch die Infektion war sein Gesicht inzwischen mit Striemen und Flecken übersät, die Haut schälte sich ab »wie Briefmarken«. Dennoch reiste er so bald wie möglich zurück nach

Kuba, wo er wie ein Verrückter weitertippte. Seinem Freund Hotchner erzählte er: »Ich habe im Schweiße meines Angesichts gearbeitet – die Stirn heißer als der Rost, auf dem San Laurenzo gebraten wurde.« Seine Geschichte trug inzwischen den Titel *Über den Fluß und in die Wälder,* und nach fast einem Jahrzehnt, in dem Hemingway nichts Nennenswertes veröffentlicht hatte, erschien der Roman im September 1950. Das Buch über den kriegsgebeutelten Colonel Cantwell, der sich in die junge Gräfin Renata verliebt und dem sicheren Tod entgegenblickt, wurde von den meisten Kritikern gnadenlos auseinandergenommen. Wie die Aasgeier stürzten sich die Rezensenten auf das Werk und bescheinigten Hemingway den schriftstellerischen Niedergang.

Nach solch boshaften Urteilen drehte Hemingway bald vollends durch, wie der Biograph Kenneth Lynn schreibt. Thomas Wolfe nannte er einen aufgedunsenen Literaten, John O'Hara einen ausrangierten Alkoholiker, und als 1951 das Buch *Verdammt in alle Ewigkeit* erschien, zudem noch über alle Maßen gelobt in seinem eigenen Verlag Scribner's, nannte er den Autor James Jones ein »ungeheuer geschicktes Arschloch«, dessen Buch »unserem Land großen Schaden zufügen wird«. Hemingway bebte. Die Reaktion auf sein neues Buch hatte ihn mit voller Breitseite getroffen, was er keinesfalls auf sich sitzen lassen wollte. Zudem stand er mehr im Rampenlicht denn je. Auf den People Seiten von »Time« waren in drei Jahren neun Geschichten über ihn erschienen, wo er als Jäger, Frauenheld und Trinker dargestellt wurde. Als er sich von seiner dritten Frau scheiden ließ, mußte er Schlagzeilen lesen wie »Stunde schlägt für drei von Ernests Frauen«. Der Schriftsteller wurde nicht mehr als Schriftsteller gefeiert. Er war zum Society-Löwen mutiert.

Hemingway haßte es. Sein Aussehen und sein Leben würden die Leute einen feuchten Kehricht angehen, sagte er. Ohne Frage hatte er prächtig an seiner Rolle mitgedreht, doch als er nach all dem Tratsch nun mit *Über den Fluß und in die Wälder* als Dichter niedergemacht wurde, muß es ihn durchbohrt haben wie ein Geschoß. Aber er hielt sich auch im literarischen Gefecht an seinen Ehrenkodex. Niemals aufgeben! Er wollte es den Kritikern heimzahlen, wollte der Welt noch einmal zeigen, mit wem sie es zu tun hatte. Mehr denn je betrachtete er das Schreiben jetzt als Kampf. »Ich habe ganz ruhig angefangen und erst mal Turgenjew geschlagen, das war nicht allzu schwer«, sagte er einmal einem Verleger. »Dann hab' ich hart trainiert und Mr. de Maupassant geschlagen. Mit Mr. Stendhal ging es zweimal unentschieden aus, und ich glaube, beim letzten Mal habe ich ihn erwischt. Nur mit Mr. Tolstoi kriegt mich niemand in den Ring. Es sei denn, ich werde noch besser oder verrückt.« Wie ein in die Seile gedrängter Boxer sieht er das Schreibgewerbe, beteuert, er könne Henry James mit »dem bloßen Daumen erledigen« und ihm »dort eine verpassen, wo er keine Eier hat«. Die Frage war nur, ob er in seinem Zustand jetzt noch zu einem weiteren großen Schlag ausholen konnte. Würde die kranke Auster wirklich die schönste Perle scheißen?

Bewußte Ernährung, blutdrucksenkende Mittel, zig Tabletten und tägliches Schwimmen: Er konnte seine Gesundheit zeitweilig unter Kontrolle bringen, doch die nächste Daiquiri-Flut spülte alle guten Vorsätze davon wie Korken im Meer. 1950 sagte er, sein Fuß sei eiskalt und angeschwollen wie der eines »Zirkuselefanten«. Hemingway litt an Wassersucht. Er hatte gefährlich hohe Cholesterinwerte, einen irreparablen Leberschaden und hörte obendrein ein seltsames Surren im Kopf, vermutlich Folge seiner diversen Kopfverletzungen. Doch trotz aller Marter begab er sich an ein neues Buch, dessen Handlung er schon 1936 in der Story *On the Blue Water* für »Esquire« vorgezeichnet hatte.

Hemingway schob inzwischen einen schweren Bauch vor sich her, trug einen silbergrauen Vollbart und zog sich wie meistens von Sonnenaufgang bis mittags an seinen Arbeitsplatz zurück. Irgendwann 1952 reichte er seinem Freund »Hotch« dann das Manuskript und sagte: »Ich möchte dir was zu lesen geben, vielleicht ist es ein Gegengift gegen die miese Laune. Mary hat es in einer Nacht von A bis Z gelesen. Morgens sagte sie, daß sie mir alles verzeihe, was ich je getan habe, und zeigte mir wahrhaftig eine Gänsehaut auf ihren Armen. Also hat man mir als

Schriftsteller eine Generalamnestie erteilt. Aber hoffentlich bin ich nicht so dumm, daß ich etwas für wunderschön halte, weil es jemand unter meinem Dach gefallen hat. Lies es, und sag mir morgen Bescheid.«

Als im September schließlich *Der alte Mann und das Meer* erscheint, schlägt das Buch alle Rekorde. Das Magazin »Life« bringt den gesamten Text als Vorabdruck. Innerhalb von zwei Tagen sind 5 300 000 Hefte verkauft, die meisten davon acht Stunden nach Erreichen der Kioske. Die Erstauflage bei Scribner's beläuft sich auf 153 000 Bücher. Das Schicksal des alten Fischers Santiago hält sich 26 Wochen auf den Bestsellerlisten.

Die Zeitungen überschlagen sich vor Beifall. »Die beste Erzählung, die Hemingway je geschrieben hat«, oder: »Mr. Hemingway ist wieder der Champion« hallen die Lobeshymnen von London bis New York. William Faulkner hält das Buch für das Eindrucksvollste, was seine Zeitgenossen hervorgebracht haben. Diesmal, sagt Faulkner, habe Hemingway »Gott entdeckt, den Schöpfer«. Nur wenige der Kommentare erkennen in dem Marlindrama minderwertige Hemingway-Prosa, eine platte Symbolik oder tun es als Gefühlsgedudel ab. Auch Hemingway selbst hält es für sein stärkstes Werk. Und doch will er mit der durchs Land schwappenden Diskussion um die tiefere Bedeutung des Buchs nichts zu tun haben. Dem Kritiker Bernard Berenson sagt er, es gebe da noch ein Geheimnis über *Der alte Mann und das Meer.* »Das Buch ist überhaupt nicht symbolisch. Das Meer ist das Meer. Der alte Mann ist ein alter Mann. Der Junge ist ein Junge, und der Fisch ist ein Fisch. Die Haie sind alle Haie, nicht besser und nicht schlechter. Der ganze Symbolismus, von dem die Leute reden, ist Scheiße. Was darüber hinausgeht, ist das, was man darüber hinaus sieht, wenn man Bescheid weiß. Ein Schriftsteller sollte zu viel wissen.«

Hemingway hatte seinen einsamen Kampf mit den Buchstaben, mit sich und der Welt gewonnen. Er erhielt den Pulitzer-Preis und 1954 den Nobelpreis, die höchste Auszeichnung der Literatur. Als er von der Ehrung hörte, die vor allem seinem letzten Buch galt, war er gerade mit seinem Boot auf dem Golfstrom unterwegs und meinte nur: »Nun, schaden kann's nicht.« Mit keiner Geschichte wurde und wird er seitdem so sehr in Verbindung gebracht wie mit *Der Alte Mann und das Meer*. Trotz mancher Kritik zählt das Werk bis heute zu den großen amerikanischen Erzählungen. Ein kurzes, schlichtes Buch, so einfach geschrieben, wie es der Dichter mit der Eisbergmethode immer von sich verlangt hatte.

Hemingway war jetzt zum viertenmal verheiratet. Er hatte drei Söhne. Er hatte fünf Kriege erlebt, sieben Romane und mehrere Bände voller Kurzgeschichten geschrieben. Hollywood hatte seine Werke verfilmt, er war reich und konnte sich aussuchen, wo, wie und mit wem er seine Zeit verbrachte. Er hatte sie alle geschlagen und wurde zum ersten Schriftsteller, der zur weltweiten Popikone aufstieg. Der Hemingway-Mythos explodierte, einen solchen Starrummel hatte die Kunst noch nicht erlebt. Doch wie immer blieb Hemingway skeptisch. Nach dem Nobelpreis hätte noch kein Schreiber mehr etwas Großes zustande gebracht, unkte er. Und er sollte recht behalten. Denn in den letzten acht Jahren dräute sein letztes Abenteuer, das wie eine Wand schwarzer Wolken am Horizont aufzog. Ein Schicksal, das nach einem derart ausschweifenden Leben kaum aufzuhalten war. Es war der Weg in den Untergang.

»Katzen erreichen mühelos, was uns Menschen versagt bleibt. Durchs Leben zu gehen, ohne Lärm zu machen.« Ein Zitat Hemingways, das vielleicht nicht ganz unabsichtlich auf ihn selbst gemünzt war. Ohne Rücksicht auf Verluste durchs Leben krachen: In dieser Disziplin hätte er Bestnoten abgesahnt. Seine Ausbrüche waren bekannt, doch in den späten Jahren beleidigte der Dichter nun zunehmends auch noch Freunde, und selbst seine Frau konnte manchmal nur noch weinend das Zimmer verlassen. Seine Söhne allerdings schien er über alles zu lieben, obgleich sich seine Erziehungsmethoden nicht gerade durch Behutsamkeit auszeichneten. Schon früh ging er mit den Jungs jagen, schoß mit ihnen auf Tauben, Truthähne und alles erdenkliche Wild. Als sein Sohn John, genannt »Bumby«, neunzehn war, wollte er ihm eine Hure bestellen, damit er endlich seine Unschuld verlöre. Dem zehnjährigen Gregory begegnete er schon morgens am Pool mit einem Glas Scotch. Als »Giggy« an den Abenden seine ersten Drinks bekam und morgens mit Kopfschmerzen über die Finca lief, meinte der Vater nur: »Ist bloß ein Kater, Junge. Ich mach' dir eine Bloody Mary.« Nur manchmal hielt er seine Söhne vom Trinken ab, weil er sie nicht gleich mit einem »D.T.«, wie er es nannte, einem Delirium tremens, zurück zu ihrer Mutter schicken wollte.

Er war früh in die Vaterrolle geschlüpft, und wollte auch hier stets den harten Mann markieren. Er kann dabei jedoch nicht so unsensibel gewesen sein, um nicht zu wissen, daß er seinen Job teilweise ziemlich mies machte. Er überschrieb den Söhnen reichlich Geld, und manchmal – als wollte er irgend etwas wiedergutmachen – kümmerte er sich überschwenglich. Als sein mittlerer Sohn Patrick auf der Finca krank wurde und seinen Vater nach einer Kopfverletzung im Wahn als Teufel bezeichnete, bestand Hemingway darauf, ihn selbst zu pflegen. Er fütterte ihn, erzählte ihm Geschichten und schlief vor seinem Zimmer, um sofort bei ihm zu sein, wenn es ihm nachts schlecht ging. Während sein Sohn »Bumby« noch Jahre später von einem innigen Verhältnis sprach und oft sagte, wie wundervoll sein Papa gewesen sei, schienen sich bei Gregory schon bald die Spuren zu zeigen, die der Literatenvater bei ihm hinterlassen hatte. 1951 wurde er wegen Drogenkonsums verhaftet, begann zu trinken und verpraßte das Geld seines Vaters in Afrika.

Hemingway selbst lebte in den fünfziger Jahren ständig unter ärztlicher Betreuung. Immer wieder versuchte er, seinen Blutdruck zu senken, was zeitweilig auch gelang. Doch König Alkohol sollte immer wieder zuschlagen, so sicher wie das Amen in der Kirche. Als er nach tagelanger Sauferei 1956 in Madrid zu dem Arzt Dr. Juan Madinaveitia ging, wurde sein körperlicher Ruin erstmals in Gänze offenbar. Wegen seiner Wassersucht hatte er stark geschwollene Augenlider. Sein Blutdruck kam mit 250 zu 125 einem Zustand gleich, als würde man hochkomprimiertes Propangas durch Strohhalme jagen. Sein Cholesterin hatte einen Spitzenwert von 380 erklommen, hinzu kamen Arteriosklerose und eine Entzündung in der Aorta. Nach der Untersuchung resümierte Hemingway lakonisch: »Bin bei allen Tests durchgefallen.«

Dabei hatten ihn zuvor schon die Flugzeug-Crashs in Afrika übel zugerichtet. Milzruptur, Leberriß, Sehverluste, vorübergehende Lähmung des Schließmuskels, Verbrennungen ersten Grades und Gehörverlust – sein rastloses Leben hatte ihn zu einem wandelnden Wrack gemacht.

Als er in Spanien noch einmal die Stierkämpfe besuchte, erhob sich das ganze Publikum jubelnd von den Rängen und rief so laut seinen Namen, daß man es bis in die Altstadtgassen hören konnte. Sie alle kannten sein Werk *Wem die Stunde schlägt*, obwohl Franco es in Spanien verboten hatte. Hemingways Freund Hotchner erinnerte sich an jenen Tag im Stadion: »Es war ein ehrfurchtgebietender Moment, denn Spanier sind nicht so leicht zu begeistern, schon gar nicht für einen Amerikaner.«

Doch all sein Ruhm vermochte ihn nicht mehr aufzuheitern. Und auch seine Frau, sein Geld und auch sein letztes Buch, an dem er arbeitete, *Paris – Ein Fest fürs Leben*, gaben ihm keine Kraft mehr. Selbst ein Angebot, mit Präsident Eisenhower in die

Sowjetunion zu reisen, lehnte er ab. Statt dessen trat er in den letzten Jahren seines Lebens vor allem seelisch die Reise in ein düsteres, schwarzes Reich an. Als er Kuba 1960 ein für allemal verließ, schien er den Verlust der Insel und seines Hauses nicht zu verkraften. Er war jetzt völlig ergraut, sein Gesicht war zerfurcht, während die müden Augen in ein seltsames Nichts blickten. Weil er nach der Machtübernahme Castros noch einige Zeit im kommunistischen Kuba gelebt hatte, sah er nun überall FBI-Agenten, die ihm angeblich nachspionierten. »Erledigen wollen sie mich«, murmelte er, »gründlich erledigen.« Selbst Mary verdächtigte er bald, ihn zu beschatten.

Die typischen Auswirkungen jahrelangen Alkoholmißbrauchs waren nicht mehr zu bremsen. Er malte schwarz, wurde stark depressiv, litt unter Verfolgungswahn und rührte sich tagelang nicht mehr aus dem Bett. Bald fürchtete er auch noch, daß er verarmen würde, obwohl die Konten gefüllt waren. Und er trank weiter. Seine Frau Mary schreibt in ihren Memoiren, daß seine Stimmung oft kippte. Er war zwar gelegentlich noch guter Dinge, sobald er am Morgen aber zu Whisky oder Champagner griff, konnte er sich binnen Sekunden in ein unberechenbares Biest verwandeln.

Hemingway wohnte jetzt in einem Landhaus in Idaho, doch wegen seines Zustands wurde er bald in die Mayo-Klinik eingeliefert, wo obendrein auch noch ein Knöchelödem und Diabetes diagnostiziert wurden. Immer wieder mußte man ihn davon abhalten, die Nähe von Schußwaffen aufzusuchen, denn es war nun offensichtlich, daß er sich umzubringen gedachte. Auch Elektroschockbehandlungen konnten daran nur zeitweise etwas ändern. Als er dann noch zu psychatrischen Behandlungen sollte, war seine Reaktion hoffnungslos. »Die werden denken, ich hätte die Schrauben locker, und außerdem ist eh nur auf einen Analytiker Verlaß, nämlich eine tragbare Corona Nummer drei.« Er sollte recht behalten. Eine Gesprächstherapie war bei diesem Patienten praktisch sinnlos.

Zwischen seinen Klinikaufenthalten hantierte er nun immer öfter mit Schrotflinten herum, bekam Wahnvorstellungen, und selbst durch starke Beruhigungsspritzen war er nicht von seinen Plänen abzubringen. Auf dem Weg zurück in die Klinik nach Rochester bestiegen er und zwei Begleiter eine Piper Comanche. In der Luft stellte er sich schlafend, nur um über South Dakota zweimal zu versuchen, die Tür aufzureißen und rauszuspringen. Alle Kurversuche scheiterten, bis er schließlich auf eine Station für Selbstmordgefährdete gebracht wurde, wo ihn Krankenschwestern und Nonnen bewachten. Als sein Arzt und Mary zu ihm ins Krankenzimmer traten, war das Ende gekommen. Er könne nicht mehr schreiben, alles hätte ihn verlassen, jammerte er und brach weinend zusammen. Seine Handschrift war längst unleserlich geworden, er sprach mit schwerer Zunge, war auf einmal abgemagert und behauptete, die Farmer draußen auf dem Land wollten ihn umbringen. Die Wolken hatten sich verdichtet.

Es muß Hemingway viel seiner letzten Kraft gekostet haben, den Ärzten am Ende vorzugaukeln, er sei wieder in Ordnung. Er sang plötzlich fröhliche Lieder und sprach sogar davon, wieder schreiben zu wollen. Ein gebrochener Mann, der nur noch eines wollte: nach Hause, sich erschießen. Kurz nachdem er tatsächlich entlassen wurde, machte er dann wahr, was er über Jahre so freimütig angekündigt hatte. Und so ruhte er bald für immer in Frieden, zwischen zwei Kiefern am Fuße der Swatooth Mountains.

Die Nachricht von seinem Tod beherrschte tagelang die internationale Presse, und eine Frage beschäftigte die Nachwelt am meisten. Wie konnte ein so erfolgreicher, für große Courage bekannter Mann so kläglich enden? Psychologen stritten monatelang, die Literaturstrategen keulten sich in den Feuilletons und ergossen sich in Nachrufen. Norman Mailer behauptete, Hemingway hätte mit seinem Selbstmord alles in Frage gestellt, was er sein Leben lang repräsentiert hatte: sich niemals besiegen zu lassen.

Wahrscheinlich war Hemingway gar nicht der tapfere Mann, der die Gefahr suchte. Die Wahrheit über seine Odysee ist wohl eher, daß er sein ganzes Leben lang gegen Feigheit und Selbstmord angekämpft hat, daß seine innere Landschaft ein Alptraum war und er seine Nächte im Ringen mit den Göttern verbrachte. Es könnte sogar sein, daß die endgültige Einschätzung seines Werks zu dem Ergebnis kommt, daß er in seinem Versagen tragisch, in seinen Leistungen aber heldenhaft war. Denn es ist nicht auszuschließen, daß er Ängste mit sich herumtrug, die jeden schwächeren Mann als ihn erstickt hätten.

Nichts als Theorie, und davon viel zu viel, hätte Hemingway wahrscheinlich gesagt, denn das biographische Gestöber verabscheute er. Die erbsenzählenden Kritikerhansel würden eh nichts begreifen, hatte er oft gebelfert. Als Malcolm Cowley für »Life« einmal das große »Portrait of Mr. Papa« geschrieben hatte, sagte Hemingway: »Er hat mein ganzes Leben durchwühlt, und trotzdem weiß er einen Scheißdreck von mir.«

Statt dessen hatte Hemingway geschafft, was für ihn das wichtigste war. Er hatte den Menschen ein »paar verdammt gute Geschichten« geschrieben. Er hatte der Literatur eine neue Sprache geschenkt und den Gelehrten eine derartige Fülle an Zeilen, Reisen und Eskapaden hinterlassen, das sein Hauptbiograph Carlos Baker zehn Jahre recherchieren mußte, um Hemingways Leben in rammelvolle 697 Seiten zu pressen. Hemingway selbst wollte zu seinen Lebzeiten keine Biographie über sich veröffentlicht wissen und am liebsten noch hundert Jahre nach seinem Tod nicht. Doch schienen seine Person und sein Werk auch so alles zu überstrahlen. Klaus Mann sah in Hemingway »einen Typus, zu dem wir ja sagen können, wie zu kaum einem anderen«. Hans Fallada nannte Ernest Hemingway »eine beglückende Insel«, und er behauptete, nur sehr wenige Menschen zu kennen, die diesen Mann wenigstens so weit verstünden, daß sie an seinem Strand landen könnten.

Hemingways Einfluß war enorm. Er hatte einen Wirbelwind durch die Wälder der verschnörkelten Literatur gejagt. Zurück blieb schlichte, klare Sprache. Bis heute ist er Schriftstellern und Journalisten mit seinem reduzierten, konzentrierten Stil ein Vorbild. Doch was macht letztlich die Kraft in seinen Büchern aus? Woraus besteht die Wucht hinter den Zeilen?

Einem Kritiker sagte er über die Voraussetzungen zum Schreiben: »Man braucht nur ein Wort hinter das andere zu setzen, und wenn Sie erst einmal anfangen, schaffen Sie es immer. Schreiben Sie kein dummes Zeug über Ihr vergeudetes Leben. Romanschreiber sind bloß Superlügner, die, wenn sie genug wissen und geschult genug sind, ihre Lügen wahrer als die Wirklichkeit machen können. Wenn man gekämpft und gewürfelt und bei Hofe gedient hat und in den Krieg gezogen ist und sich in der Schriftstellerei auskennt und Seemannserfahrung hat und die Unterwelt und die große Welt und die verschiedenen Länder und andere Dinge kennt, dann hat man genug Kenntnisse, um daraus Lügen zu machen. Das ist alles, was zu einem Romanschreiber gehört.«

Es war das typische überhebliche Understatement dieses dichtenden Wüterichs, der bis heute regalweise die Universitäten füllt, in fast jeder Buchhandlung der Welt steht und in über fünfzig Sprachen zu lesen ist, selbst auf esperanto. Wie man aber die Lebenskraft in die Zeilen bekommt, die ungreifbare Klarheit der Kunst, das konnte Hemingway am Ende selbst nicht erklären. Ein Mysterium, das einige Literaten um den Verstand gebracht hat. »Es gibt keine Regel, wie man schreiben muß«, sagte Hemingway mal, »manchmal geht es leicht und wird vollkommen. Manchmal aber ist es, als ob man einen Felsen anbohrt und ihn dann mit einer Sprengladung hochjagt.«

B. Traven

Und Zeus und Satan wissen, wohin man den Fuß setzt, da ist was los, da ist ein Abenteuer, und ich bin drin und muß verteufelt kratzen, daß ich wieder heil rauskomme und nichts anderes habe als geschundene Knochen.

Er ist der Sohn aus der Ehe Egon Erwin Kischs und Jack Londons. Lest Traven nicht. Fangt gar nicht erst an, ihn zu lesen. Nach den ersten Seiten Totenschiff werden euch acht von neun zukünftige »Abenteuer«-Bücher wie lauwarme Magermilch schmecken.
Hans-Jörg Martin, Schriftsteller

Traven ist so wenig ein deutscher Jack London wie Westerland das deutsche Biarritz ist oder Oberhof das deutsche Chamonix... deutscher Whiskey. Traven ist Traven. Das ist sehr viel.
Kurt Tucholsky, Publizist

Who in hell are you?
Lewis Gannet, Herald Tribune

I wish I could tell you that. Fact is I myself don't know it. If I knew it perhaps I could write books no more.
B. Traven, 1935

Er ist der Gegenentwurf, der Anti-Jack. Sein Schreiben ist nicht aus dem Leben zu verstehen – denn man weiß fast nichts aus seinem Leben. Und aus dem Schreiben sein Leben zu rekonstruieren, auch das funktioniert bei ihm nicht. B. Traven war ein Schriftsteller, der die Leser mit seinen abenteuerlichen, abenteuerlich-bissigen Romanen in Massen einfing – aber als Persönlichkeit im verborgenen blieb. Er schrieb aus dem Dunkel des mexikanischen Exils heraus, ein Mysterium. War es Koketterie, war es Fremdenscheu, war es ein schreckliches Geheimnis, das er bewahren mußte? Oder empfand er sein Leben selbst als Erzählung, sah sich als Autor, dessen größte Kunst darin bestand, seine eigene Biographie immer wieder neu zu erfinden? Und immer wieder: zu schweigen. Das muß ja am schwersten sein, für einen derart begabten Autor.

Selbst Travens Verleger wußten nicht, mit wem sie es zu tun hatten. Sie schickten ihre Briefe und Honorare an ein Postfach in Mexiko. Wenn Traven antwortete, sprach er von sich oft in der dritten Person: »Es ist kein anderes Geheimnis um B.T. als sein Wunsch, in Ruhe gelassen zu werden, denn er will seine Fähigkeiten in gleicher Weise anwenden wie ein Schuhmacher die seinen.«

Er veröffentlichte seine Bücher zuerst in Deutschland. War er folglich Deutscher? Nein, behauptete Traven. Es gibt heute Literaturwissenschaftler, die sagen: Vielleicht wußte er selbst nicht, woher er kam, vielleicht war er ein Kaspar Hauser der Bücherwelt. Traven selbst deutete dies 1935 auf die Frage eines amerikanischen Journalisten höchstpersönlich an – es blieb sein einziger Fingerzeig in diese Richtung. Es würde vieles erklären: seine fanatisch anmutende Geheimniskrämerei. Seine Angst vor

Menschen, die ihm auf die Schliche zu kommen drohten. Seine verworrenen Hinweise auf die eigene Jugend. Seine Lieblingsthemen: die Heimatlosigkeit des Individuums, die Kälte des modernen Staats.

Seine Briefe unterschrieb er meist harsch mit der getippten Zeile: B. Traven. Bis heute weiß kein Mensch, wofür »B.« steht. Der Schriftsteller gab den Vornamen seines Pseudonyms nicht preis, also nicht einmal das, was ihn doch dem Leser ein klein wenig vertraut hätte machen können, selbst diese kleine Illusion der Nähe versagte er ihm.

1926 wurde er zur literarischen Kultfigur in der Weimarer Republik. Nicht nur Arbeiter, die der gewerkschaftseigenen »Büchergilde Gutenberg« angeschlossen waren, verschlangen sein *Totenschiff* atemlos. Als die Fragen nach dem Hintergrund des Verfassers immer drängender wurden – wenig gleicht der Neugierde des Lesers auf den Autor eines besonders fesselnden Romans – schickte er einen Aufsatz an seinen Verlag, der in der hauseigenen Zeitschrift veröffentlicht wurde:

Von einem Arbeiter, der geistige Werte schafft, sollte man nie einen Lebenslauf verlangen. Es ist unhöflich. Man verführt ihn zum Lügen. Besonders dann, wenn er aus irgendwelchen Gründen glaubt, daß sein wahrer Lebenslauf eine Enttäuschung für die Menschen sein muß. Hier freilich treffe ich mich nicht selbst. Mein Lebenslauf würde nicht enttäuschen. Aber mein Lebenslauf ist meine Privatangelegenheit, die ich für mich behalten möchte. Nicht aus Egoismus. Vielmehr aus dem Wunsche heraus: In meiner eignen Sache mein eigner Richter zu sein.

Die Biographie eines schöpferischen Menschen ist ganz und gar unwichtig. Wenn der Mensch in seinen Werken nicht zu erkennen ist, dann ist entweder der Mensch nichts wert oder seine Werke sind nichts wert. Darum sollte der schöpferische Mensch keine andre Biographie haben als seine Werke. In seinen Werken setzt er seine Persönlichkeit und sein Leben der Kritik aus.

Vieles wurde in diese Zeilen hineininterpretiert – etwa daß einer, der »in eigner Sache sein eigner Richter« sein wolle, doch etwas auf dem Kerbholz haben müsse, ein flüchtiger Mörder sein, vielleicht.

Was trieb diesen Mann? Man sah ihn als Linken, als Proletarierpoeten, weil seine Helden stets zu schuften hatten. Einordnen lassen aber wollte er sich nicht. Wenn man ihn ernsthaft als Arbeiterdichter sehe, schrieb er 1925, dann würde er sofort einen »hurragroßkapitalistischen Roman« zusammenkloppen. »Ich sehe keine Arbeiter und habe die Arbeiter auch gar nicht im Sinne. Ich sehe immer nur Menschen.«

Die Helden dieses maskierten Rebellen? Geschichtslose Vogelfreie, Habenichtse, die keine Vergangenheit zu haben scheinen und nur eine düstere Zukunft. Traven liebte die Unterjochten, die Sklaven, die Chancenlosen. Er wühlte in den Eingeweiden des Lebens. Und doch förderte er Gold ans Licht. Es gibt Geschichten, die hauen den Leser um vor Kraft, andere sind so fein, fast zart gewebt, daß man das Buch nach dem Lesen ganz behutsam ins Regal zurücklegen möchte.

Alles, worüber er schrieb, habe er selbst erlebt, behauptet Traven 1929 in einem Brief an Carl von Ossietzkys »Weltbühne«: »Ich muß mich erst selbst bis nahe zum Wahnsinn gefürchtet haben, ehe ich Grauen schildern kann; ich muß alle Trauer und alles Herzweh selbst erleiden, ehe ich es die Gestalten erleiden lassen kann, die ins Leben gerufen werden sollen. Und darum muß ich reisen.«

Sich selbst dabei zu erkennen geben, schon die Idee schreckte ihn. Aber mußte man ihm das glauben, hatte nicht schon Karl May getönt, die Schauplätze seiner Abenteuer selbst bereist zu haben? Hunderttausende in Weimar, Millionen weltweit nach dem Zweiten Weltkrieg kauften seine Bücher. Brecht empfand ihn als geistesverwandt, Albert Einstein erklärte ihn zum Lieblingsautor, noch Martin Walser setzte sich dafür ein, daß sein Werk in Deutschland erhältlich sei.

B. Traven war eine Sensation. Doch er blieb, bis er 1969 starb, ein Phantom.

Eine Sonne erstrahlt

Wann immer es geht, lohnt es sich, mit Kurt Tucholsky anzufangen, der in der Weimarer Zeit vieles heller sah als die meisten, auch das nahende Dunkel. B. Traven widmete er 1930 in der »Weltbühne« eine seitenlange Betrachtung:

B. Traven ist ein episches Talent größten Ausmaßes. Am bedeutendsten ist wohl Die Brücke im Dschungel, *eine im ruhigen Fluß der Erzählung vorgetragene Geschichte von einer einzigen Nacht, in der ein kleines Kind während einer Festlichkeit im Fluß ertrinkt. Diese zwölf Stunden sind mit der Zeitlupe aufgenommen – welche Augen! Wie unerbittlich läuft das ab, wie farbig, wie strömend-bewegt, und mindestens alle vier Seiten eine unvergeßliche Wendung, ein Bild, eine Beobachtung … das ist ein großer Epiker …*

Nun gibt aber diese Schilderung des Travenschen Werkes noch keinen Begriff von der fast unglaublichen Fülle und Dichtigkeit des Witzes, des Humors, den literarischen Kunststückchen, der mühelosen epischen Handgriffe, mit denen das Rad der Erzählung weitergedreht wird.

Sicherlich kein sehr angenehmer Herr, sicherlich kein sehr glücklicher Mensch. Aber ein großer Epiker.

Tucholskys Urteil ist uneingeschränkt zu vertrauen. *Die Brücke im Dschungel* entfaltet aus dem Nichts einen unheimlichen, sanften Sog. So ruhig und doch so gewaltig zu erzählen, das gelingt nur den wenigsten. Das zu Recht viel berühmtere *Totenschiff* erwähnt er leider nicht, dabei darf man verblüfft feststellen, daß die Tonlagen beider Bücher nicht zu vergleichen sind. Traven war ein höchst vielseitiger Stilist, ein Virtuose verschiedener Tonlagen – oder aber die beiden Bücher müssen von zwei unterschiedlichen Autoren geschrieben sein. Eine solche Erklärung wäre typisch für den vielstimmigen Chor der Traven-Exegeten.

Er sei »ein Mann, der die gesellschaftlichen Zusammenhänge gut erkannt hat«, fährt Tucholsky fort, macht dann aber als erster Kritiker überhaupt auf eine Merkwürdigkeit des Autors aufmerksam.

Es trifft alles, was er sagt: die Kritik an dieser Zivilisation, der Spott, der Hieb – alles. Aber auch er ist ein Opfer seiner Klasse. Dieser Proletarier kann nämlich nicht richtig Deutsch. Ich hielt seine Werke zunächst für übersetzt, und zwar für schlecht übersetzt. Es ist aber Unkenntnis, verbunden mit bösen Amerikanismen ... Er schreibt: »Mehr brauchte sie nicht zu wissen. Weder er.« ... Es ist tief bedauerlich, daß der Mann diesen Klecks nicht ausradiert oder ausradieren läßt. Ein Fleck auf der Sonne.

Immer wieder finden sich in Travens Werken solche Wendungen, die sich leicht als Amerikanismen dingfest machen lassen – so etwa »Diktatorschaft«, das sicherlich auf »dictatorship« zurückzuführen ist, die Diktatur also. Traven selbst behauptete stets, daß er viele seiner Bücher zunächst auf englisch geschrieben habe, ehe er sie ins Deutsche übersetzte. Für *Das Totenschiff* läßt sich dies tatsächlich nachweisen. Dennoch paßt es nicht zusammen: Da stimmt einer schlafwandlerisch sicher liebevolle oder prahlerische Saiten an – und soll dann kein Gefühl für banale Wortbedeutungen haben? Oder streut er diese Amerikanismen bewußt ein, als Bausteine einer raffinierten Camouflage?

Es war dies eine Sonne, die plötzlich erstrahlt war. Im Juni 1925 hatte die sozialdemokratische Zeitschrift »Vorwärts« Travens Geschichte *Die Baumwollpflücker* gedruckt. Die Redaktion behauptete in einem begleitenden Text:

Der Verfasser kennt das Proletarierleben in Mexiko, in Nordamerika, in Zentralamerika. Als Ölmann, als Farmarbeiter, als Kakaoarbeiter, Fabrikarbeiter, Tomaten- und Apfelsinenpflücker, Urwaldroder, Maultiertreiber, Jäger, Handelsmann unter den wilden Indianerstämmen der Sierra Madre, wo die »Wilden« noch mit Pfeil, Bogen und Keule jagen, ist er tätig gewesen. Noch heute liegt sein mexikanischer Wohnplatz – wie er uns schreibt – 35 Meilen von der nächsten Stelle entfernt, wo er »Tinte kaufen kann«.

Die Geschichte *Die Baumwollpflücker* findet sich eines Tages im Briefkasten der Zeitschrift, abgeschickt aus einem gärenden Land, in dem es seit der Revolution von 1911 brodelt, sehr zur Freude der deutschen Linken.

Traven hat sich, das offenbart er in Briefen und sogar auf Photos, in einen windschiefen Pfahlbau in der Nähe des Dorfes Columbus einquartiert, fünfzig Minuten weg vom nächsten Nachbarn. Handtellergroße rote Spinnen, schwarze Eidechsen, so groß wie ein kräftiger Männerarm, Klapperschlangen, Jaguare und Skorpione: Das sind seine Gefährten, wie er selbst erzählt. In der Hütte gibt es weder Strom noch Wasser, er schläft in einer Hängematte und verdingt sich in den nahen Baumwollplantagen und Erdölcamps. In einem Brief schreibt er 1925:

Und Zeus und Satan wissen, wohin man den Fuß setzt, da ist was los, da ist ein Abenteuer, und ich bin drin und muß verteufelt kratzen, daß ich wieder heil rauskomme und nichts anderes habe als geschundene Knochen.

Das ist schon Traven pur. Die Büchergilde Gutenberg fragt in jenen Tagen den neuen »Vorwärts«-Mitarbeiter per Post, ob er nicht noch weitere Erzählungen auf Lager habe. Er hat. Und liefert nach wenigen Wochen *Das Totenschiff*. Binnen kürzester Zeit verkauft sich die komplette Erstauflage dieses Romans eines heimatlosen amerikanischen Seemanns: 30 000 Exemplare allein in Deutschland. Als er 1934 in Amerika erscheint, hat es in Europa bereits eine Auflage von zwei Millionen erreicht.

Weitere Bücher folgen in schnellem Rhythmus. Meist spielen sie nun in Mexiko, handeln vom harten Alltag der Indianer und ihren skrupellosen Ausbeutern. Am bekanntesten dürfte noch heute *Der Schatz der Sierra Madre* sein, ein unkonventioneller, wenn auch etwas langatmiger Abenteuerband, 1947 von John

Huston mit Humphrey Bogart verfilmt. Bis 1940 erscheinen stetig weitere Werke, elf Romane insgesamt, dazu zahlreiche Erzählungen. Dann reißt der Wörterstrom aus dem Dschungel plötzlich ab. Was ist passiert? Ob Traven müde wurde, sich ausgeschrieben hatte, eine Blockade erlebte? Man weiß es nicht. Erst 1960 kommt ein letztes Buch heraus, *Aslan Norval*, das von den meisten Experten als schwaches Alterswerk bezeichnet wird; einige zweifeln sogar an, daß Traven es selbst verfaßt hat.

Sein Erstling aber, *Das Totenschiff*, ist ein Geniestreich – kein Jugendbuch, was ungewöhnlich ist für Meeresprosa in deutscher Sprache, statt dessen eine beißend komische Sozialanklage. Das Matrosendasein, erfährt der Leser, verströmt keine Romantik, es ist ein Drecksjob, den die Arbeiter unter Deck machen müssen, und oft genug kostet er sie das Leben. Bildgewaltig schildert in dieser Zeit auch der Reporter Egon Erwin Kisch, als staunender Beobachter, die Unterwelt »Bei den Heizern des Riesendampfers« im Bauch eines Ozeankolosses. Traven jedoch springt mitten unter die glühenden Öfen und wirft den Leser in die sengende Glut, bis er schwitzt, schwitzt, schwitzt.

Stanislaw sagte beim Raufgehen, daß das Herausfallen der Roste Blut kostet. Damit meinte er, wenn einer rausfällt. Jetzt waren sechs raus. Sie einzusetzen kostete nicht nur Blut und nicht nur abgestoßene Fleischstücke und abgeschmorte Hautfetzen, das kostete blutendes Sperma, herausgezerrte Sehnen, das Mark floß einem wie wäßrige Lava aus den Knochenröhren, die Gelenke krachten wie Holz, das gebrochen wird. Und während wir arbeiteten wie verblödete Seidenraupen, fiel der Dampf und fiel und fiel. Wir sahen die Arbeit, die uns bevorstand, den Dampf wieder hochzubringen. Sie kroch und würgte sich in unsere Kadaver, während wir mit den Rosten würgten. Seit jener Nacht stehe ich über den Göttern. Ich kann nicht mehr verdammt werden. (...)

Wie auch immer die Hölle beschaffen sein mag, sie ist Erlösung.

Es ist für die meisten ein bis dahin nie vernommener Ton: aggressiv, besserwisserisch, lebensnah, amüsant. Inhaltlich bietet das Buch eine Mischung aus gebündeltem Weltwissen, Gefasel, Dönekes, Reportage und Pamphlet.

In der »Frankfurter Zeitung« urteilt damals Heinrich Hauser, der einst selbst Matrose gewesen war: »Das erste wahre Seemannsbuch, das mir je unter die Augen gekommen ist.« Und noch 1962 befindet die amerikanische »Saturday Review«: »Das Buch schwillt an zur mächtigen Meeres-Phantasie und endet als Moby Dick des Kesselraums.« Zu vergleichen sei es nur mit den besten Seegeschichten von Joseph Conrad und Jack London.

Dieser faszinierende Schreiber, aus welchem Land stammt er denn nun? 1927 läßt sich Traven selbst vernehmen:

Ich zähle nicht zu den Deutschen, weil ich keine Berechtigung habe, mich dazu zu zählen. Ich persönlich betrachte das weder als Ehre noch als Schande, denn ich bin, wie die Mehrzahl der Menschen, an meiner Volkszugehörigkeit ebenso unschuldig wie an meinem Geburtsdatum und an der Farbe meiner Augen ... Ich betrachte den mexikanischen Indianer und den mexikanischen Proletarier als meinen Herzensbruder, der mir näher steht als ein leiblicher Bruder.

In einem anderen Brief bezeichnet sich Traven, wie so oft über sich in der dritten Person sprechend, als Amerikaner. Und behauptet in seiner typisch großsprecherischen Weise:

Das Leben des Jack London und des B. Traven ist bei weitem ähnlicher in jeder Beziehung, selbst in den Lebensgewohnheiten, als je aus einer Vergleichung der Bücher beider geschlossen werden könnte.

Es entbehrt nicht der Ironie, daß sich Traven, der verdruckste Geheimniskrämer, ausgerechnet mit London vergleicht, dieser weltumarmenden Persönlichkeit. Gegenüber der Öffentlichkeit zeichnet er von sich gerne ein solches Bild des draufgängerischen

Emporkömmlings – ohne sich aber jemals aus der Deckung zu wagen. Warum nur versteckt er sich?

Wir, ich spreche hier von den Amerikanern, sind von der Presse so gejagt und gehetzt, daß es eine Tragödie wird für den Menschen, der von ihr getroffen wird. Unsre großen Autoren leben versteckt wie Einsiedler, um der schamlosen Presse zu entgehen. Ich will mein Leben als gewöhnlicher Mensch, der unauffällig und schlicht zwischen den Menschen lebt, nicht aufgeben, und will meinen Teil dazu beitragen, daß Autoritäten und Autoritäsverehrung verschwindet.

Die Jagd beginnt

Noch in der Zeit der Weimarer Republik aber setzt das Kesseltreiben ein, in dem Schnüffler aus aller Welt in den nächsten vier Jahrzehnten versuchen werden, Traven aus seinem Versteck zu zwingen. Manfred Georg eröffnet 1929 in der »Weltbühne« den Reigen: »Er muß ein deutscher Revolutionär des letzten Jahrzehnts sein, dem das Versagen des Aufruhrs und der Hoffnungen von 1918 gewaltig ins Blut gegangen ist. Auch Europa dürfte ihm zum Kotzen sein.«

In den nächsten Jahren wuchern die Vermutungen. Gerüchte tauchen auf. Was Traven erreichen wollte, verkehrt sich ins Gegenteil. Indem er sich verbirgt, düngt er den Boden für Legenden. Detektive, Journalisten und Literaturwissenschaftler schwärmen aus, den großen Unbekannten aufzuspüren. Die amerikanischen Medien schalten sich ein, als *Der Schatz der Sierra Madre* zum Kinoerfolg wird. »Who is Bruno Traven«, fragt »Life« 1947 – jener »Bruno« wird Traven auch später noch dutzendfach angedichtet. Allerorten wird herumspekuliert: ein Schwarzer, heißt es, eine Frau, ein Leprakranker, ein stalinistischer Spion!

Als John Huston anfängt zu drehen – der oscarprämiierte Film wird in den USA aus der Buchvorlage einen Millionenseller machen –, nimmt er Kontakt zum Autor des *Schatz der Sierra Madre* auf. Traven schickt einen Mittelsmann namens Hal Croves, einen steifen kleinen Herrn. Traven sei erkrankt, richtet Croves aus, aber er sei sein Gesandter und wisse so gut Bescheid über das Werk wie der Verfasser. Für 150 Dollar die Woche wird er als Berater engagiert. Bald geht die Mär um, Croves selbst sei der Autor. Journalisten belauern ihn. Er lehnt ab, photographiert zu werden, spricht von B. Traven nur in der dritten Person. Als ihn jemand fragt, ob er nicht tatsächlich Traven sei, antwortet Croves entrüstet: Würde der für 150 Dollar die Woche arbeiten?

»Life« beginnt seine Recherche-Maschine anzuwerfen. Das Blatt macht eine Expedition durch Mexikos Süden ausfindig, an der 1926 ein norwegischer Fotograf Traven Torsvan teilgenommen hatte, nach Chiapas, in eine wilde, wunderschöne Gegend. Ein Photo, welches das Magazin ausgegraben hat, wird von nun an zum Fahndungsbild. Der strenge Mund, die gefurchte Stirn, der in sich gekehrte, weltabgewandte Blick – es zeigt Hal Croves. Das meint auch Humphrey Bogart, Hustons Star, dem eines Tages das Photo unter die Nase gehalten wird. »Klar, Mann«, sagt Bogart. »Ich kenn den von irgendwo. Ich hab mit ihm zehn Wochen in Mexiko zusammengearbeitet. Er sieht nur ein bißchen jünger aus, das ist alles.«

Croves lebt 1948, als Beruf gibt er Ingenieur und Gastwirt an, in einem Flecken namens Cashew Park nahe Acapulco, als ihm ein mexikanischer Reporter nachstellt. Croves' Gesicht ist asketisch, seine Lippen sind so dünn, daß man sie kaum sieht. Auf dem Kopf trägt er einen uralten Palmstrohhut, am Körper eine abgetragene Flanellhose, ein fadenscheiniges Hemd und ausgelatschte Sandalen. Er hat schwielige Hände und macht einen kerngesunden Eindruck.

Mit einer Frau namens Maria de la Luz Martinez betreibt Croves eine Obstfarm samt Gartenrestaurant. Er lebt hinter einem hohen Drahtzaun, unter Nuß- und Mangobäumen, allein in einer Lehmhütte, von zwei Dutzend Hunden bewacht. Die Einrichtung ist karg. Croves beobachtet den ganzen Tag Ameisen, und das ist auch sein bevorzugtes Gesprächsthema. Ameisen.

Luis Spota, so heißt der mexikanische Reporter, hat in den Tagen zuvor Croves' Briefe öffnen lassen. Nun gibt er sich als Regierungsangestellter im Urlaub aus und freundet sich mit dem Kauz an, der rund sechzig Jahre alt ist. Schließlich sagt er Croves auf den Kopf zu, daß er Traven sein müsse. Der macht sich, man kann es nicht anders sagen, fürchterlich verdächtig. Er antwortet: »Ich bin nicht der, für den Sie mich halten. Barbik Traven ist mein Vetter. Aber er lebt nicht mehr; er ist vor einem Jahr in Davos gestorben. Ich bin Torsvan.«

Dann aber bietet er dem hartnäckigen Reporter Original-Manuskripte an, wenn dieser auf die Veröffentlichung seiner Entdeckung verzichte. Spota denkt nicht daran. Croves droht, auszuwandern, er brüllt, er werde sich erschießen. Vergebliches Gezeter.

Vier Tage nach Druck erscheint in der mexikanischen Zeitung »El Universal« ein Leserbrief. Die Überschrift: »Ich bin nicht Traven.« Hal Croves schreibt: »Seit einiger Zeit lebt der Autor völlig zurückgezogen, ohne jede Tätigkeit, aus Gründen, die preiszugeben ich nicht das Recht habe, denn das könnte seinen Interessen schaden. Einige Umstände führen mich zu dem Schluß, daß er seit kurzem vielleicht nicht mehr lebt.«

Traven vom Feinsten also. Spotas Geschichte macht dennoch weltweit Schlagzeilen, seine Schnappschüsse werden allerorten gedruckt. Obwohl bald ganz andere Theorien in Konkurrenz treten werden. Aus Deutschland kommt die Meldung, hinter der Marke Traven steckten in Wahrheit fünf Personen, die allesamt in Honduras lebten. Eine slowenische Familie wiederum entdeckt in ihm einen verschollenen Bruder. Und unter den deutschen Exilanten in Mexiko wird es auf Parties zum Sport, sich gegenseitig zu unterstellen, Traven zu sein.

Amüsante Geschichten. Aber es geht auch ans Eingemachte. Das ist das Widerliche am Ruhm, und selten läßt es sich in der Literatenwelt besser studieren als in seinem Fall: Erfolg lockt Gesindel an. Schmarotzer melden sich, die behaupten, Traven zu sein, und Honorare kassieren wollen. Andere erklären Traven für tot.

Neun Jahre lang, zwischen 1951 und 1960, schickt daher Travens Agent aus Zürich eine Art Magazin an ausgewählte Redaktionen, die »BT-Mitteilungen«. Fortan werden sämtliche öffentlich diskutierten Legenden penibel widerlegt oder genüßlich kommentiert. »B. Traven«, heißt es in einer Ausgabe, »der nach wie vor in gänzlicher Zurückgezogenheit lebt, kann sich gegen Lügen nicht wehren.«

Wie es Traven dabei selbst ging, darüber schweigt er sich wie immer aus. Sein Ton in den »BT-Mitteilungen« ist anmaßend, wie aus vielen offenen Briefen vertraut, der Eremit hat seinen Schneid nicht verloren. Aber ob ihm noch wohl in seiner Haut gewesen sein kann? Im Lauf der Zeit sei »ein wirres Gestrüpp von abenteuerlichen Hypothesen und widersprüchlichen Identitätsansprüchen« entstanden, urteilt der maßgebende Experte Karl S. Guthke. »Jahrzehntelang inszenierte dieser Meister des Bluffs und des Doppel-Bluffs ein immer geistvoller werdendes Versteckspiel, das aber auf einen sehr ernsten psychologischen Fond zurückweist, der den Biographen zugleich zum Chronisten einer seelischen Leidensgeschichte macht.«

Den Vogel schießt 1967 der »Stern« ab, als der Reporter Gerd Heidemann behauptet, Traven sei der uneheliche Sohn des früheren deutschen Kaisers Wilhelm II. Die Beweislage ist dünn. Als Beleg dient unter anderem der Hinweis, Traven habe 1959 auf einer Deutschland-Reise seiner frisch angetrauten mexikanischen Frau Lujan ein Denkmal Wilhelms I. gezeigt. Heidemann wird zwanzig Jahre später auch die Hitler-Tagebücher entdecken. Man muß ihm nicht alles glauben – allerdings bringt er viele bislang unbekannte Details ans Licht.

Ein früh geäußerter Tip aber, auch von Heidemann genannt, trifft ins Schwarze: Schon 1938 hatte erstmals Oskar Maria Graf vermutet, Travens Stil sei identisch mit dem Ret Maruts, eines deutschen Schauspielers, Journalisten und Anarchisten, der in den Wirren der Münchner Revolution 1919 nur um Haaresbreite der Hinrichtung entgangen, seinen Häschern mit knapper Not entkommen und seitdem untergetaucht war. Ret Marut also? Eine Vermutung, der der Lektor der Büchergilde

Gutenberg vehement widersprach: Traven lebe seit 1911 in Mexiko, sein Leben dort sei lückenlos nachweisbar – den Nachweis allerdings liefert er nicht mit.

Als in den sechziger Jahren immer mehr Indizien darauf hindeuten, daß Traven Marut sein müsse, konstruieren sich manche Forscher die sogenannte »Erlebnisträger-Hypothese«. Es müsse einen zweiten Mann gegeben haben, dessen Abenteuer Traven abgelauscht habe. Gerald Gale, der Held des *Totenschiffs* also, habe wirklich existiert, und dies, vermutet auch der »Stern« 1963, sei der Mecklenburger Zöllner August Bibeljé.

Der Schweizer Schriftsteller Max Schmid fummelt sich gar eine ganze Gale-Biographie aus Travens Werken zurecht, denn: »Seine nachhaltigen Schilderungen als Seemann, Baumwollpflücker, Schatzgräber, Farmer und Wobbly lassen es als unmöglich erscheinen, daß der kurz zuvor in Mexiko aufgetauchte Schauspieler Ret Marut allein alle dieser Bücher geschrieben haben soll.« Wobblies, das sind amerikanische Wanderarbeiter, die Revolten anzetteln, wo immer sie seßhaft werden. Travens Gale war so einer.

Erst in den letzten Jahren hat die These, daß Traven aus den Abenteuern eines anderen geschöpft habe, stark an Anhängern verloren. Zum einen durch die etwas banale Einsicht, daß Traven intensiv recherchiert haben wird und, wie jeder Wortschaffende, Quellen zu nutzen verstand. Aber auch, weil festgestellt wurde, daß sich Traven in manchen seiner Erzählungen ungeniert bei anderen Autoren bedient hatte, so etwa in fünf Kurzgeschichten, die ein paar Jahre vor Traven vom Texaner Owen P. White in sehr ähnlicher Form herausgebracht worden waren. »B. Traven hat diese ›short stories‹ ganz offensichtlich plagiiert«, stellt der Wissenschaftler Jörg Thunecke etwas ernüchtert fest, »eine Tatsache, die in keiner Hinsicht in irgendeiner Weise beschönigt werden kann.«

Erst sein Tod bringt ein wenig Klarheit. Als Hal Croves am 26. März 1969 in Mexico City stirbt, mit wohl siebenundachtzig Jahren, enthüllt seine Witwe, daß er tatsächlich B. Traven gewesen sei – und zugleich identisch mit Ret Marut.

Nun begann das nächste Rätselraten. Denn auch über Marut wußte man vor allem eins: Daß man nahezu nichts über ihn wußte. Wer war dieser Mann, der 1919 verschwand – und sich danach unter dem von seinen Feinden geächteten Namen nie mehr ans Tageslicht traute? Und warum flüchtete er sich in eine Welt der Heimlichtuerei?

Wer ist Ret Marut?

Mehr als vierzig Jahre zuvor, 1927, hatte der Schriftsteller Erich Mühsam in der deutschen Zeitschrift »Fanal« geschrieben: »Weiß keiner der Leser des »Fanal«, wo der »Ziegelbrenner« geblieben ist? Ret Marut, Genosse, Freund, Kampfgefährte, Mensch, melde dich, rege dich, gib ein Zeichen, daß du lebst, daß du der Ziegelbrenner geblieben bist, daß dein Herz nicht verbonzt, dein Hirn nicht verkalkt, dein Arm nicht lahm, dein Finger nicht klamm geworden ist ... Wir brauchen dich.«

In Mexiko erfährt Traven, wie man aus seinem Nachlaß weiß, von dem Aufruf durch Irene Mermet, seine ehemalige Freundin. Nur meldet er sich nicht. Der einst heißblütige Genosse, Freund, Kampfgefährte hockt schweigend im Exil und bleibt stumm. 1956 stirbt Mermet, die letzte Deutsche, die wußte, daß Traven mit Marut identisch war.

Ret Marut ist, wen wundert's, ein Pseudonym. Der Name findet sich in keinem Geburts- oder Taufregister der deutschen Kaiserzeit. Ist er der indischen Mythologie entnommen? Marut sind dort geheimnisvolle Sturmwesen (und heißt nicht auch der Held vom *Totenschiff* und anderen Büchern Gale, also Sturm?), die ganz allein um ihren Geburtsort wissen.

Über Maruts, also Travens Herkunft kann man nur mutmaßen. Gegenüber einem US-Konsulatsbeamten sagte der Exilant 1924, daß er um 1900 mehrere Monate auf See gewesen sei, Australien, Indien, Singapur, Rotterdam gesehen habe, Hamburg, Rio und San Francisco. Wenn man davon ausgeht, daß das Geburtsdatum, was er meist angab, 25. Februar 1882, stimmte, dann war Marut zu jener Zeit etwa achtzehn Jahre alt – ein jugendlicher Abenteurer der Weltmeere also, tatsächlich ein zweiter Jack London.

Lange nach Travens Tod versuchte der BBC-Journalist Will Wyatts in einer aufwendigen Recherche nachzuweisen, daß der Autor der einfache Schlosserlehrling Otto Feige aus Schwiebus, im heutigen Polen gelegen, gewesen sei. Wyatts Argumente schienen lange schlüssig. Bis unter anderem bekannt wurde, daß Marut in der späten Kaiserzeit einem deutschen Verleger ein Romanmanuskript angeboten hatte – und eine wissenschaftlich anmutende Quellenliste beigelegt, auf der viele französischsprachige Werke verzeichnet waren. Die Handlung des Romans spielt in Saigon, wo er um die Jahrhundertwende fünf Wochen gewesen sei, wie Marut erzählte. Dieses Literaturverzeichnis macht einer Magisterarbeit alle Ehre, ein Schlosserlehrling dürfte sie kaum entworfen haben.

Marut beherrschte zwei Musikinstrumente, Klavier und Geige – auch das Anzeichen für ein eher begütertes Elternhaus. In frühen Texten finden sich Hinweise, daß er ein Gymnasium besucht haben muß. Karl Guthke, der Travens Nachlaß auswertete, gibt an, der junge Ret sei ohne Vater aufgewachsen und habe von der Mutter wenig Liebe erhalten. Marut selbst erzählte 1917 im US-Konsulat, seine Mutter sei in seiner frühen Kindheit gestorben. Dies alles erkläre seine spätere »zwangsneurotisch anmutende Fixierung auf Probleme der Identität, Illegitimität, der urkundlichen Dokumentation und Existenzbeglaubigung. Sie deutet auf uneheliche Geburt und Fehlen von Papieren, auf Heimat-, Heim- und Vaterlosigkeit, Mangel an Familie«, schreibt Guthke. Im *Totenschiff* kreisen einige Kapitel nur um dieses Thema:

Ich habe kein Heimweh. Ich habe gelernt, daß das, was Heimat, was Vaterland sein sollte, eingepökelt und in Aktenmappen eingeheftet ist, daß es in Gestalt von Staatsbeamten repräsentiert wird, die einem das treue Heimatgefühl so sicher austreiben, daß nicht eine Spur davon mehr übrigbleibt. Wo meine Heimat ist?

Da, wo mich niemand stört, niemand wissen will, wer ich bin, niemand wissen will, was ich tu', niemand wissen will, woher ich gekommen bin, da ist meine Heimat, da ist mein Vaterland.

Und in seiner ersten in Deutschland veröffentlichten Erzählung *Die Baumwollpflücker* nennt er gleich auf der ersten Seite Mexiko »das Land, wo es taktlos, beinahe beleidigend ist, jemand nach Namen, Beruf, Woher oder Wohin auszuforschen«. Für Marut/Traven muß es das Paradies gewesen sein.

Erstmals wird der Name Ret Marut 1907 im »Neuen Theater-Almanach« erwähnt, so heißt ein Schauspieler, der am Stadttheater Essen auftritt. In den nächsten Jahren tingelt er durch die deutsche Provinz, findet Engagements in Suhl und Ohrdruf in Thüringen, in Crimmitschau, Sachsen, aber auch in Berlin und Danzig. Dort lernt er Elfriede Zielke kennen, die bald eine Tochter zur Welt bringt, Irene. Jahrzehnte später, 1948, ausgerechnet in den Tagen, in denen Croves/Marut/Traven der Reporter Spota auf die Pelle rückt, wird Irene dem Autor schreiben – und er wird in einem seltsam holprig geschriebenen Antwortbrief mit jämmerlicher Ignoranz abstreiten, ihr Vater zu sein.

Zwischen 1912 und Mitte 1915 tritt der Darsteller in Düsseldorf auf, wo ihn ein Kritiker so beschreibt: »Von Wuchs war Ret Marut klein, schmal, sehr dünn, aber zäh. Sein Körper hatte die Straffheit eines Jockeys. Seine Augen waren wäßrig-blau, sein Blick immer gespannt, die Nase spitz, kräftig, gut ausgeprägt – eine Spürhundnase.« Im November 1915 zieht Marut nach München um, wo er sich als Literat versucht, alles in allem erfolglos. Zwischen 1912 und 1918 veröffentlicht er immerhin 30 Geschichten, zwei Romane bleiben ungedruckt.

Marut/Traven sucht früh den Weg aus den Scheinwerfern des Theaters hin zur Einsamkeit der Schreibstube. Es ist sein erster Rückzug aus dem Licht ins Dunkel. Von seinen Texten leben aber kann er nur kaum. Das hat einen einfachen Grund: Marut erzählt noch längst nicht so gewandt wie später Traven, er ist zu klischeebeladen, uninspiriert. Das muß man sich vor Augen halten: Erst mit Mitte Vierzig wird Marut/Traven Erfolg haben – in einem Alter, in dem andere schon aufgegeben hätten. Von einem Naturtalent kann keine Rede sein.

In regelmäßigen Abständen versucht er von 1914 an, sich von den deutschen Behörden die amerikanische Staatsbürgerschaft bestätigen zu lassen, wofür er allerdings keinerlei Beweise vorlegen kann. Er sei in San Francisco geboren, behauptet er, wobei damals jedermann weiß, daß dort 1906 das Erdbeben fast alle Unterlagen vernichtet hat. Einen US-Paß erhält er nicht, aber ebensowenig wird er von Deutschen in den Krieg eingezogen.

Im September 1917 gründet Marut die Zeitschrift »Der Ziegelbrenner«. Ein zynischer Außenseiter schreibt sich da seine Wut auf die Welt von der Seele, arrogant und wohlmeinend zugleich. Es ist ein eigenwillig aufmüpfiger Ton, der Politiker und Unternehmer gleichermaßen respektlos angreift, wie im März 1918: »Ich sage euch aber: Es leben Tote, die lebendiger sind als Lebende; und es wohnen Lebendige unter euch, die schon seit ihrem ersten Schultage tot sind, obgleich sie euch sagen: ›Wir leben, denn wir haben die Macht.‹« Man kennt diesen Ton, wenn man seinen Traven gelesen hat.

Selbst Gleichgesinnten tritt er fremdelnd entgegen. Gerne beleidigt er Leserbriefschreiber, und im Impressum heißt es: »Besuche wolle man unterlassen, es ist nie jemand anzutreffen. Fernsprecher haben wir nicht.« Da klingt er schon sehr travenhaft. Es ist eine Ein-Mann-Redaktion, die da in vier Jahren, bis 1921, zuletzt auf der Flucht, insgesamt vierzig Ausgaben zusammenstellt.

In all dieser Zeit schreibt der »Ziegelbrenner« vor allem gegen den Fatalismus der Massen an, er will ihren Autoritätsglauben brechen.

Wenn ich die Gewißheit hätte, daß ein Befehl, den ich erlasse, vollzogen würde, dann würde ich befehlen: »Ich untersage allen Menschen, meine Anschauungen zu ihren eigenen zu machen; ich lasse mich nicht bestehlen; wenn ihr Anschauungen haben wollt, so verschafft euch eigene.«

Die Massen aber erreicht er nicht. Sein provokantes, unregelmäßig erscheinendes Blatt dürfte allenfalls eine Auflage von 1 000 Exemplaren gehabt haben. Ein Abonnent immerhin läßt es sich nach Mexiko schicken. Eine Tür in die Zukunft?

Trotz der scharfen Zensur hetzt Marut von Beginn an gegen die »Kriegsanleiheprediger und Waffensegner, dieses Otterngezücht der Tempelschänder«. Die kaisertreuen Zensoren überlistet Marut, indem er Umschläge mit falschen Innenseiten einreicht. »In Wirklichkeit war diese Zeitschrift das flammendste Anti-Kriegpamphlet, eine ätzend scharfe revolutionäre Revue, die den Vergleich mit Karl Kraus ›Fackel‹ nicht zu scheuen brauchte«, schreibt ein Biograph.

Am 14. Dezember 1918 organisiert Maruts Blatt einen Vortragsabend im Schwabinger Kunstsalon Steinicke. Als sich die Zuschauer gesetzt haben, wird der Saal verdunkelt, das sei »aus künstlerischen Gründen notwendig«, heißt es. Auch der Vortragende ist nicht zu sehen, auf der Bühne erhellt nur eine schmale Lampe das Manuskript. Erst lachen die Leute, dann lauschen sie den Worten des Redners – vermutlich Marut, auch wenn der »Ziegelbrenner« behaupten wird, daß er sich an jenem Abend nicht in München aufgehalten habe.

Als der Mann aus der Dunkelheit sagt: »In der Kriegszeit hat mehr Mut dazu gehört, eine Zeitschrift herauszugeben, als im Schützengraben zu liegen«, bricht ein Sturm der Entrüstung los, Zuschauer beginnen sich zu prügeln, der Redner flüchtet.

Nach Kriegsende predigt Marut den totalen Egoismus. In Deutschland toben 1919 vielerorts erbitterte Kämpfe zwischen Kommunisten und Freikorps-Soldaten, da tönt er:

Nur um meinetwillen erhebe ich meine Stimme. Um meine Sache handelt es sich, nicht um eure. Eure Sache ist mir auch heute gleichgültig und sie wird mir immer gleichgültig bleiben. Die edelste, reinste und wahrhaftigste Menschenliebe ist die Liebe zu sich selbst.

Ret Marut präsentiert sich in seinem backsteinroten Heft als fanatischer Anarchist. Die Demokratie sei als Staatsform verwerflich, weil sie die Minderheit unterdrücke. Die Gesellschaft solle sich folgendermaßen organisieren: Alle machen, was sie wollen.

Ein Kommunist sei er nicht, sagt er, die Kommunistische Partei werde links von ihrer Nachfolgerin überholt, und er selbst stehe so weit links, »daß mein Atem jene Nachfolgerin noch nicht einmal berührt«. 1921 wird er hinzufügen: »Ich warte nicht auf die Masse; denn ich bin die Masse. Ich warte nicht auf die Revolution; denn ich bin die Revolution.«

Zumindest saß er für eine kurze Spanne an ihrem Lenkrad.

Am 7. April 1919 wird in München die Räterepublik proklamiert, der sozialdemokratische Ministerpräsident flüchtet. Eine turbulente Phase beginnt, in der Marut hoffen darf, daß all seine umstürzlerischen Ideale verwirklicht werden. Vermutlich sind diese Wochen die beste Zeit seines Lebens. Marut nimmt an der Zentralratssitzung teil und ist beteiligt an der Vorbereitung des Revolutions-Tribunals. Am 7. April wird der »Ziegelbrenner«-Macher zum Leiter der Presseabteilung ernannt und damit zum Chefzensor aller bürgerlichen Tageszeitungen Bayerns. Maruts ehrgeiziger Plan lautet: Alle Zeitungen sind zu sozialisieren.

Als am 1. Mai die zweite Räterepublik für abgesetzt erklart wird, erschießen oder erschlagen die einrückenden Reichswehrtruppen mehr als 600 Menschen. Marut gehört zu den meist gesuchten Personen. Er sitzt im Café Maria Theresia in der Augustenstraße, da erspähen ihn Freischärler. Er wird ins Kriegsministerium gebracht, vor ein Schnellgericht gezerrt und des Hochverrats beschuldigt. Marut weigert sich, ein Geständnis abzulegen. Man bringt ihn in die ehemalige königliche Residenz, wo ein Freikorps-Leutnant Zeugen befragt und Minuten später verkündet: jenen Angeklagten erschießen, jenen laufen lassen, diesen einbuchten. Bis in den September hinein werden Todesurteile vollstreckt. Den wenigsten Rätemitgliedern gelingt die Flucht. Viele, wie der Schriftsteller Erich Mühsam, landen für Jahre im Knast.

Marut wartet eine Stunde auf seine Verhandlung und sieht, wie Todgeweihte aus dem Saal geschleift werden. Als sich einer verzweifelt wehrt, der vor ihm zu den Richtern geführt werden soll, nutzt er die entstehende Verwirrung und flieht. Später wird er schreiben: »Zwei Soldaten, denen einen Augenblick lang wohl ein Funke Menschlichkeit aufstieg, als sie sahen, wie hier mit dem Kostbarsten, was der Mensch besitzt, mit dem Leben, umgegangen wurde, waren an diesem Entkommen nicht unbeteiligt. Ihnen sei an dieser Stelle gedankt für die Erhaltung eines Menschenlebens.«

Seit jenem 1. Mai 1919 ist Ret Marut auf der Flucht, er entkommt aus dem reaktionär regierten München in Frauenkleidern. Auf dem Bayerischen Polizeiblatt vom 23. Juni 1919, »Personalien wichtiger wegen Hochverrats gesuchter Personen«, wird er unter der Nummer 4 256 aufgeführt. Bis zu seinem Tod wird er ein Flüchtling bleiben, immer in Sorge, ob ihn deutsche Rächer nicht doch ausfindig machen würden.

Erst im Dezember 1921 stellt der »Ziegelbrenner«, im Exil gebastelt, sein Erscheinen ein. Marut versteckt sich in jenen Jahren in Wien, Berlin und Köln, im Gepäck den Paß eines bayerischen Drehers namens Laurentius Brennog, dazu das preußische Leutnantspatent eines gewissen Karl Kreitz. Mit dem Ausweis eines Freundes verläßt er schließlich Deutschland.

Dürre Details sind auch nur bekannt über das, was folgt: Im Juli 1923 versucht er vergeblich, nach Kanada auszuwandern. Er landet in London, lebt im East End, treibt sich unter Anarchisten herum, nennt sich mal Adolf Rudolf Feige, mal Albert Otto Wienecke, Barker oder Arnolds und wird am 30. November verhaftet. Polizeiphotos zeigen ihn mit Schiebermütze und Schnurrbart, er streckt den Unterkiefer vor, sieht aus wie ein Komödiant, der versucht, ernst zu sein, plustert seine Backen ein wenig auf, sein Kinn kräuselt sich. Er sieht nicht aus wie Marut – und nicht wie Traven.

Hier, in der Londoner Haftzeit, muß er die Urfassung des *Totenschiffs* erstellt haben. Er schrieb sie auf englisch, für ein englisches Publikum. Offenbar aber fand er, als er endlich den

Atlantik überquert hatte, in den USA keinen Verleger. Später wird er, wie er es darstellt, den Roman binnen zwanzig Tagen ins Deutsche umdichten und mit reichlich Kapitalismuskritik garnieren, die im Deutschland jener Tage so prächtig ankommt.

Am 15. Februar 1924 wird er entlassen. Zwei Monate danach heuert er als Kohlentrimmer auf dem norwegischen Schiff »Hegre« an, das nach Marokko fahren wird. Die Londoner Polizei hat den verdächtigen Mann, angeblich Amerikaner, noch immer im Visier. Man meldet an das US-Außenministerium, daß Marut das Land verlassen werde, und bricht die Observation ab. Als zwei Tage später die »Hegre« ablegt, ist Maruts Name in der Mannschaftsliste durchgestrichen.

Auf unerfindlichen Wegen wird er im Sommer an Mexikos Karibikküste gespült, dieser lebensliebende Rebell. Die Revolution in Lateinamerika brauche Unterstützung, seit Jahren wußte die deutsche Linke um die dortigen Mißstände, nun ist er da, um mit seinen Mitteln zu helfen.

Am 26. Juli 1924 schreibt Marut in sein Tagebuch, es ist sein erster Eintrag in der neuen Welt: »The Bavarian is dead.«

Torsvan? Croves?

Marut inszenierte nun seine Wiedergeburt, meint Biograph Guthke, er machte wahr, wovon Millionen träumen: das alte Leben mit seinen Lasten hinter sich zu lassen, ein ganz neues anzufangen. Sich selbst neu erfinden – eine uramerikanische Idee.

Er war fast eine Figur aus einem Western-Heftchen (die er selbst las), ein Vogelfreier, ein Beinahe-zum-Tode-Verurteilter. Marut, mit seinem starken Empfinden für dramatische Wendungen, wird die literarische Kraft seiner Lage nicht entgangen sein. Fortan gibt er sich als Amerikaner skandinavischer Abstammung aus, wohl um seinen unüberhörbaren deutschen Akzent zu erklären, und nennt sich Traven Torsvan, allerdings einmal auch, im August 1925, in einer Bewerbung an eine britische Erdölgesellschaft: B. Traven. Der Name Hal Croves wird erst in den vierziger Jahren auftauchen.

Er sei, so erzählt er, am 5. März 1890 in Chicago geboren und 1914 aus USA nach Mexiko emigriert. So steht es auch in seiner 1930 ausgestellten Ausländerkarte. Zunächst läßt er sich bei Tampico nieder, ein paar Kilometer von der karibischen Küste entfernt, in einem Sumpfgebiet gelegen. Hierher pumpen die Pipelines ihr schwarzes Gold, hier laden sich die Frachter die Laderäume voll. Nicht weit entfernt beginnt der Regenwald, liegen Maya-Ruinen und Indianerdörfer. Und während er sich noch als Torsvan mit Hilfsarbeiterjobs mühsam über Wasser hält, feiert er bereits als Autor B. Traven in Europa Triumphe.

Im nächsten Jahr gelingt es Torsvan, sich jener mehrmonatigen Regierungsexpedition nach Chiapas anzuschließen, die später »Life« ausfindig machen wird. Man weiß nicht, wie sich dieser Blender einschmuggeln konnte: gekleidet mit Tropenhelm, offenem Hemd, Kniehosen, ein echter Entdecker-Darsteller also. So unauffällig verhielt er sich, daß sich hinterher keiner an diesen einsilbigen Kollegen erinnern konnte.

Torsvan verliebt sich in die ungebändigte Natur, die Wasserfälle, das wuchernde Grün, diese verwunschene Gegend, eine vorzivilisatorische Landschaft, in der die Tzeltal-Indios leben, Abkömmlinge eines Maya-Stamms. Die Eindrücke hält er in zwei linierten Schulheften fest, dazu schießt er viele Photos. *Das Land des Frühlings* wird die liebevolle Reisebeschreibung heißen, die bald danach weit weg, in einer anderen Welt, auf den Markt kommt. In Deutschland.

Danach, in den dreißiger Jahren, reiht er Roman an Roman, und stets schildert er den vergeblichen Freiheitskampf der Indianer. Da wirkt er schon reichlich desillusioniert, jetzt kennt er sich aus. Er klagt an mit der Gnadenlosigkeit seiner früheren Jahre. Marut ist in Mexiko angekommen, er weiß jetzt wieder, wo sein Feind sitzt. Der »Ziegelbrenner« ist zurück. Der *Caoba*-Zyklus ist sein Vermächtnis an die neue, ja: Heimat.

Bei den Lesern aber kommen die späten Werke nicht recht an,

Torsvan/Traven gerät in eine finanzielle Krise, nachdem er sich endlich etwas Wohlstand erschrieben hatte. Im Dritten Reich werden seine Bücher verbrannt, sie seien »gefühllose« Produkte eines »zersetzenden Verstands«. Sein wichtigster Markt, Deutschland, ist plötzlich abgewürgt. Oftmals hat er nur Reis und Bohnen zu essen, wie er klagt.

Und nun, da das Geld ausbleibt, an das er sich doch gewöhnt hat, wirft Traven so manches Prinzip über Bord. Ende der zwanziger Jahre hatte er noch abgelehnt, daß »die UFA des Herrn Hugenberg« das *Totenschiff* mit Hans Albers verfilme. Interessierten Verlegern in den USA untersagte er, Werbung für seine Bücher zu machen. Entweder sie setzten sich von selbst durch oder sie seien es nicht wert, befand Traven. Die amerikanische Reklame degradiere Schriftsteller zum »Stand der Seiltänzer, Schwertschlucker und Zirkustiere«. Prompt winkten die Verleger dankend ab. Jetzt jedoch schaltet er in den USA sogar eigene Zeitungsannoncen.

Traven war stets auf der Flucht vor dem Ruhm gewesen – und nun beginnt er ihn nach Kräften zu fördern. Schon aus seiner Hütte im Busch heraus hatte er geprahlt, daß er mit seinem Leben »einen ganzen Brockhaus« füllen könne. Da klingt eine Sehnsucht nach Anerkennung durch, die so gar nicht zu einem wie ihm passen will.

Kein bißchen Frieden

Formell war das Todesurteil niemals ausgesprochen worden, dennoch verfolgen Traven sein Leben lang die Erinnerungen an 1919. Nach seinem Ableben sagte seine Frau Lujan, ihr Mann habe stets Angst gehabt vor den »mörderischen Todesschwadronen der Nazis« und befürchtet, daß Mexiko ihn ans Dritte Reich ausliefern werde, schließlich waren so viele seiner Münchner Genossen ermordet wurden. Außerdem fürchtete er wahrscheinlich die Wut der mexikanischen Geschäftemacher, die er im *Coaba*-Zyklus scharf kritisiert hatte.

In Mexico Stadt erschafft sich Traven in den letzten zwölf Lebensjahren dann doch eine Heimstätte. Am Ende wohnt er in der Ausfallstraße Calle Mississippi, nicht weit vom goldenen Engel der Unabhängigkeit, im Viertel der Flüsse. Das Haus ist eine ummauerte und vergitterte Villa, mit einem geheimen Fluchtweg, mehr Bunker als Prachtbau.

Viele Bücher aus den Jahren 1919 bis 1922 stehen in den Regalen. Und Bilder des Künstlers Franz Wilhelm Seifert hat er bis hierher geschleppt, Porträts seiner selbst aus den Kölner Jahren 1922/23. Die Zeichnungen zeigen ihn stets mit geschlossenen Augen, die Lippen wie ein Dreieck, die Spitze deutet nach oben, die Mundwinkel zielen nach unten. Ein trauriger Mann, dieser späte Ret Marut.

Die Zimmer strahlen einen ganz und gar nicht anarchistischen Geschmack aus, eher großbürgerliche Eleganz – samt einer getäfelten Bibliothek und ledernen Klubsesseln, Kamin und Flügel. Bei Tisch geht es sehr formal zu. Das Phantom liebt es steif.

Seit 1951 ist Traven mexikanischer Staatsbürger, seit 1957 verheiratet. So er sie denn jemals suchte, nun hat er sie: die Wärme einer Familie. Die beiden Töchter seiner Frau behandelt er wie seine eigenen. Er nennt sie Offiziere des Familienschiffs. Im dritten Stockwerk ist er zu Hause, dieser Kapitän auf seiner Kommandobrücke, den die Mädels »Skipper« nennen. In seinem Büro, das außer ihm nur seine Frau betreten darf, liegt ein herrlich geschnitzter Sattel neben einer Indianerdecke, hängen Sporen und ein Cowboy-Hut an der Wand. Gern trinkt er, wahrscheinlich ist er weit über achtzig Jahre alt, noch immer Unmengen Mescalin, einen Schnaps aus dem stachellosen Warzenkaktus, und seine Frau sagt, er stehe noch vollkommen seinen Mann.

In Mexiko mag er nun zu Hause sein. Aber von seiner Heimlichtuerei kann er nicht lassen. Als der Staatspräsident dem verdienten Schriftsteller den renommierten Aztekenorden verleihen will, lehnt er ab: Er sei ja gar nicht B. Traven.

So wie um ihn stets die Gerüchte blühten, blühte viele Jahre auch das Geschäft. War seine Tarnung also am Ende doch nur ein Trick, um den Absatz seiner Bücher zu steigern? Die ersten Biographen rechtfertigten mit diesem Vorwurf ihren Versuch, ihm hinterherzuschnüffeln, ausgerechnet ihm, den sie damit sehenden Auges in die Enge trieben. Doch viel spricht dafür, daß sich Traven offenbar wirklich aus Furcht verbarg. Als ihm 1963 der »Stern«-Reporter Heidemann das erste Mal auf den Leib rückte, reagierte er hysterisch, wie seine Frau später erzählte, und wurde vorübergehend blind. Das Schlimmste, was er befürchtet hatte, schien eingetreten zu sein. In seiner Panik verbrannte er stapelweise Papiere.

Die Erstversion des *Totenschiffs* könnte einen Hinweis geben, was ihm derart zusetzte. Für Travenologen höchst spannend ist eine Passage, die in der deutschen Fassung fehlt:

Great men always have some secret as to their personality, always have something to hide as to their past. Not necessary that this secret has to be a murder. Nevertheless, it is his secret that gives a great man that shade of mystery which is essential for his power over the average.

Wichtigtuerisches Geraune? Oder ist diese Anspielung autobiographisch zu lesen? Man weiß es nicht, und man wird es wohl niemals erfahren. Man darf jedenfalls vermuten, daß Traven in der Rolle seines Lebens nicht glücklich war. Zwei Jahre vor seinem Tod notiert er auf einem Kalenderblatt: »Anonymity its threats. Possibilities of danger.«

Seine Witwe sagt, er habe niemals eine Geburtsurkunde besessen, und gern erzählt sie die Geschichte, daß ihr Mann einmal vergessen habe, unter welchem Namen er sich in dem mexikanischen Hotel, in dem sie absteigen wollten, angemeldet hatte. Sie war dreißig Jahre jünger, nach seinen frühen Jahren hat sie sich wohl nicht hartnäckig erkundigt. Es gab keinen Menschen, der seine Geheimnisse kannte. Er nahm sie mit ins Grab.

Als es zu Ende geht, ist Traven nun wirklich nahezu blind, er hört nur noch wenig, sein Gang ist schleppend. Traven ist, wenn man ihm glauben will, siebenundachtzig Jahre alt, als er schließlich 1969 an Herzversagen stirbt, dieser vom Leben ausgehärtete Namenlose. Sein Leben auf der Flucht ist zu Ende.

Fünf Jahrzehnte zuvor hatte er im »Ziegelbrenner« geschrieben:

Sobald ich mein Ende herannahen fühle, werde ich mich gleich dem Tier in das dichteste Gestrüpp verkriechen, wohin mir niemand zu folgen vermag. Und hier will ich dann in Andacht und in Ehrfurcht das unendliche Wissen erwarten und lautlos verrekken und still und schweigend hinübergehen zu der großen Einheit, von der ich gekommen bin. Und dankbar will ich den Göttern sein, wenn sie mit meinem Leichnam hungernde Aasvögel und verstoßene Hunde einmal satt füttern, so daß auch nicht ein bleiches Knöchelchen übrigbleibe.

Seine Asche wird über dem Dschungel von Chiapas verstreut, im Lande der Indianer.

Drei Wochen vor seinem Tod hat er auf englisch die letzten Zeilen seines Lebens geschrieben, oben auf ein Blatt, ganz so, als sollten noch weitere folgen:

Diese Welt mit all ihren Problemen, Enttäuschungen, Schmerzen, unwillkommenen Ereignissen, gelegentlichen Hagelstürmen ist alles in allem immer noch zu schön, um sie zu verlassen, sogar wenn du krank bist, des Lebens müde oder nahe an einem hoffnungslosen Ende. Halte durch. Kämpfe weiter, gib nicht auf. Spucke dem Tod ins Gesicht und dreh dich um. Die Sonne ist immer noch am Himmel, umgeben von Sternen.

Neueste Spuren

Bis in die heutige Zeit spüren Wissenschaftler und Reporter der Frage nach: Wer zum Teufel war B. Traven? In der Vorstellungswelt der europäischen Kultur muß ein Mensch eine Vergangenheit haben, sonst ist er nicht zu begreifen. Es ist ein sonderbares Konzept, wenn man darüber nachdenkt. Traven hat sein Leben lang dagegen angekämpft – und den Kampf verloren.

Englisch sei seine Muttersprache, behauptete er gern, das aber wurde von Sprachwissenschaftlern zweifelsfrei widerlegt. Der Mann muß in Deutschland aufgewachsen sein, legte man sich fest, oder wenigstens in einer rein deutschsprachigen Umgebung.

Das große Rätsel ist immer noch nicht gelöst, aber 1999 gelang den Forschern ein aufsehenerregender Durchbruch. Eine Stieftochter Travens hatte eine Kassette zur Verfügung gestellt, auf dem Traven fünfzehn Minuten zu hören ist.

Bereits ein Jahr zuvor hatte ein Linguist allein anhand des Vokabulars des *Totenschiffs* gefolgert, daß Traven aus der »plattdeutschen hanseatischen Küstengegend« kommen müsse, also dem Landstrich nordöstlich von Hamburg – was bereits allerhand Theorien widerlegte.

Nun also hatten die Experten seine Stimme. Ein Marburger Sprachforscher sezierte den Fund und stellte fest: Traven hat Westniederdeutsch bzw. Nordniedersächsisch gesprochen. »Denn er rollt in charakteristischer Weise das R«, heißt es, »er s-tolpert über den s-pitzen S-tein und spricht das O zuweilen als Ou aus – wie man es so nur im Raum zwischen Hamburg und Lübeck tut.«

Ein Puzzle fügt sich endlich zusammen – auch wenn das gesamte Bild noch immer nicht zu sehen ist. 1935 hatte Traven ein Blatt Papier aus dem Jahr 1840 an die Kongreßbibliothek von Washington geschickt, dazu einen Brief gelegt, in dem er schreibt, das Dokument sei von historischem Interesse. Es handelt sich um eine Theatervorschau: Albert Lortzings Oper *Zar und Zimmermann* durch die Fallersche Schauspielgesellschaft am Theater von Bad Warmbrunn (im heutigen Polen). Traven hatte in dem Schreiben etwas eifrig auf eine adlige Schauspielerin hingewiesen, obwohl diese nur eine Nebenrolle spielte.

Sein Biograph Guthke nahm den Faden auf und fand heraus: Diese Frau von Sternwaldt muß Travens Urgroßmutter gewesen sein.

Nun gibt es westlich von Lübeck einen Ort namens Traventhal, nahe beim Flüßchen Trave, und in den dortigen Archiven findet sich eine Familie Warnstedt, ein Name, der, soviel Findigkeit ist erlaubt, als Anagramm von Sternwaldt gelesen werden muß. Und weiter nördlich liegt, das kann ja nun kein Zufall mehr sein, ein Weiler namens Marutendorf, ein ehemaliges Rittergut. Die Quellen seiner Pseudonyme?

Sind hier, in diesem windigen, sanft gewellten Landstrich, Travens Wurzeln zu suchen?

Es ist wie verhext. Aus den staubigen Registern taucht noch eine Frau auf, die seine Großmutter gewesen sein könnte. Eine Mutter aber ist nicht auszumachen.

Die Detektive umzingeln ihn, sie kriegen ihn nicht. Als sei B. Traven auf wundersame Weise ohne Herkunft auf die Welt gekommen, als sei er tatsächlich ein Mann ohne Vergangenheit. Vielleicht mußte er sich deshalb mit brennendem Ehrgeiz eine Gegenwart erschreiben – und fürchtete dann doch den Preis des ersehnten Erfolges, fürchtete sich davor, was es bedeutet, wirklich einen Namen zu haben.

Und mit diesem Namen eine Geschichte.

Literatur

In diesem Buch stützen wir uns auf die Arbeit vieler Biographen, denen wir an dieser Stelle unsere Anerkennung und nochmals unseren Dank aussprechen möchten. Ausgewählte Darstellungen seien in der Folge erwähnt – und vorab unsere Lieblingswerke der Wilden Dichter. Ein Hinweis zu den Titeln und Erscheinungsdaten in den Portraits: Soweit uns dies sinnvoll erschien, haben wir die deutsche Übersetzung genannt, auch wenn das Buch erst Jahre nach der Veröffentlichung übersetzt wurde. Es ging uns dabei um Verständlichkeit, nicht um wissenschaftliche Präzision. Wenn wir Briefe und Tagebucheinträge kürzten, so folgten wir ebenso dem Prinzip der Lesbarkeit – und verzichteten auf Auslassungszeichen.

Herman Melville

Melville, Herman: Moby Dick, Zürich 2004

Melville, Herman: Meistererzählungen, Zürich 1993

Arvin, Newton: Herman Melville, New York

Pechmann, Alexander: Herman Melville. Leben und Werk. Wien/ Köln/ Weimar, 2003

Göske, Daniel; Schmitz, Werner (Hrsg.): Herman Melville. Ein Leben. Briefe und Tagebücher. München/ Wien 2004

Internet: *www.melville.org* – Lesungen, elektronische Texte, Hintergründe: alles Wissenswerte über Herman Melville

Jack London

London, Jack: John Barleycorn oder Der Alkohol. Zürich 1987

London, Jack: Martin Eden. San Francisco 2002

London, Jack: Der Ruf der Wildnis. Hamburg 1996

London, Jack: Der Seewolf. Hamburg 1996

Ayck, Thomas: Jack London. Reinbek 2000

Kershaw, Alex: Jack London. A Life. New York 1998

Kingman, Russ: A Pictorial Biography of Jack London. Glen Ellen 1979

Labor, Earle, Robert C. Leitz and Milo Shepard: The Letters of Jack London. 3 Volumes. Stanford 1988

Wilson, Mike: Jack London's Klondike Adventure. Santa Rosa 2001. Wilson druckte als erster Londons Antrag auf Schürfgenehmigung.

Internet: *www.jacklondons.net* – Bestes Sprungbrett, um tief in Londons Welt zu tauchen.

Kontakt Mike Wilson: *www.getyourwordsworth.com*

Stephen Crane

Crane, Stephen: Maggie. Das Straßenmädchen. Berlin/Wien/ Frankfurt am Main 1989

Crane, Stephen: Meistererzählungen. Hrsg. v. Walter E. Richartz, Zürich 1993

Crane, Stephen: The Red Badge of Courage. Reading 1995

Benfey, Christopher: The Double Life of Stephen Crane. A Biography. New York 1992

Davis, Linda H.: Badge of Courage. The Life of Stephen Crane. Boston/ New York 1998

Wertheim, Stanley und Paul M. Sorrentino: The Crane log. A documentary life of Stephen Crane, 1871–1900. New York 1994

Internet: Fast alle Geschichten von Stephen Crane (Seite auf englisch) unter *www.geocities.com/stephen_crane_us*

Joseph Conrad

Conrad, Joseph: Der Spiegel der See. Erinnerungen und Eindrücke. Hamburg 2002

Conrad, Joseph: Der Nigger von der Narzissus. Frankfurt am Main 2002

Conrad, Joseph: Herz der Finsternis. München 1998

Wiggershaus, Renate: Joseph Conrad. München 2000

Baines, Jocelyn: Joseph Conrad. London 1993

Internet: *www.online-literature.com/conrad* – Texte und Biographisches zu Joseph Conrad

Ernest Hemingway

Hemingway, Ernest: Der alte Mann und das Meer. Reinbek 1999

Hemingway, Ernest: 49 Depeschen. Reportagen 1920–1956. Reinbek 1989

Hemingway, Ernest: Schnee auf dem Kilimandscharo. 6 Stories. Reinbek 1999

Baker, Carlos: Ernest Hemingway. A Life Story. New York 1969

Lynn, Kenneth S.: Hemingway. Eine Biographie. Reinbek 1999

Mellow, James R.: Hemingway. A Life without Consequences. New York City 1992

Hotchner, A. E.: Papa Hemingway. Ein persönliches Porträt. München 1999

Baker, Carlos (Hrsg.): Ernest Hemingway. Ausgewählte Briefe 1917–1961. Reinbek 1985

Internet: *www.hemingwaysociety.org* – Biographisches, Fotos, Hintergründe, Tonbandaufnahmen: gutes Tor in den Hemingway-Kosmos

B. Traven

Traven, B.: Die Brücke im Dschungel. Reinbek 1975

Traven, B.: Das Totenschiff. Reinbek 2002

Traven, B.: Meistererzählungen. Ausgewählt von William Matheson. Zürich 1993

Guthke, Karl S.: B. Traven. Biographie eines Rätsels. Zürich 1990

Thunecke, Jörg: B. Traven. The writer, der Schriftsteller. Nottingham 2003

Wyatt, Will: B. Traven. Nachforschungen über einen »Unsichtbaren«. Hamburg 1982

Internet: Es gibt leider keine erschöpfende Traven-Seite. Eine Einführung bietet, allerdings auf englisch: *www.voiceoftheslug.org.uk/travenworks.html*

Bildnachweis

Bettmann/CORBIS: S. 13, S. 30, S. 67, S. 71, S. 137, 227; Joseph Conrad Estate: S. 223; CORBIS: S. 243; Stephen Crane Collection, Clifton Waller Barrett Library of American Literature, Special Collections, University of Virginia Library: S. 155; Hulton-Deutsch Collection/CORBIS: S. 191; ullstein bild: S. 293; USIS: S. 285; Yukon Archives/Government Records Collection: S. 103

MALIK

Redmond O'Hanlon
Trawler

Von den Orkneyinseln bis nach Grönland. Aus dem Englischen von Jochen Schwarzer. 432 Seiten mit 8 Seiten Farbbildteil. Gebunden

Kann das gutgehen? Redmond O'Hanlon, Mitte Fünfzig, Literaturprofessor und einer der bekanntesten Reiseschriftsteller, der das Meer bislang nur per Autofähre überwand und vom Leben auf hoher See nicht den blassesten Schimmer hat, an Bord eines Trawlers? Mit typisch britischem Humor begleitet er eine Crew aus Hochseefischern auf ihrem Beutezug im Atlantik. Und stellt sich zwischen den Orkneyinseln und Grönland den denkbar härtesten Bedingungen: Enge. Seekrankheit. Die Jagd auf Fisch und der alles durchdringende Gestank. Schuften bis zum Umfallen, Erschöpfung, Unfälle, Verletzungen. Wellen so hoch, daß Schiffe mittlerer Größe darin verschwinden. Alle zwölf Stunden maximal eine Stunde Schlaf – und das vier Wochen lang. Schreien und Brüllen, bei Tag und bei Nacht. Tosende weiße See, die Luft ein einziger Nebel, schneidender Wind, Wasser von oben und unten, Sicht gleich null. Selbstironisch und wißbegierig nimmt O'Hanlon den Kampf mit den Urgewalten auf und gibt auch dann nicht auf, als ein Orkan mit Windstärke zwölf über die Norlantean und ihre Besatzung hinwegfegt ...

02/1061/01/R

Joseph Conrad

Herz der Finsternis

Mit dem »Kongo-Tagebuch« und dem »Up-river Book«. Aus dem Englischen neu übersetzt und mit einem Nachwort von Urs Widmer. 208 Seiten. Serie Piper

»Herz der Finsternis«, veröffentlicht 1902, beschreibt die letzte Reise Joseph Conrads, die er ins Innere Afrikas unternahm, ein Abenteuer, das ums haar tödlich ausgegangen wäre. »Es ist der Bericht eines im wachen Leben erlittenen Albs, den Conrad nur mit Glück und für sein restliches Leben angeschlagen überstand ... Plötzlich nimmt man lesend nicht mehr nur an einer abenteuerlichen Reise ins Innere Afrikas teil, sondern wird Zeuge einer viel intimeren, existentielleren Unternehmung: eine Reise in die Zeit, zurück zu den Ursprüngen, aus der unsere Triebe kanalisierenden Zivilisation in eine Welt, die keine Schranken kennt, in der ekstatische Erfüllung und gräßlichste Grausamkeit eins sind, ein regelrechter Gang ins Innere der Erde hinunter, ins Totenreich, eine Reise zu den Schatten der Hölle, des Paradieses vielleicht gar.« (Urs Widmer in seinem Nachwort)

01/1507/01/R

PIPER

Rüdiger Barth, Giuseppe Di Grazia
Die 10

Magier des Fußballs. 272 Seiten mit 34 Abbildungen.
Serie Piper

In Frankreich Zidane, in Italien Totti und in Tschechien Rosicky – sie trugen oder tragen die große Nummer: die 10. Einst lauffaules Genie, ist sie heute Antreiber und Angreifer in einem. Die 10 zieht die Fäden, sie verströmt den Zauber des Unerwarteten und macht aus Fußball das Spiel, das manchmal größer ist als das Leben. Höchste Zeit für eine Hommage an die Spieler, die das Trikot mit der 10 trugen, an Overath, Platini, Zico – und an den ersten: Pelé. Neben flammenden Plädoyers über den göttlichen Funken und die Kunst des Spielaufbaus ergründen die Stern-Sportredakteure Rüdiger Barth und Giuseppe Di Grazia, wie die 10 entstand, welche großen Duelle sie entschied, wie die 10 im modernen Spiel überlebt und welcher Zehner die 10 nicht hatte – von Di Stefano bis Johan Cruyff. Und auch ganz Große des Fußballs kommen zu Wort: Franz Beckenbauer, Lothar Matthäus, Felix Magath und Ralf Rangnick lieferten Beiträge; Michel Platini, Günter Netzer, Wolfgang Overath und Michael Ballack gaben exklusive Interviews. Ein besonderes Schmankerl sind die persönlich von den Profis eigens für dieses Buch angefertigten Taktikzeichnungen.

01/1506/01/R

3 4 5 6
Z E R T Y
Q S D F G